Lifelogging

Stefan Selke (Hrsg.)

Lifelogging

Digitale Selbstvermessung und Lebensprotokollierung zwischen disruptiver Technologie und kulturellem Wandel

Unter Mitarbeit von Philipp Klose

Herausgeber
Prof. Dr. Stefan Selke
Hochschule Furtwangen
Deutschland

ISBN 978-3-658-10415-3   ISBN 978-3-658-10416-0   (eBook)
DOI 10.1007/978-3-658-10416-0

Die Deutsche Nationalbibliothek verzeichnet diese Publikation in der Deutschen National-bibliografie; detaillierte bibliografische Daten sind im Internet über http://dnb.d-nb.de abrufbar.

Springer VS
© Springer Fachmedien Wiesbaden 2016
Das Werk einschließlich aller seiner Teile ist urheberrechtlich geschützt. Jede Verwertung, die nicht ausdrücklich vom Urheberrechtsgesetz zugelassen ist, bedarf der vorherigen Zustimmung des Verlags. Das gilt insbesondere für Vervielfältigungen, Bearbeitungen, Übersetzungen, Mikroverfilmungen und die Einspeicherung und Verarbeitung in elektronischen Systemen.
Die Wiedergabe von Gebrauchsnamen, Handelsnamen, Warenbezeichnungen usw. in diesem Werk berechtigt auch ohne besondere Kennzeichnung nicht zu der Annahme, dass solche Namen im Sinne der Warenzeichen- und Markenschutz-Gesetzgebung als frei zu betrachten wären und daher von jedermann benutzt werden dürften.
Der Verlag, die Autoren und die Herausgeber gehen davon aus, dass die Angaben und Informationen in diesem Werk zum Zeitpunkt der Veröffentlichung vollständig und korrekt sind. Weder der Verlag noch die Autoren oder die Herausgeber übernehmen, ausdrücklich oder implizit, Gewähr für den Inhalt des Werkes, etwaige Fehler oder Äußerungen.

Lektorat: Cori Antonia Mackrodt, Katharina Gonsior

Gedruckt auf säurefreiem und chlorfrei gebleichtem Papier

Springer VS ist Teil von Springer Nature
Die eingetragene Gesellschaft ist Springer Fachmedien Wiesbaden GmbH

Inhaltsverzeichnis

Einleitung
Lifelogging zwischen disruptiver Technologie und kulturellem Wandel 1
Stefan Selke

Einordnungen und Grundlagen

Lifelogging und vitaler Normalismus
Kultursoziologische Betrachtungen zur Neukonfiguration
von Körper und Selbst. 25
Lars Gertenbach/Sarah Mönkeberg

Lifelogging – Projekt der Befreiung oder Quelle der Verdinglichung? . . 45
Peter Schulz

**Datensätze der Selbstbeobachtung –
Daten verkörpern und Leib vergessen!?** 65
Lisa Wiedemann

Anwendungsfelder und Fallstudien

**Die Statistik des Selbst –
Zur Gouvernementalität der (Selbst)Verdatung** 97
Thorben Mämecke

Mood Tracking
Zur digitalen Selbstvermessung der Gefühle 127
Sarah Miriam Pritz

Die Vermessung des Unternehmers seiner selbst
Vergeschlechtlichte Quantifizierung im Diskurs des Self-Tracking 151
Simon Schaupp

Kalorienzählen oder tracken?
Wie *Quantified Self* feminisierte Körperpraxen
zu Männlichkeitsperformanzen transformiert 171
Corinna Schmechel

Virtuelle Identitäten im „Worklogging"
Impulse zur sozialen Gestaltung der Arbeitswelt in der „Industrie 4.0" 193
Welf Schröter

Quantifizierte Wissensformen und gesellschaftliche Folgen

Selbstoptimierung durch *Quantified Self*?
Selbstvermessung als Möglichkeit von Selbststeigerung,
Selbsteffektivierung und Selbstbegrenzung 217
Stefan Meißner

Selbstvermessung als Wissensproduktion
Quantified Self zwischen Prosumtion und Bürgerforschung 237
Nils B. Heyen

Das digitale Selbst – Data Doubles der Selbstvermessung 257
Petra Missomelius

**Der neoliberale Zeitgeist als Nährboden
für die digitale Selbstvermessung**
Selbstevaluation – allumfassend, 86.400 Sekunden
am Tag, 365 Tage im Jahr 287
Christopher Stark

Ausweitung der Kampfzone
Rationale Diskriminierung durch Lifelogging
und die neue Taxonomie des Sozialen 309
Stefan Selke

Über die Autoren 341

Einleitung

Lifelogging zwischen disruptiver Technologie und kulturellem Wandel

Stefan Selke

Der vorliegende Sammelband dient der Einordnung und Analyse eines aktuellen gesellschaftlichen Phänomens zwischen innovativen Technologien und kulturellem Wandel. Unter *Lifelogging* werden dabei unterschiedliche Formen digitaler Selbstvermessung und Lebensprotokollierung verstanden. Selbstvermessungs- und Protokollierungsformen reichen von Anwendungen in Forschungskontexten über Experimente in Szenen bis hin zu popularisierten Alltagspraxen. Der hierbei gewählte Haupttitel *Lifelogging* ist möglicherweise (noch) erklärungsbedürftig. In journalistischen Beiträgen oder wissenschaftlichen Debatten werden auch Begriffe wie Self-Tracking, Personal Data oder *Quantified Self (QS)* genutzt, oftmals synonym. Zwar sind die AutorInnen dieses Bandes selbstverständlich frei darin, eigene Begriffe einzuführen und zu favorisieren, denn gerade in der Begriffsvielfalt zeigt sich der innovative Gehalt eines „cutting-edge" Themas. Gleichwohl möchte ich als Herausgeber einleitend zwei Argumente für die verstärkte Nutzung des Begriffs *Lifelogging* (zu deutsch wörtlich in etwa: „Lebensprotokollierung") geltend machen.

Erstens bezeichnen angrenzende Termini eher Ausschnitte, Subkulturen, spezifische Nutzungsformen oder technische Aspekte der digitalen Selbstvermessung und Lebensprotokollierung. Hier bietet der Begriff *Lifelogging* Vorteile, da er offen und indifferent genug ist, um möglichst viele Formen, Phänomene, Akteure und Märkte zu umfassen. Zudem ist zu beobachten, dass sich selbst im deutschen

Sprachgebrauch *Lifelogging* als Kategorienbegriff durchsetzt, etwa im Bereich der Berichterstattung über IuK-Trends (z.B. Leipold 2015), in Fachdebatten wie z.B. beim *Deutschen Ethikrat*[1] oder in öffentlichen Diskussionen wie z.B. bei der ZEIT-Konferenz zu Gesundheit Ende 2015.[2]

Zweitens bietet der Begriff *Lifelogging* einen weiteren Vorteil: Er zeigt am deutlichsten, woher die Idee der digitalen Selbstvermessung und -protokollierung eigentlich stammt. Ausgerechnet das Pentagon startete ein Projekt, das zum Namensgeber der digitalen Selbstvermessung avancierte (ausführlich Selke 2014, S. 33f.). Verteidigungsexperten der *Defense Advanced Research Projects Agency* (DARPA) fanden Interesse an den neuen Möglichkeiten der digitalen Protokollierung und suchten nach Anregungen für ihr Projekt *LifeLog*, in dem es darum ging, den Soldaten der Zukunft umfassend mit Sensoren auszustatten. Ziel der Forscher war es, alle Aktivitäten der Soldaten multiperspektivisch zu erfassen, um dem Einsatzkommando eine bessere Übersicht zu ermöglichen. Die Militärs waren fest von der Nützlichkeit dieser Datensammlungen überzeugt. „Every soldier a sensor", bedeutete, dass Soldaten eine am Helm angebrachte, hochauflösende Mini-Kamera nutzen, dazu zwei Mikrofone (eines für die Spracherfassung und eines zur Erfassung von Umgebungsgeräuschen), ein GPS-Ortsbestimmungssystem sowie Beschleunigungssensoren an verschiedenen Stellen des Körpers und an der Waffe. Ein General drückte es so aus: „Ich möchte, dass Soldaten permanent die eigene Umwelt scannen [...]. Ich will, dass sie wach sind." (Magnuson 2007, eigene Übersetzung). Dieses Nutzungsszenario zwischen totalem Überblick und totaler Wachheit enthält bereits den Keim eines Leitbildes, das sich mühelos aus einem militärischen in zivile Anwendungskontexte übertragen ließ: Es gibt keine überflüssigen Informationen, jedes Detail könnte wichtig sein. Nur wenn alles erfasst wird, kann die „Einsatzlage" detailliert beurteilt werden. Innerhalb dieser *Lifelogging*-Philosophie befindet sich der zwangsflexible Mensch permanent auf dem „Kriegspfad", wobei jederzeit abrufbares Wissen über das eigene Leben und die eigene Lebensführung als höchst nützlich erscheint.

Je mehr Daten dazu als Grundlage vorhanden sind, desto besser. Jim Gemmell, einer der Protagonisten der *Lifelogging*-Bewegung und Programmierer der Software *MyLifeBits* nutzt die naheliegende Analogie der Black-Box, um das Prinzip von *Lifelogging* zu erläutern (zit. n. Selke 2014, S. 13ff.). Und tatsächlich wurde die erste *Lifelogging*-Kamera nach einem Fahrradunfall durch eine Mitarbeiterin von *Microsoft Research* erfunden, die sich an nichts mehr im Zusammenhang mit dem

---

1 http://www.ethikrat.org/veranstaltungen/jahrestagungen/die-vermessung-des-menschen. Zugegriffen: 07. Nov 2015.
2 http://www.zeit-konferenzen.de/gesundheit. Zugegriffen: 07. Nov 2015.

Unfall erinnern konnte. Sie wünschte sich daher ein Gerät, das automatisch alles in ihrer Umgebung aufnahm und speicherte. Auf diese Weise würde man das eigene Leben jederzeit „zurückspulen" und „nachsehen" können. In der Black Box verbindet sich mathematisches Kalkül mit zweckrationalem Denken zu erfolgreichen Verhaltensänderungen. *Lifelogging* ist damit das Versprechen, aus den eigenen ruinösen Gewohnheiten in ein besseres Leben auf- oder ausbrechen zu können. Mit der Quantifizierung des eigenen Lebens beginnt eine Expedition in die letzten noch unerschlossenen Gebiete des Ichs. Das Versprechen von *Lifelogging* besteht genau darin, unser Leben unter der Regie der Black Box zu einem permanenten Optimierungsprojekt zu machen, bei dem wir uns selbst beobachten, erkennen und verändern. Doch zu welchem Zweck? Und tun wir das freiwillig oder unter Zwang? Fragen wie diese werden im vorliegenden Sammelband aus ganz unterschiedlichen Perspektiven gestellt. Die dabei vorgestellten Formen existenzieller Kalkulation basieren auf der Vorstellung, dass der Körper störungsfrei zu funktionieren habe und sich die eigene Existenz nutzenmaximierend entwerfen ließe. Es geht, in einem Satz, um die technische Rationalisierung und Kontrolle unseres Lebens. Die Black Box ist eine ideale Projektionsfläche für den tiefsitzenden Wunsch nach Ordnung, Struktur, Sicherheit und Selbstverbesserung eines als strukturell fehlerhaft begriffenen Menschen. Vor diesem Hintergrund wird nochmals deutlich, warum für den vorliegenden Band der Begriff *Lifelogging* favorisiert wurde.

Denn *Lifelogging* bezeichnet als heuristischer Sammelbegriff vielfältige Formen der Selbstvermessung, die von Gesundheitsmonitoring über Orts- und Anwesenheitserfassung bis hin zur Leistungsvermessung am Arbeitsplatz reichen. *Lifelogging* bedeutet, menschliches Leben in Echtzeit zu erfassen, indem Körper-, Verhaltens- und Datenspuren digital aufgezeichnet und zum späteren Wiederaufruf vorrätig gehalten werden (Selke 2010, S. 107f.) Damit ist *Lifelogging* letztlich *personalisierte Informatik* im Kontext von „Big Data". Die dabei genutzten Technologien reichen von miniaturisierten Kamera- und Sensortechniken, tragbaren Datenaufzeichnungssystemen („wearable computing") und Smart-Watches in der Verbindung von Apps bis hin zur Echtzeit-Datenübertragung und immer preisgünstigeren Speichertechnologien (z.B. Cloud Computing). Die eigentliche Innovation von *Lifelogging* besteht jedoch in der automatischen und im Alltag (meist) unbemerkten Datenerfassung. Unaufdringliche digitale Technologien ermöglichen es, kontinuierlich, passiv und „nicht-diskriminierend" Daten zu sammeln, ohne diesem Prozess zu viel Aufmerksamkeit widmen zu müssen. Der Logger wählt dabei nicht mehr aus, denn das System und dessen Sensoren erfassen permanent verschiedene Daten (z.B. biometrische Körper-, Orts-, Aktivitäts- oder Bilddaten). Auf diese Weise entsteht nach und nach eine „digitale Aura" der Person (Hehl

2008), die je nach Vorliebe Daten zu Gesundheit, Aufenthaltsorten, Produktivität, Finanzen, Hormonwerten oder Gefühlsstimmungen umfassen kann. *Lifelogging* kann als technische Form der Selbstbeobachtung und passive Form digitaler Selbstarchivierung verstanden werden. Damit sind zahlreiche *Potenziale* aber auch *Pathologien* verbunden. Beide Perspektiven kommen in diesem Sammelband zu Wort. Ohne auf die einzelnen Beiträge vorzugreifen, möchte ich diese grundlegenden Perspektiven exemplarisch anhand von Zitaten zweier prominenter Frauen illustrieren.

Anlässlich der Eröffnung des „Zentrums für Forschung und Vorausentwicklung der Robert Bosch GmbH" („Bosch-Campus") am 14.10.2015 gab die deutsche Bundeskanzlerin Dr. Angela Merkel folgende Sichtweise auf die Sammlung und Verwertung digitaler Daten preis:

> „Unser Verhältnis zu Daten ist in vielen Fällen zu stark vom Schutzgedanken geprägt (…) und vielleicht noch nicht ausreichend von dem Gedanken, dass man mithilfe von Daten interessante Produkte entwickeln kann. Mit einer falschen Gewichtung entsteht aber auch die Sorge, dass durch Digitalisierung einerseits Arbeitsplätze wegfallen und auf der anderen Seite nicht genügend neue Arbeitsplätze entstehen. Deshalb muss das „Data Mining" (…) die Erhebung und der Umgang mit großen Datenmengen, etwas werden, das sozusagen ein Hoffnungssignal sendet."[3]

Die Bezeichnung „Datenschutz" erhält hier – in der Neudefinition jener Frau, deren Mobiltelefon lange Zeit von der NSA abgehört wurde – eine völlig neue Bedeutung.[4] Die Firma Bosch benötigt Daten, die wir alle, als Konsumenten und Patienten, als Arbeitnehmer und Versicherte, selbst erzeugen. Und diese Datensammlungen wachsen gerade im Kontext von *Big Data* exponentiell. Trotz euphorischer Einschätzungen und vielfältiger Nutzenversprechungen sind mit dem Boom digitaler Selbstvermessung aber auch zahlreiche Risiken für Bürgerinnen und Bürger verbunden. Wer hinhört, kann auch besorgte Stimmen vernehmen. Als die ehemalige DDR-Eiskunstläuferin und Olympia-Goldmedaillengewinnerin Katarina Witt (Witt 2015) in einem Interview nach den Parallelen zwischen der Stasi und der NSA gefragt wurde, bejahte sie die Parallelen, fügte aber eine für den vorliegenden Kontext spannende zeitdiagnostische Beobachtung hinzu:

---

3   http://www.bundesregierung.de/Content/DE/Rede/2015/10/2015-10-14-merkel-bosch.html. Zugegriffen: 07. Nov 2015.
4   Vgl. ausführlich: http://stefan-selke.tumblr.com/post/131436739299/datenschutz-made-by-a-merkel. Zugegriffen: 07. Nov 2015.

„Was ich aber noch bedenklicher finde als die NSA (...) sind die vielen Informationen, die Milliarden von Menschen freiwillig jeden Tag rausgeben über Handy, über WhatsApp, über Fotos, die sie ins Netz stellen. Ich finde es gefährlich, dass es Leute gibt, die wissen, was du isst, wie viele Schritte du am Tag gehst, was für einen Puls du hast, wann du ins Bett gehst – und dieses Wissen zu Geld machen."

Witt spricht explizit von *Lifelogging*, der (mehr oder weniger) umfassenden digitalen Selbstvermessung und Lebensprotokollierung. Mit ihren Befürchtungen ist sie dabei nicht allein. *Lifelogging* spiegelt den Zeitgeist scheinbar perfekt: So können sich laut einer Studie des Marktforschungsunternehmens *yougov* 32 Prozent der Bundesbürger vorstellen, gesundheitsbezogene Daten an Krankenversicherungen mitzuteilen, um Vorteile zu erhalten. Jeder fünfte Befragte zieht sogar die digitale Vermessung der eigenen Kinder in Betracht. Aber die meisten der Befragten haben auch ein Gespür für die Schattenseiten der Selbstvermessung: 73 Prozent ahnen, das bei einer Verschlechterung des Gesundheitszustandes mit einer Beitragserhöhung ihrer Krankenkasse zu rechnen wäre, wenn diese Selbstvermessungsdaten in die Berechnungsmodelle für Beitragssätze integriert. Und sogar 81 Prozent glauben, dass ihre Daten für andere Zwecke verwendet werden.[5] Diese Sorge ist berechtigt, wie der Trend zum An- und Verkauf persönlicher Daten durch Dienstleister zeigt, die Firmenkunden mit Privatdaten zu Konsumverhalten, Freizeitgestaltung und weiteren personenbezogenen Themen versorgen. Die IT-Sicherheitsfirma *Symatec* untersuchte in ihrer Studie *How safe is your quantified self?* zahlreiche Angebote zur Selbstvermessung und kam zum Ergebnis, dass Datenschutz und Nutzersicherheit einer Vielzahl von Anbietern egal ist und diese private Daten in großem Umfang an Marketingfirmen verkaufen.[6]

Gleichwohl überwiegt gegenwärtig die Euphorie, gerade im Gesundheitswesen. Die Techniker Krankenkasse kommt in einem ihrer „Monitor"-Berichte sogar zu der Einschätzung, dass die Phase der technischen Experimente vorbei sei und nunmehr digitale Selbstvermessung verlässlich zu eigenverantwortlichem Umgang mit Gesundheit beitragen könne.[7] Gesundheits-Apps (so die alltagstaugliche Umschreibung der *Lifelogging*-Technologien) würden zukünftig einen festen Platz in der Prävention und Chroniker-Versorgung einnehmen. *Lifelogging* bringt zweifellos Chancen mit sich. Chronisch Kranke können sich in Health Social Networks,

---

5   https://d25d2506sfb94s.cloudfront.net/r/19/Studienflyer_Quantified_Health.pdf. Zugegriffen: 04. April 2015.
6   http://www.symantec.com/content/en/us/enterprise/media/security_response/whitepapers/how-safe-is-your-quantified-self.pdf. Zugegriffen: 04. April 2015.
7   http://www.tk.de/tk/pressemitteilungen/politik/724460. Zugegriffen: 17. August 2015.

Plattformen wie *PatientsLikeMe* oder *CureTogether*, Daten teilen und von der Expertenmacht der Ärzte emanzipieren. Doch es gibt auch Risiken, Paradoxien und Pathologien der Selbstvermessung. Selbst die Techniker Krankenkasse räumt ein, dass es den meisten Gesundheits-Apps noch an „Qualität" und „Nachhaltigkeit" mangele.

Popularisierte Alltagspraxen – Eine kleine Lifelogging-Typologie

Für fast jeden Aspekt des Lebens gibt es eine Auswahl an Selbstvermessungshardware und dazugehöriger Software. Das Spektrum von *Lifelogging*-Anwendungen ist inzwischen nahezu unüberschaubar (vgl. ausführlich Selke 2014), lässt sich aber in vier Grundtypen einteilen.

Der erste Typ ist *Gesundheitsmonitoring*. Beim Self-Tracking (Typ 1a) geht es darum, in Echtzeit biometrische Daten des eigenen Körpers zu vermessen und damit eine präventive Lebensführung zu ermöglichen. Beispiele hierfür sind Schrittzähler (zur Vermessung der Aktivität), Vibrationsgurte (zur Vermessung der richtigen Sitzhaltung) oder Kalorienvermessung (zur Einhaltung einer Diät). In diesem Bereich gehören auch verschiedene Verfahren, die Emotionen und Stimmungen vermessen („mood tracking").[8] Komplementär dazu verfolgt der Ansatz des kollaborativen Heilens (Typ 1b) kuratorische Motive, da die Selbstvermesser bereits an einer chronischen oder seltenen Krankheit leiden. Auf Social Media Plattformen vergleichen sie die Wirkung von Medikamenten oder Therapien und kontrollieren so die Versprechungen der Pharmaindustrie oder ihrer Ärzte.

Während beim Gesundheitsmonitoring Körperdaten (Schritte, Puls, Kalorienverbrauch, Schlafqualität etc.) im Mittelpunkt stehen, zielt der zweite Typ, *Human Tracking*, auf die Nachverfolgung des Aufenthaltsorts von Personen durch GPS oder Funkzellenorten und vermisst im wesentlichen Ortsdaten. So lässt sich feststellen, wo sich eine (gesuchte oder vermisste) Person zu einem definierten Zeitpunkt befindet oder ob sie einen bestimmten „Korridor" einhält (sog. „geofencing"). Zu diesem Typ gehören daher alle Formen der Leistungsvermessung. Human Tracking bedeutet aber auch die unbemerkte Ortserfassung von Personen (Ehefrauen/-männer, Kinder, Mitarbeiter), Tieren (z.B. Jagdhunden) und Objekten (z.B. Fahrschulautos, Paketdienste) sowie die automatische Visualisierung des Aufenthaltsortes auf einer digitalen Karte (z.B. auf dem Smartphone oder Tablet).

---

8   Vgl. dazu den Beitrag „Mood Tracking" von Sarah Miriam Pritz in diesem Band.

Die Grundidee des dritten Typs, *Human Digital Memory* (Typ 3a), ist das ausgelagerte Gedächtnis. Hierbei stehen visuelle Daten im Mittelpunkt. Die nachvollziehbare Sehnsucht nach einem umfassenden Lebensarchiv kann auch auf die Zeit nach dem Tod (post mortem) ausgeweitet werden und führt zur Idee *digitaler Unsterblichkeit* (Typ 3b). Diese kann entweder durch digitale Lebensgeschichten (sog. „Rememories"), durch digitale Avatare oder im Extremfall durch die Übertragung des eigenen Bewusstseins in einen Datenspeicher erreicht werden – so die Visionen der Entwickler.

Die Idee zur Totalerfassung von Lebensprotokollen stammt von Vannevar Bush und wurde 1945 unter dem Titel *As we may think* veröffentlicht. Der US-amerikanische Analogrechner-Pionier schlug schon damals eine Art Black Box vor, die er MEMEX nannte, eine Abkürzung für „Memory Extender" (Gedächtniserweiterung). Diese Maschine sollte wie ein „vergrößerter und intimer Zusatz des eigenen Gedächtnisses" arbeiten. Für Bush war die MEMEX eine „Alleskönner-Maschine", in der Bücher, Notizen, Gespräche und Bilder derart gespeichert werden sollten, dass sie jederzeit mühelos und blitzschnell abrufbar waren. „All sorts of things", wie er schreibt (Bush 1945). Obwohl dieses Gerät nie gebaut wurde, beflügelt es bis heute die Fantasien der Entwickler. Die Pioniere Gordon Bell und Jim Gemmell nennen ihren aktualisierten Ansatz *Total Recall*. Bewusst knüpfen sie mit ihrem Leitbegriff „E-Memory" (digitales Gedächtnis) am MEMEX-Mythos an, indem sie behaupten, sie könnten eine „echte MEMEX" entwickeln (Bell und Gemmell 2010, S. 56). Mittels der Verknüpfung von Bildern und anderen Daten entstehen riesige Datenarchive, die es möglich machen, in den eigenen Erinnerungen zu „googeln".

Der vierte Typ thematisiert das Verhältnis zwischen Überwachung (Surveillance) und Gegen-Überwachung bzw. *Unterwachung* (Sousveillance). Überwacht werden Menschen dabei zunehmend am Arbeitsplatz. Bereits 26 Prozent der Beschäftigten in Österreich fühlen sich z.B. nach einer Studie, die von der Arbeiterkammer Oberösterreich in Auftrag gegeben wurde, überwacht und kontrolliert.[9] Während also Beschäftigte in Zukunft für den Schutz ihrer Zonen der Intransparenz kämpfen müssen, ist für eine Avantgarde gerade die totale Transparenz ihres Lebens das Ziel – von außen betrachtet wirkt dies wie digitaler Exhibitionismus. Aber Pioniere und Künstler wie Rob Spence, Steve Mann und Hasan Elahi versuchen mit ihren jeweiligen Projekten entweder sich selbst zu schützen, indem sie sich mittels der Daten ein präventives Alibi verschaffen und dazu ihren eigenen

---

9 Vgl. http://derstandard.at/1262209082132/Ein-Viertel-fuehlt-sich-am-Arbeitsplatz-ueberwacht. Zugegriffen: 13. Sept 2015 – siehe auch den Beitrag *Virtuelle Identitäten im „Worklogging"* von Welf Schröter in diesem Sammelband.

Standort und eigene Aktivitätsspuren aufzeichnen und in Echtzeit veröffentlichen. Dieser Ansatz ermöglicht es, einen persönlichen „digitalen Schutzschirm" für gefährdete Personen (z.b. politisch verfolgte Regimekritiker, kritische Künstler oder Aktivisten) zu erstellen. Oder sie möchten im Sinne einer „Wachsamkeit von unten" auf die Allgegenwart von Repression und Überwachung hinweisen und der vertikalen Kontrolle Empowerment entgegensetzen. Gleichwohl können sich diese Anwendungen in ihr Gegenteil kippen, etwa in der Form von *Crime Maps*, also Karten, bei denen der Wohn- oder Aufenthaltsort von verurteilten Kriminellen (in den USA) angezeigt wird.

Einordnung des Phänomens

Zur Einordnung des Phänomens Lifelogging *zwischen* Technologie und Kultur eignet sich das Konzept der „multiplexen Medien" (Rusch 2002, S. 181). Die darin enthaltenen Dimensionen ermöglichen es, *technizistische* mit *kulturalistischen* Betrachtungsweisen zu vereinen. Medien werden dabei als komplexe Konstellation an der Schnittstelle von Artefakten, Funktionen, Erwartungen und gesellschaftlicher Wirkungen verstanden.[10] Medialität entsteht dann erst aus der Überlagerung der Dimensionen Technizität, Funktionalität, der Kognitivität der handelnden Subjekte sowie der Sozialität des Gebrauchs.

Auf der Ebene der *Technizität* wurde *Lifelogging* bereits früh als „emerging technology" identifiziert (Hehl 2008). Hierbei stehen Fragen der Materialität der Apparate und deren Verhältnis zur eigenen Körperlichkeit im Mittelpunkt. Neben der ubiquitären Verbreitung körpernaher Aufzeichnungsgeräte, der Leistungssteigerung digitaler Speichermedien bei gleichzeitiger Preissenkung sowie der Entwicklung leistungsfähiger Software für die Verarbeitung oder der Visualisierung der Lifelogs, ist hier zukünftig das Eindringen der Technik, die „Endokolonialisierung" des Körpers (Virilio 1994), zu beobachten und zu bewerten.

Auf der Ebene der *Funktionalität* geht es um Modi der Anwendung, d.h. um unterschiedliche Gebrauchsweisen der Technologie. *Lifelogging* kann dabei am besten entlang einer „Prozesskette" oder innerhalb einer „Architektur" verstanden

---

10 Rusch geht davon aus, dass Medien nicht Dinge sind (wie oft im Alltagssprachgebrauch assoziiert), sondern eine komplexe Konstellation: „Was wir Medien nennen, ist das äußerst voraussetzungsreiche Zusammenspiel von Subjekten in jeweils historisch geprägten soziokulturellen Settings, deren kommunikativen und rezeptiven Handlungen, den dafür zur Hilfe genommenen Objekten und Geräten, den Handlungsresultaten und nicht zuletzt den Wissensstrukturen und Konventionen für angemessene Wahrnehmungs- und Verarbeitungsstrategien" (Rusch 2002, S. 181).

werden: Beginnend mit der Datenerfassung („capturing"), gefolgt von der Speicherung („upload"), der Datenanreicherung und -indizierung („content processing") sowie dem späteren Wiederaufruf der Daten („retrieval") und deren Visualisierung. Unterschieden werden dabei *Lifelogging*-Anwendungen nach dem Aufwand der Datenerfassung (low cost vs. high-cost) und der Datenmengen (high-sample/ universalistisch vs. low-sample/partikularistisch), dem Modus der Relevanzsetzung (aktiv vs. passiv), dem Grad der Tauschbeziehungen der Daten (individuell vs. vernetzt) sowie dem Adressaten der Daten (synchron für sich selbst, vergleichend in Peer-Gruppen, post mortem). Hierbei stellen sich zahlreiche Fragen auf der Verhaltensebene oder Fragen zum Mensch-Technik-Verhältnis.

Auf der Ebene der *Kognitivität* steht die Subjektivität des Nutzers im Mittelpunkt, d.h. die mit der Selbstvermessung verbundenen Denkstile, Wünsche, Ängste oder Intentionen. *Lifelogging* basiert auf der Annahme einer objektiven Vermessbarkeit selbst erzeugter Parameter und Spuren. Mit den neuen technischen Möglichkeiten wird der Grad der Vermessbarkeit des Menschen potenziell ins Unendliche gesteigert, bei gleichzeitig immer weiter sinkendem Aufwand. *Lifelogging* kann daneben auch als eine technische Antwort auf latente Ängste verstanden werden. Die Angst vor Kontrollverlust wird sehr deutlich im *Lifelogging*-Manifest von Gordon Bell und Jim Gemmell. Die ehemaligen Microsoft-Mitarbeiter gelten als die führenden Pioniere im Bereich ausgelagerter Gedächtnisse. Bell unternimmt seit Jahren einen kontinuierlich ausgeweiteten Selbstversuch. Ausgangspunkt sind dabei durchaus eigene Verlustängste: „I hate to lose my memory. I want Total Recall" (Bell und Gemmell 2010, S. 24). Bell versucht aber nicht nur ein Gegenmittel gegen das Vergessen zu entwickeln, sondern begehrt auch gegen den Kontrollverlust im Alter auf. Oder, wie Herbert Blumer (Blumer 1969) es nennt, gegen die Widerspenstigkeit der empirischen Welt. Die Entwickler selbst prognostizieren ihrer Idee eine grandiose Zukunft und überbieten sich mit Zukunftsvisionen, Nutzungsszenarien, und Gebrauchswertversprechen: „Soon you will be able to record your entire life digitally. It's possible, affordable, and beneficial" (Bell und Gemmell 2010, S. 3). Aber auch unterhalb grandioser Forschungsprojekte, in den Selbstvermessungsszenen und alltäglichen Selbstvermessungspraxen stellen sich ähnliche Fragen zu Möglichkeiten, Zugängen und Nutzenaspekten. Hierbei sind – auch empirisch – noch keine abschließenden Antworten gefunden.

Auf der Ebene der *Sozialität* werden praktische Gebrauchsweisen und gemeinsame Konventionen zu Datensammlungen thematisiert. Hierbei stehen Fragen nach den Regeln und Folgen der Selbstvermessung für Vergesellschaftungsprozesse im Mittelpunkt. Entsteht durch die Diffusion von *Lifelogging* eine neue Taxonomie des Sozialen, gar neue Kategorien sozialer Wirklichkeit? Wie nehmen Menschen in und durch Selbstvermessungspraxen Bezug aufeinander? Wie verändert sich der „soziale" oder der „fürsorgliche" Blick, wenn immer mehr Menschen beginnen, sich vergleichend zu beobachten?

Leben ist kein Treiben in einer Kapsel. *Lifelogging* findet in einer sozialen Welt statt und wirkt sich auf die Regeln des Zusammenlebens aus. Die Frage ist nur: wie genau? Wie jede neue Technologie muss auch *Lifelogging* das konnotierte Gebrauchswertversprechen erst in praktischen Bezügen unter Beweis stellen. Hierbei sollte eine *Verzeitlichungsperspektive* eingenommen werden. Es geht nicht allein um diejenigen Phänomene, die wir gegenwärtig beobachten können, sondern um einen schleichenden Wandel („shifting baselines") unterhalb der Wahrnehmungsschwelle, der über längere Zeiträume hinweg stattfindet. Zeitgenössische Praxen können dabei als Seismograph für die Zukunft einer Sozialität analysiert werden, in der Selbstvermessung und Lebensprotokollierung immer selbstverständlicher werden. *Lifelogging* ist dabei nicht nur die Konvergenz verschiedener technischer Entwicklungen sondern kann als *Signatur der Gegenwartsgesellschaft* gelesen werden. Hieraus resultiert der Untertitel des vorliegenden Sammelbandes. *Lifelogging* ist einerseits ein Set disruptiver Technologien, andererseits die Summe sozialer Praxen, die sich auf unsere kulturelle Matrix, die Regeln des Zusammenlebens, auswirken werden.

Wir sehen gerade einmal die Anfänge der damit verbundenen Entwicklungen. *Lifelogging* stellt letztlich nur einen winzigen Ausschnitt der umfassenden digitalen Transformation von Wirtschaft, Gesellschaft und Leben dar. Aus Sicht technologischer Treiber ist diese Entwicklung „unumkehrbar, (...) ungeheuer schnell und mit Unsicherheit versehen." (Krcmar 2014, S. 10) *Lifelogging* ist der Vorbote weiterer disruptiver Technologien, die sich in unterschiedlichen Anwendungsfeldern – von medizinischer Versorgung bis zur Gestaltung von Arbeitsplätzen, von der Betreuung von Senioren bis zur Organisation des Privaten – dadurch auszeichnet, dass sie mit bestehenden Wertvorstellungen bricht (Coupette 2014). Vertreter der Consultingbranche jubeln bereits jetzt, dass neue „Business-Cases" zur Förderung der „Joint-Value-Creation" entstehen. Diese beruhen im Kern darauf, aus den Informationen, die dem Selbstvermesser durch Sensorik zur Verfügung stehen, adäquate Verhaltensänderungen abzuleiten. Und zwar solche, die sich dann in neuen Konsumakten manifestieren (Scheuch 2014, S. 23).

Die Lust an der boomenden digitalen Selbstverdatung wirft zahlreiche Fragen auf. Dabei thematisieren erstens verschiedene *Sozialtheorien der Moderne* den Ausgangspunkt der Selbstvermessungspraxen: Soziale Beschleunigung und Entfremdung (Rosa 2014), die „Verflüssigung" ehemals verlässlicher gesellschaftlicher Referenzrahmen (Baumann 2012) oder die Privatisierung von Kontingenzreduktion (Krause 2005). Selbstvermessung kann auch als eine Reaktion auf soziale Erschöpfungsdiagnosen auf individueller (Ehrenberg 2004) und gesellschaftlicher Ebene (z.b. Neckel und Wagner 2013; Grünewald 2013) verstanden werden. Eingebettet in diese Metaperspektiven sind Analysen, die den menschlichen Körper als Objekt einer „Upgradekultur" betrachten, den es mit allen Mittel (Enhancement) zu optimieren gilt (Spreen 2015), wobei neben anderen Mitteln auch vermehrt technische Prothesen (Harrasser 2013) genutzt werden. Dieser „Körper 2.0" ist dann konsequenterweise auch das „korporale Kapital" (Schröter 2009) des präventiven Selbst (Lengwiler und Madarász 2010) und des digitalen Patienten (Mathar 2010). Verschiedene Beiträge zur neoliberalen Regierung des Selbst (Stark 2014) in der Perspektive der Gouvernementalitätsstudien (Lorey 2012; Foucault 1993) machen deutlich, wie sich *Lifelogging* als Modus intentionaler Rekonfigurationen unter Wettbewerbsbedingungen in die Ideologie einer Leistungsgesellschaft einpasst.

Ein weiterer Kontext ist die (nahezu unüberschaubare) Debatte um *Big Data* (z.B. Bunz 2012, Mainzer 2014, Stampfl 2013) sowie die digitale Vernetzung (Schmidt und Cohen 2013) sowie die damit verbundenen Interessen zur Nutzung von „Daten als Rohstoff der Zukunft". Hierbei steht die Frage nach neuen Grenzziehungen zwischen privat und öffentlich im Zeitalter von Transparenz und Post-Privacy (z.B. Han 2013; Heller 2011).

Drittens kann *Lifelogging* als prominentes Beispiel für Post-Medien verstanden werden, mit denen vollkommen neue individuelle und gesellschaftliche Herausforderungen verbunden sind. Im *Zeitalter der Postmedialität* (Selke und Dittler 2009, 2010) treten radikal neue Technologiesets auf, die sich besser als endokolonisatorische Quasi-Subjekte (Virilio 1994) oder fluide Wissensobjekte (Knorr-Cetina 1998) verstehen lassen. Postmedien sind Medien, die nah *am* oder sogar *im* Körper wirken und Sozialität mit Menschen ersetzen können. Im postmedialen Zeitalter konvergieren nicht nur Medien mit Medien. Vielmehr konvergieren Medien mit dem Menschen selbst (Selke 2009, S. 32f.). Menschen, so die hier vertretene These, können sich dabei immer seltener den damit verbundenen kollektiven Zurechnungsprozessen entziehen. Der *Phänotyp Mensch* wird immer strikter nach Nützlichkeitskriterien des *Genotyps Mensch* beurteilt. Die Folge ist die Verschiebung des Menschenbildes in Richtung der Sozialfigur des fehlerhaften oder störanfälligen Menschen. Mit diesen Kontexten, Einordnungen und möglichen Analyserahmen – die hier nur illustrativ gestreift werden – sind weitreichende Fragestellungen verbunden: Wie lebt es sich in der Gesellschaft von Daten und in einer versachlichten Realität? Ist der vermessene Mensch automatisch schon der verbesserte Mensch? Wenn ja, welchen Preis muss er dafür bezahlen? Diese Fragen sind wichtig, weil sich gerade das Kontrollregime unserer Gesellschaft verdoppelt und sich zur *vertikalen* Überwachung (z.B. durch Geheimdienste) schleichend und oft unterhalb der Wahrnehmungsschwelle neue Formen *horizontaler Überwachung* gesellen. Und diese neuen Formen der Kontrolle produzieren nicht allein Gewinner, auch wenn dies häufig suggeriert wird.

Gesellschaftliche Relevanz

Die gesellschaftliche Relevanz dieser Fragen lässt sich auch an zahlreichen Fachtagungen, Podiumsdiskussionen und nicht zuletzt auch an der anhaltenden Medienberichterstattung ableiten. Ein Überblick kann an dieser Stelle nicht geleistet werden, gleichwohl möchte ich (vor meinem persönlichen Hintergrund) einige Beispiele benennen. Im Mai 2015 befasste sich der *Deutsche Ethikrat* in seiner Jahrestagung mit dem Thema *Die Vermessung des Menschen – Big Data und Gesundheit* (und nahm dabei explizit Bezug auf *Lifelogging*). In der Tagungsankündigung heißt es dazu: „Im Privatleben ermöglicht das sogenannte Lifelogging eine immer umfassendere Selbstüberwachung, mit der Nutzer womöglich die eigene Freiheit und Selbstbestimmung zunehmend und unbemerkt einschränken."[11] Damit sind zentrale *Pathologien* der digitalen Selbstvermessung bereits benannt – gleichwohl gilt es auch, die *Potenziale* im Blick zu behalten. Diese Fragestellungen und die zwischenzeitlich aufgetauchten und erfassten Ambivalenzen wurden in der Folge in zahlreichen Fachgesprächen, Expertenworkshops, Podiumsdiskussionen und öffentlichen Veranstaltungen aufgenommen und vertieft: Im September 2015 tagte z.B. der Verbraucherpolitische Kongress NRW in Wuppertal. Hier stand die Frage *Ziemlich App-gezockt – Wie smart ist die neue Verbraucherwelt wirklich?* in Vorträgen und Workshops im Mittelpunkt. Dabei ging es einerseits um Folgefragen von Big Data (z.B. im Finanzsektor), andererseits aber auch um die ganz normale Selbstvermessung im Freizeit- und Fitnessbereich. Wenn ein Thema derart in den Fokus des Verbraucherschutzes gerät, dann ist es mitten in der Gesellschaft angekommen.

Nicht zuletzt findet *Lifelogging* seinen Niederschlag in Kunst und Kultur. Auch hier nur ein Beispiel: Das Grillo-Theater in Essen thematisiert *Lifelogging* gar in dem eigenen Theaterstück *Ich habe nichts zu verbergen. Mein Leben mit Big Data*. Hierbei werden dokumentarische Materialien, wissenschaftliche Veröffentlichungen, Sci-Fi-Literatur sowie zeitgenössische Texte zu einer „bissigen Szenenfolge" verknüpft, so die Ankündigung zum Stück. Big Data und digitale Selbstvermes-

---

11 http://www.ethikrat.org/veranstaltungen/jahrestagungen/die-vermessung-des-menschen. Zugegriffen: 04. Nov 2015.

sung sind aber nicht nur Gegenstand dieses Stückes, vielmehr schlägt sich das Phänomen der Quantifizierung des Menschen im gesamten Spielplan 2015/16 nieder – im Titel des Spielplans *Werte zählen*. Darin wird die Nobelpreisträgerin Elfriede Jelinek zitiert: „Heute ist vom unvollkommenen Körper zu sagen, dass jeder selbst schuld ist, wenn er ihn hat". Das ist ein guter Ausgangspunkt für Fragen, die zwar von Kunstschaffenden aufgeworfen, von ihnen aber nicht umfassend beantwortet werden können. So fragt Christian Tombeil, Intendant am Schauspiel Essen: „Mit immer differenzierteren Messungen durchleuchten und reglementieren wir uns, unsere Gesundheit und Leistungsfähigkeit – also unseren Nutzwert – ja sogar unser Glückspotenzial. Und hoffen dabei, dass unsere Ressourcen tatsächlich so unerschöpflich sind, wie uns mancher Ratgeber weismachen will. Wir wollen doch so gerne besser werden. Nicht für uns. Für unsere Kinder. Für die Welt, in der wir leben. Aber können wir es wirklich? Und wenn ja: um welchen Preis? (...) Klammern wir damit nicht etwas sehr Elementares aus: das Miteinander anstatt eines Gegeneinanders, das Reden, Zuhören und Verstehen anstelle von Kampf und Sieg, Gemeinsamkeit statt Isolation? Schaffen wir uns nicht ein Stück weit selber ab? Was denken Sie?"[12]

Man mag es mir nachsehen, dass ich als Öffentlicher Soziologe ein Faible für solche Fragen habe, die mitten aus der Gesellschaft kommen und von dort aus an die Wissenschaft herangetragen werden. Fragen, die in der Sprache der Öffentlichkeit und nicht in der Sprache der Wissenschaft formuliert werden. Gleichwohl zeigt sich darin auch die erstaunliche Querschnittsfähigkeit des Themas – von Ethikkommissionen bis hin zum Schauspielhaus, von Fachkongressen bis hin zu Vorträgen an Volkshochschulen. Mit Max Scheler könnte man daher gerade in *Lifelogging* ein Thema erkennen, das *Wertberührungen* zulässt und besser: geradezu offenlegt. Die gesellschaftliche Relevanz des Themas zeigt sich dann in den vielfältigen Wertberührungen, die von den AutorInnen des Sammelbandes aus ihren jeweiligen disziplinären Perspektiven thematisiert werden. Und sie geben kompetent, belesen und multiperspektivisch Antworten auf die Fragen, die unsere Gesellschaft an die Wissenschaft stellt, präzise Antworten auf drängende Fragen.

Zum Aufbau des Bandes – Übersicht über die Beiträge

Hierzu gruppieren sich im ersten Teil des Sammelbandes *Einordnungen und Grundlagen* Beiträge um die zentrale Frage der Herstellung und Definition sozialer Wirklichkeit durch selbst erhobene Daten. Im zweiten Teil *Anwendungsfelder*

---
12 Zitiert aus dem Spielplan „Schauspiel Essen 2015/16".

und Fallstudien werden unterschiedliche Typen von *Lifelogging* vorgestellt und in ihren jeweiligen Entstehungszusammenhang eingeordnet. Schließlich bietet der dritte Teil *Quantifizierte Wissensformen und gesellschaftliche Folgen* ein Spektrum von Beiträgen, die alternative, vertiefende und kritische Perspektiven auf *Lifelogging* anbieten. Im Folgenden gehe ich skizzenartig auf die einzelnen Beiträge ein und beziehe sie – soweit möglich – aufeinander.

Der Beitrag *Lifelogging und vitaler Normalismus* von Lars Gertenbach und Sarah Mönkeberg startet gleich mit der Demaskierung einer weit verbreiteten Behauptung. Für die AutorInnen ist *Lifelogging* alles andere als die bloße Fortsetzung oder Intensivierung bereits bestehender Sozial- und Kulturtechniken. Sie sehen im Phänomen der Selbstvermessung eine ganz neue Qualität. Die rekursive Verdatung des Lebens ordnen sie paradigmatisch einer sich primär am Leben (und nicht mehr im klassischen Sinne am Sozialen) ausrichtenden normalisierenden Steuerungslogik unter. Sie fragen nach, welche kulturelle Bedeutung es hat, eine digitale Kopie des erlebten Lebens zu erzeugen. Dabei stellen sie auch einen Bezug zwischen *Lifelogging* und *Livelogging* her und behaupten, dass wir gegenwärtig Zeugen der Entwicklung einer neuen Sozialtechnik sind, die letztlich zu einer Neukonfiguration von Körper und Selbst führen werde. Ausgehend von der statistischen Vision Gabriel de Tardes gelangen sie zur Erweiterung des Normalismuskonzepts von Jürgen Link. Dafür schlagen sie den nützlichen Begriff *vitaler Normalismus* vor, in den einerseits eine neue Form der Vergesellschaftung und andererseits eine neue „Kultur des Lebens" eingehen. Diese an Vitalität ausgerichtete Normalisierung führt zu grundlegenden Verschiebungen: von der „Logik des Sozialen" zur „Logik des Lebens", von der Idee der Selbsterkenntnis zur Selbstoptimierung, vom Referenzpunkt des Psychischen zu einem, der in der eigenen Vitalität verortet werden kann. Diese Analyse steht am Anfang des Bandes, weil sich die weiteren Beiträge, oft implizit, ebenfalls an diesen Verschiebungen orientieren – oder ihnen widersprechen.

Einen ähnlichen Anspruch auf Klärung grundlegender Begriffe hat der Beitrag *Lifelogging – Projekt der Befreiung oder Quelle der Verdinglichung* von Peter Schulz, der sich als Aktualisierung klassischer Verdinglichungsdiagnosen versteht. Der Autor klärt dabei die Frage, warum und wie sich Verdinglichung von der Sphäre der Lohnarbeit auf die Sphäre der Arbeit übertragen ließ. *Lifelogging*-Praxen, so die These dieses Beitrags, sind als Reaktion auf Erfahrungen der Entgrenzung von Verdinglichung und des damit verbundenen Autonomieverlustes zu verstehen. Die Argumentationskette reicht dabei von der Vorstellung von Verdinglichung als Paradigmenkern der Kritischen Theorie bis zur Frage, wie der Mensch als Fehlerquelle sichtbar wurde sowie zur Rekonstruktion einer grundlegenden Logik, die dazu führte, dass sich in kapitalistischen Gesellschaften eine „absolute

Trennung von Subjekt und Objekt" herausbildete. Von Totalisierungsprozessen der Verdinglichung reicht der Blick des Autors bis zu (aktuellen) Zeitdiagnosen über post-fordistische Subjekte. Vor diesem Hintergrund entfaltet er seine These über *Lifelogging* als entfremdete Reaktion auf Verdinglichung, die in ähnlicher Weise z.b. von Christopher Stark formuliert wird. *Lifelogging* wird oftmals als technisierte und digitalisierte Variante spätmoderner Subjektivierungsformen gesehen. Peter Schulz sieht in dieser Sichtweise gleich ein doppeltes Manko, da sich selbstverantwortete Optimierung an alle richtet, nicht nur an Selbstvermesser und weil Selbstverdinglichung (historisch) bereits vor der Trennung von Arbeits- und Freizeit stattfand. Der Beitrag sensibilisiert für die Frage, wo genau es zu schleichenden Übergängen kommt und wo sich möglicherweise radikale Umbrüche ereignen.

Im Beitrag *Datensätze der Selbstbeobachtung – Daten verkörpern und Leib vergessen!?* von Lisa Wiedemann wird differenziert ausbuchstabiert, warum und wie Selbstvermessung zu einer Technologie im Sinne Foucaults, also zu einem zielgerichteten Eingriff des Individuums in sein eigenes Leben, wird. Diese Versuche der Selbsttransformation basieren auf Statistik, was zu numerischen Formen des Erlebens und Normalisierungen führe. Die Autorin entwickelt eine detaillierte Sichtweise auf die gouvernementalistische Rede von einer Biomacht und ordnet das Phänomen *Lifelogging* als „Ich-Projekt im Datenstrom" in das vorliegende semantische Feld ein. Hieraus resultiert ihre Kernthese des vergessenen Körpers und des verdateten Leibes anhand derer die Möglichkeiten der Konstitution der eigenen Person entlang biometrischer Relationen beschreibbar gemacht wird. Durch *Lifelogging* wird das Individuum zu einem kalkulierbaren und administrierbaren Objekt.

Der Beitrag *Die Statistik des Selbst – Zur Gouvernementalität der (Selbst)Verdatung* von Thorben Mämecke könnte fast als unmittelbarer Anschluss an diese Überlegungen gelesen werden. Dem Autor geht es dabei um das Aufzeigen einer Entwicklungslinie bzw. des Nachweises der Popularisierung niedrigschwelliger Praxen zahlenbasierter Selbstbeobachtung. Das aktuelle Phänomen *Lifelogging* wird dadurch in einen historischen Zusammenhang mit vorgängigen Steuerungs- und Selbststeuerungsfunktionen öffentlich zugänglicher Gesundheits- und Bevölkerungsstatistiken gestellt. Selbstvermessung wird so als Teil eines Transformationsprozesses von Steuerungsidealen und Potenzialen begreifbar. Für den Autor ist damit nicht weniger eine „paradigmatische Wende" verbunden. Die neuen Technologien ermöglichen eine disziplinarische Kontrolle zweiten Grades durch die Kontrollierten selbst, wobei der systematischen Erhebung großer Datenbestände eine realitätskonstruierende Wirkkraft innewohnt. Kernstück dieses Beitrages ist die Entwicklung einer Matrix zur systematischen Darstellung normalisierender

Selbstvermessungstechnologien, die sicher auch über diesen Band hinaus zur Einordnung weiterer Phänomene und Praxen dienen wird. Dass es tatsächlich zahlreiche Einzelphänomene und Anwendungsfelder zu betrachten gilt, zeigt der Beitrag *Mood Tracking: Zur digitalen Selbstvermessung der Gefühle* vom Sarah Miriam Pritz. Die Autorin beschäftigt sich mit einem Selbstvermessungsgegenstand, von dem man vielleicht intuitiv annehmen würde, dass er sich gar nicht vermessen lässt: Gefühle bzw. Emotionen. Gleichwohl macht sie deutlich, dass Gefühle zunehmend als Phänomene mit fast schon ontologischem Status behandelt werden. Das bedeutet dann aber nichts anderes, als dass sie geordnet, vermessen, reguliert und – einmal mehr – normalisiert werden können. Neben der Vermessung von Gesundheit und Leistung macht damit die Option der Vermessung von Gefühlen deutlich, wie technisch-numerische Formen der Selbstthematisierung auf dem Vormarsch sind und wie dabei neue Kategorien sozialer Wirklichkeit geschaffen werden. Zwischen den beiden Thesen von der Disziplinierung und der Informalisierung von Gefühlen entdeckt die Autorin paradoxe Verbindungen.

Der Beitrag *Die Vermessung des Unternehmers seiner selbst. Vergeschlechtlichte Quantifizierung im Diskurs des Self-Tracking* von Simon Schaupp schließt einerseits einmal mehr an die Untersuchung post-fordistischer Subjektivierungsformen an, differenziert diese Perspektive aber dort aus, wo geschlechtsspezifische Unterschiede sichtbar werden. Diese Sichtweise nimmt später auch Corinna Schmechel ein, die das Selbstvermessungsfeld des Kalorientrackings näher untersucht. Ausgehend von historischen Vorläufern der Lebensprotokollierung zeigt Simon Schaupp, dass sich inzwischen prinzipiell jeder Aspekt des Lebens nach rationalen Kriterien durch die Erhebung quantitativer Daten vermessen lässt. Im Zentrum steht dann die Figur des Selbstvermessers als eines Menschen, der dem Imperativ nach permanenter Selbstoptimierung folgt. Darin eingebettet geht es dem Autor dann aber vor allem um „unternehmerische Männlichkeit" als einer Sonderform des „unternehmerischen Selbsts". Er zeigt, wie in männlichen Subjektivierungsregimen durch Selbstvermessung ökonomische Rationalitäten und Wettbewerbslogiken sichtbar und wirksam werden.

Im bereits angedeuteten Beitrag *Kalorienzählen oder tracken? Wie Quantified Self feminisierte Körperpraxen zu Männlichkeitsperformanzen transformiert* von Corinna Schmechel werden am Beispiel des Kalorientrackings geschlechtsspezifische Unterschiede in den Praxen der Selbstvermesser untersucht. Ausgehend von der Überlegung, dass bestimmte Technologien vergeschlechtlichte Subjekte schaffen und entlang historischer Einbettungen (z.B. in den bürgerlichen Hygiene-Diskurs) zeigt die Autorin, wie anhand der Vergeschlechtlichung körperbezogener Selbstvermessung ein Prozess der Transformation geschlechtlicher Konnotierungen beobachtet werden kann. Die „Pointe" hierbei besteht darin, dass Praxen digitaler Selbstvermessung die Möglichkeit bieten, weiblich konnotierte Praxen ins Repertoire männlicher Subjektivierung und Gender-Performanz einzubauen.

Mit dem Beitrag *Virtuelle Identitäten im „Worklogging". Impulse zur sozialen Gestaltung der Arbeitswelt in der „Industrie 4.0"* von Welf Schröter werden die in diesem Band versammelten Fallstudien abgerundet. Der Autor konkretisiert Vorstellungen über Verdinglichung, die auch schon im Beitrag von Peter Schulz hergeleitet wurden und setzt an der „inneren Kontinentalverschiebung der Arbeit" an. Welf Schröter stellt einen äußerst spannenden Zusammenhang zwischen der Diffusion von Selbstvermessungspraxen in der Gesellschaft und einer weitreichenden Transformationsdynamik industrieller Prozesse her. In beiden Fällen geht es um eine, sich wechselseitig verstärkende und legitimierende Evolution des Protokollierens. Die zentrale These des Beitrags besteht darin, dass *Lifelogging* dazu beiträgt, die Akzeptanz von *Worklogging* im Kontext von „Industrie 4.0" zu erhöhen. Ein Mensch, der es mehr und mehr gewohnt ist, sich in seiner Freizeit massiv selbst zu vermessen wird eher bereit sein, die Vermessung seiner Performance am Arbeitsplatz zuzulassen oder sogar zu honorieren. Die Frage, wie dann dieser Mensch zwischen diesen beiden Vermessungssphären (Freizeit und Arbeit) noch ein bewusster „Datensouverän" bleiben kann, wird noch weit über diesen Beitrag hinaus zu diskutieren sein.

Mit dem Beitrag *Selbstoptimierung durch Quantified Self? Selbstvermessung als Möglichkeit von Selbststeigerung, Selbsteffektivierung und Selbstbegrenzung* von Stefan Meißner gelingt eine wichtige Inversion der Perspektive auf inzwischen (zu) lieb gewonnene Argumente. Der Autor widerspricht einer eindimensional verstandenen Optimierungsthese, die z.B. im Kontext der Beschreibung der *Quantified Self*-Szene oftmals im Vordergrund steht. Basierend auf den Selbstzuschreibungen, die eher Argumente wie Aufklärung oder Emanzipation in den Vordergrund stellen, fasst der Autor Optimierung nicht als Verbesserung eines vorher feststehenden Ziels auf, sondern sieht eher das Potenzial zur „Erfindung neuer Möglichkeiten des Menschen". Dabei unterscheidet er Selbsteffektivierung als schlichte Optimierung gegebener Möglichkeiten und Selbststeigerung im Hinblick auf einen prinzipiell offenen Möglichkeitsraum. Damit widerspricht Meißner souverän gängigen Argumenten, die in der Selbstvermessung einen Druck in Richtung Normalisierung oder Konformismus sehen. Mit Selbstvermessung, so die zentrale These, lässt sich vielmehr ein distanziertes Selbstverhältnis herstellen, das ein Ermöglichungsmoment beinhaltet, sich auch anders als (von anderen) erwartet zu verhalten.

Der Beitrag *Selbstvermessung als Wissensproduktion. Quantified Self zwischen Prosumtion und Bürgerforschung* vom Nils B. Heyen betont ebenfalls eher

Potenziale, die sonst selten in den Blick geraten und schließt sich insofern direkt an die Perspektive von Stefan Meißner an. Anknüpfend an die Prosumer-Theorie von Alvin Toffler entwirft Heyen das Konzept einer hybriden Sozialfigur, der innerhalb der Dichotomie von Experten und Laien ein neuer und z.T. innovativer Status zugeschrieben werden kann. Als Referenz dieser Einordnung wird die Debatte über Citizen Science bzw. Bürgerwissenschaften herangezogen um dann Aspekte des Wissenstransfers durch Selbstvermessung als „Personal Science" in ihren Potentialen aber auch im Spannungsverhältnis mit den institutionalisierten Normen und Regeln des Wissenschaftssystems zu beschreiben.

Auch der Beitrag *Das digitale Selbst – Data Doubles der Selbstvermessung* von Petra Missomelius beschäftigt sich mit der Transformation von Wissensbeständen und verbindet dabei eine medienkulturwissenschaftliche mit einer bildungswissenschaftlichen Perspektive. Die Autorin untersucht, wie sich durch die Ausweitung der Vermessungszone Wissensbestände formieren, stabilisieren und reformieren. Indem sie feststellt, dass auch Bildung ein Instrument der Biopolitik ist und indem sie nachweist, dass in Bildungstheorien Formulierungen wie Selbsterkenntnis, Selbstsorge und Selbstkontrolle vorhanden sind, zeigt sie – ähnlich wie Welf Schröter für den Bereich der Arbeit – wie sich Termine der Selbstvermessung mit bildungspolitischen Prämissen verbinden.

Im Beitrag *Der neoliberale Zeitgeist als Nährboden für die digitale Selbstvermessung. Selbstevaluation – allumfassend, 86.400 Sekunden am Tag, 365 Tage im Jahr* von Christopher Stark wird dann explizit ein kritischer Blick auf *Lifelogging* geworfen. Ausgehend von einer Kritik des Neoliberalismus zeigt der Autor anhand zahlreicher Beispiele, wie sich das Denken in Kategorien, die Logik der Kennzahlenoptimierung oder Praxen der kleinteiligen Überwachung in die Logik bzw. Ideologie des Neoliberalismus, verstanden als ein mehr oder minder ungebremster Rückfall in eine Kultur der Selbstverantwortung einfügt. Selbstvermessung erscheint in dieser Perspektive als eine Investition in das eigene Körperkapital zur Steigerung der gesellschaftlichen Passungsfähigkeit.

Fazit und Ausblick

Meinen eigenen Beitrag *Ausweitung der Kampfzone. Rationale Diskriminierung durch Lifelogging und die neue Taxonomie des Sozialen* stelle ich – quasi als stellvertretender Ausblick – an das Ende des vorliegenden Bandes. Hierbei knüpfe ich unter anderem an die Kritik von Christopher Stark an und unterlege diese mit einem Modell einer neuen Diskriminierungsform zwischen sozialer und statistischer Diskriminierung. Rationale Diskriminierung entsteht meines Erachtens durch den vermeintlich objektiven und rationalen Rückgriff auf Daten, die als metasoziale Kommentare einer Person zu deren sozialer Position verstanden werden. Gleichwohl verschwinden dabei tendenziell die persönlichen Umrisse der dabei konstruierten numerischen Objekte bzw. Datenkörper. Gegen Menschen „ohne Umrisse" kann jedoch viel rücksichtsloser, diskriminierend eben, verfahren werden. Zum Schluss frage ich noch nach der nächsten Stufe der Selbstvermessung: Was passiert eigentlich, wenn Entscheidungsmaschinen uns von kleinen oder großen Fragen des Lebens „entlasten". Was können, wollen oder dürfen wir in Zukunft überhaupt noch entscheiden? Bereits jetzt zeichnen sich disruptive Entwicklungen ab, die zeigen, wie eine neue Taxonomie des Sozialen in Zukunft aussehen könnte.

Die langfristige Veränderung sozialer Beziehungen in Richtung eines neuen Kontrollregimes kann abschließend mit einem anthropologischen Argument gestützt werden. Dabei wird davon ausgegangen, dass die Menschwerdung (Anthropogenese) unabgeschlossen ist. Der Philosoph Giorgio Agamben erinnert an die Tatsache, dass Denken die Erinnerung an die stets offene Frage beinhaltet, „ob der Mensch menschlich wird" (Agamben 2015). Es gilt also, in modernen Gesellschaften, in denen eine Politik der Wahrheit mittels Aushandlungen durch die Ökonomie der Wahrheit mittels Quantifizierungen abgelöst wurde und die scheinbar alternativlos einer entgrenzten Fortschrittsideologie folgen, immer wieder neu eine Vorstellung von Humanität (oder Inhumanität) des Menschen zu gewinnen. Auch diese Aufklärungsabsicht verfolgt der hier vorliegende Sammelband.

Literatur

Agamben, G. (2015, 27. August). Europa muss kollabieren. *DIE ZEIT*.
Baumann, Z. (2012). *Liquid Modernity*. Cambridge: Polity.
Bell, G., & Gemmell, J. (2010). *Your Life, uploaded. The digital way to better memory, health, and productivity*. New York: Penguin.
Blumer, H. (1969). *Symbolic Interactionism. Perspective and Methods*. Stanford: California University Press.
Bunz, M. (2012). *Die stille Revolution. Wie Algorithmen Wissen, Arbeit, Öffentlichkeit und Politik verändern, ohne dabei viel Lärm zu machen*. Frankfurt a.M.: Suhrkamp.
Bush, V. (1945): As we may think. *Atlantic Montly, 1, 101–108*.
Coupette, J. (2014). Digitale Disruption erfordert Bewegung – das Internet of Everything. *Wirtschaftsinformatik & Management, 2*, 20–29.
Ehrenberg, A. (2004). *Das erschöpfte Selbst. Depression und Gesellschaft in der Gegenwart*. Frankfurt a.M.: Campus.
Foucault, M. (1993). Technologien des Selbst. In H. M. Luther (Hrsg.), *Technologien des Selbst* (S. 24–62). Frankfurt a.M.: Fischer.

Grünewald, S. (2013). *Die erschöpfte Gesellschaft. Warum Deutschland neu träumen muss*. Freiburg i. Br.: Herder.
Han, B.-Ch. (2013). *Transparenzgesellschaft*. Berlin: Matthes & Seitz.
Harrasser, K. (2013). *Körper 2.0. Über die technische Erweiterbarkeit des Menschen*. Bielefeld: Transcript.
Hehl, W. (2008). *Trends in der Informationstechnologie. Von der Nanotechnologie zu virtuellen Welten*. Zürich: vdf Hochschulverlag.
Heller, Ch. (2011). *Post-Privacy. Prima leben ohne Privatsphäre*. München: C.H. Beck.
Knorr-Cetina, K. (1998). Sozialität mit Objekten. Soziale Beziehungen in posttradionellen Gesellschaften. In W. Rammert (Hrsg.), *Technik und Sozialtheorie* (S. 83–120). Frankfurt a.M.: Campus.
Krause, B. (2005). *Solidarität in Zeiten privatisierter Kontingenz. Anstöße Zygmunt Baumans für eine Christliche Sozialethik in der Postmoderne*. Münster: Lit.
Krcmar, H. (2014). Die digitale Transformation ist unausweichlich, unumkehrbar, ungeheuer schnell und mit Unsicherheit behaftet. *IM+io. Das Magazin für Innovation, Organisation und Management, 4*, 9–13.
Lengwiler, M., & Madarász, J. (2010). *Das präventive Selbst. Eine Kulturgeschichte moderner Gesundheitspolitik*. Bielefeld: Transcript.
Lorey, I. (2012). *Die Regierung des Prekären*. Wien: Turia+Kant.
Magnuson, S. (2007). Army wants to make „every soldier a sensor". http://www.nationaldefensemagazine.org/archive/2007/May/Pages/ArmyWantSensor2650.aspx. Zugegriffen: 28. Jan 2014.
Mainzer, K. (2014). *Die Berechnung der Welt. Von der Weltformel zu Big Data*. München: C.H. Beck.
Mathar, T. (2010). *Der digitale Patient. Zu den Konsequenzen eines technowissenschaftlichen Gesundheitssystems*. Bielefeld: Transcript.
Neckel, S., & Wagner, G. (2013). *Leistung und Erschöpfung. Burnout in der Wettbewerbsgesellschaft*. Frankfurt a.M.: Suhrkamp.
Rosa, H. (2014). *Beschleunigung und Entfremdung*. Frankfurt a.M.: Suhrkamp.
Rusch, G. (2002). *Einführung in die Medienwissenschaft. Konzeptionen, Theorien, Methoden, Anwendungen*. Wiesbaden: Westdeutscher Verlag.
Scheuch, R. (2014). Selbstvermessung fördert Joint-Value-Creation. *IM+io. Das Magazin für Innovation, Organisation und Management, 4*, 20–24.
Schmidt, E., & Cohen, J. (2013). *The New Digital Age. Reshaping the Future of People, Nations and Business*. London: Murray.
Schröter, K. (2009). Korporales Kapital und korporale Performanzen in der Lebensphase Alter. In H. Willems (Hrsg.), *Theatralisierung der Gesellschaft* (S. 163–181). Wiesbaden: Springer VS.
Selke, S. (2009). Die Spur zum Menschen wird blasser. Individuum und Gesellschaft im Zeitalter der Postmedien. In S. Selke & U. Dittler (Hrsg.), *Postmediale Wirklichkeiten. Wie Zukunftsmedien die Gesellschaft verändern* (S. 13–57). Hannover: Heise.
Selke, S. (2010). Der editierte Mensch. Vom Mythos digitalisierter Totalerinnerung durch Lifelogging. In S. Selke & U. Dittler (Hrsg.), *Postmediale Wirklichkeiten aus interdisziplinärer Perspektive* (S. 96–117). Hannover: Heise.
Selke, S. (2014). Lifelogging als soziales Medium? Selbstsorge, Selbstvermessung und Selbstthematisierung im Zeitalter der Digitalität. In J. Jänert & Ch. Förster (Hrsg.), *Tech-

nologien für digitale Innovationen. Interdisziplinäre Beiträge zur Informationsverarbeitung (S. 173–200). Wiesbaden: Springer VS.
Selke, S., & Dittler, U. (2009). *Postmediale Wirklichkeiten. Wie Zukunftsmedien die Gesellschaft verändern.* Hannover: Heise.
Selke, S., & Dittler, U. (2010). *Postmediale Wirklichkeiten aus interdisziplinärer Perspektive. Neue Beiträge zur Zukunft der Medien.* Hannover: Heise.
Spreen, D. (2015). *Upgradekultur. Der Körper in der Enhancement-Gesellschaft.* Bielefeld: Transcript.
Stampfl, N. (2013). *Die berechnete Welt. Leben unter dem Einfluss von Algorithmen.* Hannover: Heise.
Stark, Ch. (2014). *Neoliberalyse. Über die Ökonomisierung unseres Alltags.* Wien: Mandelbaum.
Virilio, P. (1994). *Die Eroberung des Körpers. Vom Übermenschen zum überreizten Menschen.* München: Carl Hanser.
Witt, K. (2015, 2. April). Am besten war ich, wenn ich mit dem Rücken zur Wand stand. *ZEIT MAGAZIN.*

Einordnungen und Grundlagen

Lifelogging und vitaler Normalismus

Kultursoziologische Betrachtungen zur Neukonfiguration von Körper und Selbst

Lars Gertenbach/Sarah Mönkeberg

1890 spekulierte der französische Soziologe Gabriel Tarde über die weitere Entwicklung statistischer Verfahren. Wenn diese den Fortschritt der letzten Jahre beibehielten, „könnte der Moment kommen, in dem aus jeder sozialen Tatsache, noch während sie stattfindet, sozusagen automatisch eine Zahl zum Vorschein kommt […]. Dann wird man in gewisser Weise bei jedem Schritt, mit jedem Blick […] von statistischen Informationen und präzisen, gebündelten Auskünften über alle Details des gegenwärtigen gesellschaftlichen Zustands bedrängt […]. Angenommen, die Verbesserung und Erweiterung der Statistik würde wirklich bis zu diesem Punkt gelangen, dann wären ihre Ämter die sozialen Augen und Ohren. […] Jede Empfindung, jede Farbe, jeder Ton, jeder Geschmack usw. existiert nur durch eine *Zahl*" (Tarde 2009, S. 152f., H.i.O.). Und blickte man auf die Kurven, die der Verbindung der Zahlen und Daten folgen, sei es schwerlich möglich sich dem Eindruck zu entziehen, dass sie so „gewunden und anmutig wie die Formen des Lebens" (a.a.O., S. 133) selbst sind.

Es mag etwas irritieren, einen Aufsatz, der sich mit dem relativ neuen Phänomen des Lifeloggings auseinandersetzt, mit der Referenz auf ein Werk zu beginnen das über 120 Jahre alt ist. Aber der spekulative und prognostische Blick Tardes hebt zunächst zwei Momente hervor, die bei der Analyse des Phänomens digitaler Selbstdokumentationen behilflich sein können: Zum einen spricht er Daten grundsätzlich eine Orientierungsfunktion zu, wodurch er deutlicher als andere Soziologen seiner Zeit die alltags- und handlungspragmatische Bedeutung von Quantifizierung betont. Zum anderen beschreibt er ein Szenario, in dem die Datenerfassung gewissermaßen Livequalität besitzt, da die Zahlen und Daten noch im Moment des Erschaffens protokolliert und vernetzt werden. Insofern sie dabei den Bewegungen des (alltäglichen) Lebens entspringen, sind sie stets dynamischer Art. Entscheidend ist darüber hinaus aber noch ein weiterer Punkt: die Rekursivität dieser Art der Vermessung. Denn obschon die Verdatung zunächst nach bloßer Abbildung und Dokumentation zu trachten scheint, tendiert sie mit stetem Fortschreiten dahin, gesellschaftliche Fakten nicht länger allein zu sammeln und zu verbinden. Als Verdatung des Lebens läuft sie in diesem Szenario vielmehr darauf zu, die alltäglichen Bewegungen schließlich mit Daten zu konfrontieren, die diese zwar selbst erzeugt haben, nun aber wiederum zur Orientierung im Handlungsvollzug nutzen – ein Punkt, der gerade heute im Zuge fortschreitender Digitalisierung Bedeutung erlangt.

Wir gehen davon aus, dass Lifelogging als ein Ausdruck dieser rekursiven Verdatung des Lebens zu verstehen ist und versuchen zu zeigen, inwiefern es als eine prototypische Technik der Konstitution des Selbsts mit einem gesellschaftlichen Steuerungsmodell des *vitalen Normalismus'* in Zusammenhang steht. Mit diesem Begriff schlagen wir eine Erweiterung des Normalismuskonzepts von Jürgen Link (1997) vor, die imstande sein soll, die Verschmelzung eines flexibel-normalistischen Vergesellschaftungstypus' mit einer neuartigen Kultur des Lebens in den Blick zu nehmen.

Im Folgenden konturieren wir zunächst Lifelogging als ein Phänomen rekursiver Verdatung von Lebensbewegungen (1). Dann gehen wir kurz auf die Besonderheiten eines sich im Übergang vom 19. zum 20. Jahrhundert entfaltenden Lebensbegriffs ein, der für die moderne Gesellschaft und die modernen Biowissenschaften wesentlich ist (2). Im Anschluss zeichnen wir drei historisch gestaffelte Formen des Normalismus' nach, die den Hintergrund für verschiedene Praktiken der Konstitution des Selbsts bilden und die es ermöglichen sollen, Lifelogging als Ausdruck und Proliferant des vitalen Normalismus' zu begreifen (3). Abschließend diskutieren wir die Ergebnisse (4).

1 Lifelogging: Das Selbst in Bewegung setzen?

Lifelogging versammelt verschiedene Praktiken der Lebensprotokollierung, die einen wesentlichen Ursprung in der *Quantified-Self*-Bewegung *(QS)* finden, wie u.a. Selbst-Monitoring, Human- oder Self-Tracking, E-Memory und Formen digitalisierter Selbstüberwachung (sousveillance) (vgl. Selke 2014, S. 13ff., 73ff.).[1] Obschon derzeit (noch) viele Formen digitaler Lebensprotokollierung nebeneinander bestehen und viele der Selbstvermessungsgeräte trotz technologischem Fortschritt noch nicht alltagstauglich sind (vgl. a.a.O., S. 78), eint sie die Idee, dass digitale Daten helfen würden, „den biologischen Körper gesünder und unser Leben insgesamt besser zu machen" (a.a.O., S. 33).

Neben diesem ideologischen Bodensatz greift Lifelogging auf personalisierte Informatik zurück und wird von Entwicklungen in den Forschungsfeldern des ubiquitous- oder pervasive- und des wereable-computings sowie der augmented reality getragen.[2] Auf dieser eher technischen Ebene spielt auch die Entwicklung des Internets im Sinne einer zunehmenden Dezentralisierung eine entscheidende Rolle. Damit ist nicht die Entstehung einer vermeintlich machtfreien Zone Internet gemeint,[3] sondern dessen Veränderung hin zu Kommunikationen, die das Individuum unabhängig von Zeit und Ort in seiner alltäglichen Lebensführung, d.h. den normalen Bewegungen des Lebens fokussieren. Die großflächige Verbreitung mobiler Kommunikationstechnologien ab der Jahrtausendwende trifft sich hier mit den personalisierten Strukturen des Web 2.0. Haben wir es so insgesamt mit einer stärkeren Integration von Digitalisierungsmedien in den Alltag zu tun, scheint Lifelogging darauf zu verweisen, dass einer ersten Welle digitaler Veröffentlichungen des Selbsts, etwa durch Preisgabe intimer und privater Belange, Lifestyle-Blogs oder zahlreiche Erfahrungsberichte[4] mittlerweile eine zweite Welle digitaler Selbstdokumentation folgt, die sich primär an (bewegten) Körperdaten orientiert. Erst auf dieser Basis lässt sich die Summe all dieser Lifelogs dann im Idealfall als eine „Art Dopplung des erlebten Lebens in digitaler Form" (a.a.O., S. 73) begreifen.

An diesem Punkt setzen wir im Folgenden an. Wir wollen nicht nach den Spezifika verschiedener Formen des Lifeloggings fragen, sondern, diese verallgemeinernd, danach, welche kulturelle Bedeutung es hat, eine digitale Kopie des *erleb-*

---

1   Ursprünglich entstammt der Name einem Projekt des Pentagons, das 2004 abgebrochen wurde (vgl. Selke 2014, S. 33f.).
2   Siehe für einen Überblick über Visionen und Entwicklungen in diesen Feldern: Mattern 2007; für pervasive- and wereable-computing: http://www.pc.inf.ethz.ch/. Zugegriffen: 10. Juli 2015, http://www.wearable.ethz.ch/. Zugegriffen: 10. Juli 2015; für augmented-reality z.B. das venturi project: https://venturi.fbk.eu/. Zugegriffen: 10. Juli 2015.
3   Siehe für kritische Auseinandersetzungen um die Frage nach dem Verhältnis zwischen Netz-Dezentralität und neuen Formen von Macht und Regierung u.a. Dorer 2008; Reichert 2013.
4   Vgl. für Letzteres auch Reichert 2008.

ten Lebens zu erzeugen (bzw. erzeugen zu wollen). Dieser Zugriff ist also nicht auf jene vordergründig sport- oder fitnessorientierten Praktiken des Lifeloggings begrenzt, wie etwa der Einsatz von Schrittzählern und Pulsmessern beim Joggen, die Messung der Schlafrhythmen etc. Uns geht es um die weitläufige Nutzung mobiler Gerätschaften der Vernetzung und Digitalisierung, die darauf zielen, die alltäglichen Bewegungen und die Bewegung im alltäglichen Leben zu verdaten. Auf der Ebene des Subjekts mag dies durchaus sport- oder fitnessorientiert sein. Aus unserer Perspektive handelt es sich dann allerdings „nur" um einen Ausdruck einer allgemeineren Tendenz, in der mobile Digitalisierung nicht nur mehr Bewegungsfreiheit ermöglicht, sondern sich auch an Bewegungen ausrichtet: „Thermostate zum Beispiel, die per Smartphone gesteuert werden, um aus der Ferne die Raumtemperatur zu regeln. Armbänder, die Körperfunktionen registrieren und in der Cloud speichern. [...] Fotokameras, die ihre Bilder über das Netz übertragen" (Graff 2014) – alle diese Errungenschaften des tragbaren Netzes ermöglichen nicht nur Mobilität, sie erzeugen auch Bewegungsdaten. Dass sich die neuen Verdatungsformen vor allem an körperlichen Bewegungen orientieren, wird ersichtlich, wenn man sich die Patentanträge der letzten Jahre von Apple und Google vor Augen führt. So hat das US-Patentamt 2013 ein Patent von Apple bewilligt, bei dem dreidimensionale Objekte auf einem Touchscreen mit bestimmten Gesten kontrolliert werden sollen (vgl. z.B. Campell 2013). Google entwirft das *Google Glass* explizit „for those who move"[5] und hat sich ein Patent auf die sogenannte Heart-Shaped-Gesture geholt, die in Verbindung damit genutzt werden soll. Dabei formen die Hände ein Herz, das Objekte fotografiert und gleichzeitig – vernetzt – liken kann (vgl. z.B. Desat 2013).

Wir sehen im Lifelogging also mehr als ein Phänomen der altbekannten Lebensprotokollierung mit einem neuen Medium und möglicherweise in einem neuen Umfang. Uns geht es vor allem um den *live log* ins Netz. Wir gehen davon aus, dass wir es mit einer Kulturtechnik zu tun haben, die zu einer neuartigen Konfiguration von Körper und Selbst beiträgt. Aus dieser Perspektive ist Lifelogging zwar unabdingbar auf die Entwicklung bestimmter Technologien angewiesen, zugleich jedoch in eine Transformation der Logik von Vergesellschaftung und Kultur insgesamt eingebettet, die durch es verbreitet und bestärkt wird. Diese Transformation zeichnen wir im Folgenden anhand einer Unterscheidung von drei Formen des Normalismus' nach, die wir – Link folgend – als (unterschiedliche) Versuche einer dynamischen Regulierung und Stabilisierung des produktiven Chaos' der Moderne verstehen (vgl. Link 1997, S. 313). Da es im Lifelogging jedoch um eine

---

5 http://chipsetforum.blogspot.de/2014/09/google-glass-designed-for-those-who-move.html. Zugegriffen: 10. Juli 2015.

spezifische Protokollierung und normalistische Verdatung des Lebens geht, ist es notwendig, zunächst kurz auf die Entwicklung und Transformation des Lebensbegriffs einzugehen. Erst vor diesem Hintergrund lässt sich die Verschränkung mit der gesellschaftlichen Steuerungslogik des Normalismus' später in den Blick nehmen.

2 Eigenarten modernen Lebens: eine kurze Konturierung

Ein derzeitiges Erstarken von Diskussionen rund um den Lebensbegriff und den damit verbundenen Biologismus lässt sich „nur vordergründig schlicht als Resultat neuester naturwissenschaftlicher Entwicklungen" (Breidbach 2012, S. 3) begreifen. Schon im ausgehenden 19. Jahrhundert wird die „zunehmende Naturalisierung von Vorstellungsgefügen" (a.a.O., S. 14) zum Ersatz für im Zuge von Säkularisierungsprozessen verlorengegangene Wertvorstellungen. Sie bereitet damit einer Entwicklung den Boden, in der die Biowissenschaften schließlich zur Leitwissenschaft des 20. Jahrhunderts avancieren (vgl. a.a.O., S. 11). In seiner Verbreitung wird dieses biologisch-naturwissenschaftliche Weltbild von einem spezifisch konnotierten Begriff des Lebens getragen, auf dessen gesellschaftliche Zentralität ab der Wende zum 20. Jahrhundert u.a. Georg Simmel (1999), Helmuth Plessner (1975) und François Dagognet (1988) hingewiesen haben.[6] Hierin artikuliert sich ein spezifisches Verständnis des Lebens, das bei allen Differenzen auch für die heutige Verdatung der Lebensbewegungen konstitutiv zu sein scheint. Dabei lässt sich die Konjunktur des Lebensbegriffs um 1900 grundsätzlich als Reaktion auf zwei Entwicklungen begreifen: einen Wandel im medizinisch-wissenschaftlichen Verständnis des Lebens einerseits und die massive Ausbreitung von Artefakten andererseits.

(1) Bereits im 18. und 19. Jahrhundert besteht eine vitalistisch geprägte wissenschaftliche Auseinandersetzung um die Frage nach dem Leben, die sich zunächst – gegen metaphysische Deutungen des Organismus' wendend – durch „die Ablehnung des Animismus und des Mechanismus" (Canguilhem 2009, S. 283) auszeichnet. Es werden damit einerseits die Idee einer das Leben bewegenden und dem Menschen ursprünglich innewohnenden Seele und andererseits solche Vorstellungen verworfen, welche die Organisation des Lebens auf einen bestimmten

---

6 Siehe exemplarisch die Formulierung bei Plessner: „Jede Zeit findet ihr erlösendes Wort. Die Terminologie des achtzehnten Jahrhunderts kulminiert in dem Begriff der Vernunft, die des neunzehnten im Begriff der Entwicklung, die gegenwärtige im Begriff des Lebens." (Plessner 1975, S. 3)

Zweck hin und aus einem ihm äußerlichen regulativen Prinzip heraus begründen wollen.[7] Nicht nur der einleitend angesprochene Tarde, auch Henri Bergson, sein Nachfolger auf dem Lehrstuhl am Collège de France, greift diesen Wandel in den Vorstellungen vom Leben implizit in seinen Überlegungen auf. Und auch Georg Simmel rekurriert auf diese Entwicklungen, wenn er im Anschluss an die Lebensphilosophie die Dynamik von Vergesellschaftung und Kulturen als vom Leben erzeugte Formen begreift (vgl. Simmel 1999, S. 184). Arbeiten sich alle drei Positionen an den dominanten evolutionstheoretischen Konzepten ab, so verweist besonders Simmels zeitdiagnostische Perspektive zugleich darauf, dass sich in diesen Entwicklungen ein zunehmend selbstreferentielles Modell des Lebens durchsetzt: Von außen herangetragene, insbesondere metaphysische Erklärungsmodelle werden durch solche ersetzt, die davon ausgehen, dass die grundsätzliche schöpferische Bewegung des Lebens nur aus sich selbst heraus begriffen werden kann und auch keinem äußeren, finalen Zweck mehr untersteht.

Diese Idee, das Leben nicht als statisches Prinzip zu verstehen, sondern als etwas, das dynamisch verfasst ist und aus diesen Bewegungen selbst (mehr oder weniger stabile) Formen generiert, stellt eine Argumentationsfigur dar, die sich exemplarisch an den Überlegungen Bergsons nachzeichnen lässt. Auch der von ihm konzipierte Lebensbegriff ist eine Kritik an Mechanismus und Finalismus (vgl. Vrhunc 2002, S. 99). Bergson konstatiert, dass die überkommenen Vorstellungen vom Leben nicht „auf die Wirklichkeit, in der wir leben, zugeschnitten" (Bergson 1985, S. 21) sind, sondern eine Erklärung, „die uns befriedigen soll, [...] mit ihrem Gegenstand verwachsen sein" (a.a.O.) muss. Die klassische Metaphysik kann diesem Anspruch nicht gerecht werden, weil sie an die „Stelle der lebendigen und vollen Erfahrung" (a.a.O., S. 28) ein „System allgemeiner abstrakter Ideen" (a.a.O.) gesetzt hat. Aus Bergsons Perspektive aber ist das Leben selbst Dauer und Werden und bedarf keiner ihm äußerlichen Erklärung, die es feststellt, weil die „Wirklichkeit, so wie wir sie unmittelbar wahrnehmen, [...] keine Leere kennt" (a.a.O.), in der die Wissenschaften ihre Erklärungen einfügen müssten.[8] Die Analyse des Lebens soll sich also nicht bereits im Vorhinein auf das Identische und

---

7   Siehe für eine Auseinandersetzung mit dem Gedankengut des Vitalismus' und seine Traditionslinie über Nietzsche, Tarde, Bergson, Simmel, Deleuze, Foucault und Negri: Lash 2006.

8   Diese Konzeptualisierung des Lebens bei Bergson wendet sich nicht nur gegen das metaphysische Gedankengut, sondern vor allem auch „Spencers (und damit auch Darwins) Art, die Zeit und damit die biologische Evolution zu denken" (Delitz 2014, S. 45), die keine Entwicklung kennt, weil sie denkt, „es sei ‚alles gegeben', indem sie das Werden in Teile teilt, die man imaginär nebeneinander legen kann, und diese kausal verknüpft." (ebd.)

Gleichbleibende richten, weil eine derartige Betrachtung, die sich auf „allgemeine Strukturzusammenhänge konzentriert [...] dabei ihrerseits wiederum in Gefahr gerät, das historische Moment der Strukturentwicklungen und auch Strukturfunktionen zu übersehen" (Vrhunc 2002, S. 123). Zwar kennt das Leben Formen und Strukturen, sie sind ihm sogar konstitutiv, diese ließen sich aber nicht von dem Prozess ihrer Erzeugung als quasi unabhängige Emergenzen fassen.

Dadurch aber, dass diese Ideen der Selbstformung, -regulation und -referentialität des grundsätzlich bewegten Lebens auf eine ursächliche Erklärung ebendieser konstitutiven Bewegung verzichten und das, was sie offen gelassen haben, als Kennzeichen des Lebens und „Unbestimmtheit dann als Lebendigkeit" (Breidbach 2012, S. 6) bestimmen, tragen sie zu einer zunehmenden Verdatung des Lebens bei.[9] Es ergibt sich eine Leerstelle, die in der Folge von den praktischen Biowissenschaften besetzt werden kann. Gerade weil auch der Darwinismus zwar eine Beschreibung des Wandels der Arten, aber nicht seine Erklärung liefern kann (vgl. a.a.O., S. 10ff.), versucht man die Formen des Lebens bereits um 1900 insgesamt positiv „als Daten unabhängig von etwaigen Interpretationen" (a.a.O., S. 16) zu sichern. Ganz im Sinne Tardes misst man die Ähnlichkeiten in den Bewegungen.[10] Seinen mitunter schärfsten Ausdruck findet diese Logik schließlich in der Idee, dass das Leben selbst Information, selbst Datum ist, so dass „wir uns heute an die DNS wenden müssen, wenn wir wissen wollen, was Leben heißt" (Liebsch 2012, S. 470), weil der genetische Code zum Inbegriff des Lebens geworden ist (vgl. Deleuze 1987, S. 187).

(2) Die Verbreitung des vitalistischen Lebensbegriffs innerhalb der Wissenschaften provoziert aber nicht nur eine zunehmende Verdatung des Lebens, sie evoziert auch ein Denken, das Natürlichkeit und Künstlichkeit immer weniger dichotomisiert. Auf einer ganz basalen Ebene begreifen die vitalistischen Konzeptionen das Leben immer schon als künstlich. So gilt für Bergson generell, dass es „kein Leben ohne Form" (Vhrunc 2002, S. 123) gibt. Auch der tätige Intellekt formt „die Materie nach der Maßgabe und den Erfordernissen unserer Lebensbedürfnisse" (a.a.O., S. 111) und befreit in dieser kontinuierlichen Aneignungs-, Ordnungs- und Produktionstätigkeit vermittels Technik und Kultur gleichsam den Menschen von dem Zustand des Ausgeliefertseins an die Gesetze der Natur (vgl.

---

9 Das Argument, dass Normalismus und ein spezifisches Konzept des Lebens bzw. Statistik und Biologie von Anbeginn miteinander verschränkt sind, ist keineswegs neu, es geht bereits als Grundidee in den Begriff der Biopolitik bei Foucault ein, die als Regulierung der biologischen Existenz der Bevölkerung eine Art „biologische Modernitätsschwelle" konstituiert (Foucault 1983, S. 170).
10 Vgl. zu dieser Logik der Wissenschaften Tarde 2009, S. 29.

a.a.O.). Das Leben formt sich in den Artefakten bzw. wird mittels Technik und Kultur überhaupt erst als „als Geformtes zum Phänomen" (Simmel 1999, S. 185). Eine solche Perspektive findet sich in ähnlicher Weise auch in den Überlegungen von Plessner wieder, wenn er zu der Aussage gelangt, dass das menschliche Leben von Natur aus künstlich sei, da der Mensch sich als exzentrisch organisiertes Wesen zu dem, was er schon ist, erst machen müsse (vgl. Plessner 1975, S. 309).

Vor diesem Hintergrund gilt uns die dem vitalistischen Lebensbegriff konstitutive „Zurückweisung essentieller oder sogar antagonistischer Diskontinuitäten" (Balke 2009, S. 153) als eines der „markantesten Symptome für die Entstehung eines komplexen Konzepts von *Normalität*, das im 19. Jahrhundert seine Karriere zunächst in der Medizin antritt" (a.a.O.) und über den Eingang in die Philosophie entschieden an einer zunehmenden Verdatung des Lebens teilhat. Dennoch wird ein Begehren nach selbstständiger Lebensverdatung auf der Ebene des Selbsts, so wie es sich heute im Lifelogging zeigt, vor diesem Hintergrund nicht unmittelbar verständlich. Obwohl oder gerade weil die moderne wissenschaftliche Erkundung des Lebens überhaupt erst mittels der Expansion von Technik und Artefakten möglich wird, herrscht in der Alltagssemantik (und weit darüber hinaus) ein hierzu konträrer Vitalismus vor, der im Unterschied zu den skizzierten philosophischen Konzeptionen von einer grundsätzlichen Opposition von Leben und Technik, dem Vitalen und dem Artifiziellen ausgeht und für einen Entzug der Technik aus dem Bereich des Lebendigen und dessen Schutz einsteht. Dementsprechend lässt sich die gesellschaftliche Zentralität des Lebensbegriffs auf dieser Ebene zunächst und vor allem als Reaktion auf das Anwachsen des Artifiziellen zu dieser Zeit lesen (vgl. Eßbach 2011).

Angesichts der (besonders im deutschen Sprachraum) hegemonialen Auffassung einer Trennung von Leben und Technik ist der hierzu in vieler Hinsicht konträre philosophische Vitalismus, den wir in Rekurs auf Bergson, Simmel, Tarde und Plessner angedeutet haben, in der ersten Hälfte des 20. Jahrhunderts eine marginale Position geblieben. Zu einem nennenswerten Umdenken kommt es hier erst einige Jahrzehnte später. Getrieben von den technischen Möglichkeiten und dem Aufstieg der Biowissenschaften profiliert sich ein Verständnis des Lebens, das nicht mehr nach der ihm eigentümlichen und innewohnenden Form, sondern nach seiner Formbarkeit fragt. Damit aber verwischt der Unterschied zwischen dem Lebendigen und der Technologie zunehmend, so dass uns Leben und Natur heute immer mehr als verfügbar gelten. Diese Entwicklung, auf die u.a. Paul Rabinow mit dem Begriff der „Biosozialität" verwiesen hat (Rabinow 2004, S. 129ff.), lässt sich nicht zuletzt auch als Hintergrund der derzeitigen Renaissance der skizzierten Autoren begreifen. Im Kern umschreibt dies die Situation einer technologisch verfügbar gewordenen Natur, die sich kulturell als Ausweitung des Möglichkeitssinns auf das Biologische begreifen lässt. Zwar markiert dies eine Fortsetzung der vitalistischen Ideen um 1900, bedeutet aber insgesamt einen qualitativen Bruch.

3 Normalismus als Lebensform

Wir gehen davon aus, dass die gesellschaftliche Zentralität des Lebensbegriffs mit der Etablierung einer gesellschaftlichen Steuerungslogik in Zusammenhang steht, die Jürgen Link (1997) als Normalismus beschrieben hat. Sie trägt nicht nur dazu bei, dass die moderne Gesellschaft dahin strebt immer mehr Daten über sich und das Leben zu erheben, sie verwendet sie auch in (tendenziell) immer größerem Maße zur Selbstvergewisserung, -verständigung und -definition.[11] Als Steuerungsmodell der Moderne baut dieser Normalismus grundlegend auf dem Prinzip einer (statistischen) Verdatung der Gesellschaft auf, tendiert dabei aber immer mehr zu einer dynamischen und flexiblen Konzeptionalisierung des „Normalen". Gemeint ist damit also nicht nur, dass die Vermessung und Regulierung der Ordnung zunehmend auf einer statistischen Vorstellung von Normalität basiert (im Unterschied etwa zu einer moralischen, religiösen, etc.), sondern auch dass die Erfassung dieser Normalität in steigendem Maße selbstreferentiell erfolgt, d.h. sich immer weniger an außerstatistischen Setzungen und Absolutheiten orientiert.[12]

Trotz (oder gerade wegen) dieser allgemeinen Tendenz zur Selbstreferentialität finden sich jedoch verschiedene Modelle bzw. Strategien normalistischer Vergesellschaftung. Mit Blick auf die eingangs angesprochene Dreiteilung des Normalismus', die einen Analyserahmen für das Phänomen des Lifeloggings bereitstellen soll, ist zunächst entscheidend, dass bereits bei Link der „normalistische Archipel" (Link 1997, S. 13) in zwei unterschiedliche Typen aufgeteilt wird, die als Strategien und Umgangsweisen der Bearbeitung der normalistischen Verdatung der Gesellschaft und des Lebens begriffen werden müssen: er unterscheidet einen *Protonormalismus* von einem *flexiblen Normalismus*. Obwohl sich die beiden Formen kreuzen und überschneiden können, sind sie doch auf charakteristische Weise in eine historische Transformation der Moderne verwickelt. Während der Protonormalismus mit dem Vergesellschaftungsmodell der frühen und klassischen

---

11 Dabei wird unter Normalismus die „Gesamtheit von Diskursen, Verfahren und Institutionen verstanden, durch die in modernen Gesellschaften jene ‚Normalitäten' hergestellt werden, die mehr und mehr auch explizit zu letztbegründeten Gegebenheiten aufgerückt sind" (Gerhard et al. 2001, S. 7).

12 Vgl. dazu auch den Beitrag *Die Statistik des Selbst – Zur Gouvernementalität der (Selbst)Verdatung* von Thorben Mämecke in diesem Sammelband.

Moderne in Verbindung gebracht werden kann, überlappt sich der flexible Normalismus mit postmodernen Vergesellschaftungsformen (vgl. a.a.O., S. 81). Um diesen Gegensatz auch begrifflich genauer zu bezeichnen, lässt sich in Anschluss an Michel Foucault auch von *Normierung* auf der einen und *Normalisierung* auf der anderen Seite sprechen (vgl. Foucault 2004, S. 90; Schrage 2008).[13]

Protonormalismus und Normierung können in ihrer generellen Struktur analog zum foucaultschen Modell der Disziplin begriffen werden (vgl. Foucault 1977, S. 173ff.). Es handelt sich also um eine Ordnungsform von Gesellschaft, in der die Unterscheidung zwischen dem Normalen und dem Anormalen auf der Basis präskriptiver Modelle und Normen vollzogen und Normalität gerade nicht (allein) als statistische Verteilungsgröße begriffen wird: „Die disziplinäre Normalisierung besteht darin, zunächst ein Modell, ein optimales Modell zu setzen, das in Bezug auf ein bestimmtes Resultat konstruiert ist, und der Vorgang der disziplinarischen Normalisierung besteht darin, zu versuchen, die Leute, die Gesten, die Akte mit diesem Modell übereinstimmen zu lassen, wobei das Normale genau das ist, was in der Lage ist, sich dieser Norm zu fügen, und das Anormale ist das, was dazu nicht in der Lage ist. Mit anderen Worten, nicht das Normale und das Anormale sind grundlegend und ursprünglich für die disziplinäre Normalisierung [im Sinne von Normierung, L.G./S.M.], sondern die Norm." (Foucault 2004, S. 89f.).[14] Diese protonormalistische Normierung zeichnet sich also durch einen relativ rigiden Einsatz präskriptiver Normen aus und komprimiert dadurch die Zone der Normalität tendenziell stabil (vgl. Link 1997, S. 78). In Bezug auf die Einwirkung auf Selbst und Körper entspricht dies einem Modell der Dressur und Angleichung, in dem die Formung des Subjekts entlang von apriorischen Idealnormen erfolgt und das Selbst zugleich vom Körper getrennt (entkörperlicht) und in diesen eingeschlossen (inkorporiert) wird – als Gewissen, Seele oder innerer Kern.[15] „Wegen

---

13 Dies hat den Vorteil einer klareren begrifflichen Opposition und ermöglicht zugleich zwei weitere, für unsere Thesen wichtige Akzentuierungen: Zum einen kann so bereits begrifflich deutlicher auf die Tendenz oder Nähe des Normalismus' zum Modell der Normalisierung (im Unterschied zum weniger selbstreferentiellen Modell der Normierung) hingewiesen werden. Und zum anderen verweist dies darauf, dass der vitale Normalismus eine weitere Spezifizierung des Normalisierungsmodells (d.h. des flexiblen Normalismus') ist – und nicht dessen Ablösung oder Überwindung.

14 Die zitierte Passage befindet sich in der Vorlesung unmittelbar vor der bereits benannten Unterscheidung von Normierung und Normalisierung, der Begriffsgebrauch ist hier also noch undifferenziert. Gerade diese Stelle bereitet aber die folgende begriffliche Trennung vor. Inhaltlich sollte aber ohnehin erkennbar sein, dass hier das Modell der Normierung beschrieben wird.

15 Neben vielen anderen hat auch Norbert Elias auf diese Entwicklung hingewiesen, der zufolge die europäische Neuzeit bei den Individuen das Empfinden erzeugt, „daß ihr

dieser ursprünglichen Eigenschaft der Norm im Verhältnis zum Normalen, wegen der Tatsache, daß die disziplinarische Normalisierung von der Norm zur abschließenden Spaltung des Normalen und des Anormalen führt, ziehe ich es vor zu sagen, daß es sich bei dem, was in den Disziplinartechniken geschieht, eher um eine Normation [hier: Normierung, L.G./S.M.] handelt als um eine Normalisierung." (Foucault 2004, S. 90).[16]

Entlang dieses Einsatzpunktes der Norm bzw. der Frage der Priorität im Verhältnis von Norm und Normalität lässt sich damit auch das Modell der Normalisierung erschließen. Während Normierung auf einer Festlegung der (idealen) Norm basiert und daraus folgend eine relativ starke Bearbeitung von Abweichung impliziert, legt Normalisierung ein größeres Augenmerk auf Formen der Selbstlenkung und -positionierung von Subjekten, verfügt über permeable und dynamische Grenzziehungen und enthält eine höhere Ambiguitätstoleranz und Offenheit für biografische Brüche. Der flexible Normalismus wird von Link entsprechend über eine offenere Markierung der Normalitätsgrenzen, eine primär reflexiv-statistische Messung von Normalität und ein damit einhergehendes fluides (kybernetisches) Rückkopplungs- und Anpassungsmodell beschrieben. Komplementär zum (normierenden) Protonormalismus handelt es sich um eine „auf maximale Expandierung und Dynamisierung der Normalitäts-Zone zielende Strategie" (Link 1997, S. 78). Sie folgt der „Annahme einer prinzipiellen Kontinuität (nicht: Identität) zwischen ‚normalen' und ‚anormalen' bzw. pathologischen Phänomenen" (Balke 2009, S. 154) und bezeichnet ein Modell der (Re-)Produktion von Normalität und gesellschaftlicher Ordnung, das dehnbar und beweglich angelegt ist, weil feststehende qualitative Grenzmarkierungen einer Orientierung an quantitativ gewonnen Durchschnittswerten weichen. Wo immer jetzt noch Grenzwerte angesetzt werden, bilden sie „lediglich einen prinzipiell verschiebbaren Punkt auf einem Kontinuum" (Link 1997, S. 339).

---

eigenes ‚Ich' ihr eigentliches Selbst, etwas im ‚Inneren' von allen Menschen und Dingen ‚draußen' abgeschlossenes ist" (Elias 1981, S. LVI). Dieses Selbst versteht sich „als Nicht-Körper (res cogitans) in Differenz zu Ausgedehntem, Dinghaftem, Körperlichem (res extensa)" (Fuchs 2005, S. 57) und wird zu einem „Wesen innerer Tiefe" (Taylor 1995, S. 35).

16 Wir ersetzen hier die etwas sperrige Bezeichnung Normation mit dem Begriff der Normierung. Dies erscheint uns nicht zuletzt deshalb unproblematisch, weil der Begriff bei Foucault eine Verlegenheitslösung ist, da die französische Sprache im Unterschied zur deutschen hier keine weitere Differenzierung erlaubt und lediglich *normalisation* bereitstellt. Gleiches gilt im Englischen, entsprechend wird dort in der Regel zwischen normalization und standardization getrennt.

Auch hier lässt sich eine konzeptionelle Analogie bei Foucault finden. Sie besteht allerdings nicht mit dem Modell der Disziplin, sondern dem der Gouvernementalität und dem deleuzeschen Modell der Kontrolle.[17] Dies zeigt sich nirgends deutlicher als an der Form der Subjektivierung. Denn Subjektivierung durch Normalisierung zielt auf eine höhere Selbstadjustierung ab und entspricht typisch postmodernen Subjektformen. Sie bezeichnet ein „In-bezug-Setzen von Subjekten zu den nur in artifizieller Form manifestierbaren Massenprozessen in modernen Gesellschaften, mit dem Ziel, auf Dauer stellbare Weltverhältnisse zu etablieren, die weitgehend selbsttätig Orientierung an der sich permanent wandelnden Wirklichkeit der modernen Gesellschaft gewährleisten" (Schrage 2008, S. 4126). An die „Stelle der Anpassung schaffenden Normalität tritt eine Art normerzeugender Normalität" (Castel et al. 1982, S. 305), die nun auf eine wesentlich selbstreflexivere (statt disziplinäre) Art die Arbeit am Körper und die Kontrolle des Selbsts antreiben (und schließlich: forcieren) soll.

Die Folgen dieser Umstellung sind in Hinblick auf die Form der Vergesellschaftung weitreichend. Entscheidend ist zunächst, dass im Modell der Normalisierung die Eigenaktivität des Subjekts eine größere Rolle einnimmt (und institutionell auch immer mehr erwartet wird). So wird nicht nur die Sorge um die eigene Normalität zur Aufgabe des Subjekts, ihm wird zunehmend auch der Abgleich mit den Normalitäts- und Anormalitätswerten, d.h. die normalistische Verortung selbst abverlangt. Darüber hinaus erlaubt es die protonormalistische, d.h. normierende Subjektivierungsweise noch, das (eigene) Leben in ein Modell der *Gesundheit* zu gießen, während dieses im flexiblen Normalismus durch *Fitness* ersetzt wird.[18] Leben unter dem Modell der Gesundheit ist eine relativ kohärente und stabile Angelegenheit, weil diese innerhalb fester und eindeutiger Parameter platziert ist und idealerweise auf Dauer gestellt werden soll (vgl. Bauman 2005, S. 198). Insofern kennt dieses Modell noch eine quasi-externe Referenz und bietet so eine Orientierungsfolie, mittels derer sich Selbst- und Körperzustände befragen, bewerten und verorten lassen. Dahingegen fehlt der Orientierung an Fitness jener Grenzwert, mit dem erkennbar und zuverlässig zwischen fit und unfit unterschieden werden könnte: „Anders als bei der Gesundheit gibt es beim Streben nach Fitneß keinen Punkt, an dem Sie sagen könnten: Jetzt habe ich's geschafft, nun kann ich aufhören und an dem festhalten, was ich habe" (a.a.O., S. 200). Jedes erreichte Ziel ist bloß der nächste Schritt, jeder Versuch, einen objektiven oder absoluten Maßstab zu

---

17 Vgl. Deleuze 1993 sowie zu dieser Lesart von Foucault Gertenbach 2012.
18 Das gilt insbesondere auf der Ebene biopolitischer Eingriffe und Regulationen des Körpers und parallel zur sukzessiven Etablierung (sportlicher) Wettkampf- und Konkurrenzmodelle in immer mehr Bereichen der Gesellschaft.

finden, scheitert durch die komparative und kompetitive Struktur des relationalen Steigerungsprinzips der Fitness. Hinzu kommt, dass sich nun nicht mehr bloß die Bedingungen der Krankheit, sondern auch jene der Gesundheit manipulieren lassen. Der Unterschied besteht darin, dass man sich nun nicht nur nicht mehr auf ein relativ stabiles Konzept von Gesundheit bezieht, sondern „nicht einmal mehr auf die Norm im allgemeinen Sinne" (Castel et al. 1982, S. 317). Leben unter dem Imperativ der Fitness heißt verändern, „alle individuellen und sozialen Fähigkeiten entfalten, Fixierungen und Blockierungen überwinden, Archaismen abschaffen, Illusionen hinter sich lassen, von Entfremdung befreien" (a.a.O., S. 318).

Rekurrieren diese Ausführungen mehr oder weniger auf die bereits bei Link beschriebenen Modelle und Entwicklungen, so ist mit dem Begriff des vitalen Normalismus' nun eine weitere Transformation angezeigt. Wir verstehen darunter eine Verknüpfung des flexiblen Normalismus' mit einer *Kultur des Lebens* bzw. eine primär an Vitalität ausgerichtete Normalisierung, die sich im Umschwung von einer „Logik des Sozialen" zu einer „Logik des Lebens" ereignet (vgl. Rabinow 2004; Knorr Cetina 2009). Der Unterschied zu den modernen und zum Teil auch postmodernen Technologien des Selbsts besteht in einer tendenziellen Verschiebung von der Selbsterkenntnis zur Selbstoptimierung, von der Selbstfindung zur Selbstschöpfung, vom Psychischen zum Vitalen. Dabei steht keineswegs die grundsätzliche Orientierung an Subjektprofilen, Datenvergleichen und (Selbst-)Positionierungen innerhalb diverser Normalitätskurven zur Debatte. Vielmehr unterliegt die Art der Gewinnung, der Präsentation und des Abgleichs von Daten einer weitreichenden vitalistischen Recodierung, auch wenn sie trotz allem in zentralen Grundprämissen, Subjektivierungsanforderungen und -zumutungen der Steuerungslogik des Normalismus' treu bleibt. Weiterhin geht es „nicht um die Konditionierung der Subjekte auf fix programmierte, reflexartige Reaktionen, sondern um die Installation eines flexiblen Dispositivs im Subjekt, das ihm imaginäre Datenvergleiche, Kurvenentwürfe und Durchschnittskalküle erlaubt" (Link 1997, S. 338). Bereits im Übergang vom Modell der Gesundheit zu dem der Fitness wird aber eine Richtung eingeschlagen, an die sich Lifelogging ankoppeln kann. Denn in dieser Verschiebung von Heilung zu Optimierung, von reaktiver Medizin zu Prävention wird dem Subjekt nicht bloß mehr Eigenaktivität, Selbstkontrolle und (Eigen)Verantwortung abverlangt. Bemerkenswert sind darüber hinaus die Forcierung einer stärker körperbezogenen Selbstverortung und die Ausbreitung von Sozialitätsformen, die in Gänze der Orientierung an biologischen Phänomenen und Daten entspringen (vgl. u.a. Rabinow 2004, S. 143f.).[19]

---

19 Genau das ist es, was Paul Rabinow mit dem Konzept der Biosozialität im Sinn hat: „Es geht mir nicht um irgendwelche hypothetischen Gene für Aggression oder Altru-

Lifelogging ist damit weit davon entfernt, nur eine bloße Verlängerung oder Intensivierung schon bestehender Sozial- und Kulturtechniken zu sein. Es bildet zwar nicht den einzigen, aber doch den schillerndsten Ort, an dem sich eine auf Fitness, Optimierung und Prävention gegründete Kultur des Lebens an die bestehenden Techniken der Normalisierung ankoppelt. In Kombination mit den oben beschriebenen Eigenarten mobiler Digitalisierung, die eine historisch neuartige Erfassung von Daten ermöglicht, die sich auf das Selbst und den Körper in Bewegung beziehen, scheint uns die These gerechtfertigt, dass Lifelogging die paradigmatische Praxis einer sich primär am Leben (und nicht mehr im klassischen Sinne am Sozialen) ausrichtenden normalisierenden Steuerungslogik ist. Obwohl bereits protonormalistische Strategien auf die Erfassung und Normierung des Lebens zielten, handelte es sich dabei weder um den Prozess einer rekursiven Verdatung im Sinne der Normalisierung, noch fand diese Praxis als Selbstpraxis des Subjekts statt. Stattdessen wurde das Leben über das Modell der Gesundheit spezifisch eingehegt (und stillgestellt). Eine grundlegende Ablösung hiervon scheint sich erst mit den Möglichkeiten, die das Internet gegenwärtig mit Blick auf Datensammlung bereitstellt, zu eröffnen. Bis dahin handelt es sich noch um eine Form der Feststellung von Selbst und Körper, die das Leben in geregelten Bahnen hält; eine Versicherung als Hintergrundfolie in der Fixierung auf die Norm, um Körper und Selbst auf sie zuzubewegen. Ein Anlass zur Intervention besteht hier erst, wenn eine Störung vorliegt, weshalb die medizinische und therapeutische Praxis wesentlich reaktiv ist (vgl. Liebsch 2012, S. 473). Fitness hebt dahingegen stärker auf Selbstkonstruktion ab und orientiert sich weniger an vergangenen Ereignissen oder bereits aufgetretenen Krankheiten. Sie ist nicht reaktiv, sondern proaktiv und prophylaktisch. In Verbindung mit Optimierungsvorstellungen folgt sie einer Logik der Prävention und verlangt nach einer beständigen Arbeit an sich. Gerade dies lässt sich an die verschiedenen Techniken des Lifeloggings anschließen. Ent-

---

ismus. Viel eher kann man sich soziale Gruppen vorstellen, die sich um Chromosom 17, Lokus 16.256, Position 654.376 und Allele mit Guanin-Vertauschung bilden. Solche Gruppen werden über medizinische Spezialisten, Labors, Geschichten und Traditionen ebenso verfügen wie über eine ganze Anzahl pastoraler Betreuer, die ihnen behilflich sein werden, ihr Schicksal zu erfassen, zu teilen, zu beeinflussen und zu ‚verstehen'. Schicksal wird es sein. Einen tieferen Sinn wird es allerdings nicht zu entdecken geben. Denn es ist vergeblich, über den Sinn einer fehlenden Guaninbase nachzudenken, da sich darin wohl kaum ein tieferer Sinn verbirgt." (Rabinow 2004, S. 143f.) In diesem Sinne markiert diese Verschiebung für uns weniger eine Biologisierung des Sozialen, sondern deutet eher daraufhin, dass die „Biologie eine Kulturtechnik geworden" (Böhme 2004, S. 76) ist. Siehe für eine Annäherung an die begriffliche Unterscheidung zwischen Biosozialität und einer Biologisierung des Sozialen auch Wehling u.a. 2007.

scheidend ist aber im Übergang zum vitalen Normalismus, dass hier das Leben selbst im Modus der Bewegung in Erscheinung tritt. Das *Modell der Bewegung* im vitalen Normalismus evoziert Formen (selbst)ständiger Selbst- und Körperdokumentation, die für die Mehrheit der User zur Verortung innerhalb eines normalistischen Feldes dienen.

Insgesamt erfolgt die prinzipiell immer stärker an Normalisierungskurven und Normalverteilungen ausgerichtete Verortung des Subjekts nun also weniger an festen (nicht nur statistischen) Werten, sondern vermittels dynamischer biosozialer Daten. Darüber hinaus besteht ein wesentliches Kriterium des vitalen Normalismus' in einer im Übergang von Gesundheit zu Fitness bzw. Normierung zu Normalisierung bereits zunehmenden Verabschiedung stabiler bzw. institutionalisierter Orientierungswerte und Referenzen normalen Lebens in die Hände der Subjekte und die Masse ihrer Bewegungen. Insbesondere der Prozess der Verdatung, der Datengewinnung und Einspeisung, erlangt damit eine neue Qualität. Anstatt wie vor allem im Protonormalismus über biopolitische Aggregatdaten vollzogen zu werden, ist die Vermessung und Verdatung nun stärker in den mikropolitischen Technologien des Selbsts verankert und richtet sich explizit an Vitaldaten aus, so dass jetzt jeder Anschluss ans Netz dazu beitragen kann, zu eruieren was es heißt „in der richtigen Richtung, mit dem richtigen Tempo usw. zu leben" (Link 1997, S. 339). Dadurch wird der Lifelogger zur mitunter zwielichtigen Gestalt. Einerseits erweist er sich als Dokumentalist vitaler Normalisierung, der aktiv seine Daten preisgibt und zur Auslotung des Normalen beständig beiträgt. Andererseits ist er der Voyeur, der sich an den Dokumenten der anderen ausrichtet und als solcher fließen in ihm „Voyeurismus und Exhibitionismus untrennbar ineinander" (Schroer 2010, S. 461).

4 Zusammenfassung

Wir haben aufgezeigt, dass der Moderne der Bezug auf einen spezifisch konnotierten Lebensbegriff wesentlich ist, der mit der Etablierung einer gesellschaftlichen Steuerungslogik des Normalismus' in Zusammenhang steht. Hier wurde zwischen drei Varianten unterschieden, die mit verschiedenen Normierungen bzw. Normalisierungen von Körper und Selbst einhergehen. Daran schloss sich die Argumentation an, dass Lifelogging als Praxis einer dritten Normalisierungsstrategie aufgefasst werden kann. Mithilfe der Möglichkeiten mobiler Digitalisierung verbinden sich in ihr Prämissen flexibler Normalisierung mit einer Kultur des Lebens und erhalten eine spezifische Einfärbung, die eine „Auflösung der Kategorie des ‚Sozialen'" (Rabinow 2004, S. 139) begünstigt, weil die Daten primär durch eine

Vermessung vitaler Parameter gewonnen werden. Dabei geht die Verdatung im vitalen Normalismus wesentlich von den Subjekten aus und ermöglicht eine Verortung in entsprechenden Normalitätskurven. Es handelt sich also vor allem um Lebensdaten, deren Spiegelung mit den generalisierten Anderen der Normalverteilung zunehmend vom Subjekt selbst übernommen und immer weniger (autoritativ) von Professionsträgern (Ärzte, Lehrer, Fitnesstrainer etc.) ausgeübt (und gefordert) wird. Implizit enthalten scheint darin eine gewisse Steigerungslogik des Biosozialen zu sein, da ein als eigenständig gedachtes und in diesem Sinne natürliches Leben nicht mehr als stabiler Garant der Selbstverortung gilt, sondern zum Gegenstand des steten Eingriffs, zum veränderbaren und steigerungsfähigen Möglichkeitsraum wird. Insbesondere durch Aufkommen und Verbreitung dieser (bislang noch größtenteils) am Körper getragenen und in ihn hinein blickenden Gerätschaften der Digitalisierung und Vernetzung von Lebensdaten wird im vitalen Normalismus das Leben mit Hilfe von Technik und Artefakten nicht mehr nur erkannt, sondern „neu hergestellt werden" (a.a.O., S. 139). Wo die Expansion des Artifiziellen um die Wende vom 18. zum 19. Jahrhundert noch zur Entdeckung der eigenartigen Formen des Lebens beitrug, muss die Idee der Formbarkeit des Lebens heute geradezu als Einladung und als Lob der Artifizialität verstanden werden (vgl. a.a.O., S. 150f.). Lifelogging ist Bestandteil einer Bewegung, der das menschliche Leben weniger von Natur aus künstlich erscheint, sondern dem die Künstlichkeit zur Natur wird. Aus dieser gesellschaftlichen Entwicklung heraus wird es schließlich auch ersichtlich, wieso gerade aktuell ein Wiedererstarken der Lebensphilosophie und eine Renaissance von Tarde zu beobachten sind, die zuweilen gar die Forderung nach einem *vital turn* laut werden lassen. Während der abseits dieser Autoren verbreitete Lebensbegriff um 1900 noch in Opposition zum Artifiziellen artikuliert wurde, lässt gerade deren aktuelle Verschränkung ihre Arbeiten als hochaktuell erscheinen.

Letztlich bliebe zu fragen, woher dieses Begehren nach rekursiver Lebensverdatung rührt. Die Ausrichtung des Subjekts an und seine Selbstverortung in Normalfeldern lässt sich mit Link grundsätzlich als Reaktion auf eine Angst vor De-Normalisierung verstehen, d.h. auf jene Grundangst des Normalismus', auf die er ausführlich hinweist: Wenn „basale anthropologische Lebensrhythmen unter modernen Verhältnissen auf Normalität verwiesen sind, dann kann die Grund-Angst der Moderne keine andere als die sein, nicht normal zu sein (bzw. zu werden)" (Link 1997, S. 337). Im Lifelogging verbindet sich diese Angst mit der Grundangst der digitalen Sichtbarkeitskultur: unsichtbar zu sein. Sie resultiert daraus, dass Unsichtbarsein in den digitalen Welten mit Exklusion gleichzusetzen ist (vgl. Schroer 2013). Durch das Zusammenspiel der Praktiken des Lifeloggings mit den Normalisierungstechniken kommt der Quantifizierung des Selbsts eine Versicherungsfunktion zu, die ihren Beitrag dazu leistet, dass die „ständige Beobachtung (und deren Aufzeichnung) und das permanente Beobachtetwerden demokratisiert und allgegenwärtig" (Schroer 2010, S. 416) werden: „Wondering if you're alive? If you're reading this, you probably are ... but you can never be too sure! *Runtastic Heart Rate* lets you check your BPM whenever you want."[20]

Vielleicht geht es dem Lifelogger letztlich um nicht viel mehr als ein jeweiliges Einfangen und Festhalten dieses beständigen Prozessierens von Referenzen. Jedes noch so geringfüge Datum einer Veränderung kann somit zum Anlass genommen werden, die Bewegung in eine bestimmte Richtung zu treiben, die ihr wieder ein Datum liefert usw., so dass sich diese digitale Lebensprozedur von jedem einzelnen Log ausgehend immer wieder neu zusammensetzt. Aber wer bewegt dann wen: das Leben die Daten oder die Daten das Leben? Wenn wir es mit der ersten Variante zu tun bekommen, werden die digitalen Formen des Lebens vielleicht tatsächlich gewunden und anmutig sein, wie Tarde vermutet. Bekommen wir es mit der zweiten Variante zu tun, wären sie wohl eher so monoton wie ein EKG, das zwar präzise die einzelnen Ausschläge und ihr Dazwischen abbilden kann, aber immer zum Eingriff motiviert, wenn sich eine Abweichung zeigt.

Literatur

Balke, F. (2009). Eine frühe Soziologie der Differenz. In Ch. Borch & U. Stäheli (Hrsg.), *Soziologie der Nachahmung und des Begehrens. Materialien zu Gabriel Tarde* (S. 135–163). Frankfurt a.M.: Suhrkamp.
Bauman, Z. (2005). Politischer Körper und Staatskörper in der flüssig-modernen Konsumentengesellschaft. In M. Schroer (Hrsg.), *Soziologie des Körpers* (S. 189–214). Frankfurt a.M.: Suhrkamp.
Bergson, H. (1985 [1946]). *Denken und schöpferisches Werden. Aufsätze und Vorträge*. Frankfurt a.M.: Syndikat.
Böhme, H. (2004). Die Fortschritte der Biologie als Kultur. *Gegenworte, 13*, 75–78.
Breidbach, O. (2012). Leben und Lebensbegriff um 1900. In S. Schaede, G. Hartung & T. Kleffman (Hrsg.), *Das Leben. Historisch-systematische Studien zur Geschichte des Lebensbegriffs*, Bd. 2, (S. 3–44). Tübingen: Mohr Siebeck.
Campell, M. (2013). Apple patents 3D gesture UI for iOS based on proximity sensor input. appleinsider. http://appleinsider.com/articles/13/08/20/apple-patents-3d-gesture-ui-for-ios-based-on-proximity-sensor-input. Zugegriffen: 16. Jan 2015.
Canguilhem, G. (2009). Das Normale und das Pathologische. In G. Canguilhem (Hrsg.), *Die Erkenntnis des Lebens* (S. 281–308). Berlin: August.

---

20 https://ting.com/blog/app-of-the-week-runtastic-heart-rate/. Zugegriffen: 16. Jan 2015 (H.i.O.).

Castel, F., Castel, R., & Lovell, A. (1982). *Psychiatrisierung des Alltags. Produktion und Vermarktung der Psychowaren in den USA*. Frankfurt a.M.: Suhrkamp.
Dagognet, F. (1988). *La maîtrise du vivant*. Paris: Hachette.
Deleuze, G. (1987). *Foucault*. Frankfurt a.M.: Suhrkamp.
Deleuze, G. (1993). Postskriptum über die Kontrollgesellschaften. In G. Deleuze (Hrsg.), *Unterhandlungen. 1972–1990* (S. 254–262). Frankfurt a.M.: Suhrkamp.
Delitz, H. (2014). Eines Tages wird das Jahrhundert vielleicht bergsonianisch sein. In J. Fischer & S. Moebius (Hrsg.), *Kultursoziologie im 21. Jahrhundert* (S. 43–55). Wiesbaden: Springer.
Desat, M. (2013). Google Patents Heart-Shaped Hand Gesture for Taking Photos. the escapist. http://www.escapistmagazine.com/news/view/128737-Google-Patents-Heart-Shaped-Hand-Gesture-for-Taking-Photos. Zugegriffen: 16. Jan 2015.
Dorer, J. (2008). Das Internet und die Genealogie des Kommunikationsdispositivs: Ein medientheoretischer Ansatz nach Foucault. In A. Hepp & R. Winter (Hrsg.), *Kultur – Medien – Macht. Cultural Studies und Medienanalyse*, 4. Aufl., (S. 354–365) Wiesbaden: VS Verlag.
Elias, N. (1981). *Über den Prozeß der Zivilisation. Soziogenetische und psychogenetische Untersuchungen*. Bd. 1: Wandlungen des Verhaltens in den weltlichen Oberschichten des Abendlandes. Frankfurt a.M.: Suhrkamp.
Eßbach, W. (2011). Vernunft, Entwicklung, Leben. Schlüsselbegriffe der Moderne. In W. Eßbach (Hrsg.), *Die Gesellschaft der Dinge, Menschen, Götter* (S. 131–140). Wiesbaden: VS Verlag.
Foucault, M. (1977). *Überwachen und Strafen. Die Geburt des Gefängnisses*. Frankfurt a.M.: Suhrkamp.
Foucault, M. (1983). *Der Wille zum Wissen. Sexualität und Wahrheit*. Frankfurt a.M.: Suhrkamp.
Foucault, M. (2004). *Geschichte der Gouvernementalität I. Sicherheit, Territorium, Bevölkerung. Vorlesung am Collège de France 1977–1978*. Frankfurt a.M.: Suhrkamp.
Fuchs, P. (2005). Die Form des Körpers. In M. Schroer (Hrsg.), *Soziologie des Körpers* (S. 48–72). Frankfurt a.M.: Suhrkamp.
Gerhard, U., Link, J., & Schulte-Horney, E. (2001). Infografiken, Medien, Normalisierung – Einleitung. In U. Gerhard, J. Link & E. Schulte-Horney (Hrsg.), *Infografiken, Medien, Normalisierung. Zur Kartographie politisch-sozialer Landschaften* (S. 7–22). Heidelberg: Synchron.
Gertenbach, L. (2012). Governmentality Studies. Die Regierung der Gesellschaft zwischen Ökonomie, Staat und Subjekt. In S. Moebius (Hrsg.), *Kultur. Von den Cultural Studies bis zu den Visual Studies* (S. 108–127). Bielefeld: transcript.
Graff, B. (2014). Report zu Bot-Traffic Wie Maschinen das Web ausnutzen. Süddeutsche Zeitung. http://www.sueddeutsche.de/digital/report-zu-bot-traffic-wie-maschinen-das-web-ausnutzen-1.1956939. Zugegriffen: 16. Jan 2015.
Knorr Cetina, K. (2009). Jenseits der Aufklärung. Die Entstehung der Kultur des Lebens. In M. G. Weiß (Hrsg.), *Bios und Zoë. Die menschliche Natur im Zeitalter ihrer technischen Reproduzierbarkeit* (S. 55–71). Frankfurt a.M.: Suhrkamp.
Lash, S. (2006). Life (Vitalism). *Theory, Culture & Society, 23*(2/3), 323–329. doi:10.1177/0263276406062697.
Liebsch, B. (2012). Leib und Leben. Im Blick auf die Phänomenologie (M. Merleau-Ponty) und der Epistemologie (G. Canguilhem). In S. Schaede, G. Hartung & T. Kleffmann

(Hrsg.), *Das Leben. Historisch-systematische Studien zur Geschichte eines Begriffs*, Bd. 2 (S. 463–491). Tübingen: Mohr Siebeck.

Link, J. (1997). *Versuch über den Normalismus. Wie Normalität produziert wird.* Opladen: Westdeutscher Verlag.

Mattern, F. (2007). *Die Informatisierung des Alltags. Leben in smarten Umgebungen.* Heidelberg: Springer.

Plessner, H. (1975). *Die Stufen des Organischen und der Mensch. Einleitung in die philosophische Anthropologie*, 3. Aufl. Berlin: de Gruyter.

Rabinow, P. (2004). *Anthropologie der Vernunft. Studien zu Wissenschaft und Lebensführung.* Frankfurt a.M.: Suhrkamp.

Reichert, R. (2008). *Amateure im Netz. Selbstmanagement und Wissenstechnik im Web 2.0.* Bielefeld: transcript.

Reichert, R. (2013). *Die Macht der Vielen. Über den Kult der digitalen Vernetzung.* Bielefeld: transcript.

Schrage, D. (2008). Subjektivierung durch Normalisierung. Zur Aktualisierung eines poststrukturalistischen Konzepts. In K.-S. Rehberg (Hrsg.), *Die Natur der Gesellschaft. Verhandlungen des 33. Kongresses der Deutschen Gesellschaft für Soziologie in Kassel 2006* (S. 4120–4129), Frankfurt a.M.: Campus.

Schroer, M. (2010). Der Voyeur. In S. Moebius & M. Schroer (Hrsg.), *Diven, Hacker, Spekulanten. Sozialfiguren der Gegenwart* (S. 451–462). Frankfurt a.M.: Suhrkamp.

Schroer, M. (2013). Sichtbar oder unsichtbar? *Soziale Welt, 64*(1/2), 17–36.

Selke, S. (2014). *Lifelogging. Wie die digitale Selbstvermessung unsere Gesellschaft verändert.* Berlin: Econ.

Simmel, G. (1999 [1918]). Der Konflikt der modernen Kultur. Ein Vortrag. In G. Fitzi & O. Rammstedt (Hrsg.), *Der Krieg und die geistigen Entscheidungen, Grundfragen der Soziologie, Vom Wesen des historischen Verstehens, Der Konflikt der modernen Kultur, Lebensanschauung* (Gesamtausgabe Bd. 16) (S. 181–207). Frankfurt a.M.: Suhrkamp.

Tarde, G. (2009 [1890]). *Die Gesetze der Nachahmung.* Frankfurt a.M.: Suhrkamp.

Taylor, C. (1995). *Das Unbehagen an der Moderne.* Frankfurt a.M.: Suhrkamp.

Vrhunc, M. (2002). *Bild und Wirklichkeit: Zur Philosophie Henri Bergsons.* München: Fink.

Wehling, P., Viehöver, W., Keller, R., & Lau, Ch. (2007). Zwischen Biologisierung des Sozialen und neuer Biosozialität: Dynamiken der biopolitischen Grenzüberschreitung. *Berliner Journal für Soziologie, 17*(4), 547–567.

Lifelogging – Projekt der Befreiung oder Quelle der Verdinglichung?

Peter Schulz

1 Einleitung

Georg Lukács beschreibt in *Die Verdinglichung und das Proletariat* die Zerlegung des Menschen in quantifizierte und rationalisierbare Teileigenschaften auf eine Art, die auf irritierende Weise eine Wirklichkeit vorwegnimmt, die rund 90 Jahre nach dem Erscheinen des Aufsatzes Gegenwart ist. Die Zerlegung der menschlichen Persönlichkeit in Teilaspekte, ihre Kalkulation, die der Suche nach ihren Funktionsgesetzen dient und letztlich auf die Rationalisierung ihrer Abläufe zielt, all diese Aspekte eines *Quantified Self (QS)* scheinen heute mittels Lifelogging-Technologien und -Praktiken realisiert. Es mag erstaunen, ihre treffende Beschreibung in einem alten und vermeintlich veralteten Text zu finden:

> „Mit der modernen „psychologischen" Zerlegung des Arbeitsprozesses (Taylor-System) ragt diese rationelle Mechanisierung bis in die „Seele" des Arbeiters hinein: selbst seine psychologischen Eigenschaften werden von seiner Gesamtpersönlichkeit abgetrennt, ihr gegenüber objektiviert, um in rationelle Spezialsysteme eingefügt und hier auf den kalkulatorischen Begriff gebracht werden zu können.
> Für uns ist das *Prinzip*, das hierbei zur Geltung gelangt, am wichtigsten: das Prinzip der auf Kalkulation, auf *Kalkulierbarkeit* eingestellten Rationalisierung. [...] Rationalisierung im Sinne des immer exakteren Vorherberechnens aller zu erzielenden Resultate ist nur erreichbar durch genaueste Zerlegung eines jeden Komplexes in seine Elemente, durch Erforschung der speziellen Teilgesetze ihrer Hervorbringung." (Lukács 1967, S. 99f., Herv. i. Original).

Die Gegenwart des *QS* irritiert auf zwei weitere Arten die Lukácssche Diagnose der Verdinglichung: Zum einen wird sie, anders als Lukács es beschreibt, von ihren Akteuren freiwillig und auf sich selbst angewandt. Damit scheint sie zumindest ihren Apologetinnen[1] als Chance auf Befreiung: „If you want to replace the vagaries of intuition with something more reliable, you first need to gather data. Once you know the facts, you can live by them." (Wolf 2010) Durch die Orientierung an den gesammelten Fakten soll somit die Wahrscheinlichkeit erhöht werden, den eigenen Willen zu realisieren. Die zweite Irritation trifft den Ort der Verdinglichung: Bei Lukács ist es primär die Lohnarbeit, in der die Arbeiterin verdinglicht werden, während die meisten Lifelogging-Praktiken außerhalb der Lohnarbeit, in der Freizeit stattfinden.[2]

Der vorliegende Beitrag greift diese beiden Irritationen auf und macht deutlich, ob und inwiefern Lifelogging-Praktiken unter dem Begriff der Verdinglichung zu fassen sind. Falls die Passförmigkeit der Verdinglichungsdiagnose kein Zufall ist – und das soll im Folgenden begründet werden – eröffnen sich eine Reihe von Fragen: Was hat die von Lukács explizierte Verdinglichung in der Lohnarbeit mit Lifelogging-Praktiken in der Freizeit zu tun? Inwiefern ist die Verdinglichung im Lifelogging etwas Neues gegenüber der – laut Lukács – allgemeinen Verdinglichung in kapitalistischen Arbeitsverhältnissen? Wie kommt es zur Ausdehnung oder Übertragung der Verdinglichung von der Sphäre der Arbeit auf die der Freizeit? Schließlich: Liegen Anhänger der *QS*-Bewegung falsch, wenn sie Lifelogging-Praktiken als Befreiung und Selbstermächtigung verstehen?[3]

Zur Beantwortung dieser Fragen gliedert sich der Beitrag in fünf substanzielle Abschnitte: Zunächst wird das Befreiungsprogramm des *QS* ebenso wie die Kritik an Lifelogging als Entfremdung knapp (2) und der Verdinglichungsbegriff Lukács und die Kritik an ihm, insbesondere durch Habermas und Honneth etwas ausführlicher (3) rekonstruiert. Im Anschluss daran wird ihnen – gewissermaßen kritisch an diese Kritik anknüpfend – wiederum eine Kritik der Verdinglichung auf Basis des Verständnisses der kapitalistischen Gesellschaft als Gesellschaft der Trennungen entgegengehalten (4). Auf diese aufbauend wird die Verallgemeinerung der

---

1   Grammatikalisch vergeschlechtlichte Formen werden hier und folgend nicht im generischen Maskulinum wiedergegeben, sondern stochastisch, also nach dem Zufallsverfahren und mit einer Verteilung von je 50% in der weiblichen und männlichen Form wiedergegeben. Es sind je alle Geschlechter gemeint.

2   Auch wenn die Implementierung von Lifelogging-Praktiken in die Lohnarbeit, insbesondere in Bereichen der industriellen Produktion und der Logistik (unter dem Begriff Industrie 4.0 in Deutschland) zentrale Themen aktueller Wirtschaftspolitik sind.

3   Vergleiche zu diesem Aspekt auch den Beitrag *Selbstoptimierung durch Quantified Self?* von Stefan Meißner in diesem Sammelband.

Verdinglichung im Spätkapitalismus in der Sphäre der Freizeit dargestellt (5) um schließlich Lifelogging-Praktiken als Bewältigungsversuch dieser verallgemeinerten Verdinglichung in entfremdeter Form zu diagnostizieren (6).

2 Lifelogging als Projekt der Befreiung oder Entfremdung

Liest oder hört man Aussagen zu Lifelogging-Praktiken durch Vordenker der QS-Bewegung, findet man in ihnen die Beschreibung eines konstitutiv unzureichenden Menschen. „We make errors of fact and errors of judgment. We have blind spots in our field of vision and gaps in our stream of attention. Sometimes we can't even answer the simplest questions", fasst Gary Wolf (2010) in seinem Schlüsselartikel *The Data-Driven Life* die Ausgangslage zusammen. Unser Sinnesapparat ebenso wie unsere Gedächtnisleistungen reichen nicht aus, um jene Entscheidungen, die wir treffen, fundieren zu können. Von einer Freiheit zu entscheiden, so die zugespitzte Pointe der Diagnose, ist kaum zu sprechen, solange wir unsere Entscheidungen auf Intuition gründen und somit die Konsequenzen unserer Handlungen kaum abschätzen können. Dieser gleichsam natürlichen Unfreiheit stellt Wolf ein technisches Projekt der Aufklärung entgegen. Das menschliche Verhalten, dass selbst für die jeweiligen Handelnden opak ist, soll mittels der Vermessung und computergestützten Auswertung durchleuchtet und schließlich transparent gemacht werden. „The goal is [...] to discover something about yourself" (Wolf 2010), oder, wie Selke es zusammenfassend auf den Punkt bringt, geht es darum, „den verborgenen Kern des eigenen Ichs zu erkennen." (Selke 2014, S. 63)

Das Projekt der Befreiung ist also ambivalent. Einerseits gehört laut Wolf zu den natürlichen Defiziten des Menschen der Drang, diese zu überwinden, „[i]t's natural that we would want to reclaim some of this power" (Wolf 2010). Lifelogging-Praktiken erscheinen so als Verlängerung der natürlichen Bestimmung des Menschen, als notwendige Folge aus dem natürlichen Mangel, letztlich also als evolutionärer Schritt, der den Mangel überwindet und den Menschen schließlich zu einem kompletten Menschen macht. Andererseits betont Wolf, dass „[t]he goal isn't to figure out something about human beings generally" (Wolf 2010). Nicht der Mensch, sondern das je einzelne Individuum steht im Fokus der Aufklärung, die so zum Projekt individueller Befreiung werden soll. Diese beiden Seiten der Befreiung widersprechen sich hierbei nicht, sondern verweisen darauf, dass im Kern der Vorstellung, Lifelogging-Praktiken als Befreiungsprojekt zu verstehen, eine anthropologische Annahme steht: Der Mensch ist durch die Fähigkeit ausgezeichnet, sich mittels technischer Beherrschung der inneren und äußeren Natur als Individuum zu verwirklichen. Diese technische Beherrschung qua Messung und Kalkulation ist dabei das Hilfsmittel, dass es dem Bewusstsein erlauben soll, Herr seiner Selbst gegenüber dem unbewusst Psychischen ebenso wie dem unbewusst Sozialen zu werden um so eine vernünftige Lebensführung zu ermöglichen.

Während innerhalb der *QS*-Bewegung Lifelogging-Praktiken als Befreiungsprojekt hin zu wahrer Individualität verstanden werden, dominiert außerhalb der *QS*-Bewegung beim Blick auf Lifelogging-Praktiken eine dem diametral entgegenstehende Vorstellung. Statt der Verwirklichung der menschlichen Natur in der Überwindung ihrer Schwächen werden Lifelogging-Praktiken im Regelfall aufgrund ihres unnatürlichen und berechnenden Zugriffs auf das menschliche Leben kritisiert. Die qualitative Wahrnehmung des Selbst – so der Vorwurf – wird ersetzt durch einen technisch vermittelten Zugriff auf einzelne, operationalisierbare und quantifizierbare Prozesse, deren Addition dann eine Erkenntnis des Selbst simuliert, es jedoch grundlegend verfehlt. Stefan Selke – der hier beispielhaft herangezogen wird, da er, zumindest für den deutschsprachigen Raum, eine Zusammenfassung der Diskussion liefert – spricht etwa davon, dass Lifelogging Menschen „entfremdet" (Selke 2014, S. 266) und dass diese Entfremdung mit einer „Selbstverdinglichung" (Selke 2014, S. 274) korrespondiere. Kern der Entfremdung bildet der Verlust der „ganzheitlichen Sicht" (Selke 2014, S. 214), also der wirklichen Selbsterkenntnis. Quelle der Verdinglichung bildet dabei die Quantifizierung, deren zentrale Bedeutung in Lifelogging-Praktiken auch Wolf (2010) herausstellt. Sie führt, so ein Teilnehmer in einem Versuch zu Lifelogging-Kameras an der Hochschule Furtwangen, dazu, sich „als Werkzeug" (zit. n. Selke 2014, S. 292) zu fühlen. Dieses Gefühl resultiert aus der Ausrichtung des eigenen Verhaltens an extern, da technisch-vermittelten, entgegentretenden Richtwerte. Der Journalist Enno Park beschreibt die Haltung zu sich selbst, die durch Lifelogging-Praktiken nahegelegt wird, als die Haltung eines „Controller[s] in der Buchhaltung"; wie er „beobachten wir Zahlenwerte und steuern gegen, wenn sie aus dem Ruder laufen". (Park 2014) Die hier angedeutete ökonomische Haltung gegenüber einem Selbst wird auch von Jennifer R. Whitson beschrieben und mit der Quantifizierung verknüpft: „This quantification becomes enrolled in a Taylorism of everyday life" (Whitson 2013, S. 170).

Die Diagnose ist also folgende: Lifelogging-Praktiken und insbesondere die Quantifizierung von Teilprozessen des menschlichen Lebens führen zu einer ökonomischen Haltung gegenüber des Selbst, in der der wahrgenommene Subjektstatus tendenziell verloren geht und Menschen sich zu Objekten der Quantifizierung verdinglicht erfahren. Diese Verdinglichung entfremdet die Menschen von den eigentlichen Formen der Selbsterkenntnis im Besonderen und ihrem Leben im Allgemeinen.

Entfremdung und Verdinglichung verweisend dabei beide, wie das Befreiungsverständnis der *QS*-Bewegung, auf anthropologische Annahmen. Dies ist innerhalb der Gesellschaftswissenschaften der Grund, warum der Entfremdungsbegriff „nahezu aufgegeben worden [ist, da] er die Idee eines ‚essentiellen Wesenskerns' oder zumindest einer idealen Lebensform vorauszusetzen scheint", wie es Hartmut Rosa (2009, S. 120) formuliert, der sich selbst dennoch für die Verwendung des Entfremdungsbegriffs stark macht. Und auch Rahel Jaeggi, die mit ihrer Dissertation *Entfremdung* 2005 die erneute Diskussion des Begriffs anstieß, konstatiert, dass sich „nicht unbefangen" „an die Theorietradition, mit der der Entfremdungsbegriff assoziiert ist" (Jaeggi 2005, S. 12), anschließen lässt und problematisiert ebenso die implizit in der Formulierung des Entfremdeten enthaltene Behauptung über das ideale Leben.

Verdinglichung führt demgegenüber eine vergleichsweise schwache Anthropologie ins Feld: Menschen sind keine Dinge, und beide Kategorien von Entitäten verlangen eine je andere Art, sie zu behandeln – auch wenn der Verdinglichungsbegriff ebenso einen zu problematisierenden normativen Gehalt einschließt (vgl. Honneth 2005, S. 16f.). Statt auf der Frage der Distanzierung zum idealen Leben zielt der Verdinglichungsbegriff jedoch auf den Verwandlungsprozess, den die verdinglichende Praxis am Menschen vollzieht. Damit ist er geeigneter, die Frage, ob Lifelogging-Praktiken entfremdend bzw. verdinglichend sind, durch die Beobachtung der Praxis selbst und ihrer gesellschaftlichen Einbettung – statt vom Standpunkt anthropologische Annahmen aus – zu beantworten. Zudem, wie das Eingangszitat dieses Beitrags deutlich machen sollte, beruht die Verdinglichungsdiagnose auf Beobachtungen, deren Nähe zu den Beschreibungen von Lifelogging-Praktiken eine Anwendung geradezu aufdrängt.

3 Diagnosen der Verdinglichung: Lukács, Habermas, Honneth

Lifelogging-Praktiken unter dem Begriff der Verdinglichung zu untersuchen, stellt eine Herausforderung dar. Der Begriff ist umkämpft und selbst jenen Autorinnen, die sich positiv auf das Konzept beziehen wollen, bereitet es Schwierigkeiten zu bestimmen, was Verdinglichung ist. „‚Reification' is not a household word" (Pitkin 1987, S. 263) und dennoch scheint etwa die zitierte Diagnose Lukács unmittelbar evident. Sein Versuch – und die Versuche anderer – zu bestimmen, was Verdinglichung ist, sind jedoch hochumstritten; es wirkt, als wenn „der Begriff der Verdinglichung *zeitdiagnostisch unersetzbar* ist, [...] ob er *theoretisch haltbar* ist" scheint jedoch fragwürdig, wie Jaeggi und Stahl (2011, S. 698) formulieren.

Da der Verdinglichungsbegriff zugleich der „Paradigmakern" (Stahl 2011, S. 735) der Kritischen Theorie darstellt, wird folgend neben der Verdinglichungsdiagnose Lukács vorrangig die Auseinandersetzung der Kritischen Theorie mit dieser dargestellt werden. Sie ist in ihrer kritischen Rezeption Lukács geeignet, zu einem theoretisch haltbaren Begriff von Verdinglichung zu gelangen. Hierbei wird in diesem Kapitel auf die Kritik Jürgen Habermas und Axel Honneths (die hier als wirkmächtigste Vertreter für die 2. und 3. Generation der Kritischen Theorie herausgegriffen werden) eingegangen, während (als Vertreter der 1. Generation) Theodor W. Adornos Auseinandersetzung mit dem Verdinglichungsbegriff im folgenden Kapitel erörtert wird. Sie alle haben prominente „Reaktualisierungsversuche der Verdinglichungstheorie" (Stahl 2011, S. 736) in Angriff genommen.

Da Lukács Diagnose fundamental auf dem Begriff des Warenfetischismus der Marxschen Kritik der politischen Ökonomie aufbaut (vgl. Jütten 2011a, S. 719; Habermas 1995a, S. 477), muss zunächst dieser Begriff eingeführt werden, ohne dass er hier in der nötigen Ausführlichkeit dargestellt werden kann. Unter Warenfetischismus versteht Marx eine Verkehrung, die Subjekte im Tausch in „Gesellschaften, in welchen kapitalistische Produktionsweise herrscht" (Marx 2008, S. 49) vollziehen. Der Wert der Ware, obwohl er selbst Resultat sozialer Praxis, der Lohnarbeit und des Tauschens, ist, erscheint den Tauschenden als „vorgefundene *Voraussetzung* seines Tuns" (Heinrich 2011, S. 207), der Wert erscheint ontologisiert als „Natureigenschaft" (Marx 2008, S. 86) der Ware. Diese Verkehrung des Verhältnisses von Ware und Praxis setzt sich in der Marxschen Analyse in einer Reihe von weiteren Fetischismen (von Geld, Zins, Kapital, Lohn) fort. Das *Kapital* kann, so die Lesart der Kritischen Theorie, als eine Kritik des fetischistischen Bewusstseins von Gesellschaft verstanden werden, in der den Individuen „[i]hre eigne gesellschaftliche Bewegung [...] [in der] Form einer Bewegung von Sachen, unter deren Kontrolle sie stehen, statt sie zu kontrollieren" (Marx 2008, S. 89) entgegentritt.

Lukács vertritt diese Lesart in seinem Aufsatz *Die Verdinglichung und das Bewusstsein des Proletariats*. Laut Lukács (1967, S. 94) lässt sich aus dem Warenfetischismus das „zentrale [...], strukturelle [...] Problem der kapitalistischen Gesellschaft in allen ihren Lebensäußerungen" erschließen. Entsprechend dieses Postulats analysiert er unter dem Begriff die Verdinglichung jene Verkehrungen, die sich durch die Lohnarbeit ergeben, auf der Basis des Konzepts des Warenfetischismus.

Unter Verdinglichung versteht Lukács die „Selbstobjektivierung, dieses Zur-Ware-Werden einer Funktion des Menschen" (Lukács 1967, S. 104) in der Lohnarbeit und schließlich die Selbstobjektivierung des Menschen insgesamt, der sich als Wareneignerin seiner Arbeitskraft mit dieser identifiziert und sich damit als seine eigene Ware behandelt. Die Marxsche Analyse des Zum-Ding-Werdens sozialer Beziehungen im Wert der Ware wendet Lukács als auch subjektiv vollzogene Verdinglichung der Akteure dieser sozialen Verhältnisse. Sie werden zu Objekten des gesellschaftlichen Prozesses.

Entsprechend der Abstraktion von den unterschiedlichen Qualitäten der zu tauschenden Dinge auf ihren gemeinsamen, rein quantitativ ausdrückbaren Wert vollzieht sich die subjektive Verdinglichung als Absehung vom Besonderen des jeweiligen Individuums. Dieser Entqualifizierung entspricht eine Quantifizierung, die mit Kalkulierbarkeit einhergeht (vgl. Lukács 1967, S. 98f.). An die Quantifizierung schließen laut Lukács einige Effekte an: Das Selbst wird in verschiedene, quantifizierbare Teile zerlegt, die jeweils optimiert werden sollen. Dieses „Zerreißen des Subjekts" führt dazu, dass der Mensch als ganzer nicht mehr auftaucht, sondern seine Funktionen „als mechanisierter Teil in ein mechanisches System eingeführt werden [...], dessen Gesetzen er sich willenlos zu fügen hat." (Lukács 1967, S. 100) Statt des Menschen als Akteurin treten quantifizierbare und optimierbare Fähigkeiten als berechnete Bestandteile des Arbeitsprozesses auf, die qualitativ nicht mehr von den Maschinen zu unterscheiden sind. Der Mensch als ganzer wird maximal als Fehlerquelle sichtbar, er selbst wird zum passiven Zuschauer gegenüber dem, was ihm durch die Zerlegung widerfährt (vgl. Lukács 1967, S. 100f.). Das Individuum erfährt seine gesellschaftliche Realität derart als zerlegt und quantifiziert, dass es, analog zum Warenfetischismus, der ihm im Tausch als gesellschaftliche Realität entgegentritt, diese Realität nachvollzieht. Diese Selbstwahrnehmung ist kein bloßer Trug, „die Verdinglichung [ist] nicht nur ein falsches Bewußtsein, sondern zugleich auch Realität, insofern die Waren dem Menschen wirklich entfremdet sind", wie Adorno (1962, zit.n. Backhaus 2011, S. 508) es formulierte. Dieses Bewusstsein, zunächst ein Phänomen der Lohnarbeit – wobei Lukács explizit nicht nur Fabrikarbeit, sondern etwa auch die Tätigkeiten von Journalisten als verdinglicht analysiert – weitet sich aus und erfasst laut Lukács mitsamt des „Prinzip[s] der rationellen Mechanisierung und Kalkulierbarkeit sämtliche Erscheinungsformen des Lebens" (Lukács 1967, S. 103). Er begründet diese Ausweitung nicht weiter, was unten (5) nachgeholt werden soll.

Die Auseinandersetzung mit der Verdinglichungstheorie in der Kritischen Theorie setzt weniger bei den Symptomen der Verdinglichung – Rationalisierung, Quantifizierung, Zerlegung des Selbst usw. – an, die stillschweigend oder explizit übernommen werden, sondern bei ihren Ursachen und ihrem normativen Gehalt. Sowohl Habermas als auch Honneth leisten dabei einerseits eine relevante Kritik an Lukács Diagnose und bieten andererseits Konzepte von Verdinglichung an, die ihren Fokus von der Lohnarbeit auf andere Sphären des Sozialen verschieben. Derart scheinen sie geeigneter, um Freizeitphänomene zu fassen.

Wie erwähnt versteht Habermas die Theorie des kommunikativen Handelns als eine Reformulierung der Verdinglichungsthese (vgl. Jütten 2011b, S. 701). Er bezeichnet die Verdinglichungsdiagnose als intuitiv erfassbar (vgl. Habermas 1995a, S. 478) und oberflächlich überzeugend. Seine kritische Rekonzeptionalisierung setzt an der Gleichsetzung von Rationalisierung und Verdinglichung an, die Habermas bei Lukács ausmacht (vgl. Habermas 1995a, S. 481). Sie führt zu einer Diagnose der Totalisierung, die – so Habermas – nicht mehr zwischen vernünftiger Rationalisierung und ihrem Umschlagen in widervernünftige Verdinglichung unterscheiden kann. Dieser Totalisierung setzt Habermas eine Kolonialisierungstheorie entgegen (vgl. Jütten 2011b, S. 706f.). Die vom System, etwa der Wirtschaft, auf die alltägliche Praxis der Lebenswelt übergreifende Rationalisierung „destruiert die Sittlichkeit einer kommunikativ hergestellten Vernunft" (Habermas 1995a, S. 479). Den Gegensatz von System und Lebenswelt gründet Habermas darauf, dass menschliches Handeln nicht einseitig auf Arbeit (als Stoffwechsel mit der objektiven Natur) oder Interaktion (mit anderen Subjekten) zu reduzieren und eine „Zurückführung der Interaktion auf Arbeit oder eine Ableitung der Arbeit aus Interaktion [...] nicht möglich" (Habermas 1968a, S. 33) ist. Rationalisierung und damit auch Verdinglichung ist innerhalb der Arbeit unproblematisch. Dort, wo Verdinglichung nicht auf die Lebenswelt übergreift, stellt sie dementsprechend keinen Gegenstand der Kritik dar. Einen solchen Fall sieht Habermas in der Lohnarbeit: „[T]he commodification of labour has been normalized to such an extent that it does no longer give rise to reification effects" (Jütten 2011b, S. 709). Dieses Ende der verdinglichenden Wirkung der Lohnarbeit korrespondiert bei Habermas mit einem Ende der Zentralstellung von Arbeit, mit der er die Marxsche – und damit auch die Lukácssche – Theorie selbst hinsichtlich der Arbeit für veraltet erklärt. An Marx Maschinenfragment aus den *Grundrissen* anknüpfend diagnostiziert er, dass „Technik und Wissenschaft zur ersten Produktivkraft [werden], womit die Anwendungsbedingungen für Marxens *Arbeitswerttheorie* entfallen" (Habermas 1968b, S. 79f., Hervor. i.O.), die Gefahren der Kolonialisierung der Lebenswelt drohen dementsprechend nicht mehr durch die Lohnarbeit, sondern von Wissenschaft und Technik.

Axel Honneth formuliert seine Verdinglichungsdiagnose sowohl gegen Lukács als auch gegen Habermas. Beiden wirft er vor, keine zureichende normative Basis für ihre Kritik auszuweisen. Lukács baue seine Kritik auf „eine[n] Begriff der richtigen menschlichen Praxis" (Honneth 2005, S. 25) auf, den er nicht begründet, aber nur von ihm aus die quantifizierende Zerlegung des Menschen als negativ beurteilen kann; Habermas dagegen begründet seine funktionalistischen Kritik, nach der die Kolonialisierung deswegen problematisch sei, weil sie die Lebenswelt in eine Krise stürze, nicht (vgl. Jütten 2011b, S. 711). Mit Habermas kritisiert Honneth zudem an Lukács, dass gelingende Vergesellschaftung Verdinglichung bis zu einem gewissen Maß benötige und somit soziale Sphären zu identifizieren sind, in denen Verdinglichung nötig und zu begrüßen sei (vgl. Honneth 2005, S. 28).

Auch kritisiert er an Lukács Diagnose, die Verdinglichung im Warentausch sei total, dass „im ökonomischen Austausch der Interaktionspartner normalerweise zumindest als rechtliche Person gegenwärtig" (Honneth 2005, S. 94) sei – und diese rechtliche Anerkennung wird Honneths entscheidende Absicherung gegen Verdinglichung, obwohl Lukács die Rechtsform selbst als Ausdruck der Verdinglichung kritisiert (vgl. Lukács 1967, S. 199ff.). Honneth hingegen verknüpft den Begriff von Verdinglichung mit seiner Anerkennungstheorie und bestimmt Verdinglichung als das Gegenteil der Anerkennung: verdinglicht ist, wer nicht als Person anerkannt wird. Die Nicht-Anerkennung wird von Honneth als „Anerkennungsvergessenheit" (Honneth 2005, S. 62) verstanden, da Anerkennung notwendige Voraussetzung unserer Wahrnehmung von und Interaktion mit anderen Menschen sei. Entsprechend vertritt auch er eine Kolonialisierungsthese, nach der „[ü]berall dort, wo sich Praktiken des puren Beobachtens, Registrierens oder Berechnens von Menschen gegenüber ihrem lebensweltlichen Kontext verselbständigen, ohne noch in rechtlichen Beziehungen eingebettet zu sein, [...] jene Ignoranz gegenüber der vorgängigen Anerkennung [entsteht], die hier als Kern aller intersubjektiven Verdinglichung beschrieben worden ist." (Honneth 2005, S. 101) Die verrechtlichten Beziehungen der Lohnarbeit, wie sie zumindest im globalen Norden vorherrschen, entfallen dementsprechend als Gegenstand der Kritik und Honneths Verdinglichungskritik ist nicht mehr als eine Kapitalismuskritik zu verstehen. (vgl. Chari 2010, S. 593f.)

4 Trennung als Grundlage der Verdinglichung bei Adorno

Die zentrale Gemeinsamkeit der beiden Kritiken ist einerseits das gesellschaftstheoretische Argument, dass es gesellschaftlich notwendige und sogar wünschenswerte Verdinglichungsphänomene gibt, und diese von der darüber hinausgehenden oder irrationalen Verdinglichung unterschieden werden müssen. Zum anderen ist es das zeitdiagnostische Argument, dass die Lohnarbeit mittlerweile derart normalisiert und verrechtlicht ist, dass Verdinglichung in ihr auf dieses notwendige Maß beschränkt ist. Der erste Punkt verfehlt Lukács grundlegend, der zweite verliert mit dieser Verfehlung seine Bedeutung. Mit Lukács ist, analog zur Unterscheidung von Vergegenständlichung und Entfremdung beim frühen Marx (2009, S. 84), Verdinglichung nicht bloß als Vergegenständlichung oder Objektivierung menschlicher Verhältnisse zu bestimmen, sondern als solche Objektivierung, die ihren Verhältnischarakter verdeckt (vgl. Lukács 1967, S. 94; Henning 2012, S. 260f.). Von dort aus analysiert Lukács, das Objektivierung im Kapitalismus als Verdinglichung erscheint und versucht dies, aus der Warenform des Objektivierten zu erklären. Diese Zentralität der Warenförmigkeit für die Verdinglichung blenden Habermas und Honneth aus, so dass ihre Gegenargumente ihr Ziel verfehlen: Weder die Normalisierung noch die Verrechtlichung der Lohnarbeit beseitigt ihren Warencharakter.

Die Kritiken Habermas und Honneths beinhalten dennoch berechtigte Punkte. Neben dem Hinweis, das Lukács die gesellschaftliche Verallgemeinerung der Verdinglichung nur andeutungsweise begründen kann, insbesondere, dass Verdinglichung bei ihm auf der normativen Basis eines Ideals wahrer Praxis beruht (vgl. Fechner 2012, 226ff.). Lukács konzipiert Verdinglichung als Übergriff auf einen Menschen, der durch die Verdinglichung zerlegt, entqualifiziert usw. wird. Das Problem an dieser Kritik ist, dass sie auch Habermas und Honneth selbst trifft. Beide konzipieren jene Verdinglichung, die sie kritisieren, als Übergriff einer pathologischen Form auf vorhandene, normativ wertvolle menschliche Praxis, als Kolonialisierung – eine Position, die sich im gleichen Vokabular etwa auch in der Verdinglichungskritik Selkes (2014, S. 70) findet.

Diese, wie ich sie nennen will, Übergriffstheorie der Verdinglichung wird schon in Adornos Lukács-Rezeption kritisiert. Ihr stellt Adorno eine Verdinglichungsdiagnose entgegen, in der Verdinglichung als Folge gesellschaftlicher Trennungen verstanden wird, auf denen der Kapitalismus beruht. Diese Diagnose, so soll folgend gezeigt werden, ist im Gegensatz zu der Lukács'[4], Habermas und Honneths geeignet, die Aktualität der Lukácschen Beschreibung und das Verhältnis von Lifelogging-Praktiken und Verdinglichung aufzuklären.

Adorno entwickelt seine Verdinglichungsdiagnose ebenfalls durch eine Kritik an Lukács, bleibt dabei aber dessen Ausgangspunkt, Verdinglichung aus dem Warenfetischismus kapitalistischer Gesellschaften zu erklären, verbunden. Seine Kritik ist eine doppelte: Zum einen sieht er bei Lukács Idealismus am Werk, da dieser im angesprochenen Ideal wahrer Praxis ein vom Objekt unabhängiges Subjekt entwirft, zum anderen wirft er ihm eine Verklärung vormoderner Gesellschaften vor, die laut Lukács als unverdinglichte unproblematisch waren (vgl. Hall 2012, S. 304f.). „Gegen [diese, P.S.] verkürzte Verdinglichungskritik versucht er [Adorno, P.S.] dann unter

---

[4] Wobei Lukács selbst andeutungsweise das Problem aufspannt, wenn er diagnostiziert, dass „[d]urch die Spaltung jedoch, die gerade hier zwischen Objektivität und Subjektivität in dem sich als Ware objektivierenden Menschen entsteht, wird diese Lage zugleich des Bewußtwerden fähig gemacht" (Lukács 1967, S. 184). Was er verkennt, ist die Produktion auch der Subjektivität durch die Spaltung.

dem Stichwort „Vorrang des Objekts" das Verhältnis von Subjekt und Objekt neu zu denken." (Quadflieg 2011, S. 705) Im Zentrum der Überlegungen Adornos steht dabei die Vermitteltheit von Subjekt und Objekt durcheinander. Vermitteltheit bedeutet hier, grob gesagt, das im Objekt als wahrgenommenes und bestimmtes stets das Subjekt als wahrnehmendes und bestimmendes enthalten ist, und andersherum das Subjekt die Vermittlung durch seine Leiblichkeit benötigt, die es auf seine „Abhängigkeit von der Gattung" (Adorno 2003a, S. 750) als lebensnotwendig verweist. In der Trennung von beidem „reduziert Subjekt bereits das Objekt auf sich; Subjekt verschlingt Objekt, indem es vergißt, wie sehr es selber Objekt ist" (Adorno 2003a, S. 742) und gleichzeitig verdrängt, was an subjektiver Konstitutionsleistung im Objekt liegt.

Die Trennung, die über die Vermitteltheit hinwegtäuscht und beides, Subjekt und Objekt, als voneinander unabhängig darstellt, ist konstitutiv mit Tausch und Warenform verknüpft. Während die Waren im Tausch als von den Menschen unabhängige Dinge erscheinen, tritt der Mensch als vertragsfähiges Subjekt auf, dem seine eigenen Bedürfnisse in Gestalt der Waren als Objekte entgegentreten oder, sofern sie nicht marktfähig sind, ausgeschlossen werden. Derart unvermittelt muss das Subjekt – wie auch die Dinge als Waren – mit sich selbst identisch sein, während das Objektive am Subjekt als Nichtidentisches verdrängt wird (vgl. Adorno 2003b, S. 69ff.). Diese Abspaltung des Nichtidentischen bildet die Grundlage der Verdinglichung, durch sie sind „[i]n der antagonistischen Gesellschaft [...] die Menschen, jeder einzelne, unidentisch mit sich, Sozialcharakter und psychologischer, und kraft solcher Spaltung a priori beschädigt" (Adorno 2003b, S. 69).

Zu dieser Bestimmung des Individuums als Subjekt des Tausches tritt jene zweite Bestimmung hinzu, die Lukács zum Kern seiner Untersuchung machte: Die durch den Lohn gekaufte Ware. Durch Tausch und Lohnarbeit ist das Individuum doppelt bestimmt, „als Subjekt und als Objekt eines Systems objektiver Zwänge" (Postone 2003, S. 415), als Zweck seiner selbst und als Mittel eines fremden Zweckes, zu dessen Verwirklichung seine Fähigkeiten und sein Wollen eingekauft werden. Wie die Ware, hat das „in der kapitalistischen Gesellschaft konstituierte Individuum [...] einen Doppelcharakter" (Postone 2003, S. 254). Es trägt sich als Subjekt selbst auf den Markt und verkauft sich, um als Objekt in fremden Dienst gestellt zu werden.

Die Zweiteilung in Objekt und Subjekt vergesellschaftet sich in die Zweiteilung „von Arbeit und Muße, oder öffentlicher und privater Existenz" und wird „auf die Lebensform der Individuen projiziert" (Adorno 2003c, S. 159). Diese Spaltung selbst wiederum ist aber bedroht und tendenziell aufgehoben. Zum einen beschädigt die Entzweiung des Individuums dieses in Gänze und bedroht sein Individuum-Sein selbst, da sie Individualität und Subjektivität auf einen Teil des Lebens beschränkt und damit in ihrem Kern transformiert (vgl. Adorno 2003d, S. 444), zum anderen, da die Freizeit und das Privatleben selbst als Enklave notwendiger Bestandteil des Funktionszusammenhang des Kapitalismus sind. Sie gewinnen dadurch eine spezifische Form (wie unter 5. zu zeigen ist) und sind „eben der Qualitäten beraubt, die man zu bewahren hofft" (Adorno 2003d, S. 454).

Die Verdinglichung, die Lukács beschreibt, ist also die Folge davon, dass in der Lohnarbeit der Mensch seine Fähigkeiten und sein Wollen (temporär) verkauft hat, und diese in fremden Dienst wie ein Objekt erfasst und in Funktion gesetzt werden. Der Ursprung der Möglichkeit dieser Verdinglichung ist aber nicht – wie bei Lukács, Habermas und Honneth dargestellt – das Übergreifen der Logik der Dinge auf das Subjekt, sondern die absolute Trennung von Subjekt und Objekt, die selbst ein Produkt kapitalistischer Gesellschaften ist. Voraussetzung der Verdinglichung ist die eindeutige Identifizierung von Objekt und Subjekt je mit sich selbst, die erst unter der Bedingung, dass sowohl Subjekt und Objekt von ihrer Nichtidentität und Vermitteltheit abstrahiert sind, entsteht. Eine Abstraktion, die der Tausch leistet, da in ihm Waren unter Absehung ihrer konkreten Unterschiede als gleichwertig bestimmt und Menschen unter Absehung ihrer konkreten Bedürfnisse als zahlungs- und vertragsfähig identifiziert werden. Auf Basis dieser Trennung kann es dann zu der Verkehrung kommen, die als Verdinglichung diagnostiziert wird.

Mit dieser Verdinglichungsdiagnose ist es nun möglich, die Lücke in der Darstellung Lukács hinsichtlich der Totalisierung der Verdinglichung zu schließen und andererseits Spezifika der Verdinglichung im Spätkapitalismus einzufangen. Zu ihnen gehört zum einen, dass die Verdinglichung in der Freizeit, und damit außerhalb der Lohnarbeit, diagnostiziert wird, und zum anderen und damit verknüpft, dass sie als Selbstverdinglichung erscheint.

5 Der Totalisierungsprozess der Verdinglichung

Um die Frage zu beantworten, wie sich die Verdinglichung ausgehend von der Lohnarbeit auf die außerhalb der Arbeit liegenden Lebensvollzüge verallgemeinert hat, erfolgt nun eine Analyse der Entstehung des Außen der Lohnarbeit (der Freizeit) als von der Lohnarbeit getrenntem im historischen Verlauf. Bei dieser Darstellung wird es sich nicht um die Rekonstruktion konkreter historischer Verläufe handeln. Historische Kontingenzen, regionale und sonstige Unterscheide bleiben dabei notwendig unsichtbar.

Der Schlüssel zu dieser Verallgemeinerung der Verdinglichung ist die Lohnform als Zeitlohn. In ihr verkauft die Arbeiterin bestimmte Fähigkeiten und ihr Wollen für eine bestimmte Zeit, während die nicht-verkauften Fähigkeiten, Bedürfnisse usw. ausgeklammert werden. Sie wird also zum einen zerlegt, zum anderen werden die ausgesonderten Fähigkeiten erst im Lohn und erneut in der Überprüfung der Arbeitsleistung quantifiziert. Durch diese Verdinglichung wird Zeit und Geld also als ineinander konvertierbar wahrgenommen. Zeit als Arbeitszeit ist wertschaffend und als solche (für die Arbeiter) knapp und (für das Kapital) begehrt. Die Zeit nimmt also die Züge des Geldes an (vgl. Laermann 1988, S. 328f.). Diese Form der Zeitwahrnehmung unter Zeitknappheit führt dazu, so Klaus Laermann, dass Zeit „die einzige Dimension [ist], in der es auch im Alltag jedermann freisteht, den Kapitalisten zu spielen" (Laermann 1988, S. 330).

Ausgehend von der sogenannten ursprünglichen Akkumulation und damit dem Entstehen von Arbeitern und Kapitalisten als voneinander Abhängige, gab und gibt es seit Durchsetzung kapitalistischer Produktion antagonistische Interessen, was die Länge des Arbeitstages angeht. Erst das Tauschverhältnis zwischen Arbeiterinnen und Kapitalistinnen und die Notwendigkeit, den Arbeitstag zu messen, verallgemeinerte die linearobjektive Zeit – die vorher ihr Dasein im Kloster fristete – auf die Gesellschaft (vgl. Postone 2003, S. 311-329). Kämpfe um die Länge des Arbeitstages schlossen sich an (vgl. Marx 2008, S. 279-320) und blieben lange neben Lohnkämpfen das zentrale Kampffeld der organisierten Arbeiterschaft.

Im Zuge der Umwälzung der Produktionsverhältnisse zur industriellen Produktion hin kam es zunehmend zu Prozessen der Verdichtung der Arbeit, die auch die intensive Verzeitlichung aller Arbeitsabläufe und damit aller Praxisvollzüge der Arbeiter in der Produktion bedeuten. Möglichkeits- wie Durchsetzungsbedingung für diese Verdichtung ist die Durchsetzung der Messung der Arbeit mit mechanischen Uhren – während im Spätmittelalter die „Dauer wie die Intensität der täglichen Arbeit [...] mit dem Wetter, dem Arbeitsanfall und schließlich mit den Gewohnheiten des Meisters" wechselte, kann man im Industriekapitalismus „sinnvoll von moderner Zeitdisziplin, komplexer Koordination und der Durchsetzung eines quantitativen Zeitbegriffs reden" (Dohrm-van Rossum 1988, S. 112, 117). Diese Durchsetzung umfasst hier auch schon die Arbeiterinnen, da die Zeitkontrolle für sie ebenfalls zum Instrument der Gegenkontrolle wurde, die auf die Vermeidung unbezahlter Arbeit zielt. Die Zeitkontrolle und insbesondere die Lohnform, die sich zunehmend als Zeitlohn darstellt (vgl. Marx 2008, S. 565-573) lieferten also die Bedingung für die Internalisierung der linearen Zeit.

Die Arbeiter erlebten so ihre Arbeitskraft in dieser Zeit des Kapitalismus als Ware, und damit als Vermögen. Sie erfassten sie nicht als Kapital für sich selbst, aber im Arbeitsprozess als Kapitalbestandteil für das Kapital. Sie erlebten sich als Kapital also nur äußerlich, die Verdinglichung war entsprechend nicht totalisiert. Innerhalb der Arbeit fand und findet zwar eine „Identifikation mit den Leistungsnormen und Zeitstrukturen der Arbeitswelt" (Deutschmann 1983, S. 334) statt, deren Totalisierung bedarf aber eines weiteren Moments des zeitgenössischen Kapitalismus: der Freizeit. Ausgangspunkt für das Entstehen der Freizeit waren die Kämpfe der Arbeiter um eine Tagesarbeitszeitbegrenzung, wie sie Marx etwa im „Kampf um den Normalarbeitstag" darstellt, und die schließlich Zeit in die Verfügungsgewalt der Arbeiterinnen stellt, die über die für die Befriedigung existenzieller Reproduktionstätigkeiten notwendigen hinausging. Die Regulierung der Zeitnutzung in dieser freien Zeit war bald das Feld bürgerlicher Kulturvereine, aber auch der Organisationen der Arbeiterbewegung, zwischen denen ein Kampf um die Freizeitinhalte entbrannte (vgl. Tokarski und Schmitz-Scherzer 1985). Die Arbeitervereine übernahmen dabei aber den mit dem Kapitalismus entstandenen bürgerlichen Freiheitsbegriff, der Entscheidungsmöglichkeit in sein Zentrum stellte. „Mit dem neuen Freiheitsbegriff der Freizeit wurde aber die Lebensform der Freizeit auch selbst für die Handwerker und Arbeiter im 19. Jh. übernommen" (Nahrstedt 1972, S. 263) und die Freizeit wurde entsprechend der bürgerlichen Rationalität verwendet. Mit dieser Übernahme wurde auch das Zeitverständnis der rationalen und wertvollen Zeit in die Freizeit übertragen und erst mit „der Entstehung dieser, wurden dabei die neuen Möglichkeiten der als ein insgesamt rational strukturierbares Kontinuum gewonnenen Zeit voll ausgeschöpft" (Nahrstedt 1972, S. 288).

Freizeit wurde so, mit ihrem Entstehen als dem Anderen der Arbeit, schon tendenziell der Zeitlogik des Kapitalismus unterworfen: „Ohne es zu wollen, hatte die sozialistische und gewerkschaftliche Arbeiterbewegung aus dem Geist der Domestizierung heraus schon die Formen der „abstrakten Arbeit" in die „Freizeit" transformiert und in ihren einschlägigen sekundären Kultur-Organisationen ein Verhalten eingeübt, das nur noch kommerzialisiert werden brauchte" (Kurz 2005, S. 654).[5]

In Folge des bisher skizzierten ergab sich nach Ende des Zweiten Weltkriegs in Westeuropa ab Ende der 1950er – in Folge der erkämpften Verkürzungen des Arbeitstages und der Notwendigkeit von Konsumzeit für den aufkommen-

---

5   Diese für Deutschland historisch in das Kaiserreich und die Weimarer Republik einzuordnende Entwicklung, die Grundlage der Landnahme durch die Kulturindustrie im Zuge des Massenkonsumkapitalismus der 1950er war, nahm in Deutschland und Österreich durch den Nationalsozialismus einen spezifischen Verlauf: Gemäß des totalitären Anspruchs des Nationalsozialismus kam es zu einer staatlichen „Freizeitlenkung" (Tokarski und Schmitz-Scherzer 1985, S. 36). Gleichzeitig wurde entsprechend des Konzepts der „Volksgemeinschaft" in Deutschland erstmals Massenfreizeit etabliert und nahm, etwa mit Kreuzfahrten, „Elemente des späteren europäischen Massentourismus vorweg" (Kurz 2005, S. 654).

den Massenkonsumkapitalismus (vgl. Nowotny 1990, S. 121) – eine Zweiteilung des Tages, die keine Entsprechung in vorkapitalistischen Formen der Sozialität hatte. Auf die entstandene Freizeit übertrugen die Arbeiterinnen entsprechend der bürgerlichen Freiheitsvorstellungen die Zeitstrukturen der Arbeitszeit. Dank Zeitlohn und Intensivierung hatten die sie „einen Sinn für die Knappheit ihrer Zeit" (Deutschmann 1983, S. 331) entwickelt, den sie auf die Freizeit anwandten: Die Zeit der Arbeiterinnen war, so belegte es ihnen der Zeitlohn und die Sicherstellung intensiven Arbeitens, wertvoll. Die Freizeit war die Zeit, in der sie über diesen Wert selbst verfügen konnten und verfügten. Derart wurde Freizeit nicht zu einem Raum der Freiheit, sondern war von Beginn an „das Immergleiche, den Produktionsapparat [gekettet], auch dort, wo dieser sie beurlaubt" (Adorno 2003e, S. 436f.). In ihr „wiederholen sich allgemein die Formen des Produktionsprozesses", sie ist der Zeitlogik des Kapitals unterworfen: „Freizeit verlangt ausgeschöpft zu werden" (Adorno 1951, S. 181). Sie erscheint als „Fortsetzung der Arbeit mit anderen Mitteln" in der die Arbeiter zwar nicht dem Produktionsregime des jeweiligen Kapitalisten unterworfen sind, wohl aber der Verwertungslogik in der Gestalt eines „Freizeittakts" (Kurz 2005, S. 656) selbst. Die effiziente Ausschöpfung der Freizeit in einer Art und Weise, die dem intersubjektiven Vergleich standhält, erscheint als Sachzwang.

Mit dieser Übertragung der Verwertungslogik in die Freizeit überträgt sich auch die Unterscheidung zwischen Bedürfnissen und Fähigkeiten hinsichtlich der Frage, ob ihre Anwendung eine rationale Nutzung der Freizeit bedeutet und die Beurteilung der Tätigkeiten nach ihrer effizienten Ausschöpfung der Zeit. Die Zerlegung und Quantifizierung der verdinglichenden Lohnarbeit wird als Selbstverdinglichung in die Freizeit übertragen, in der man die Kapitalistin seiner selbst spielt, die Laermann diagnostizierte.

Hat sich diese Integration der Freizeit gesellschaftlich weitgehend durchgesetzt, erlaubt die stabilisierte Verinnerlichung eine Lockerung und Pluralisierung der Freizeitgestaltung, eine Aufweichung der strikten Trennung von Arbeit und Freizeit und sogar eine „tendenzielle Aufhebung der Trennung von Arbeit und Nicht-Arbeit", die aber keine Entdifferenzierung, sondern der „Zugriff des Kapitals auf die gesamte Lebenszeit der Individuen" (Nies und Sauer 2012, S. 53) ist. Die Einübung der effizienten Selbstkontrolle der Zeitverwendung und ihr Verständnis als Investition ermöglichten die Flexibilisierung des Kapitalismus. Dieses Ineinandergreifen der in der Freizeit eingeübten Selbstverdinglichung und der Lohnarbeit wird in der Soziologie in einer Reihe Diagnosen zum postfordistischen Subjekt reflektiert, die letzteres als über quantifizierbare Erlebnisse, Fähigkeiten und Eigenschaften zu bildendes „personal capital" (Øian 2004, S. 187), als „unternehmerisches Selbst" (Bröckling 2007), „Arbeitskraftunternehmer" (Pongratz und Voß 2000) oder sogar „Lebensunternehmer" (Dörre und Haubner 2012, S. 80) beschreiben.

6 Lifelogging als entfremdete Reaktion auf Verdinglichung

Lifelogging-Praktiken scheinen nun bloß die digitalisierte Variante dieser spätmodernen Form der Subjektivierung zu sein. Der Entgrenzung von Arbeit und Freizeit, die als Totalisierung der Arbeit unter der Selbstkontrolle des postfordistischen Subjekts erfolgt, entspricht die Selbstverdinglichung durch Lifelogging-Praktiken, die zur Sicherstellung und Steigerung der Arbeitsfähigkeit – Gesundheit, Lern- und Konzentrationsfähigkeit usw. – dient. Diese Übertragung der Kontrolle an das Subjekt ist dabei nicht zuletzt durch die Steigerung der Unsicherheit der Beschäftigungsverhältnisse abgesichert. Die Ungewissheit, welches Maß an Leistung zukünftig erbracht werden muss, um weiterhin lohnabhängig beschäftigt zu werden, führt zu einer präventiven Steigerung dieser Leistung im scheinbaren Eigeninteresse der Subjekte. Diese Diagnose ist jedoch zweifach unvollständig. Zum einen richtet sich die Anforderung selbstverantwortlicher Optimierung nicht nur an jene Subjekte, die Lifelogging-Praktiken an sich selbst exekutieren, sondern, wie angedeutet vermittelt über die Unsicherheit postfordistischer Beschäftigungsverhältnisse, tendenziell und branchenspezifisch unterschiedlich, an alle Lohnabhängigen. Zum anderen fand die Selbstverdinglichung auch schon, wie die Rekonstruktion der systematischen Bedeutung der Freizeit aufzeigen soll, vor der Erosion der klaren Trennung von Arbeit und Freizeit und gerade mittels dieser Trennung statt. Die Bedeutung von Lifelogging-Praktiken in dieser Entgrenzung verdinglichender Lohnarbeit und verdinglichter Freizeit lässt sich daher nur erklären, wenn auf die Selbstdeutung der *QS*-Bewegung zurückgegriffen wird, um die Frage zu stellen, inwiefern Lifelogging-Praktiken als Befreiung von Fremdbestimmung verstanden werden können.

Das Verhältnis von Lohnarbeit zur Freizeit, in der die Arbeiter selbst über ihre Zeit wie ein Kapitalist verfügen konnten, entspricht dem Verhältnis der unvermittelt scheinenden Trennung von Objekt und Subjekt. In der Lohnarbeit als Objekt des Verwertungsprozesses von einer fremden Macht kommandiert, konnten die Arbeiterinnen (nach der Etablierung von gesellschaftskonformen Freizeitgestaltungsformen etwa durch erwähnte Kulturvereine) in der Freizeit – wie der Name sagt – frei von äußeren Zwängen sich selbst kommandieren. Der heteronomen Verdinglichung der Lohnarbeit stand also zunehmend eine autonome (Selbst-) Verdinglichung in der Freizeit gegenüber. Diese Selbstherrschaft wurde durch die Entgrenzung im Spätkapitalismus unterminiert, die Arbeitswelt mit ihren heteronomen Anforderungen griff auf die gesamte Lebenszeit aus, insbesondere weil sie indirekt und auf Basis der Unsicherheit vermittelt ist. Zudem gräbt sie sich auf verschärfte Form in die Subjekte ein, da zunehmend „soft skills" gefordert sind und damit Gegenstand der Zurichtung werden.

Lifelogging-Praktiken, so die These dieses Beitrags, sind als Reaktion auf diese Erfahrung der Entgrenzung von Verdinglichung und des mit ihr verbundenen Autonomieverlustes zu verstehen, als Versuch „to reclaim some of this power" (Wolf 2010). Das Versprechen, das mit dieser Wiederaneignung der Verdinglichung in der Freizeit einhergeht, ist zum einen, bewusst (und technisch unterstützt) eher in der Lage zu sein, die Anforderungen der Lohnarbeit zu erfüllen und somit die Unsicherheit tendenziell auszuklammern. Zum anderen ist es jenes, die vorhandene Freizeit vor dem Druck der Arbeit zu bewahren und ihre Qualitäten, etwa das Wohlbefinden, abzusichern. Dabei den Lifelogging-Praktiken vorzuwerfen, sie seien in neuer Qualität verdinglichend, weil sie etwa das Wohlbefinden quantifiziert erfassen, blendet die verdinglichenden Aspekte einer Freizeit aus, in der Wohlbefinden mit der Ausübung des einen, spezifischen Hobbies oder dem Schauen einer kulturindustriell auf das Publikum zugeschnittenen Fernsehserie gleichgesetzt wurde. Ebenso wie diese Formen der Freizeitgestaltung, die paradigmatisch für die Freizeit des Fordismus waren, sind Lifelogging-Praktiken ein Versuch, sich das verdinglichte Selbst wieder anzueignen. Als solche sind sie selbst verdinglichend, weil sie gewissermaßen die Spielregeln jenes Kapitalisten-Spielens, das nach Laermann Arbeiterinnen in der Freizeit spielen, nachvollziehen.

Um Lifelogging-Praktiken somit kritisch zu verstehen, kann Verdinglichung jedoch nicht als Übergriff einer gesellschaftlichen Sphärenlogik auf die einer anderen Sphäre verstanden werden, sondern muss die Trennung selbst zum Ausgangspunkt haben. Derart wäre „Verdinglichungskritik [...] immer *Re-Politisierung*. Sie hinterfragt die scheinbare Alternativlosigkeit gesellschaftlicher Institutionen und Handlungsformen und der politischen Entscheidungen, die sie erst institutionalisieren" (Jütten 2011a, S. 729). Eine solche Verdinglichungskritik, die Lifelogging-Praktiken zu ihrem Gegenstand hat, muss – will sie ihren Gegenstand treffen – dagegen diese Regeln, nach denen Freizeit in kapitalistischer Vergesellschaftung abläuft, in den Blick nehmen und hinterfragen, um nicht in ihrer Kritik einer Form der Selbstverdinglichung eine andere Form als Ideal zu propagieren. So käme sie aus der falschen Dichotomie von Technikoptimismus und Technikpessimismus zu einer Kritik der Funktion von Technik innerhalb bestimmter gesellschaftlicher Verhältnisse.

Literatur

Adorno, T. W. (1951). *Minima Moralia. Reflexionen aus dem beschädigten Leben*. Frankfurt a.M: Suhrkamp.
Adorno, T. W. (2003a). Zu Subjekt und Objekt. In R. Tiedemann (Hrsg.), *Kulturkritik und Gesellschaft II. Gesammelte Schriften Band 10.2* (S. 741–758). Frankfurt a.M: Suhrkamp.

Adorno, T. W. (2003b). Zum Verhältnis von Soziologie und Psychologie. In R. Tiedemann (Hrsg.), *Soziologische Schriften I. Gesammelte Schriften Band 8* (S. 42–85). Frankfurt a.M: Suhrkamp.

Adorno, T. W. (2003c). Aberglaube aus zweiter Hand. In R. Tiedemann (Hrsg.), *Soziologische Schriften I. Gesammelte Schriften Band 8* (S. 147–176). Frankfurt a.M: Suhrkamp.

Adorno, T. W. (2003d). Individuum und Organisation. In R. Tiedemann (Hrsg.), *Soziologische Schriften I. Gesammelte Schriften Band 8* (S. 440–456). Frankfurt a.M: Suhrkamp.

Adorno, T. W. (2003e). Jargon der Eigentlichkeit. In R. Tiedemann (Hrsg.), *Negative Dialektik. Jargon der Eigentlichkeit. Gesammelte Schriften Band 6* (S. 413–526). Frankfurt a.M: Suhrkamp.

Backhaus, H.-G. (2011). *Dialektik der Wertform. Untersuchungen zur marxschen Ökonomiekritik*. Freiburg i.Br.: ca ira.

Bröckling, U. (2007). *Das unternehmerische Selbst. Soziologie einer Subjektivierungsform*. Frankfurt a.M: Suhrkamp.

Chari, A. (2010). Toward a political critique of reification: Lukács, Honneth and the aims of critical theory. *Philosophy Social Criticism, 36*(5), 587–606.

Deutschmann, C. (1983). Naturbeherrschung und Arbeitsgesellschaft. In L. von Friedeburg & J. Habermas (Hrsg.), *Adorno-Konferenz 1983* (S. 327–337). Frankfurt a.M: Suhrkamp.

Dohrm-van Rossum, G. (1988). Zeit der Kirche – Zeit der Händler – Zeit der Städte. Die mechanische Uhr und der Wandel des Zeitbewußtseins im Spätmittelalter. In R. Zoll (Hrsg.), *Zerstörung und Wiederaneignung der Zeit* (S. 89–119). Frankfurt a.M: Suhrkamp.

Dörre, K., & Hauber, T. (2012). Landnahme durch Bewährungsproben – Ein Konzept für die Arbeitssoziologie. In K. Dörre, D. Sauer & V. Wittke (Hrsg.), *Kapitalismustheorie und Arbeit. Neue Ansätze soziologischer Kritik* (S. 63–106). Frankfurt a.M: Campus.

Fechner, R. (2012). Mit Weber zu Marx – und hinter beide zurück. In M. Bitterolf & D. Maier (Hrsg.), *Verdinglichung, Marxismus, Geschichte. Von der Niederlage der Novemberrevolution zur kritischen Theorie* (S. 225–242). Freiburg i.Br.: ca ira.

Habermas, J. (1968a). Arbeit und Interaktion. Bemerkungen zu Hegels Jenenser „Philosophie des Geistes". In J. Habermas (Hrsg.), *Technik und Wissenschaft als „Ideologie"* (S. 9 47). Frankfurt a.M: Suhrkamp.

Habermas, J. (1968b). Technik und Wissenschaft als „Ideologie". In J. Habermas (Hrsg.), *Technik und Wissenschaft als „Ideologie"* (S. 48–103). Frankfurt a.M: Suhrkamp.

Habermas, J. (1995a). *Theorie des kommunikativen Handelns. Band 1. Handlungsrationalität und gesellschaftliche Rationalisierung*. Frankfurt a.M: Suhrkamp.

Habermas, J. (1995b). *Theorie des kommunikativen Handelns. Band 2. Zur Kritik der funktionalistischen Vernunft*. Frankfurt a.M: Suhrkamp.

Hall, T. (2012). Verdinglichung, Materialismus und Praxis. In M. Bitterolf & D. Maier (Hrsg.), *Verdinglichung, Marxismus, Geschichte. Von der Niederlage der Novemberrevolution zur kritischen Theorie* (S. 303–330). Freiburg i.Br.: ca ira.

Heinrich, M. (2011). *Die Wissenschaft vom Wert. Die Marxsche Kritik der politischen Ökonomie zwischen wissenschaftlicher Revolution und klassischer Theorie*. Münster: Westfälisches Dampfboot.

Henning, C. (2012). Von der Kritik warenförmiger Arbeit zur Apotheose der Marktgesellschaft. Verdinglichung im Marxismus und Anerkennungstheorie. In H. Friesen, Ch. Lotz, J. Meier & M. Wolf (Hrsg.), *Ding und Verdinglichung. Technik- und Sozialphilosophie nach Heidegger und der Kritischen Theorie* (S. 243–272). München: Wilhelm Fink.

Honneth, A. (2005). *Verdinglichung. Eine anerkennungstheoretische Studie*. Frankfurt a.M: Suhrkamp.
Jaeggi, R. (2005). *Entfremdung. Zur Aktualität eines sozialphilosophischen Problems*. Frankfurt a.M: Campus.
Jaeggi, R., & Stahl, T. (2011). Schwerpunkt: Verdinglichung. *Deutsche Zeitschrift für Philosophie, 59*(5), 697–700.
Jütten, T. (2011a). Verdinglichung und Freiheit. *Deutsche Zeitschrift für Philosophie, 59*(5), 717–730.
Jütten, T. (2011b). The Colonization Thesis: Habermas on Reification. *International Journal of Philiophical Studies, 19*(5), 701–727.
Kurz, R. (2005). *Schwarzbuch Kapitalismus. Ein Abgesang auf die Marktwirtschaft*. Berlin: Ullstein.
Laermann, K. (1988). Alltags-Zeit. Bemerkungen über die unauffällige Form sozialen Zwangs. In R. Zoll (Hrsg.), *Zerstörung und Wiederaneignung der Zeit* (S. 321–370). Frankfurt a.M: Suhrkamp.
Lukács, G. (1967). Die Verdinglichung und das Bewusstsein des Proletariats. In G. Lukács (Hrsg.), *Geschichte und Klassenbewusstsein* (S. 94–228). Amsterdam: de Munter.
Marx, K. (2008). *Das Kapital. Kritik der politischen Ökomonie. Erster Band*. Berlin: Dietz.
Marx, K. (2009). *Ökonomisch-philosophische Manuskripte*. Frankfurt a.M: Suhrkamp.
Nahrstedt, W. (1972). *Die Entstehung der Freizeit. Dargestellt am Beispiel Hamburgs. Ein Beitrag zur Strukturgeschichte und zur strukturgeschichtlichen Grundlegung der Freizeitpädagogik*. Göttingen: Vandenhoeck & Ruprecht.
Nies, S., & Sauer, D. (2012). Arbeit – Mehr als Beschäftigung? Zur arbeitssoziologischen Kapitalismuskritik. In K. Dörre (Hrsg.), *Kapitalismustheorie und Arbeit. Neue Ansätze soziologischer Kritik* (S. 34–62). Frankfurt a.M: Campus.
Nowotny, H. (1990). *Eigenzeit. Entstehung und Strukturierung eines Zeitgefühls*. Frankfurt a.M: Suhrkamp.
Øian, H. (2004). Time Out and Drop Out. On the relation between linear time and individualism. *Time and Society, 13*(2/3), 173–195.
Park, E. (2014). Meine Quantitäten. jungle-world.com. http://www.jungle-world.com/artikel/2014/25/50095.html. Zugegriffen: 20. Nov 2014.
Pitkin, H. F. (1987). Rethinking reification. *Theory and Society, 16*(2), 263–293.
Pongratz, H. J., & Voß, G. (2000). Vom Arbeitnehmer zum Arbeitskraftunternehmer. Zur Entgrenzung der Ware Arbeitskraft. In H. Minssen (Hrsg.), *Begrenzte Entgrenzungen. Wandlungen von Organisation und Arbeit* (S. 225–248). Berlin: Edition Sigma.
Postone, M. (2003). *Zeit, Arbeit und gesellschaftliche Herrschaft. Eine neue Intepretation der kritischen Theorie von Marx*. Freiburg i.Br.: ca ira.
Quadflieg, D. (2011). Zur Dialektik von Verdinglichung und Freiheit. Von Lukács zu Honneth – und zurück zu Hegel. *Deutsche Zeitschrift für Philosophie, 59*(5), 701–715.
Rosa, H. (2009). Kapitalismus als Dynamisierungsspirale – Soziologie als Gesellschaftskritik. In K. Dörre, S. Lessenich & H. Rosa (Hrsg.), *Soziologie – Kapitalismus – Kritik. Eine Debatte* (S. 87–125). Frankfurt a.M: Suhrkamp.
Selke, S. (2014). *Lifelogging. Wie die digitale Selbstvermessung unsere Gesellschaft verändert*. Berlin: Econ.
Stahl, T. (2011). Verdinglichung als Pathologie zweiter Ordnung. *Deutsche Zeitschrift für Philosophie, 59*(5), 731–746.

Tokarski, W., & Schmitz-Scherzer, R. (1985). *Freizeit*. Stuttgart: B. G. Teubner.
Whitson, J. R. (2013). Gaming the Quantified Self. *Surveillance & Society, 11*(1/2), 163–176.
Wolf, G. (2010). The Data-Driven Life. NYTimes.com. http://www.nytimes.com/2010/05/02/magazine/02self-measurement-t.html. Zugegriffen: 20. Nov 2014.

Datensätze der Selbstbeobachtung – Daten verkörpern und Leib vergessen!?

Lisa Wiedemann

> „Ich glaube nicht an Fügung und Schicksal, als Techniker bin ich gewohnt mit den Formeln der Wahrscheinlichkeit zu rechnen. [...] Ich bestreite nicht: Es war mehr als ein Zufall, daß alles so gekommen ist, es ist eine ganze Kette von Zufällen. Aber wieso Fügung? Ich brauche, um das Unwahrscheinliche als Erfahrungstatsache gelten zu lassen, keinerlei Mystik, Mathematik genügt mir."[1]

Die derzeit von Medien und Sozialwissenschaften abermalig beschlagnahmte *Quantified-Self*-Bewegung *(QS)* wirkt wie ein Echo auf diese Äußerung der Hauptfigur Walter Faber in Max Frischs Roman *Homo Faber*. In der 2007 gegründeten *QS*-Bewegung kulminiert der „Wille", Erfahrungen sowie alltägliche Körperreaktionen und Verhaltensweisen auf der Basis von digitalen Sensoren im wahrsten Sinne des Wortes zu entziffern. Im Beitrag werden zentrale Diagnosen Michel Foucaults sowie der an sein Werk anknüpfenden medizinisch interessierten *gouvernementality studies* vorgestellt und die Praktik der Selbst(ver)messung in diese Denkstruktur kritisch eingefasst. Ist der Datenkörper der Bevölkerung Teil einer historisch vertrauten, präventiven Politik des Risikomanagements, so repräsentiert sich hier ein personalisierter Datenkörper als Ort mikroskopischen Selbstmanagements. Im Anschluss wird eine empirische Erweiterung dieser Perspektive vorgeschlagen, die aufzeigen soll, inwiefern derart numerische Praktiken bis in die Tiefe der phänomenologischen Leib-Körper-Dualität reichen. In der Diskussion dieser These werden Bezüge zu tradierten Praktiken der Selbstvermes-

---

1 Frisch 1957, S. 25 zit. n. Müller 2010, S. 142

sung hergestellt, wie dem Messen des Blutzuckers, um im Anschluss gegenwärtige Verhandlungen um einen Datenkörper aufzugreifen.

1 Der (digitale) Wille zum Wissen – Von Foucault zu *Quantified Self*

Die permanente Anrufung, aktiv Erkenntnis über sich herzustellen, scheint zentral für die gegenwärtige Kultur. Wer Identität hervorbringen will, muss sich taktisch problematisieren können. Die in den Medien vielfach begutachtete *QS*-Bewegung proklamiert einen zweckrationalen und zugleich standardisierbaren Weg gefunden zu haben, dem vermutlich anthropologischen „Willen zum Selbstwissen" nachzukommen. Das Glücksversprechen der Selbsterkenntnis wird auf immer erschwinglichere Sensorik verteilt, die es ermöglicht, überall Algorithmen einzubauen, um Kennzahlen der Selbstproblematisierung „objektiv und verlässlich" zu taxieren. Die Idee ist einfach bis banal: Alltägliche Körperreaktionen, Verhaltensweisen und andere (biometrische) Aspekte des Alltagslebens, über die aufgrund von Nichtzugänglichkeit im Regelfall nur geschwiegen werden kann, werden technisch und digital vermittelt und in Form von Zahlen und Datenvisualisierungen sichtbar gemacht, um sich eine Vorstellung von den eigenen Funktionsprinzipien anzueignen. Die Daten, die „gesunde Menschen" über ihren Körper kennen, sind wohl meist Größe und Gewicht, Haar- und Augenfarbe, eventuell – je nach Problembewusstsein – diverse Umfänge, doch schon bei der Blutgruppe endet bei vielen, so die Mutmaßung, das Wissen. Die neuen technischen Möglichkeiten sollen nun die Black Box Körper öffnen; und dies nicht nur in der Krisen- oder Krankheitssituation, sondern fortan dauerhaft. Versprochen werden dabei eine Überwindung medizinischer Dogmen, der Erhalt von Gesundheit, Verhaltensänderungen und eine „objektive" Kontrolle über die Lebens-, Selbst- und Körperführung.

Doch woher rührt dieser Wille zu einer quantifizierten „Sorge um sich"? Modernisierungstheoretisch ist die exzessive Angst, körperliche Entwicklungen nicht wahrzunehmen, den Leib gar zu vergessen, als eine Reflexion von Risiken zu fassen. Eine präzise Buchführung über das Leben – mittels Technik als Protokollinstanz, die das Körper- und Leibgedächtnis auslagert – dient der Simulation von Kontrolle und stiftet Sinn. Allgemeiner lässt sich festhalten, dass kollektive Körper- und Selbstbezüge sowie gesellschaftliche Anforderungen und Anerkennungsstrategien stets im Kontext technischer Entwicklungen und zeitgenössischer Rationalitäten stehen und damit seit jeher Transformationen ausgesetzt sind.

Mithilfe zentraler Konzepte in der Denkstruktur Michel Foucaults lässt sich ausloten, welche mikroskopischen Machtstrategien durch Self-Tracking in den

Alltag und vor allem den Körper des Einzelnen hinein lenken. Unter Bezug auf bisherige Debatten wird gezeigt, dass Foucaults Begriffsgebilde und Analyseraster als Werkzeug dienen kann, um die Mikro-Praktiken der Selbstvermessung[2] kritisch und machtanalytisch zu hinterfragen.

Deborah Lupton, die sich in soziologischer Manier eingängig mit dem Phänomen Self-Tracking beschäftigte, schreibt: "Foucault's writings on the practices and technologies of the self in neoliberalism are pertinent to understanding the *quantified self* as a particular mode of governing the self" (Lupton 2013a, S. 28). Dieser Ansatz, Self-Hacking als digitalisierte Blaupause von Foucaults labyrinthischer Begriffsapparatur aufzufassen, scheint inzwischen zum Gemeinplatz einer kritischen Beschäftigung mit diesem Phänomen geworden zu sein. Besonders seine Schriften bezüglich der „Technologien des Selbst" und gouvernementaler Formen des Regierens (vgl. u.a. Foucault 1993, u.a. 2006a) sind geeignet, um *QS* als einen bestimmten Modus der Selbstregierung zu begreifen. Machtausübung wird hier nicht, wie in den früheren Schriften, als von außen disziplinierend und normierend wirkend situiert, sondern der produktive Wert, den Macht immer hat, wird hier gleichsam nach innen verlagert. Der Mensch wird geformt, indem er sich selbst formt. Auch lassen sich naheliegend die weiterführenden Diagnosen der *gouvernementality studies* hinsichtlich einer regierungslogischen Anleitung und Expansion von privatem Gesundheitshandeln assoziieren. Um einen groben Forschungsüberblick zu leisten, werden zentrale Versuche aufgezeigt, die Praktik der Selbstvermessung mit Foucaults Werk zu verknüpfen, um diese machtanalytischen Einfassungen im Anschluss zu erweitern.

1.1 Self-Tracking als quantifiziertes Risikomanagement

Foucaults Begriff der Gouvernementalität setzt an der Diagnose einer Erweiterung des Problems der Regierung im 18. Jahrhundert an. „Über die Lenkung des Staates oder der Verwaltung hinaus meint [...] ‚Regierung' auch Probleme der Selbstbeherrschung, der Leitung der Familie und der Kinder, der Steuerung des Haushalts, die Lenkung der Seele etc. Aus diesem Grund bestimmt Foucault Regierung als Führung, genauer gesagt als ‚Führung der Führungen', die ein Kontinuum umfasst, das von der ‚Regierung des Selbst' zur ‚Regierung der Anderen' reicht" (Lemke 2000, S. 33). So kam die Kategorie „Bevölkerung" auf und wurde selbst zu einer Rationalität der Führung, indem ihr Wohl und ihre Qualität, von einer Anrufung

---

2   Die Begriffe Selbstvermessung, Self-Hacking, digitale Selbstvermessung und Self-Tracking werden im Folgenden synonym verwendet

des Einzelnen ausgehend, zum zentralen Ziel der Regierungskunst wurden. Begriffe wie „Risiko", „Gefahr" und „Krise" galten von dieser Zeit an als zentrale gesellschaftliche Steuerungskategorien. Durch eine systematische Erhebung und statistische Auswertung von Daten wurden „soziale Tatbestände" im Sinne Emile Durkheims emergiert, die vorbeugende Eingriffe ermöglichten (vgl. Bröckling 2008, S. 44). Diese Form der Macht, die sich auf den Bevölkerungskörper richtet, bezeichnet Foucault auch als „Biomacht", d.h. als „das Ensemble von Mechanismen, durch die das, was in der menschlichen Art seine grundlegenden biologischen Züge ausbildet, in das Innere einer Politik, einer politischen Strategie, einer allgemeinen Machtstrategie eintreten kann" (Foucault 2006, S. 13). Die „Biomacht" rückt die Pflege des Lebens in den Mittelpunkt des Regierens (vgl. Foucault 2001, S. 284). Sie wird zum Schnittpunkt zwischen individuellem Körper und Bevölkerungskörper, in Form von statistischen Verteilungen wie z.B. Durchschnittsalter, Geburten- oder Sterberate, und zum Ansatzpunkt einer ökonomischen Führung: „Das Lebende gilt es nun in einem Bereich von Wert und Nutzen zu organisieren, und es ist diese Verantwortung für das Leben, die der Macht Zugang zum individuellen Körper verschafft" (Opitz 2004, S. 36). Der Begriff der Gouvernementalität verbindet demnach Praktiken, die auf das Individuum abzielen, mit Praktiken, die sich auf die Regulierung der Bevölkerung richten (vgl. a.a.O.). Der Diskurs um die Aufwertung von Self-Tracking als Selbstmanagement und Kontrolle über körperliche Zustände kann und wird in dieser Denkstruktur als regierungslogische „policy" gelesen, um z.B. Krankenkassenbeiträge zu mindern, Arbeitsproduktivität zu maximieren etc. (vgl. Lupton 2013a, S. 28). Krankenkassen bauen bereits mittels „Apps" und „Wearables" ihre Anreizsysteme aus. *QS* und Self-Tracking im Allgemeinen lassen sich somit als Effekte und Instrumente einer aktivierungspolitischen Rationalität lesen, in der so wenig regieren wie möglich zunehmend heißt, präventiv zu regieren und Bürger dazu zu führen, sich selbst zu führen. Ein den Daten nach gesunder Körper kann zum Beispiel als Ausweis für die Anschlussfähigkeit an den Arbeitsmarkt gelten.[3] Optimierung wird zum Ziel, „um auf den Märkten des Lebens konkurrenzfähig zu sein" (Gugutzer 2013, S. 70). Krankheit, emotionale Diskontinuitäten, mangelndes Glück oder Produktivität werden repräsentiert als verfehlte individuelle Selbstsorge, der man mit der anhaltenden Produktion von lebensweltlichen und körperlichen Kennzahlen der Kontrolle ent-

---

3 Till betrachtet Self-Tracking anschließend an den Diskurs um immaterielle Arbeit als „digitale Arbeit": „(…) a thermodynamic model of the exploitation of potential energy underlies the interest that corporations have shown in self-tracking and that „gamification" and the promotion of an entrepreneurial selfhood is the ideological frame that informs the strategy through which labour value is extracted without payment" (Till 2014, S. 446).

gegenwirken kann, um – verhüllt als freie Entscheidung – ein „besseres Selbst" (Swan 2013) zu werden (vgl. Lupton 2013a, S. 28). Hier ist also eine Biomacht am Werk, die sich auf den Gesellschaftskörper richtet, indem sie einen gesundheitsbewussten Lebensstil des Individuums mithilfe digitaler Technologien propagiert. Die Betonung von Sichtbarmachung und Optimierung seitens der Bewegung fügt sich in diese biopolitische Themenstellung: Self-Tracking kann als „empowerment of the bio-citizen" (Swan 2012, S. 104) gelten. Die Selbstvermessung repräsentiert dabei kein zwanghaftes Disziplinieren von außen (vgl. Ruckenstein 2014, S. 70), sondern operiert im Sinne von: Du bist es dir schuldig auf dich zu achten. Quantifizierte Selbstsorge gilt in der wissenschaftlichen Betrachtung als Technik, bei der Individuen sich in Selbstüberwachung, Selbstsorge und Selbstregierung engagieren (vgl. Albrechtslund 2013; siehe auch Lupton 2013b, S. 397).[4] „Die Sorge um sich" (Foucault 1989) ist Teil der Lebenskunst des modernen Individuums. Vor allem in seinem Spätwerk richtete er seinen Blick auf „die ‚Selbstführung' der Individuen, d.h. [...] wie sie sich im Rückgriff auf verfügbare kulturelle Modelle reflexiv auf ihr eigenes Verhalten beziehen[5] und Maximen der ‚richtigen' oder ‚angemessenen' Lebensführung folgen" (Keller 2008, S. 123). So handelt es sich auch bei dem Begriff der „Technologien des Selbst" (Foucault 1993) um zielgerichtete Eingriffe des Individuums in sein eigenes Leben, die Selbsttransformation anstreben. Diese implizieren nach Foucault immer „Formen der Schulung und der Transformation, nicht nur in dem offenkundigen Sinne, daß gewisse Fertigkeiten erworben werden, sondern auch im Sinne der Aneignung von Einstellungen" (a.a.O, S. 27). Während in der griechisch-römischen Kultur die Maxime „Achte auf dich selbst" im Vordergrund gestanden habe und „die Selbsterkenntnis als Folge der Sorge um sich selbst" erschien, verkörpere in der Moderne die Selbsterkenntnis im Sinne eines „Erkenne dich selbst" das fundamentale Prinzip (a.a.O, S. 31f.).

Das Bedienen eines technischen Beiwerks, um Selbstproblematisierungen nachzugehen, scheint eine anthropologische Konstante zu sein. Wir sind immer schon Hybride gewesen, in dem Sinne, dass Körperfunktionen technisch modifiziert, dass Wahrnehmungs-, Steuerungs- und Regelungsfunktionen an Techno-

---

4 Whitson macht darauf aufmerksam, dass vor allem das spielerische Design der Apps sich der Sehnsucht des Nutzers nach Selbstsorge und Selbstentwicklung bedient, indem es als vergnüglich erscheint (Whitson 2013, S. 170). Gerade die Quantifizierungen sind dabei ein essentielles Tool um die „Führung der Führungen" anzuleiten (vgl. a.a.O., S. 167).

5 Indem das Subjekt stets als ein gewordenes konzipiert ist, das sich in einer bestimmten historischen Rationalität bildet und immer wieder aktualisiert, wird es auch nicht mehr als das Innere eines privaten Selbst oder als eine autonome Instanz verstanden (vgl. Schmidt 2013, S. 93).

logien delegiert wurden (vgl. Harrasser 2013, S. 77f.). Auch die Idee der zählenden Selbstsorge hat ihre historischen Wurzeln im Aufzeichnen von Stimmungen, in Schmerztagebüchern, Personenwaagen, Diäten[6], Blutzucker-Niederschriften oder Blutdrucktabellen. Mediale Rahmen der Wissensermittlung über das eigene Selbst sind stets Schrift, Sprache oder Visualität. Neuartig an den „digitalen Selbsttechnologien" scheint, dass quantifizierbare Körperdaten mit Selbsterkenntnis gleichgesetzt werden. Körper und Selbst sind immer aufeinander verwiesen, hier jedoch verlagert sich die Sorge immer tiefer in den Körper. Zunächst unsichtbare bzw. tieferliegende Körperorte gilt es in persönlicher Verantwortung zu erschließen. So stehen Informationen über ein entschlüsseltes Genom, Hautwiderstand, Lungenvolumen, Mundfeuchtigkeit, Flüssigkeitshaushalt oder Herzfrequenzen im Dienst der Erkenntnis über das eigene Selbst. Zum Problem wird es in diesem Zusammenhang, keine Kenntnis über den eigenen Körper in Form dieser Daten zu haben. Nach Whitson markiert sich ein weiterer Unterschied zu anderen ethischen Praktiken der Selbstreflexion in der Präzision, der Komplexität und der erhobenen Datenmenge an sich (vgl. Whitson 2013, S. 168). Technologien des Selbst sind nach Foucault immer mit Problematisierungen[7] verbunden und im Diskurs um Self-Tracking scheinen das Leben an sich sowie der ganze Körper zum Problem der Informiertheit zu werden. Ganz dieser Linie folgend erklärte eine Person auf einem von mir besuchten *QS*-Meetup, dass man auch Atmen lernen müsse: Selbstverständlichkeiten gelten als verlernt, Alltagsbanalitäten werden Erkenntnisgrößen. Materieller Ausgangspunkt oder Anreiz dieser Art der Problematisierung des Körpers sind die neuen Anwendungen und Geräte. Durch diese neuen Qualitäten der Problematisierung scheint der Körper als Ort der Verbesserung gleichsam zu wachsen, denn durch die erweiterten Möglichkeiten des Einblicks durch Sensoren gibt es auch quantitativ immer mehr Zielstellen der Problematisierung. Zudem lässt sich eine Tendenz zur Modularisierung des Alltags bzw. des Lebens beobachten, da Schlaf, Ernährung, Kontaktverhalten oder Bewegung separat betrachtet wird. Die Vermessung soll dazu anhalten, in den Daten wiederkehrende Muster und damit sich selbst zu erkennen, so die beworbene Logik. Körper und individuelle Lebensführung, als Formgrößen des Selbst, geben also quantitativ mehr Fläche für die Annahme, nicht genug zu wissen. „Nicht mehr die philosophische Selbsterkenntnis ist der erste Schritt zur Besserung, sondern die

---

6   Vgl. dazu den Beitrag *Kalorienzählen oder tracken?* von Corinna Schmechel in diesem Sammelband.
7   Verstanden als „(...) Ensemble diskursiver und nichtdiskursiver Praktiken, das etwas ins Spiel des Wahren und Falschen eintreten lässt und es als Gegenstand des Denkens konstituiert" (Foucault 1985b, S. 158).

Selbstvermessung" (Selke 2014, S. 77). In gewisser Weise lassen sich die digitalen Technologien also als zeitgenössische Vorschläge verstehen, ein aktives Verhältnis zu sich auf eine bestimmte Art einzunehmen. Denn der Begriff der Technologien des Selbst soll nicht zuletzt aufzeigen, „dass die Einzelnen die angewendeten Mittel zum Selbstbezug nicht aus sich selbst heraus hervorbringen, vielmehr beziehen sie sich auf Verfahren und Schemata, die sozial ‚vorgeschlagen, nahegelegt und aufgezwungen' werden" (Foucault 1985a, S. 19 zit. n. Duttweiler 2013, S. 249).

1.2 Gesundheit wählen

Im angloamerikanischen Raum der 1990er Jahre entstand eine besonders prominente geisteswissenschaftliche Strömung, die Foucaults Auffassung neoliberalen Regierens als „Führung der Führungen" unter der Kategorie „gouvernementality studies" als Analyse neoliberaler Kultur fortschreibt. Die Studien fokussieren die Insignien neoliberaler Rationalität unter dem Stichwort einer Ökonomisierung des Sozialen und veranschlagen damit eine Verflechtung ökonomischer Prinzipien mit ehemals häufig als privat betrachteten Bereichen individuellen Lebens wie Körper, Gesundheit, Wohlergehen, Sexualität oder sinnbildlich dem Wohnzimmer[8]. Dieser Argumentationslinie folgend, haben sich Individuen zu sich selbst im Sinne eines Unternehmers zu verhalten (vgl. Bröckling 2007). Zahlreiche Arbeiten konzentrieren sich auf den medizinischen Sektor und nehmen Gesundheit und Krankheit als sozio-kulturell erzeugte und politisch umkämpfte Konstruktionen in den Blick (vgl. Brunett 2007, S. 169; Nettleton 1997; Petersen und Lupton 1996; Greco 2009). So setzen die meisten dieser Analysen der Kultur der Gesundheit klassisch an dem Begriffsbild der Medikalisierung an, d.h. an der Ausweitung biomedizinischen Wissens auf alle Lebensbereiche, inklusive Ernährung, Bewegung, Sports, alltäglicher Praktiken wie Schlaf und Erholung, Beziehungen zu anderen (vgl. Lupton 1997, S. 107; Kickbusch 2006, S. 35), sowie an der Einbettung dieses Wissens in Bereiche wie Ökonomie und Politik. Diese Ausweitung medizinischer Wissensproduktion im Zuge des letzten Jahrhunderts führte zur Diagnose der Genese einer „health society" (vgl. Greco 1998). Betrachtet man Zeitschriftenregale, Ratgeber, Wellness-Kult, Werbeslogans oder wie hier die App-Entwicklung, ist der Gesundheitsaufruf omnipräsent. Da Gesundheit als einziger generalisierbarer Wert gedacht werden kann, der nie garantiert ist, erscheinen das Bewerben von Gesundheit sowie der Vorschlag zur Verhaltensänderung frei von normativen

---

8   Vgl. hierzu auch den Beitrag *Der neoliberale Zeitgeist als Nährboden für die digitale Selbstvermessung* von Christopher Stark in diesem Sammelband.

Bezügen. Gleichwohl produziert die Problematisierung von Gesundheit auf diese Weise keineswegs gesündere Individuen, vielmehr steigert sie die Reflexivität, wodurch wiederum Pathologien und Ungleichheiten entstehen (vgl. a.a.O.), indem Gesundheit zunehmend in Begriffen der Wahl reflektiert wird (vgl. a.a.O.; Rose 1990; Cruikshank 1999). Gesund-Sein wird mit einem moralisch wertvollen Lebensstil verknüpft, erreichbar durch richtige Konsumentscheidungen, Körperpraktiken (wie Ernährung oder Bewegung) oder Psychotechniken (Entspannung, Reflexion, Achtsamkeit etc.) (vgl. Greco 2009, S. 19). Knotenpunkt aller vorgeschlagenen Techniken und Konzeptionen zur Erhaltung von Gesundheit und Wohlsein ist ihre Schwerpunktsetzung auf Selbstbestimmung und Eigenverantwortlichkeit. Zudem wird aus einem reaktiven Gesundheitsverständnis ein präventives (vgl. Lemke 2003, S. 2). Wie lässt sich aber diese kulturell kommunizierte Verantwortlichkeit für die eigene Gesundheit auf das Self-Tracking übertragen?

Der gesunde Körper wird als Zeichen einer rationalen Lebensführung ausgelegt, wenn ein QS-Anhänger in einem Interview sagt: „awareness für Gesundheit ist ja schon mal ein way of life" (I).[9] Gesundheit gilt als etwas, das man sich erarbeitet und das zugleich als Imperativ und Lebensstil den gesamten Alltag prägt. Und gerade der Self-Hacker wird in dieser Betrachtungsordnung als dezidiert gesund Lebender inszeniert. Mit der Digitalisierung der Techniken der Selbstsorge werden die Ansatzpunkte für Selbst- und Körperbezüge ausgeweitet und es entsteht damit zugleich ein weites Feld möglichen Scheiterns. Dementsprechend verweist Stefan Selke (2014) auf die negative Leitfigur des „digitalen Versagers"; jeder kann potentiell im Detail der Daten versagen: bei Kalorienverbrauch, Schlafrhythmus, Puls, den täglichen Schritten oder der Alltagsorganisation.

---

9   Ich kennzeichne Auszüge aus meinen Interviews im Folgenden mit einem „I". Im Rahmen meiner Promotion habe ich zwölf narrative Interviews geführt. Alle Interviews gingen mit einem expliziten Treffen einher. Darunter waren fünf aktive, männliche Personen, zwei aktive, weibliche Personen, zwei Personen, die sich mit QS identifizieren, aber selbst noch nicht wussten, was sie messen sollen, ein Medizintechniker, der regelmäßig Meetups besucht sowie ein Diabetiker, der sich mit App-Entwicklung beschäftigt. Alle Ergebnisse sind bisher vorläufig, da ich noch weitere Gespräche im Netzwerk um das Prinzip der digitalen Selbstvermessung führen werde.

2 Die alltägliche Praxis der Selbstvermessung – Eine Erweiterung der bisherigen Perspektive

Foucaults Vokabular, so die bisherige Auslegung, zeigt sich als sachdienlich, um Self-Tracking kritisch und in einem historischen Rahmen zu verorten. Gerade die Verbindung von Technologien des Selbst mit der Produktion von Macht mittels des Gouvernementalitätsbegriffs lässt *QS* als neuen mikrophysischen Ausdruck einer Kultur, die Eigenverantwortlichkeit für den gesunden Körper beschwört, einordnen. Zudem lassen sich gesellschaftlich produzierte Leitbilder für den individuellen Selbstbezug ausmachen. Neben diesen Bezügen erlaubt es eine foucaultsche Perspektive, den Körper als „kulturelles Artefakt" (Fox 1997, S. 45) einzuordnen. Somit gibt es keine prä-sozial isolierbaren Körper, sondern Körper werden zeitlich und zeitweilig im Diskurs gebildet, sie werden beschrieben, ausgelesen und aktualisiert. Disziplinen wie Anatomie, Epidemiologie, medizinische Soziologie oder andere Körpertexte rahmen den Körper, differenzieren ihn und üben Macht auf ihn aus (vgl. a.a.O., S. 45).[10] Doch der Artikel möchte fragen, inwiefern sich hier eine Macht repräsentiert die nicht nur Körperwahrnehmung formt, sondern bis in den phänomenologischen Leib hinein reicht.

Um dem nachzugehen, möchte ich vorschlagen, sich auch an empirischen Subjektpraktiken zu orientieren, um das Phänomen der digitalen Selbstvermessung in seiner Auswirkung auf Körper, Leib und Selbst kritisch zu lokalisieren. Hier wird nun aber der Versuch gewagt, über narrative Reflexionen seitens der Self-Tracker selbst, die im Rahmen von narrativen Interviews erhoben wurden, sowie Beobachtungen, generiert aus dem Besuch von Meetups, zu fragen, welches Verhältnis von Körper, Sich-Spüren und Selbst vermittelt und inwiefern dieses im Sinne Foucaults problematisiert wird? Zudem werden Anhaltspunkte für die Frage gesucht, ob der Körper als objektiver Datenproduzent im Rahmen der Messung nicht sogar seine subjektive körperliche Form verliert, indem er als Datenkörper erscheint bzw. sich durch die daraus hervorgehenden Wahrnehmungsgewohnheiten gar zu einem solchen transformiert. Welche Effekte hat das Messen und Quantifizieren

---

10 Damit wird es möglich, am Beispiel der Wissensproduktion in der Medizin „trübe" politische Machtfaktoren zu lokalisieren und deren Erkenntnisordnungen als kulturell und historisch variabel zu hinterfragen. Dies eröffnet zum Beispiel eine völlig neue Perspektive auf die Fabrikation von Wissen in der Medizin. Blut kannte keinen Blutdruck, bevor Versicherungsunternehmen auf den Einsatz von Blutdruckmessgeräten drängten (vgl. Porter 2010, S. 78). Krankheiten wurden erst seit dem 19. Jahrhundert als im Körper verankert gedacht (vgl. a.a.O.; Foucault 1993, S. 153, 207), wodurch ein Körperbild entstand, das die Expansion von Prinzipien des strategisch richtigen Gesundheitshandelns vorantrieb.

also beispielsweise auf individuelles leibliches Spüren und wie wird der Körper an sich in jener spezifischen Kulturtechnik individuell repräsentiert beziehungsweise neu geformt? Auch wenn diese Hinwendung zu individuellen Narrationen sich von einer Machtanalyse im Sinne Foucaults abwendet, wird diese Herangehensweise als Vorschlag der Erweiterung betrachtet.[11] Die sich in den letzten Jahren entwickelnden Praxistheorien (vgl. Schatzki et al. 2001) haben gezeigt, wie Subjektivierungstheorien im Sinne Foucaults mit einer Betrachtung von praktischen Vollzügen auf der Ebene des Alltags verschränkt werden können (u.a. Gelhard et al. 2013).[12] Somit wird Self-Tracking hier im Sinne Dimitris Papadopoulos als verkörperte Subjektivierung betrachtet, um nachzeichnen zu können wie Diskurse durch den Körper mittels Quantifizierungstechniken realisiert werden (vgl. Papadopoulos 2010, S. 151).

Damit soll ersichtlich werden, welch tiefgreifende Macht digitale Zahlenlogiken als Mittel der Selbstreflexion haben, die „Kommunikation" in der Trias Körper/Leib/Selbst zu beeinflussen. Letzteres haben sowohl ethnographische Studien als auch Phänomene von Messungen und Visualisierungen biometrischer Daten im Kontext chronischer Krankheiten unlängst aufgezeigt. Derart Ergebnisse sind meines Erachtens durchaus an die bisherigen Analysen des Phänomens Self-Tracking durch Foucaults Brille anschlussfähig. In diesem Sinne betrachte ich das Beispiel des Blutzuckermessens als „historisches Vorbild [...]" für *QS*, als eine analoge, numerische „Auslegungsordnung seiner Selbst" (Duttweiler 2013, S. 255), wodurch sich tiefgreifende Effekte auf die Selbst- und Körperführung erahnen lassen. Im Prinzip stellt sich hier also die teilweise noch spekulative Frage, welchen Körperzugang das digitale Zeitalter gewährt beziehungsweise wie dieser verkörpert wird.[13]

---

11 Mehrheitlich scheint in den Konzeptionen der *gouvernementality studies* nicht interessant, wie sich gesellschaftliche Rationalitäten auf individueller Handlungsebene auswirken, da jede Aussage und Entscheidung wieder in das Raster von Selbst- und Fremdführungen eingepasst werden kann (vgl. Opitz et al. 2005). In den empirischen Untersuchung erhalten zumeist „Sprachspiele, symbolische Ordnungen, Selbsttechniken, Diskurse und Praktiken in Form von Bildern, Texten, Ratgeberliteratur, Videos, Filmen etc." die größte Aufmerksamkeit (Schmidt 2013, S. 93).

12 Es entstehen hier, wie beschrieben, Beobachtungsprobleme, da die Anwendungen stark automatisiert sind und sich somit keine konkrete Beobachtungssituation ausmachen lässt. Eine praxistheoretische Perspektive müsste den Umgang mit den Technologien direkt beobachten. Hier dienen die narrativen Aussagen als Deutungen, um praxisverändernde Effekte zu erkennen.

13 „Selbsternanntes" Self-Tracking, gerade die *QS*-Bewegung an sich, ist viel eher ein diskutiertes Phänomen als gesellschaftliche Realität. Doch der Markt um Tracking-Geräte wächst exponentiell, IT-Messen stellen immer mehr Produkte aus, die sich um

3 Das Ich-Projekt als Datenstrom – Numerische Repräsentation von Körper, Leib und Selbst unter empirischem Bezug

Wenn Körperbetrachtungen im Sinne eines Wissens- und Technikfortschritts historisch variabel sind, wie Studien im Kontext der *Science and Technology Studies* über die medizinische Visualisierung und Darstellung des Körpers aufzeigen (vgl. u.a. Burri 2008; Schubert 2006), lässt sich fragen, ob mit den Self-Tracking-Technologien eine neue historische Repräsentation des Körpers entsteht. Eine Hinwendung zu der Frage, wie in der Praxis in verschiedenen Kontexten Körper hergestellt und vollzogen werden, scheint mir zentral, um die hier aufgeworfene Frage zu beantworten. Wie auch (andere) bildgebende Technologien in der Medizin, produzieren digitale mobile Technologien, die Körperbewegungen und Körperfunktionen messen, einen spektakulären Körper, dessen innere Vorgänge simultan angezeigt und sichtbar gemacht werden (vgl. Lupton 2013b, S. 398). In der Medizin werden digitale Technologien zunehmend bedeutsam für die Visualisierung des menschlichen Körpers, aber auch der individuelle Körperzugang wird zunehmend über Datenakkumulation gesteuert. „Die mithilfe von Smartphone-Apps und anderen digitalen Messgeräten erfassten [...] Körperfunktionsdaten sollen eine neue Grundlage für ein perfektes Verhältnis zum eigenen Körper schaffen"[14], so die Vorstellung. Der individuell produzierte Datenkörper repräsentiert das digitale Zeitalter, ein Körper der sich „hacken" lässt, im Sinne einer ich-vermittelnden Erfahrung, ein Körper der als „smart machine" positioniert wird, verbunden mit anderen „smart machines" (vgl. a.a.O., S. 27). Körperwahrnehmung wird zu einem durch Geräte vermitteltem und damit erweiterbarem Phänomen. Hier soll jedoch nun im Fokus stehen, wie sich Körper und Selbst unter dem Aspekt der digitalen Datenakkumulation in der Praxis repräsentieren und erfahren werden. Dazu wird zuerst untersucht, welche Rechtfertigungs- und Legitimationsstrategien mit dem Datensammeln verknüpft werden. Im Anschluss wird das automatisierte Datensammeln nochmals anhand des empirischen Materials als Technologie des Selbst hinterfragt. Anknüpfend an Studien, die sich mit der Praxis des Self-Monitoring im Krankheits- wie Gesundheitskontext beschäftigten, wird zudem gefragt, in-

---

ein systematisches, numerisches Eintakten des Lebens bemühen und auch Wissenschaften wie die Soziologie beschäftigen sich zunehmend mit dem Prinzip Selbstvermessung. Die Apple Watch adressiert potentiell jeden als Käufer und die Produkte sind damit Teil des Massenmarktes. Somit lässt sich erahnen, dass wir es mit einem zukünftig immer wichtiger werdenden Phänomen zu tun haben.

14 http://www.welt.de/gesundheit/psychologie/article13759652/Messen-von-Koerperfunktionen-kann-suechtig-machen.html. Zugegriffen: 06. Dez 2014.

wiefern sich das Verhältnis von Körper und Leib durch Zahlenreflexion verschiebt und bisherige Diskussionen um einen Datenkörper damit verknüpfen.

3.1 Datensammeln als Arbeit an sich – Zwischen notwendiger Introspektion und automatisierter Prävention

Niemand zweifelt mehr am Prinzip „Vorbeugen ist besser als Heilen" und gerade Zahlen in ihrer Steigerungslogik sind diesbezüglich passbare Größen. Das Prinzip macht ein Mediziner deutlich: „Prävention durch Wissen, Wissen durch Daten, also Prävention durch Daten" (Grasse und Greiner 2013, S. 103). In diesem Sinne lässt sich auch folgende Formulierung eines Interviewten lesen:

> „QS bedeutet, möglichst viele Daten über sich selbst in erster Linie oder auch über andere, aber vor allem über sich selbst zu sammeln. [...] Damit ist es wichtig, so viele Daten zu sammeln, wie es nur möglich ist, und das so genau, so detailliert und so lange wie überhaupt nur möglich. Denn du kannst ja nur die Daten auswerten, die du hast. Das heißt, wenn du irgendwann mal in die Situation kommst, dass du an dir irgendwas entdeckst. Zum Beispiel man ist ständig müde oder man wacht morgens immer mit Kopfschmerzen auf oder was auch immer es sein mag oder Verdauungsprobleme, weiß der Geier. Wenn man dann erst die Daten sammeln muss, dann ist man ja wahnsinnig weit hinterher. Wenn man die Daten schon hat, dann kann man einfach in die Daten reinschauen und sich überlegen: Okay was ist da passiert?" (I)

Letztlich geht es im ersten Schritt also gar nicht so sehr um gegenwärtige Mustererkennung oder Korrelation, die einen experimentellen Zugang zum Funktionsprinzip Selbst schaffen, dies wird erst notwendig, sobald ein konkreter Schmerz oder eine Produktivitätsminderung deutlich wird. Das Datensammeln ist bei vielen „selbsternannten" Selbstvermessern erst einmal „vorausschauend", Häufigkeiten werden abgebildet, als eine Art kontingentes Vorbeugen: „oder was auch immer es sein mag" (I). Zu wenige Daten zu haben, kann zum Risiko werden, da wenige Daten anfälliger für Fehlinterpretationen sind, weshalb einer meiner Gesprächspartner auch ausgiebig von seinem Projekt „Lebensdatenbank" berichtete.

Das Engagement mit den Daten sollte bei den meisten meiner Befragten mit Bequemlichkeit einhergehen, da das Prinzip gilt: mehr Daten zu haben ist mehr Absicherung; „deswegen ist es auch der Aspekt der Bequemlichkeit, ist dieser Aspekt der Bequemlichkeit so wichtig, dass man auch möglichst viel sammeln kann", so ein Interviewpartner. Es ist also kontextualisiert zu betrachten, inwiefern Self-Tracking überhaupt zu einer Technologie des Selbst im Sinne Foucaults wird, d.h. zu einem zielgerichteten Eingriff des Individuums in sein eigenes Leben zur Erlangung von Selbsttransformation. Zu fragen wäre hier, wie viel „(unbequeme) Arbeit" zu einer Technologie des Selbst gehört, denn die hier betrachteten Praktiken und Anwendungen sind durch eine starke Automatisierung geprägt, die vielleicht die ehemals von anderen Selbsttechniken geforderte Disziplin ersetzt. Zudem sind die Darstellungs- und Listenformen der Anwendungen standardisiert. Datensammeln ist bei den meisten ein offener Prozess, da nur die Möglichkeit eines Problems numerisch kontrolliert wird. So kontrolliert zum Beispiel einer meiner Interviewten aufgrund der Ergebnisse eines Gentests, die eine Diabetesdisposition offerierten, jeden Tag präventiv seinen Blutzucker und zahlt 50 Cent pro Messstreifen. Die Selbsttechnologien sind also in die Zukunft gerichtet, es geht manchmal weniger um das Ziel als um die generellen Mittel der biometrischen Zahlenkontrolle, die einem möglichen Optimieren dienen könnten, ganz im Sinne dieser Aussage: „Also du kannst auch nur optimieren, was du kennst ne. Das ist dann die nächste Stufe. Ob ich das tue ist eine ganz andere Frage." (I) Zahlen spiegeln hier die postmoderne Logik, dass das Ich-Projekt niemals abgeschlossen werden kann. So scheint Selbsterkenntnis durch Self-Hacking jedoch kaum erreichbar, denn das Potential zur Selbstverbesserung ist unendlich, „wenn der Körper [...] gleichermaßen zum Werkzeug und zum Material von zunehmend bewussten Selbstgestaltungspraxen" (Villa 2012, S. 19) wird. Das Selbst bleibt also immer im Konjunktiv, ganz in Foucaults Sinne, der Selbstbezug ist weniger retrospektiv als prospektiv. Insgesamt scheint damit, wie bereits beschrieben, auch der Körper vergrößert, indem die Stellschrauben der möglichen Verbesserung „tiefer" gelegt werden, in das Innere reichen und der Alltag sich auf neue Weise als Problem darstellt. Die Selbstproblematisierung wird somatischer, was auch zu negativen Überforderungen führen kann. Ein Arzt macht deutlich, auf welche Weise sich dies äußert, wenn zum Beispiel ein Patient, der nie ein Problem mit niedrigem Blutdruck hatte, zum Arzt kommt und plötzlich aber „ein Problem an[steht], weil ich auf einmal das Gefühl habe, dass ich da vielleicht doch ein Problem habe" (Grasse und Greiner 2013, S. 106).

Einige Interviewte grenzten sich explizit von dem durch die mediale Berichterstattung negativ konnotierten Begriff der Optimierung ab, es ginge nicht nur um Verbessern sondern um ein Modifizieren.[15] Änderung in alle Richtungen gilt an sich als Wert: „Du bist in der Lage, mit entsprechendem Know-how an vielen, nahezu allen Lebensbereichen Veränderungen vorzunehmen. Kleine Dinge zum persönlichen Wohlergehen verändern zu können" (I) oder der „Ich-will-mich-selbst-irgendwie-verändern-Aspekt: der ist spannend" (I). Gleich wie weit das En-

---

15 Vgl. dazu auch den Beitrag *Selbstoptimierung durch Quantified Self?* von Stefan Meißner in diesem Sammelband.

gagement mit den Daten geht, gelten sie als Basis für Veränderung und an sich als Medium der Selbsterkenntnis, auch wenn nur flüchtig geschaut wird, wie viele Schritte am Tag gelaufen wurden. Der Bewegungsslogan hat intensiv genug ein „selfknowledge through numbers"[16] nahegelegt. Der tatsächliche Umgang mit den Daten ist immer sehr individuell und die Motivation verschieden. Zudem sollte berücksichtigt werden, dass sich viele Personen mit chronischer Krankheit für die Entwicklung und Anwendung von Apps einsetzen. Für die eher technisch versierten selbsternannten Selbstvermesser scheint das vermittelte Self-Tracking ein Hobby zu sein: Selbsterkenntnis und Körperwissen im Baukastenprinzip, als spielerisches Ausprobieren. Das häufigste Self-Tracking scheint mit konkreten sportlichen Zielen verknüpft zu sein, wie der Vorbereitung auf einen Marathon, der Kontrolle von Laufstrecken etc. Weitere konkrete Ziele sind Gewohnheitsveränderungen. Einer meiner Interviewten ließ sich von einer App daran erinnern, jeden Tag Zahnseide zu benutzen. Technik sei für ihn „kein Selbstzweck" (I), sondern er müsse „immer irgend ein Ziel damit verfolgen" (I). Das Messen ist hier nicht präventiv, sondern es wird ein bestimmtes Alltagsmodul als vermessenswert und veränderungswürdig ausgemacht, sei es so etwas wie der Wunsch, Zahnseide zu nutzen.

Für wiederum Andere scheinen die Zahlen tatsächlich eine Art „signifikanter Anderer" (Mead 1973) zu sein und gerade die Automatisierung erleichtert die Aufgabe des Erkennens, indem sie als Datenreihen oder visualisiert einen objektiven Selbstzugang repräsentieren.

„Ich glaube, man kommt irgendwann an den Punkt, etwas irgendwie quantifizieren zu wollen, weil du merkst, wie sehr du selber schwankst in deinen Meinungen und Ansichten und du brauchst irgendwas, woran du dich quasi orientieren kannst und je abstrakter die Zahl und je weniger du da selbst dran rumändern kannst, desto besser. Zum Beispiel bei meiner Schlaf-Track-App, die nimmt ja von sich aus auf und die bestimmt halt selber, also die misst einfach die Tiefschlafphasen, da muss ich nichts selber angeben. Damit befreit man sich im Grunde so ein bisschen aus dieser Selbstbeobachterspirale." (I)

Paradox ist hier, dass ein „trust in numbers" (Porter 1995) zum einen der Selbstbeobachtung dienen soll, vor einem Hintergrund, in dem andere konsensbildende Mechanismen nicht mehr greifen (vgl. Porter 1995; Heintz 2007, S. 70), und zum anderen auch davon befreien soll. Selbstgestaltung gilt also als Wert an sich und die Zahl vermittelt dabei zwischen dem subjektiven Bedürfnis nach Absicherung und scheinbar verifizierter Norm. Der Objektivitätswert der Zahl ist hier zwei-

---

16 So lautet die offizielle Tagline der *QS*-Bewegung.

fach, sie vermittelt die Selbstverobjektivierung und gilt für sich als automatisierter, objektiver Wert. Zahlen sind dazu da, „dass man ja eine höhere Sensibilität dafür entwickelt, irgendwie über Zahlen für sich selbst, für das eigene Gefühl", so eine interviewte Person. Es gilt: „numbers travel faster than words" (Heintz 2010), da sie in der Erhebung, nicht in ihrem Wirken, frei sind von emotionalen Schwankungen: „Numbers make problems less resonant emotionally but more tractable intellectually", so Gary Wolf.[17] Zahlen dienen als Technologien der Vergegenwärtigung, als „Metrik, anhand derer ich mich orientiere" (I). Visualisierungen und Zahlen scheinen gegenüber subjektiver Erfahrung „authentischere" Einblicke in den Alltag zu eröffnen, im Sinne eines „seeing is believing" (Pantzar und Ruckenstein 2014, S. 12). Zahlenpraktiken scheinen zudem eine teils soghafte Tendenz vorzugeben, Realität numerisch und modularisiert repräsentieren zu wollen, wie im folgenden Zitat ablesbar:

> „Es gibt verschiedene Bereiche meines Lebens: Ernährung, Sport, Beziehung, zwischenmenschlicher Kontakt, ähm, was auch immer. Also einfach eine Reihe von Bereichen oder Punkten, die ich irgendwie so für mich benannt habe. Dann habe ich gesagt, ähm, wie wichtig mir diese Bereiche sind und habe quasi einzelne Gewichtungen vergeben von eins bis zehn. Oder nee quasi so die Relevanz, Relevanz dieses Themas." (I)

Zudem gilt die Notwendigkeit, privat Daten zu sammeln, als Reaktion auf die Unmöglichkeit der Introspektion in der modernen Welt.[18] Die Zahl ersetzt die ruhige Minute des Nachdenkens oder initiiert diese. Selbst die kürzeste Aufmerksamkeit für die eigenen Daten im Sinne eines flüchtigen Ablesens oder schnellen Generierens dient bereits der Sensibilisierung für das eigene Sein oder als „Achtsamkeitsmedikation im psychologischen Sinne" (I), da Zahlen ein

---

17 http://www.nytimes.com/2010/05/02/magazine/02self-measurement-t.html?pagewanted=all&_r=0. Zugegriffen: 15. Nov 2014)

18 Enno Parks Reaktion auf die Kritik, QS Prinzipien würden das moderne Individuum von sich entfremden, zeigt genau eine solche Argumentationsfigur: „Dabei ist es doch genau das, was Self-Tracker versuchen. Denn auf unsere Intuition und unser Körpergefühl können wir uns nur bedingt verlassen – biologisch scheinen wir immer noch Steinzeitmenschen zu sein, die den Verlockungen des modernen Lebens erliegen. Statt uns zu warnen, wenn wir uns zu wenig bewegen oder schlecht ernähren, überschüttet uns unser Körper mit Botenstoffen, die Glücksgefühle auslösen. Die Selbstvermessung via App kann ein Weg sein, damit umzugehen." (siehe: http://jungle-world.com/artikel/2014/25/50095.html Enno Park. Zugegriffen: 16. Nov 2015).

„neutrales Taktelement vorgeben, auf das man sich dann konzentrieren kann und auch eh selber erfahren" (I).

„(...) wenn man sich damit beschäftigt, irgendwas auf einer Skala anzuordnen, dann muss man immer kurz in sich reinhorchen, ja das ist jetzt eher ne 6 als ne 4. Und dann muss man auch irgendwie immer überlegen, warum, und das stimmt schon, das richtet ja die Aufmerksamkeit auf den Körper." (I)

Gleichzeitig wird der natürliche Körper mit seinen analogen Sinnen aber auch als unvollständig gerahmt, da er den Anforderungen und Potentialen des Informationszeitalters nicht gerecht werden (vgl. Ruckenstein 2014, S. 69). Die neuen Techniken gelten damit als Instrumente der Sinneserweiterung in einer immer komplexer werdenden Welt.

Ob Self-Tracking stets als Technologie des Selbst im Sinne Foucaults interpretiert werden kann, muss im Kontext betrachtet werden, denn Technologien des Selbst haben stets ein Ziel und funktionieren nicht automatisiert. Die Zielstellungen des „selbstgewählten" Self-Tracking sind meist Prävention, Gewohnheitskontrolle, Introspektion in einer komplexen Welt oder technisch vermittelte, objektive Selbsteinschätzung. Die konkreten Auseinandersetzungen mit den Daten und Visualisierungen, die Technologien erst zu alltagsverändernden und subjektkonstituierenden Praktiken machen (vgl. Duttweiler 2013, S. 251f.), variieren, wie in den Interviews festzustellen ist, sehr stark. Insgesamt verhält wird sich zu sich selbst wie zu etwas „Kenntlichem, Endlichem, einem Ensemble materieller, chemischer Kräfte" (Illouz 2011) verhalten, das sich messen und kontrollieren lässt. Zudem repräsentiert sich das Selbst häufig als somatisches: Habe ich tief genug geschlafen, bin ich genug Schritte gelaufen? Diese Konstitution der eigenen Person entlang biometrischer Relationen nennen Rose und Novas (2000) „somatische Individualität". „Als Form der Subjektivierung steht die somatische Individualität mit einer zeitgenössischen Form von Personalität in Verbindung, welche Autonomie, Selbstverwirklichung, Vorsicht, Verantwortung und Wahl in den Vordergrund stellt" (Straub 2011, S. 502 zit. n. a.a.O.). Der Terminus markiert ein neues enges Verhältnis zwischen Körper und Selbst (Rose und Novas 2000, S. 487f.). Rose schreibt: „By somatic individuality, I mean the tendency to define key aspects of ones individuality in bodily terms".[19] Praktiken der digitalen Selbstvermessung deuten also nicht immer auf Technologien des Selbst hin, weil sie in der Anwendung sehr verschieden sind, aber meistens auf eine somatische Individualität.

---

19 http://www.lse.ac.uk/sociology/pdf/rose-becomingneurochemicalselves.pdf. Zugegriffen: 05. Nov 2014

3.2 Körper vergessen/Leib verdaten – Zahlen und Visualisierungen als Vermittler sinnlichen Erlebens?

3.2.1 Körper als Zweiheit von Leib und Körper[20]

Für die Praktik des digitalen Selbstvermessens lässt sich das Eröffnen eines Wahrnehmungsfeldes ausmachen, das, anders als das antike bis moderne Tagebuch, weniger von Regungen der Seele als vielmehr von quantifizierbaren Körper- und Alltagsdaten handelt. Zweifelsohne sind Körper und Selbst immer aufeinander verwiesen: im einfachsten Sinne, dass wir uns ein Bild von unserem Körper machen, was Effekte auf den Selbstbezug zeigt. Wie beschrieben, wird dieses Bildnis durch die nach „innen" gerichteten sensorischen Sinne erweitert, somatisiert und modularisiert: der sich ernährende, laufende oder schlafende Körper kann zergliedert und strikt getrennt zur möglichen Reflexion gestellt werden. Doch nicht nur der Körper ist eine Dimension der personalen Identität, auch der Leib beeinflusst unser Selbst (vgl. Gugutzer 2002). Im Sinne der Phänomenologie wird unterschieden zwischen „Körper haben" und „Leib sein". Was wir alltäglich als Körper bezeichnen, hat auch immer eine leibliche Dimension. Der Leib bezeichnet das „innere Erleben", über das wir an sich nicht quantitativ verfügen können (vgl. Villa 2012, S. 16). Helmuth Plessner betrachtet das menschliche Körperverhältnis als ein doppeltes:

> „Der Mensch ist ein Körper, und er hat seinen Körper. Körpersein und Körperhaben sind zwei Facetten des menschlichen Daseins, die sich wechselseitig bedingen. Körpersein betrifft die organische Ausstattung des Menschen und die daraus resultierende Bindung an das Hier-Jetzt: Ich bin meine Muskeln, Organe, Nerven, Hormone, bin meine Arme, Hände etc., und aufgrund dessen bin ich raumzeitlich an die Gegenwart gebunden. Körperhaben bezeichnet demgegenüber die humanspezifische Fähigkeit, zu sich selbst in Distanz treten zu können. Das gilt zum einen in Hinblick auf den eigenen Körper, der als Dingkörper instrumentell genutzt werden kann – und zwar in dem Wissen, dies zu können. Zum anderen meint Körperhaben die Fähigkeit, sich selbst zum Gegenstand zu werden, sich zu verobjektivieren, zu reflektieren und so das physisch bedingte Gebundensein an das Hier-Jetzt hinter sich zu lassen." (Plessner 1975 zit.n. Gugutzer 2006, S. 30)

Robert Gugutzer plädiert dafür, das Körpersein im plessnerschen Sinne begrifflich durch „Leib" zu ersetzen und Verkörperung wird damit als Dualität von Leib und Körper verstanden (vgl. Gugutzer 2012, S. 44f.). In der Phänomenologie ist der

---

20 Vgl. Gugutzer 2006, S. 30.

Leib für unser Erleben grundständig. Leibliches Zur-Welt-Sein heißt nach Merleau-Ponty die (Um-)Welt mit unseren eigenen Sinnen wahrzunehmen und der Leib wird meist erst dann versprachlicht, sobald er gegenständlich wird, wie etwa bei Schmerz, Angst oder Schweiß (vgl. a.a.O., S. 27, 29). Doch auch Leib und Körper sind immer historisch und nie abseits sozialer Konstitution zu denken. Jede Kultur hat ihre spezifischen Körpertechniken und die leibliche Wirklichkeit erlernen wir in sozialisatorischer Auseinandersetzung mit Körperwissen und intersubjektiv geteilten Chiffren unserer erlebten Erfahrung (z.B. Bewertungen wie „schön", „gesund", „krank", „angenehm", „schmerzhaft") (vgl. Villa 2012, S. 16). Der spürbare Leib ist jedoch in dieser Konzeption immer etwas subjektives und alles Körperliche auch immer etwas objektives: ein Armbruch wird immer ähnlich operiert, ob er weh tut oder nicht ist hingegen individuell verschieden (vgl. Gugutzer 2012, S. 47f.).

3.2.2 Der Körper als Display – Bezüge zu ethnographischen Studien im Kontext chronischer Krankheiten

Die Frage, wie sich objektives Körpersein und subjektives Leibspüren durch technisch vermitteltes Self-Tracking verschieben, wird in Analogiesetzung zu ähnlich gelagerten medizinischen Praktiken deutlich. In Messungen von Blutzucker, Puls, Blutdruck (oder durch bildgebende Verfahren) wird körperliches Innenleben stets „verobjektiviert". So werden diese Messungen (im Heimbereich) als historische Vorreiter von *QS* betrachtet. Dieser zunächst auf die Zahlenförmigkeit zielende Vergleich lässt dabei vorläufig die Tatsache außer Acht, dass die definierten Evidenzpraktiken im Falle einer chronischen Krankheit vorrangig Reaktion auf eine tatsächliche körperliche Problemlage sind und den Patientenalltag immens flexibilisieren. Ein digital engagierter Diabetiker verglich *QS* im Interview mit den durch seine chronische Krankheit bedingten, alltäglichen Praktiken wie folgt:

> „I see, in a certain sense I feel that diabetics we've been doing it for 30 years every day. So I feel like, I do feel there is a lot of overlap. […] I don't wanna be negative about it because it is possible that really good work will come out of QS movement. I think that sometimes it can have the danger, the point of collecting data is not for the sake of collecting data." (I)

Zwar sieht er Überschneidungen, aber den großen Unterschied macht er in der Zielsetzung der Datenerhebung aus. Als Selbstzweck ist sie ihm fremd, wenngleich er hofft, dass die Bewegung auch für ihn aufgrund einer Weiterentwicklung der Techniken Vorteile bringen könnte. Diabetes ist ein interessantes Beispiel aus dem Gesundheitssektor, in dem engagierte Patienten selbstverantwortlich körperliche

Messdaten produzieren und akkreditieren, und zwar in vielfacher Hinsicht (vgl. Bruni und Rizzi 2013, S. 29). So ist der Alltag eines Diabetikers (Typ 1) lebenslang von Zahlenpraktiken überformt: Blutzucker messen, Broteinheiten anpassen, Insulinmengen berechnen oder nach mehr Bewegung als angedacht, rückrechnen. Diabetiker managen ihren Körperbezug und Alltag über Zahlenpraktiken, sowohl um Über- und Unterzuckerungen zu vermeiden als auch um das Risiko von Spätfolgen zu mindern. In ethnographischen Studien im Kontext der *Science and Technology Studies* wird deutlich: „Methods of metering (partly) construct the practices they sustain" (Pantzar und Shove 2005, S. 2). Zahlenpraktiken oder Messanwendungen haben in dieser Perspektive immer die Macht, Realität zu repräsentieren. Auch der Körper ist nicht nur Resultat spezifischer Diskurse, vielmehr aktualisiert er sich durch spezifische Praktiken immer wieder neu. So haben Annemarie Mol und John Law (vgl. 2004, S. 183) zum Beispiel gezeigt, dass Körperwahrnehmung für Diabetiker durch Messgeräte zu einem vermittelten Prozess wird. Ein messendes Gerät ersetzt hier nicht einfach die Sinne, sondern wird eingefügt in eine „Wahrnehmung, die […] durch Körper, Geräte, Werte, Tabellen konstituiert wird" (vgl. Chakkalakal 2011, S. 185). Diagnostische Geräte registrieren nicht nur passiv Daten, sie intervenieren auch (in) die Situationen ihrer Verwendung. Im spezifischen Fall der Blutzuckermessgeräte ermuntere das Gerät nicht nur den Patienten dazu, normale Blutzuckerwerte zu erreichen, es verändere zudem das, was als normal gilt, so Mol (2000, S. 9). In der Benutzung wird die Aufmerksamkeit weg von physischen Empfindungen hin zu den Zahlen gelenkt und diese verändern inneres Empfinden (vgl. a.a.O.). Ob digital oder analog, im Kontext chronischer Krankheit oder „selbsternannt", der Körper wird hier aus einer „Sorge um sich" heraus gemessen. Einmal ausgestattet mit einem Messgerät, wird das Individuum zu einem „knowable, calculable and administrable object" (Pantzar und Shove 2005, S. 4). Derartige Quantifizierungen sind also nicht an die digitale Sphäre gebunden. Mika Pantzar und Elizabeth Shove zeigen in ihrer Analyse zur Geschichte alltäglichen Messens, von der Badezimmerwaage bis zum Messen der Herzfrequenz, wie diese analogen Formen neue alltägliche und soziale Probleme konstruierten, indem dieses Langzeitfeedback an Resultate vergangenen Verhaltens binden und dabei zukünftiges eventuell beeinflussen (vgl. Pantzar und Shove 2005 zit.n. Whitson 2013, S. 167).

3.2.3 Der individuelle Datenkörper: Zwischen Leibvergessenheit und numerisch-sinnlicher Erfahrung?

Eine chronische Krankheit lässt sich nicht wie eine App löschen. Durch die Analogie wird aber deutlich, dass durch Daten vermittelte Körperkontrolle es vermag,

Macht auf das subjektive Spüren auszuüben. Ob der Körper im medizinischen Sinne gesund ist, kann er nicht selbst aufzeigen, wir können uns gesund fühlen, aber die „objektive Bestätigung" bedarf einer Aufzeichnungsapparatur. Ohne diese technische Vermittlung wird der genaue Blutzuckerwert nicht zugänglich. Apps und Wearables verlängern und entgrenzen dieses Prinzip in breite Flächen des Alltags. Es sind lebensstilbezogene und private „skopische Medien" (Knorr Cetina 2012 u.a.). Dieser Begriff „steht für Beobachtungs- und Bildschirmtechnologien, die distante bzw. unsichtbare Phänomene situational präsent machen, damit neue bzw. entfernte Beobachtungsräume sowie Informationswelten"[21] erschließbar werden. Durch skopische Medien werden soziale Situationen in synthetische Situationen transformiert, so die These (vgl. a.a.O.). Auch durch Self-Tracking werden alltägliche und leibliche Vorgänge in Form von Graphen, Tabellen und Figurationen in Information übersetzt (vgl. Lupton 2013a, S. 27) und in gewisser Weise synthetisiert. Dabei wird der Körper als ein Datenproduzent konzipiert, deutlich in der direkten Benennung durch Gary Wolf im Guardian: „Your body isn't a temple, it's a data factory emitting digital exhaust".[22] Auch wenn den Daten oft der Kontext fehlt, sie entsinnlicht sind, so Selke (2014, S. 20), leisten sie Verdopplung. „Der Fokus der Wahrnehmung verschiebt sich vom eigenen Gefühl zu den Datenreihen" (a.a.O., S. 78). Nach Lupton wird in diesem Projekt der privaten Bändigung von Nichtsichtbarkeiten ein „transparenter Körper" erschaffen, der das dunkle Innenleben in Form von Daten in Sichtbarkeit und Kontrollierbarkeit übersetzen soll (vgl. Lupton 2013b, S. 9). Was Petra Gehring über den aufgrund des Mutterpasses generierten Datenkörper von Schwangeren sagt, lässt sich auch auf Self-Tracking übertragen: „Er durchdringt die soziale Erfahrung, die den Körper für uns evident macht und seine ‚Natur' konstituiert. Und er stiftet auch ‚Natur'. [...] Man wird sich zu der in den Biodaten gelegenen Realität als etwas verhalten, das ‚objektiv' Teil des eigenen Körpers ist" (Gehring 2006, S. 28). Im Zuge der Digitalisierung des Alltags bekommen derartige Bilder eines Datenkörpers eine neue Fokussierung abseits medizinischer Praktiken oder der Diskussion um öffentliche Überwachung.[23] Anschließend an letzteres knüpft auch Minna Ruckenstein ihre Untersuchung zu Self-Tracking an das Konzept des „data double", ursprünglich diskutiert

---

21 Vgl.:http://www.mediatisiertewelten.de/projekte/1-foerderphase-2010-2012/skopische-medien.html. Zugegriffen: 12. Okt 2014.
22 http://www.theguardian.com/commentisfree/2013/jan/25/body-data-factory-digital-exhaust-data-tax. Zugegriffen: 05. Dez 2014.
23 „Öffentliche" Datenkörper werden so ziemlich überall produziert, in der Medizin (von Patientenakten bis zu Mess- und Visualisierungsverfahren), in der Politik (z.B. durch Verfahren der digitalen Gesichtserkennung) oder im Marktsektor (z.B. durch Payback Systeme).

in den surveillance studies (vgl. Haggerty und Ericson 2000). Der menschliche Körper wird in Form von Datenströmen abstrahiert und separiert, um dann zum Zweck von Analyse und als Ziel von Intervention wieder zu „data doubles" zusammengesetzt zu werden. Das Bewerben von Self-Monitoring ermöglicht dabei die Fabrikation privater und persönlicher data doubles (vgl. Ruckenstein 2014, S. 69). Data doubles funktionieren als Auslöser von Interventionen, als Werkzeuge für die Co-Konstruktion und Aushandlung von Bedeutung (vgl. a.a.O., S. 70). Somit sind nicht nur Leib und Körper an sich Handlungs- und Wahrnehmungszentrum, sondern auch deren Verdopplung in Form eines Datenstroms, so die anzunehmende Folge. Die angeschlossene, propagierte Anrufung ist dann: Leite deine Körperwahrnehmung mittels der Datenbrille an, denn Sichtbarkeit ist erstrebenswert.[24] Zum Beispiel verweist die kritische Homepage „diekrankheitskarte.de" unter Überschriften wie „Ihr disassemblierter Datenkörper" darauf, dass die AOK riesige Datenmengen sammeln will:

> „Datenlieferanten sind übrigens Sie, liebe Patienten. (…) Es ist Ihr Datenkörper, der da gescannt und getaggt wird. Erstes Ziel: Einsparpotenziale in der Arzneimittelversorgung aufdecken. Auf Deutsch: eure Medikamente sind der AOK zu teuer."[25]

Auch Deutschlandradio Kultur berichtete unter dem Titel: „Wie die Quantified-Self-Technologie aus Menschen Datenkörper macht."[26] Der Begriff des Datenkörpers scheint sich demnach zunehmend auch jenseits der wissenschaftlichen Debatten zu etablieren. Allerdings geschieht dies in einem eher passiven Verständnis, in dem Datenkörper vor allem von anderen produzierte Körper sind, nicht die eigenen, jedoch werden Datenkörper gerade bei *QS* und auch im Kontext von Diabetes selbst aktiv hervorgebracht. Aber wie genau Menschen in der Praxis zu ihrem individuell und privat produzierten Datenkörper Bezug nehmen, ist bisher

---

24 Dies gilt auch für Diabetiker: Apps wie zum Beispiel „my sugar" werden beauftragt, den Alltag durch erweiterte und kontrollierte Sichtbarkeiten zu erleichtern, sowie das Selbstmanagement spielerisch zu intensivieren. Schlüsseldaten wie Gewicht, sportliche Übungen, Blutzuckerwerte und Broteinheiten werden tagebuchartig digital erfasst und visualisiert. Sichtbarkeiten sollen durch technische Hilfsmittel erweitert werden. So sprechen jüngere und digital engagierte Diabetiker zunehmend von Daten und nicht mehr von (Blutzucker-)Werten.
25 http://www.diekrankheitskarte.de/index.php?/archives/261-Ihr-disassemblierter-Datenkoerper.html. Zugegriffen: 08. Dez 2014.
26 http://www.deutschlandradiokultur.de/die-vermessung-des-selbst.1088.de.html?dram:article_id=176727. Zugegriffen: 08. Dez 2014.

wenig erforscht. So sind noch wenige empirische Studien veröffentlicht,[27] die sich mit privater Selbstvermessung beschäftigen, und auch ich kann nur auf Basis einer relativ geringen Anzahl von Interviews und Medienmaterial Thesen aufstellen. Doch erscheint es mir wichtig, anhand genau dieser spezifischen Praktik die Frage, inwiefern der Körper als Datenstrom das Verhältnis von subjektiv Gefühltem und objektiv Gemessenem verändert, aufzuwerfen. Dazu werden zwei Lesarten vorgelegt.

Werden Diabetiker dazu angehalten, das Verhältnis zwischen objektivem Wert und subjektivem Spüren zu verfolgen, so scheint bei den „selbsternannten" Selbstvermessern im Fokussieren auf die Erweiterung des Körpers durch Vermessungs- und Visualisierungstechniken der Verlass auf subjektives Empfinden negiert. Paula-Irene Villa vermutet in dieser Körperbesessenheit, denn im Erkenntnisprozess der Messung wird ein „objektiver" Körper attestiert, eine Leibvergessenheit (vgl. Villa 2012, S. 16). Auch in meinem Interviewmaterial lassen sich kaum direkte Reflexionen über einen Konflikt zwischen Leib und Körper ausmachen. Der Körper wird zum Handlungs- und Entscheidungszentrum; das „In-sich-Hören", welches dem modernen Menschen in der *QS*-Legitimierung abhandenkommt, wird völlig verkörpert und statistisch auf eine „Ursache-Wirkungs-Reaktion" heruntergebrochen. Es ist der Datenkörper, der selbstlogisch etwas macht und erst die Ermittlung von Kennzahlen beeinflusst das Gefühl. In einem Interview sieht ein *QS*-Anhänger sogar das Gefühl für den Körper als verloren an:

„[...] für mich bietet das Thema Quantified Self Menschen die Möglichkeit, ein (vielleicht verloren gegangenes) Gefühl für den eigenen Körper zu bekommen. Wenn die innere Stimme stumm ist, hilft es mit den gewonnenen Daten dieser auf die Spur zu kommen. Die eigenen Aufzeichnungen bieten ein genaueres Feedback als die möglicherweise verschwommene Selbstwahrnehmung. Die Auseinandersetzung mit den Werten kann diese schulen und wieder objektivieren."[28]

Einer meiner Interviewpartner meint, dass es gut sei, auf die Frage, wie man geschlafen habe, nun mit Daten antworten zu können, da jede andere Antwort vage sei. Es wird sich zu den Erkenntnissen über das eigene Wohlergehen völlig distanziert verhalten. Der eigene Körperbezug wird als ungenügend ausgemacht: „Also

---

27 Bezogen auf digitales Self-Tracking sind zum Beispiel folgende Studien im Kontext der Praxistheorien zu nennen: Ruckenstein 2014; Pantzar und Ruckenstein 2014; Oxlund 2012. Pantzar und Shove (2005) betrachten ganz allgemein alltägliche Messungen.
28 http://scienceblogs.de/gesundheits-check/2013/05/22/the-quantified-self/. Zugegriffen: 02. Dez 2014.

für mich bedeutet das halt so, also ich fühl' mich gut in meinem Körper, aber ich habe noch nicht so genau raus, was genau welchen Effekt auf meinen Körper hat" (I). Zudem werden Allgemeinplätze wie „Wenn ich mich viel bewege, fühle ich mich besser", als aus den Daten gewonnene Erkenntnisse, als neue Sichtbarkeiten, betrachtet. Es geht also nicht um den wahrnehmenden Körper, der über Seh-, Tast-, Hör- oder olfaktorische Erlebnisse eine Vermittlung von Innen und Außen ermöglicht, sondern erst die technisch generierten Daten bestimmen Selbst- und Körperbezug. Die Technik, so die beworbene Idee, weite die Möglichkeiten für den Selbstbezug in Form objektiven Körperwissens aus und das innere „Erleben" lasse sich durch den Fleiß der Datenkontrolle gar erlernen. In gewisser Weise ist es der Versuch, das „Nicht-Identische" des Spürens eines jeden Einzelnen – denn spüren lässt sich schwer per Sprache vergleichen – mit Objektivität zu versehen. Die Zahl gilt als Explanandum des Gefühls: „Nein, nein, nein. Die Zahl erklärt mein Gefühl", so ein Interviewter. Doch ist hier nicht repräsentiert, dass sich das gefühlte Körpergewicht meist anders darstellt als das gemessene (vgl. Selke 2014, S. 64). Kennzeichnet den Körper nach Hermann Schmitz eine teilbare Ausgedehntheit, lassen sich Angst, Freude, Hunger und Lust kaum in mehrere Teile zerlegen, denn eine halbe Angst, zwei Drittel Freude, drei Viertel Hunger etc., gibt es nicht (vgl. Gugutzer 2012, S. 49). Doch scheint dies außer Acht gelassen, wenn den Zahlen und Visualisierungen ungebrochene Affirmation zukommt und diese Objektivierbarkeit vermeintlich erweitern. So berichtet Andreas Stadler in einem öffentlichen Interview:

> „Da gibt's dann sehr schöne Visualisierungen. Und man kann sehr schnell sehen: Ah ok, du bist jetzt 10 Prozent entspannt, 40 Prozent in nem Traumzustand und 30 Prozent konzentriert. Im Moment wo ich dir das sage, ist deine Konzentration schlagartig auf 60 Prozent gesprungen."[29]

Auf der einen Seite wird also das leiblich-affektive Spüren insofern vergessen, als dass es als unzulänglich markiert wird. Zu einem Vergessen des Leibes kommt es in gewisser Weise auch, da die Algorithmen immer nur mit „Standardgefühlen" (Illouz 2011) arbeiten können. „In seinen Daten ist der menschliche Leib nur scheinbar weniger verletzlich als in seiner physischen Integrität" (Gehring 2006, S. 73). Auf der anderen Seite wird Self-Tracking nie emotionslos betrachtet und einige bauen emotionale Beziehungen zu ihren Daten auf, da sie Rückwirkungen auf die Ich-Perspektive ermöglichen, im Sinne eines: Bin ich normal, gesund oder ist meine Lebensart sozial anerkannt? Eine Interviewpartnerin berichtet:

---

29 http://www.dradio.de/download/155857/. Zugegriffen: 05. Jan 2014.

"... also ich mache das für mich selber, Stimmungsaufnahme, um mir selber ein Schnippchen zu schlagen und ich habe schon gemerkt, ähm, ich habe vorher immer gedacht: ‚Mmh ich bin so ein bisschen slightly manisch-depressiv', weil auf sehr gute Tage immer schlechte folgen und auf sehr schlechte gute und dann ist mir irgendwann aufgefallen, das ist total regelmäßig und normal, dass auf schlechte Tage sehr gute folgen und umgekehrt, das ist einfach Regression zur Mitte, das ist ein ganz normales statistisches Phänomen und das ist, also damit konnte ich mich quasi selber überzeugen, dass ich irgendwie total gesund bin und nicht krank." (I)

Basierend auf Statistik, entstehen also in gewisser Weise auch numerische Formen des sinnlichen Erlebens, indem Daten immer auch normalisieren. Manch leibliche Ahnungen und Erlebnisse sind schwierig zu versprachlichen und Zahlen dienen hier als eine Art Surrogat dieser Sprachlosigkeit, indem sie in der Logik der Normalverteilung funktionieren. Auch Ruckenstein macht darauf aufmerksam, dass die gemessenen Informationen emotionale „attachements" intensivieren und affektive Verbundenheit herstellen können (Ruckenstein 2014, S. 77; siehe auch Oxlund 2012). Dies wird ebenso bei dem interviewten Diabetiker deutlich, wenn er davon berichtet: „So, it's funny because I have very strong links between certain numbers and certain situations." (I) Äquivalent macht Stefanie Duttweiler in ihren Studien über kommunikative Formen der Beratung deutlich, dass es gerade die leibliche Erfahrung der Wirksamkeit sei, die die normativen Vorgaben der Ratgeber relevant für die eigene Lebens- und Selbstführung werden lasse (vgl. Duttweiler 2013, S. 254).

4 Erratische Körper!? – Verkörperte Zahlenperformances im digitalen Zeitalter

Bislang wurde der Versuch unternommen, Self-Tracking mit Foucault kritisch zu hinterfragen, historisch einzuordnen und ansatzweise zu relativieren. Ebenso konnte das medial intensiv thematisierte Phänomen an relevante Diskurse der medizinkritischen *gouvernementality studies* angeschlossen werden, um Self-Tracking als Modus der Selbstregierung zu begreifen und nicht als spielerischen Zeitvertreib. Längst hat sich eine allseitige Optimierungsanrufung dem Körper verschrieben: Ob es ästhetische Praktiken, der Trend zur gesundheitlichen Effizienzsteigerung, Ratgeberkultur oder Maßnahmen des Enhancement sind: soziale und politische Zwecke begleiten den Willen, Gesundheit zu konsumieren, zu repräsentieren und zu performen. Mit dem eingenommenen Rahmen lassen sich also Vermutungen über die Absichten des Gebrauchs derartiger privater Selbstvermessung lokalisieren (vgl. Langemeyer 2007, S. 240), indem sie an bereits bestehende Macht-Wissen-Formationen geknüpft werden können. Allerdings wurde diese zentrale Perspektive, um eine empirische Fokussierung erweitert, um aufzuzeigen das derart Zahlenlogiken die Macht haben können in der Trias Selbst-Körper-Leib zu walten. Im Bewerben der digitalen Techniken wird strategisch mangelnde Sichtbarkeit und ungenügendes Selbstwissen problematisiert. Erstaunlich an dieser Art der technisch angeleiteten Selbstführungen scheint einerseits die vermeintlich unlösbare Bindung an bloße Quantifizierung sowie der Umstand, dass eben diese Logiken immer tiefer in den Körper hineinreichen, ihn vergrößern und sich so sukzessiv seiner bemächtigen. Zudem sind sie automatisiert, in der Anwendung steht die Fokussierung auf die Mittel häufig vor konkreten Zielstellungen, das „Sich-Ändern" selbst erscheint als Norm. Das hier angestrebte Ziel lautete, dass die Praxis der Selbstvermessung auch empirisch betrachtete werden sollte, um zu zeigen dass biopolitische Logiken sich hier nicht nur auf den Bevölkerungskörper richten. Vielmehr werden sie durch die privaten, skopischen Medien fortwährend mikroskopischer, indem sie in die ganze Selbst-Körper-Leib-Relation hinein reichen und die Macht erhalten, Alltag verdoppelt zu repräsentieren. Basierend auf technisch generierten Informationen entsteht in dieser Praxis ein individuell erhobener Datenkörper. Ethnographische Studien zeigen, dass medizinische Praxis und Forschung immer eine bestimmte Form von Selbstinterpretationen und -verhältnissen einleiten, was sich auf der Ebene von Leib- und Körperlichkeit manifestiert (vgl. Mathar 2011, S. 18 zit.n. Mol und Law 2004). Dies gilt auch für die auf Sensorik basierenden Messapparaturen: Diskurse werden durch sie verkörpert und das Verhältnis zum eigenen subjektiven Spüren wandelt sich. Die Ansatzpunkte der Optimierung erscheinen beliebig erweiterbar, der Körper an sich wird größer und leibliche Empfindungen wirken objektivier- und standardisierbar, indem selbst Schlafen als Kompetenz gilt (vgl. Ruckenstein 2014, S. 77). Neben dem Datenkörper wird also auch aus dem individuellen, stofflichen Leib ein Datenleib, dessen Grenzen sich in Raum und Zeit auflösen können (vgl. Gehring 2006, S. 72), auch wenn gleichzeitig vereinzelt neue emotionale Bezüge zu den Messungen entstehen können. Der Körper ist nicht mehr nur zentrales Handlungszentrum, sondern präsentiert sich als Ort der privaten Wissensermittlung: Jeder sollte die Daten, die in ihm stecken, sichtbar machen, denn ohne diesen aktiven Selbstzugang mittels Zahlen und Visualisierungen würde Innerlichkeit sowie Wissen um sich verborgen bleiben. In dieser Perspektive tritt erst nach derartigem Vorgehen ein autonomes und sich selbst steuerungsfähiges und gestaltbares Subjekt zutage, das zu sich selbst in Objektstellung tritt. Dieses Modell hat jedoch seine Grenzen, wie ein Blick auf die Forschung zeigt. Annemarie Mol macht in einer Studie deutlich, dass zwar für Diabetiker mit der historischen Bereitstellung transportabler Messgeräte ein großes Maß an Flexibilität, Autonomie und Freiheit einherging. Aber damit kamen auch neue Verpflichtungen und Akzeptanzen auf, da Personen an die Messungen gebunden sind und verstehen müssen, dass der Körper sich nie einem kalkulativen Modus passbar macht (Mol 2000, S. 18). Ein „Körperkonzept, das die Formbarkeit von Soma durch Verhalten und Umwelt betont, führt schnell zu Frustration" (Niewöhner et al. 2008, S. 136).

Körper und Leib können nie quantifizierbare Substanzen sein, sie haben immer auch einen erratischen Charakter. Es wird immer wieder „neue Selbstverhältnisse, ungeahnte Körper" (Harrasser 2013, S. 127) geben und das digitale Zeitalter wird von einem Datenkörper repräsentiert oder durch Daten verkörpert, sodass er wie der Datensatz eines Unternehmens der Selbstbeobachtung dient.

Literatur

Albrechtslund, A. (2013). Self-surveillance: How Quantification Practices and Monitoring Technologies Produce Subjectivity.*Annual Meeting of the Society for Social Studies of Science*, (4S), 9–12.
Bröckling, U. (2007). *Das unternehmerische Selbst*. Frankfurt a.M.: Suhrkamp.
Bröckling, U. (2008). Vorbeugen ist besser ... Zur Soziologie der Prävention, *Behemoth. A Journal on Civilisation, 1*, 38–48.
Brunett, R. (2007). Foucaults Beitrag zur Analyse der neuen Kultur von Gesundheit, In R. Anhorn, F. Bettinger & J. Stehr (Hrsg.), *Foucaults Machtanalytik und Soziale Arbeit. Eine kritische Einführung und Bestandsaufnahme* (S. 169–284). Wiesbaden: Verlag für Sozialwissenschaften.
Bruni, A., & Rizzi, C. (2013). Looking for Data in Diabetes Healthcare: Patient 2.0 and the Re-engineering of Clinical Encounter. *Science & Technology Studies, 26*(2), 29–43.
Burri, R. V. (2008). *Doing Images. Zur Praxis medizinischer Bilder*. Bielefeld: Transcript.
Chakkalakal, D. (2011). Gesund, Bewusst und Richtig. Ethnographie einer ambulanten kardiologischen Rehabilitation. In J. Niewöhner & M. Kontopolis (Hrsg.), *Das Selbst als Netzwerk. Zum Einsatz von Körpern und Dingen im Alltag* (S. 167–197). Bielefeld: Transcript.
Cruikshank, B. (1999). *The Will to Empower. Democratic Citizens and Other Subjects*. London: Cornell University Press.
Duttweiler, S. (2013). Vom Treppensteigen, Lippennachziehen und anderen alltäglichen Praktiken der Subjektivierung oder: Die kybernetische Form des Subjekts. In A. Gelhard & T. Alkemeyer (Hrsg.), *Techniken der Subjektivierung* (S. 247–258). München: Wilhelm Fink Verlag.
Foucault, M. (1985a). *Freiheit und Selbstsorge. Interview 1984 und Vorlesung 1982*. Frankfurt a. M.: Suhrkamp.
Foucault, M. (1985b). Geschichte der Sexualität. Gespräch mit François Ewald. *Ästhetik und Kommunikation, 57*(58), 157–164.
Foucault, M. (1989). *Die Sorge um sich. Sexualität und Wahrheit*. Bd. 3. Frankfurt a.M.: Suhrkamp.

Foucault, M. (1991). *Der Wille zum Wissen. Sexualität und Wahrheit.* Bd. 1. Frankfurt a.M.: Suhrkamp.
Foucault, M. (1993). Technologien des Selbst. In M. H. Luther, H. Gutman & P. H. Hutton. (Hrsg.), *Technologien des Selbst* (S. 24–62). Frankfurt a.M.: Suhrkamp.
Foucault, M. (2001). *In Verteidigung der Gesellschaft.* Frankfurt a.M.: Suhrkamp.
Foucault, M. (2005). *Analytik der Macht.* Frankfurt a.M.: Suhrkamp.
Foucault, M. (2006). *Sicherheit, Territorium, Bevölkerung. Geschichte der Gouvernementalität I. Vorlesung am Collège de France. 1977–1978.* Frankfurt a.M.: Suhrkamp.
Fox, N. J. (1997). Is there life after Focault? Texts, frames and differends. In A. Petersen & R. Bunton (Hrsg.), *Foucault: Health and Medicine* (S. 31–51). London: Routledge.
Gehring, P. (2006). *Was ist Biomacht? Vom zweifelhaften Mehrwert des Lebens.* Frankfurt a.M.: Campus.
Gelhard, A., Alkemeyer, T., & Riecken, N. (2013). Vorwort. In Ders. (Hrsg.), Techniken der Subjektivierung (S. 9–17). München: Wilhelm Fink Verlag.
Grasse, Ch., & Ariane, G. (2013). *Mein digitales Ich. Wie die Vermessung des Selbst unser Leben verändert und was wir darüber wissen müssen.* Hamburg: Metrolit.
Greco, M. (1998). *Illness As a Work of Thought. A Foucauldian Perspective of Psychosomatics.* London: Routledge.
Greco, M. (2009). Thinking beyond Polemics: Approaching the Health Societythrough Foucault. *Österreichische Zeitschrift für Soziologie, 34*(2), 13–27.
Gugutzer, R. (2002). *Leib, Körper und Identität. Eine phänomenologisch-soziologische Untersuchung zur personalen Identität.* Wiesbaden: Westdeutscher Verlag.
Gugutzer, R. (2006). Der body turn in der Soziologie. Eine programmatische Einführung. In R. Gugutzer (Hrsg.), *body turn. Perspektiven der Soziologie des Körpers und des Sports* (S. 9 – 57). Bielefeld: Transcript.
Gugutzer, R. (2012). *Verkörperungen des Sozialen. Neophänomenologische Grundlagen und soziologische Analysen.* Bielefeld: Transcript.
Gugutzer, R. (2013). Der Kult um den Körper. Idealtypische Körperpraktiken der Selbstoptimierung. *EB Erwachsenenbildung: Körperkultur und Ästhetik, 02*, 67–70.
Haggerty, K. D., & Ericson, R. V. (2000). The surveillant assemblage. *British Journal of Sociology, 51*(4), 605–622.
Harrasser, K. (2013). *Körper 2.0. Über die technische Erweiterbarkeit des Menschen.* Bielefeld: Transcript.
Heintz, B. (2007). Zahlen, Wissen, Objektivität: Wissenschaftssoziologische Perspektiven. In A. Mennicken & H. Vollmer (Hrsg.), *Zahlenwerk. Kalkulation, Organisation und Gesellschaft* (S. 65–85). Wiesbaden: VS Verlag für Sozialwissenschaften.
Heintz, B. (2010). Numerische Differenz. Überlegungen zu einer Soziologie des (quantitativen) Vergleichs. *Zeitschrift für Soziologie, 39*(3), 162–181.
Illouz, E. (2011). Standardgefühle. Wie die Psychologie in den Markt integriert wurde. http://www.monde-diplomatique.de/pm/2011/11/11.mondeText.artikel,a0019.idx,6. Zugegriffen: 05. Jan 2013.
Keller, R. (2008). *Michel Foucault.* Konstanz: UVK.
Kickbusch, I. (2006). *Die Gesundheitsgesellschaft. Megatrends der Gesundheit und deren Konsequenzen für Politik und Gesellschaft.* Gamburg: Verlag für Gesundheitsförderung.
Knorr Cetina, K. (2012). Skopische Medien: Am Beipiel der Architektur von Finanzmärkten. In A. Hepp & F. Krotz (Hrsg.), *Mediatisierte Welten: Beschreibungsansätze und Forschungsfelder* (S. 167–195). Wiesbaden: VS Verlag.

Langemeyer, I. (2007). Wo Handlungsfähigkeit ist, ist nicht immer schon Unterwerfung. Fünf Probleme des Gouvernementalitätsansatzes. In R. Anhorm, F. Bettinger & J. Stehr (Hrsg.), *Foucaults Machtanalytik und Soziale Arbeit. Eine kritische Einführung und Bestandsaufnahme* (S. 227–243). Wiesbaden: Verlag für Sozialwissenschaften.

Lemke, T. (2000). Neoliberalismus, Staat und Selbsttechnologien. Ein kritischer Überblick über die governmentality studies. *Politische Vierteljahresschrift, 04*(41/1), 31–47.

Lemke, T. (2003). Gesunde Körper – kranke Gesellschaft? Medizin im Zeitalter der Biopolitik. http://www.thomaslemkeweb.de/publikationen/Gesunde%20K%F6rper%20%28FR%29.pdf. Zugegriffen: 06. Juni 2013.

Lupton, D. (1995). *The Imperative of Health. Public Health and the Regulated Body*. London: SAGE Publications.

Lupton, D. (1997). Foucault and the medicalisation critique. In A. Petersen & R. Bunton (Hrsg.), *Foucault: Health and Medicine* (S. 94–110). London: Routledge.

Lupton, D. (2013a). Understanding the human machine, *IEEE TECHNOLOGY AND SOCIETY MAGAZINE, 32*(4), 25–30.

Lupton, D. (2013b). Quantifying the body: monitoring and measuring health in the age of mHealth technologies. *Critical Public Health, 23*(4), 393–403.

Mathar, T. (2011). *Der digitale Patient. Zu den Konsequenzen eines technowissenschaftlichen Gesundheitssystems*. Bielefeld: Transcript.

Mead, G. H. (1973). *Geist Identität und Gesellschaft. Aus der Sicht des Sozialbehaviorismus*. Frankfurt a.M.: Suhrkamp.

Miller, P., & Rose, N. (1990). Governing economic life. *Economy and Society, 19*, 1–29.

Mol, A. (2000). What diagnostiv devices do: The case of blood sugar measurement. *Theoretical Medicine and Bioethics, 21*, 9–22.

Mol, A., & Law, J. (2004). Embodied Action, Enacted Bodies: the Example of Hypoglycaemia. *Body & Society, 10*(2–3), 43–62.

Müller, O. (2010). *Zwischen Mensch und Maschine. Vom Glück und Unglück des Homo Faber*. Frankfurt a.M.: Suhrkamp.

Nettleton, S. (1997). Governing the risky self. How to become healthy, wealthy and wise. In A. Petersen & R. Bunton (Hrsg.), *Foucault, health and medicine* (S. 207–222). London: Routledge.

Niewöhner, J., Kehl, Ch., & Beck, S. (2008). Wie geht Kultur unter die Haut – und wie kann man dies beobachten. In J. Niewöhner, Ch. Kehl & S. Beck (Hrsg.), *Wie geht Kultur unter die Haut? Emergente Praxen an der Schnittstelle von Medizin, Lebens- und Sozialwissenschaften* (S. 9–31). Bielefeld: Transcript.

Opitz, S. (2004). *Gouvernementalität im Postfordismus. Macht, Wissen und Techniken des Selbst im Feld unternehmerischer Rationalität*. Hamburg: Argument Verlag.

Opitz, S. (2007). Gouvernementalität im Postfordismus. Zur Erkundung unternehmerischer Steuerungsregime der Gegenwart. In Ch. Kaindl (Hrsg.), *Subjekte im Neoliberalismus. Kritische Wissenschaften* (S. 93–108). Marburg: BdWi-Verlag.

Oxlund, B. (2012). Living by Numbers: The Dynamic Interplay of Asymptomatic Conditions and Low Cost Measurement Technologies in the Cases of Two Women in the Danish Provinces. *Suomen Antropologi – The Journal of the Finnish AnthropologicalSociety, 37*(3), 42–56.

Papadopoulos, D. (2010). In the ruins of representation: Identity, individuality, subjectification. *British Journal of Social Psychology, 47*(1), 139–165.

Pantzar, M., & Ruckenstein, M. (2014). The heart of everyday analytics: emotional, material and practical extensions in self-tracking market. *National Consumer Research Centre.* doi:10.1080/10253866.2014.899213.

Pantzar, M., & Shove, E. (2005). Metering Everyday Life. 17th Annual SASE Meeting, Budapest.

Petersen, A., & Lupton, D. (1996). *The new public health, Health and Self in the age of risk.* London: SAGE Publications.

Plessner, H. (1975). *Die Stufen des Organischen und der Mensch.* Berlin: Sammlung Göschen.

Porter, T. M. (1995). *Trust in Numbers. The Pursuit of Objectivity in Science and Public Life.* Princeton: Princeton University Press.

Porter, T. M. (2010). Lebensversicherung, medizinische Tests und das Management der Mortalität. In M. Lengwiler & J. Madarasz (Hrsg.), *Das präventive Selbst. Eine Kulturgeschichte moderner Gesundheitspolitik* (S. 55–87). Bielfeld: Transcript.

Rose, N. (1990). *Governing the Soul. The Shaping of the Private Self.* London: Routledge.

Rose, N., & Novas, C. (2000). Genetic Risk and the birth of the somatic individual. *Economy and Society, 29*(4), 485–513.

Ruckenstein, M. (2014). Visualized and Interacted Life: Personal Analytics and Engagements with Data Doubles. *Societies, 4*(1), 68–84.

Schmidt, R. (2013). Zur Öffentlichkeit und Beobachtbarkeit von Praktiken der Subjektivierung. In T. Alkmeyer, A. Gelhard & N. Ricken (Hrsg.), *Techniken der Subjektivierung* (S. 93–106). München: Wilhelm Fink.

Schatzki, T. R., Knorr Cetina, K., & von Savigny, E. (2001). Introduction: practice theory. In Ders. (Hrsg.), *The Practice Turn in Contemporary Theory* (S. 1–15). London: Routledge.

Schubert, C. (2006). *Die Praxis der Apparatemedizin. Ärzte und Technik im Operationssaal.* Frankfurt a.M: Campus.

Selke, S. (2014). *Lifelogging. Wie die digitale Selbstvermessung unsere Gesellschaft verändert.* Berlin: Ullstein.

Straub, M. (2011). Medizinische Praxis in einem Zentrum für Brustkrebserkrankungen. Somatische Individualität und Biosozialität im Spannungsfeld zwischen Individualisierung und Kollektivbildung. In M. Kontopodis & J. Niewöhner (Hrsg.), *Das Selbst als Netzwerk. Zum Einsatz von Körpern und Dingen im Alltag* (S. 197–226). Bielefeld: Transcript.

Swan, M. (2012). Health 2050: The Realization of Personalized Medicine through Crowdsourcing, the Quantified Self, and the Participatory Biocitizen. *Journal of Personal Medicine, 2*, 93–118.

Swan, M. (2013). The Quantified Self: Fundamental Disruption in Big Data Science and Biological Discovery. *Big Data, 1*(2), 85–99.

Till, Ch. (2014). Exercise as Labour: Quantified Self and the Transformation of Exercise into Labour. *Societies, 4*, 446–462.

Villa, P.-I. (2012). Die Vermessung des Selbst. Einsicht in die Logik zeitgenössischer Körperarbeit. *aviso, 3*, 14–19.

Whitson, J. R. (2013). Gaming the Quantified Self. *Surveillance & Society, 11*(1/2), 163–176.

Anwendungsfelder und Fallstudien

Die Statistik des Selbst –
Zur Gouvernementalität
der (Selbst)Verdatung

Thorben Mämecke

1   Einleitung

Während der letzten zehn Jahre hat sich ein außerordentlich lebhaftes Experimentierfeld technologieaffiner Subkulturen entwickelt, deren Mitglieder der Antrieb zu vereinen scheint, sich selbst systematisch beobachten oder verändern zu wollen. Die hierfür aufgewendeten Methoden reichen von den Versuchen einer lückenlosen Echtzeiterfassung des eigenen Lebens, durch kleine Kameras und tabellarische Verhaltensprotokolle, bis zur Genomsequenzierung und dem inversiven Enhancement der radikal posthumanistischen Body-Hacking-Szene. Über diese Extreme hinaus ist allerdings vor allem eine zunehmende Verbreitung von Wearable Technologies, in Form von Uhren, Gürtelclips oder Armbändern und eine exponentielle Evolution von Sensoren, Interfaces und Smartphone-Apps zu verzeichnen, die weitaus niedrigschwelligere Praktiken der *zahlenbasierten* Selbstbeobachtung bis heute soweit popularisiert haben, dass sich von einem Phänomen von gesellschaftlicher Tragweite sprechen lässt.

Die einschlägigste und durch Feuilleton und Special-Interest-Magazine am häufigsten verwendete Bezeichnung dieses Phänomens ist der Begriff *Quantified Self (QS)*, der im Jahr 2007 in Erscheinung trat. *Quantified Self*, steht gegenwärtig nahezu synonym für den gesamten Themenkomplex der Selbstvermessung und organisiert im Spannungsfeld zwischen *Open-Source-Community, Start-Ups* und etablierten Unternehmen, eine facettenreiche Lobby des Self-Tracking. Die Blogs,

Foren-Netzwerke und *Meetups* der Community werden gemeinhin als Initiationspunkt der öffentlichen Dokumentation verschiedenster Selbstvermessungsexperimente angesehen, die nach relativ kurzer Zeit bereits viele unterschiedliche Anwendungsfelder, samt ihrer angrenzenden Interessen und Geschäftsfelder verzweigten. Inzwischen richtet die Community globale Konferenzen aus. Ihr kommt als institutionelle Schnittmenge aus individualistischer, innovativer Selbstexperimentierfreude und den institutionellen Interessen kommerzieller Firmen sowie der Wissenschaft eine nicht zu verkennende Rolle als Promoterin neuartiger Vermessungstechnologien zu, die sich nicht zuletzt anhand der außerordentlich hohen Rezeption der Community-Statements und Events durch andere Tech-Blogs und die verschiedensten massenmedialen Formate ablesen lässt.

Als Bindeglied zwischen interner Organisation und öffentlichkeitswirksamer Repräsentation hat *QS* sog. *Show&Tell*-Formate institutionalisiert, die der exponierten Darstellung neuer Selbstvermessungsvarianten dienen. Ihr Hauptfokus liegt sowohl auf der digitalen Neuerfindung lang tradierter Selbstverdatungspraktiken, wie der Führung von Tagebüchern, Sport- oder Diätplänen, als auch auf der innovativen Nutzung von Selbstvermessungspotentialen, die die Möglichkeiten analoger Selbstbeobachtung weit überschreiten. Wie es Gary Wolf, der neben dem Technikpionier und Mitherausgeber des *wired-magazins* Kevin Kelly als einer der Begründer der Community gilt, formuliert, haben diese Bestrebungen in der Summe vor allem zu einer zunehmenden Verdatung gewöhnlicher Lebensaspekte beigetragen:

> „In 2007 we began looking at some new practices that seemed, loosely, to belong together: life logging, personal genomics, location tracking, biometrics. These new tools were being developed for many different reasons, but all of them had something in common: they added a computational dimension to ordinary existence."[1]

Das fluide Wechselspiel zwischen der unkonventionellen Entwicklungskultur der *QS*-Szene, angewandter wissenschaftlicher Forschung und der Konsumgüterindustrie ist inzwischen in einen Kreislauf aus offener Diskussion von Vermessungstechniken, der communitybasierten oder proprietären Entwicklung dazugehöriger Soft- und Hardware, sowie der erneuten Erprobung (un)intendierter Nutzungsweisen und (Re)kombinationsmöglichkeiten mit anderen Vermessungstools, Anwendungsfeldern oder Datenquellen übergegangen, wovon nicht zuletzt auch die

---

1 Quelle: http://quantifiedself.com/2011/03/what-is-the-quantified-self/. Zugegriffen: 11. Dez 2014.

angrenzenden Marktsegmente profitieren.[2] Und obgleich die Selbstdarstellung der Szene merklich auf einer scharfen Grenzziehung zwischen intrinsischer Selbstvermessungsbegeisterung und partiell partizipierenden Marktwirtschaftsinteressen basiert, war das gegenseitige Einflussnehmen von unabhängigen EntwicklerInnen, kommerziellen Unternehmen und anderen Organisationen dennoch von Beginn an ein prägnantes Merkmal der Community-Entwicklung.[3]

Im Zuge der Erprobung der breitenwirksamen Marktfähigkeit von Sensoren aller Art, kündigt sich auch über vergleichsweise spezielle Self-Tracking-Tools, wie z.B. Schrittzähler eine branchenübergreifende Adaption des Vermessungsthemas an, was die Amalgamierung von digitalen Technologien und Alltagsgegenständen wie elektrischen Zahnbürsten, Sportschuhen, Trinkflaschen, Essbesteck oder Küchengeräten weiter vorantreibt. Der anhaltende Vernetzungs- und Vermessungstrend offenbart sich in vielen Bereichen gegenwärtig als regelrechtes Wettrüsten. So z.B. zwischen den Sport-Ausstattern *Nike* und *Adidas*, die mit verschiedenen Vermessungs-Gadgets wie sensorischen Armbändern, Schnürsenkel-Clips oder Fußbällen[4], die via *Bluetooth* Daten zu Schusskraft, -technik und Spin an eine Smartphone-App übertragen, um Anteile dieses wachsenden Marktes konkurrieren[5].

Die Datalogger von *Jawbone* oder *Fitbit* zählen zu den am weitesten verbreiteten Activity-Trackern. Laut Angaben des Marktforschungsunternehmens *Gartner inc.* beläuft sich der Umsatz allein für Fitness- und Health-Tracking-Wearables

---

2   Wie Jutta Weber (2015) beschreibt, lassen sich die Feedbackloops dieser zirkulativen Technologieentwicklungspraktiken zwischen Konzernen, staatlichen Institutionen und NutzerInnen mit Mark Andrejevic (2011), Carolin Gerlitz (2011) oder Brad Millington (2012) als neue Formen eines „affective marketings" konzeptualisieren.

3   Auszug aus der Beschreibung der Konferenz 2012 in Palo Alto: „We will also explore the potential effects of self-tracking on ourselves and society. If you are an advanced user, designer, tech inventor, entrepreneur, journalist, scientist, or health professional, please join us for a weekend of collaboration and inspiration!" Quelle: http://quantifiedself.com/conference/palo-alto-2012. Zugegriffen: 10. Juni 2013.

4   Mit Objekten dieser Art setzt sich im Grunde ein Phänomen fort, das bereits aus dem Bereich verschiedener Online-Streaming-Dienste wie Last.fm bekannt ist. Daten, die der Erfassung von Nutzungsweisen entstammen, werden über das eigentliche Produkt oder die eigentliche Dienstleistung (Fußball oder Musik-Stream) hinaus als peripheres Angebot zusätzlich an die NutzerInnen zurückverkauft. Siehe dazu auch Fußnote 9.

5   Weitere populäre Activity-Tracker, die auch als *Datenlogger* bezeichnet werden stammen u.a. von *Acer, Garmin, Intel, Huawei, LG, Runtastic, Samsung, Sony* oder *Withings*.

derzeit auf rund 1,6 Milliarden USD, wobei der Umsatz bis 2016 auf 5 Milliarden USD ansteigen soll.[6]
Die Entwicklung und Verbreitung von Vermessungstechnologien ist damit im Begriff eine paradigmatische Wende zu vollziehen. Wohingegen bis vor wenigen Jahren die Hauptanstrengung der Public-Relations-Abteilungen großer Unternehmen noch darin begründet war, vergleichsweise gering verbreitete Selbstvermessungstechnologien kompatibel für einen massenhaften Absatz zu machen, gilt es vor dem Hintergrund wachsender Margen inzwischen bereits immer häufiger darum, bei der Entwicklung von Konsumgütern aller Art Vermessungsfunktionen von vorn herein in das Produkt zu implementieren um die Absatzfähigkeit des Produktes zu steigern. Dabei üben selbst absurd erscheinende Extrembeispiele noch Proliferationseffekte auf standardisierte Massenprodukte aus. Geht es z.B. nach den Vorstellungen des italienischen Produktdesigners Simone Rebaudengo werden sog. *addicted products* wie der Toaster-Prototyp *Brad* in Zukunft nur noch „gehostet" anstatt gekauft. Produkte dieser Art quantifizieren verschiedene Parameter ihres Gebrauchs und können innerhalb eines peer-product-networks eigenständig nach neuen BesitzerInnen suchen, wenn sie in ihrer aktuellen Umgebung zu selten genutzt werden. Obgleich es sich bei diesem Produkt eher um eine Homage der *Pay-per-use*-Industrie, denn um ein Produkt handelt, dessen Serienproduktion unmittelbar zu erwarten ist, verbreitet die Initiative *Digitale Gesellschaft* des *Bundesministeriums für Bildung und Forschung* dennoch die Einschätzung, dass bis zum Jahr 2020 weltweit 50 Milliarden Geräte wie Kaffeemaschinen, Wecker, Gesundheitsmessgeräte oder Heizungsthermometer an das *Internet of Things* angeschlossen sein werden,[7] wobei jedes digitalisierte Gerät auch eine potentielle Datenquelle darstellt.[8]

---

6 Quelle: http://www.manager-magazin.de/unternehmen/industrie/nike-und-adidas-der-kampf-um-die-vorherrschaft-bei-den-wearables-a-980174-2.html. Zugegriffen: 02. Dez 2014.

7 Quelle: http://www.digital-ist.de/aktuelles/zahlen-des-monats.html. Zugegriffen: 02. Feb 2014.

8 Allein das Unternehmen *Withings* arbeitet zu diesem Zweck nach eigenen Angaben inzwischen mit den Herstellern von 1.000 Apps und Geräten zusammen. „Durch die Erweiterung der Leistungsmerkmale eines Geräts durch Netzwerkressourcen eröffnet Withings den Zugang zu grenzenlosen Computing- und Speicherkapazitäten ohne Zusatzkosten. Dadurch werden diese Objekte zu intelligenten vernetzten Geräten. Seit 2009 bietet Withings diese Vorteile in einem immer größer werdenden Sortiment von im Alltag einfach zu benutzenden Geräten." Quelle: http://www.withings.com/de/about-us#. Zugegriffen: 11. Dez 2014.

Beflügelt durch den Anschluss immer weiterer Produkte, Konsumangebote, Dienstleistungen und Kommunikationswege an das Internet, hat die Vermessung und Protokollierung verschiedenster Datenspuren selbst banal anmutender Alltagstätigkeiten, denen bisher in der Regel wenig Aufmerksamkeit geschenkt wurde, während der letzten Jahre daher in vielen Bereichen exponentiell zugenommen. Neben der Vermessungs-Hardware ist hier auch an die zunehmende Bedeutung von quantifizierenden Verfahren zu Zwecken der Orientierung und Authentifizierung in der wachsenden Sharing-Economy oder im Zusammenhang mit einer Vielzahl von verschiedenen Webanwendungen zu denken. Von Social-Networks über On-Demand-Streaming-Dienste[9] bis zum eGouvernance-Portal[10] sind öffentliche Nutzungsstatistiken auf vielen Online-Plattformen inzwischen prominent positioniert und für die NutzerInnen einsehbar. Obgleich ihnen eine fortwährend mitlaufende Protokollierung der Nutzungsaktivitäten zugrunde liegt, die in Form von Statistiken am Frontend der Seiten ausgegeben werden und sich hier auf das Treffen von Entscheidungen, die Bildung politischer Meinungen auswirken oder als ein wichtiges Kennzeichen für die Relevanz von Themen gelten, ist sehr auffällig, dass derartige Portale nur sehr selten oder gar nicht unter die öffentliche Verwendung des Begriffs Self-Tracking fallen. Vielmehr herrscht eine stark verengte Verwendung des Begriffs vor, die das Phänomen synonym mit den institutionalisierten Communitys beschreibt und Tracking als das Ergebnis bewusster und aktiver Handlungen konzipiert. Beiträge, die eine breitere Rahmung des Themenkomplexes oder Bezüge zu gesellschaftlichen Problemlagen vornehmen, sind in der öffentlichen Diskussion weithin vergeblich zu suchen. Kritik beschränkt sich meist auf affirmative Produkttests kommerzieller Hard- und Software sowie auf

---

9   In vielen Fällen (z.B. bei *Last.fm*) sind statistische Nutzungsaktivitäten mit den Profilen der NutzerInnen verbunden und daher für andere NutzerInnen individuell zurechenbar, was zur Folge hat, dass die eigene Vermessung von den NutzerInnen antizipiert wird und die von ihnen erzeugten numerischen Datenspuren (vergleichbar mit den Likes, Gruppenteilnahmen, Fotoalben oder Pinnwandkommentaren in sozialen Netzwerken) in mediale Selbstdarstellungen eingebunden werden. Dies belegen u.a. Vorstudien des DFG-Projektes „Numerische Inklusion – Medien, Messungen und gesellschaftlicher Wandel", in denen deutlich wurde, dass einzelne NutzerInnen sogar mehrere Accounts parallel verwenden um innerhalb des Primär-Accounts ein stringentes Musikinteresse profilieren zu können.

10 Auf den entsprechenden Webportalen herrschen inzwischen vor allem Zugriffs- und Besucherstatistiken, Vorschlagslisten und -rankings, aber auch grafische Zwischenauswertungen der jeweiligen Beteiligungsaktivitäten vor. Eine Beteiligung verlangt hier immer häufiger Teilnahmebedingungen zu akzeptieren, die der Verdatung und Vermessung entsprechender Beiträge dienen. Siehe dazu Mämecke und Wehner (2013).

Datenschutzfragen[11] und verfolgt das Phänomen ideengeschichtlich nicht weiter als bis auf prominente Pioniere aus dem Bereich zurück. Nicht oder kaum thematisiert werden hingegen die sozialen, informationellen und materiellen Voraussetzungen, Potentiale und Seiteneffekte von Self-Tracking in z.B. historischen oder sozioökonomischen Kontexten. Die Fragen danach, was diese Technologien überhaupt zu sozialen Technologien macht, worin also ihre immer wieder attestierte gesellschaftliche Bedeutung liegt, bleiben daher in der Regel unberührt.

Dabei sollte vor dem Hintergrund des aktuellen und des noch zu erwartenden Vermessungsbooms der nächsten Jahre bereits deutlich sein, dass sich Begriffe wie Self-Tracking oder „Personal Data" nicht für die Beschreibung von Subkulturen oder hardwarefokussierten Technologietrends reservieren lassen und nicht deckungsgleich mit Community-Namen wie *Quantified Self* verwendet werden können. Ihr Bedeutungskontext hat sich in den letzten acht Jahren mehrmalig verschoben und steht heute bereits quer zu einer Vielzahl von Selbstvermessungsvarianten, an deren Popularisierung und Kultivierung QS oder andere Communities zwar maßgeblich beteiligt waren, die nun aber weit über die organisierte Form der Selbstvermessung hinaus immensen Aufwind erfahren und daher eher als allgemeine Prinzipien angesehen werden müssen, durch die sich vielfältige Formen von Sozialbeziehungen jetzt und in Zukunft organisieren werden.

Vor diesem Hintergrund nimmt dieser Beitrag eine Systematisierung verschiedener Self-Tracking-Szenarien anhand populärer Beispiele aus dem Feld vor, wobei von der gängigen Szene- oder Brand-Fokussierung allerdings ebenso abgelassen werden soll, wie von den praxistheoretischen Implikationen vieler Bezugnahmen auf das Phänomen, welche Self-Tracking als bewusste, Ich-bezogene Handlung konzipieren. Anstelle des Verbs „Tracking" wird entsprechend die Seite des „Self" im Begriffspaar stärker betont, wobei ein kurzer wissensgeschichtlicher Abriss aufzeigen soll, dass die Konstituierung des modernen Selbstes seit jeher in starkem Maße mit numerischen Messwerten und vor allem öffentlichen Statistiken koinzidiert.

---

11 Wobei hier zudem meist ein Privatheitsverständnis vorausgesetzt wird, das konzeptuell mit juristischen Einzelpersonen koinzidiert und das abstraktere Datenschutzprobleme daher nicht in den Blick bekommt. Da viele internetbasierte Vermessungssysteme aber soziales Verhalten oder Körperwerte auf der Makroebene großer, nicht zwingend personalisierbarer Datenaggregate und Häufigkeitsverteilungen analysieren, greifen Datenschutzkritiken, die sich an der Privatsphäre von Individuen orientieren, daher oft zu kurz. Und das obgleich politische Maßnahmen, Werbe- oder Absatzstrategien, die anhand von Kohorten oder KonsumentInnengruppen entwickelt werden, in der Konsequenz natürlich auch das Individuum betreffen (vgl. Degeling 2014).

In den Gouvernementality Studies oder der Normalismusforschung wurden die realitäts- und subjektkonstruierenden Eigenschaften von Statistiken im Zusammenhang mit den Themen Biopolitik, Selbststeuerung und Normalisierung bereits umfangreich diskutiert. Dieser Argumentation folgend wird gezeigt, dass sich der Einfluss von zahlenbasiertem Wissen mit dem Voranschreiten der Moderne stetig vergrößerte. Angefangen bei der Vermessung von Räumen und Territorien im 18. Jahrhundert, über gesundheitspolitische Präventionen im Rahmen der Verstädterung, bis zur Auflösung des Subjekts im statistischen Kollektiv des „homme moyen".

Anders als es die „n=1-Experimente"[12] der *QS*-Community oder die individualistisch argumentierenden Berichte über das Phänomen Self-Tracking nahelegen, stellen vor allem Mittelwerte in überindividuellen Häufigkeitsverteilungen eine wichtige Bezugsgröße für die Orientierung im Umgang mit Selbstvermessungen und damit zusammenhängenden Selbstentwürfen dar. Mit diesem Text wird daher der Versuch unternommen den Begriff Self-Tracking sehr viel breiter zu konzeptualisieren, sodass er auch solche Datenerfassungs- und Spiegelungsprozesse umfasst, die gemeinhin eher unter dem Schlagwort „Big Data" subsumiert werden. Denn obgleich sowohl der Self-Tracking- als auch Big Data-Begriff eine markante Schwerpunktsetzung aufweisen – etwa bei der reflexiven Evaluation persönlicher Daten auf der einen und einer automatisierten Verarbeitung großer überindividueller Daten auf der anderen Seite – sind die Erklärungsbereiche beider Begriffe keinesfalls überschneidungsfrei. Große Datenaggregate[13] können ebenso Daten aus Selbstvermessungspraktiken enthalten und anschließend automatisiert weiterverarbeitet werden, wie sich Analysen im Rahmen der zahlenbasierten Selbstbeobachtung auf große überindividuelle Datenakkumulationen beziehen können.

---

12 Vgl.: http://quantifiedself.com/n1/. Zugegriffen: 04. Mai 2014.

13 Für die Auseinandersetzungen mit dem Themenkomplex „Verdatung" ist ganz allgemein eine indifferente Verwendung der Begriffe „Aggregation" und „Akkumulation" bezeichnend. In der Verwendung der Begriffe soll sich hier einer wissensgeschichtlichen Unterscheidung der Begriffe angeschlossen werden, die Theo Röhle in Bezug auf das Konzept der „immutable mobiles" nach Bruno Latour (2009, S. 140) und philosophisch-historischer Wörterbücher zugespitzt hat. Demnach bezeichnet der Begriff „Akkumulation" eine spezifische Bewegungsrichtung in einer Datentransformationskette (also z.B. die Reduktion und Standardisierung großer Mengen von Aufzeichnungen), wohingegen es sich bei „Aggregation" wissensgeschichtlich und etymologisch betrachtet eher um einen pejorativ konnotierten Begriff zur Beschreibung äußerlicher summenhafter Gruppierungen handelt, der mit einer wenig entwickelten Methodologie verbunden (Kaulbach 1971, S. 102), primär auf das Ansammeln von Daten ohne eine zugrundeliegende Systematik verweist (Röhle 2015).

Das gegenwärtige Umsichgreifen akkumulierter zahlenförmiger Daten im Kontext von Self-Tracking wird im Folgenden daher weniger als emergentes Phänomen der letzten Jahre, sondern viel mehr als vorläufiger Höhepunkt der weltweiten Karriere statistischer Wissensproduktion betrachtet, die bereits mit den ersten öffentlich zugänglichen Wahl- oder Sozialstatistiken ihren Anfang genommen hat. Seien dies nun aktive Selbstbewertungen und Life-Logs, passives Activity-Tracking oder die rekursiven Nutzungsstatistiken diverser Haushaltsgeräte, Automobile, Streaming- oder eGouvernance-Portale. Es wird davon ausgegangen, dass Statistiken per se ein elementares Mittel gesellschaftlicher Orientierung darstellen, das in starkem Maße sowohl mit der Entwicklung des modernen Wohlfahrtsstaates[14], als auch mit der technischen und institutionellen Medienentwicklung korrespondiert.

Anhand von neuartigen, internetbasierten Vermessungstechnologien, die sich für das Management von Gesundheit oder Risiken einsetzen lassen, wird das aktuelle Phänomen der Selbstvermessung auf diese Weise in einen geschichtlichen Zusammenhang mit den Steuerungs- und Selbststeuerungsfunktionen öffentlich zugänglicher Gesundheits- und Bevölkerungsstatistiken gestellt und als ein Transformationsprozess von Steuerungspotentialen diskutiert.

2 Zur Gouvernementalität der Vermessung – Über das wechselseitige Verhältnis von Sozialstatistik und Wohlfahrtsstaat

Die Erfassung der in einem Territorium oder Herrschaftsgebiet lebenden Menschen durch rudimentäre Auszählungen findet seinen Ursprung bereits in der Antike. Und auch in Zentraleuropa wurden solche „protostatistischen" (Köhler 2008, S. 80f.) Verfahren über Jahrhunderte hinweg eingesetzt – meist zu militärischen oder fiskalischen Zwecken (Behrisch 2006, S. 8). Der Begriff *Statistik* hat seinen Ursprung allerdings erst im 18. Jahrhundert und meint eine Beschreibung des Staates durch den Staat und für den Staat (Desrosières 2005, S. 165ff.). Die Astronomen Adolphe Quételet und Francis Galton versuchten Mitte des 19. Jahrhunderts erstmals in staatlichem Auftrag die Methoden des systematischen Vergleichs der körperlichen Beschaffenheit von Menschen (also die Jahrhunderte alte Technik der Anthropometrie) auf menschliches Verhalten zu generalisieren und prägten damit ein bis in die Gegenwart vorhaltendes Wirklichkeitsverständnis, das

---

14 Im hier verstandenen Sinne also einer Staatsform mit Sozialsystem und moderner Verwaltung, die z.B. gesundheits- und sicherheitspolitische Maßnahmen ermöglicht und benötigt.

die Bevölkerung und ihre Merkmale als szientistisches Produkt einfacher Rechenoperationen ableitete. Vor allem durch die Arbeiten von Michel Foucault gelangten Thesen zu großer Bekanntheit, die die Entwicklung der modernen Statistik und den Wandel der staatlichen Organisationsform als zirkuläre Prozesse wechselseitiger Beeinflussung und Abhängigkeiten beschreiben (vgl. Foucault 2001, 2004a, 2004b). So haben die rasanten wirtschaftlichen und politischen Veränderungen im Umbruch zur Moderne neuartige Probleme und Ungewissheiten hervorgerufen, für die sich die Statistik als Lösungsstrategie instrumentalisieren ließ. Die Statistik ermöglichte es die territorialen Grenzen, Komparabilitäts- und Konkurrenzrahmen zwischen den Ländern und Städten zu schaffen; die Verfügbarkeit von Ressourcen sowie die zirkulierenden Güter und Bevölkerungsentwicklungen längerfristiger Planung zu unterziehen. Im Zuge der Transformation des territorialen Gerechtigkeitsstaates des 15. und 16. Jahrhunderts in den modernen Verwaltungsstaat wurden dann vor allem *Sozialerhebungen* zunehmend als legitimierende Entscheidungsgrundlage in den Dienst politischer Kampagnen gestellt (vgl. Foucault 2000, S. 64). Darüber hinaus erzeugte aber auch die Umstellung auf kapitalistische Warenproduktion und Binnenhandel einen zunehmenden Bedarf an rational handhabbaren Wissensbeständen und Kalkulationsgrößen.

So waren es zu dieser Zeit vor allem Arbeitsämter, die als Erste umfassende Erhebungen zu Löhnen, Lebensbedingungen, Arbeitssicherheit, Hygiene sowie Arbeits- und Streikhäufigkeit durchführten. Bald wurden aber auch in anderen Bereichen statistische Daten aggregiert, die als Nebenprodukte der amtlichen Verwaltungen anfielen: So z.B. durch die Abfertigung von Zöllen oder die Zentralisierung lokaler Gewerkschafts- und Versicherungsstatistiken (Desrosières 2005, S. 175ff.).

Anders als frühere rudimentäre Zählungen ist mit der systematischen Erhebung großer Datenbestände allerdings eine enorme realitätskonstruierende Wirkkraft verbunden (vgl. Desrosières 2005; Espeland 2007; Heintz 2007, 2010; Hacking 1965, 1982). Denn durch die Quantifizierung von einzelnen Einheiten oder Objekten wurden gesellschaftliche Strukturen und ihre Variationsbedingungen in bisher unbekanntem Maße sichtbar.

Phänomene wie „Warenzirkulation" oder „Volkswirtschaft" erschlossen sich im gleichen Maße erst über den Beobachtungsrahmen massenhafter Einzelfälle, wie „Arbeitslosigkeit" (Zimmermann 2006), „Kriminalität" (Deflem 1997; Kreissl 2011, S. 54) oder „Gesundheit". Auch die Bevölkerung eines politischen Wirkungsbereiches erschien durch die Quantifizierung als Objekt mit eigenen Strukturen, Gesetzmäßigkeiten und Kennzahlen und wurde damit für regulative Zugriffe zugänglich (Köhler 2008, S. 82), womit sich an der veränderten Wahrnehmung der Bevölkerung eine empirische Bevölkerungspolitik gesundheits- oder wirtschaftsstrategischer Präventionen und Interventionen ausrichtete. Das zirkuläre Verstärkungsverhältnis statistischer Instrumente und sozialpolitischer Institutionen zeichnet sich demnach dadurch aus, dass Statistiken nicht nur die legitimierende Basis oder das Wissensressort für politische Strategien bilden, sondern sich in ihnen gleichermaßen die Erfolge der sozialpolitischen Maßnahmen widerspiegeln und sie darüber hinaus neue Interventionsfelder und damit auch neuen Bedarf an entsprechenden Regulationen aufzeigen (vgl. Muhle 2008, S. 245). Im Spiegel der Sozialstatistik erscheinen die individuell aleatorischen Merkmale wie Mortalität, Fertilität, Produktivität und Gesundheit fortan als kalkulierbare Größen. Dies hat zur Folge, dass sich Regulationstechniken des Regierens in diesem Zusammenhang dann nicht mehr nur auf den individuellen Einzelfall richten, sondern auf die Variationsbedingungen abstrakter Phänomene. Das innovative Moment der Sozialstatistik liegt demnach darin, dass sie den primären Modus des Einwirkens auf die BewohnerInnen eines Staatsgebietes unter den Bedingungen von Wohlfahrtstaatlichkeit von der Disziplinierung des Individuums auf die Regulation der Bevölkerung umstellt, d.h. „die Steigerung seiner Fähigkeiten, Ausnutzung seiner Kräfte, das parallele Anwachsen seiner Nützlichkeit und seiner Gelehrigkeit, seine Integration in wirksame und ökonomische Kontrollsysteme" (Foucault 1983, S. 135) gewährleistet.

2.1 Vermessung und Statistik im Zusammenhang mit massenmedialer Öffentlichkeit

Mit dem Übergang vom 18. zum 19. Jahrhundert wird die Verfügbarkeit des statistischen Blicks auf die Gesellschaft zunehmend aus der Ägide staatlicher oder wissenschaftlicher Institutionen genommen und z.B. in Form von Wahlstatistiken, Meinungsumfragen, Gesundheits- oder Sozialstatistiken öffentlich zugänglich, woran auch die zunehmende Entwicklung einer massenmedialen Öffentlichkeit maßgeblich beteiligt ist.

Quantifizierungen etablieren sich zu dieser Zeit in viel breiterem Maße als universalistisches Selbstbeobachtungsverhältnis der Gesellschaft. Sie lassen z.B. den Staat nicht mehr nur als abstrakte Entität erscheinen, die außerhalb der Gesellschaft steht, sondern als Zusammenhang verschiedener Sozialbeziehungen (Desrosières 2005, S. 165), die die RepräsentantInnen politischer Ämter gleichermaßen umfasst wie ihre WählerInnen.[15] Und auch in anderen Bereichen, allen voran dem

---

15 Zu der Frage, ob die Entwicklung der Demokratie der Verdatung voran ging oder ob die Verdatung als Pionier der Demokratisierung anzusehen ist siehe Link (1999, S. 164f.).

der Gesundheit, ermöglichen Statistiken die Selbsteinordnung, Kontrolle oder Abgrenzung im Rahmen des gesellschaftlichen Zusammenhangs. Für das moderne Subjekt ist daher charakteristisch, dass es sich in der Ambivalenz zwischen Masse und Individualität verortet. Über Statistiken bieten sich ihm erstmals Orientierungen in der Frage nach dem Zusammenhang von sich selbst und dem gesellschaftlichen Ganzen. Eine Frage, die mit der Moderne in einzigartiger Weise relevant wird.

Insbesondere durch die Normalismustheorie (Link 1997, 1999, 2004) wurden die Selbststeuerungskonzepte der Gouvernementalitätsforschung[16] durch Untersuchungen zu normalisierenden Eigenschaften zahlenförmiger Sozialbeschreibungen vertieft.[17] Öffentliche Statistiken lassen sich hieran anschließend als eine Technologie beschreiben, die für eine Reintegration der Wahlfreiheit des individualisierten Subjekts in den Determinismus des Ganzen sorgt (vgl. Gehring 2009, S. 111f.). Im Zentrum dieser Form von Selbstregierung steht die Orientierung an öffentlich zugänglichen statistischen Durchschnitten, als vermeintlicher Spiegel der Normalität. Dieser Argumentation nach kommt der Normalverteilung die Doppelfunktion zu, dass sich gesellschaftliche Normalität nicht nur in ihr konsensualisiert (vgl. Bohn 2003), sondern sie darüber hinaus als normalisierender Rahmen auf die Gesellschaft zurückwirkt, da an der Orientierungsfolie des gesellschaftlichen Durchschnitts Selbstentwürfe gebildet werden, die durch die Abweichungsmaße und Extremwerte durchschnittlicher Verteilungen eingegrenzt werden (vgl. Link 1999, S. 10).

Mit der zunehmenden medialen Zugänglichkeit von Wahl- oder Bevölkerungsstatistiken lässt sich daher eine Verselbstständigung und Automatisierung der Steuerungseffekte von Bevölkerungsstatistiken ausmachen, wobei die Mechanismen der Selbststeuerung sukzessive die direkten politischen Interventionen ergänzen und gekoppelt mit einem eigendynamischen und nicht deterministischen Gesellschaftsverständnis repressives Regierungshandeln in eine vielseitige Steuerung sich selbst steuernder Entitäten transformiert.

Die ehemals durch Quételet konstatierte *Normal*gesellschaft erweist sich, dieser Argumentation folgend, daher eher als *Normalisierungs*gesellschaft im Sinne

---

16   Nach dem Konzept der Gouvernementalität signalisieren Selbstbestimmung, Verantwortung und Wahlfreiheit „nicht die Grenze des Regierungshandelns, sondern sie sind selbst ein Instrument und Vehikel, um das Verhältnis der Subjekte zu sich selbst und zu anderen zu verändern" (Pongratz 2013, S. 226).

17   Vgl. dazu auch den Beitrag *Lifelogging und vitaler Normalismus* von Lars Gertenbach und Sarah Mönkeberg in diesem Sammelband.

einer sich selbst erfüllenden Prophezeiung, indem die Normalität an die Stelle von Normativität als gesellschaftsuniverselle Wertbindung tritt.

2.2 (Selbst)Vermessung im Zusammenhang mit Internetmedien

Mit diesem Zusammenspiel von Datenerhebung und Datenveröffentlichung ist eine sich selbst immer wieder erneuernde und in Schwung bringende Spirale der Beobachtung und Erzeugung von Normalverteilungen in Gang gesetzt worden (Gehring 2009, S. 112), die sich unter den technologischen Bedingungen des Internets nun weiter verengt. Mit dem Hinzutreten von interaktiven Internetmedien, als Technologien der Erzeugung und Vermittlung von Statistiken, werden über die *Zugänge* zu statistischen Daten hinaus inzwischen auch die *Erhebungsmittel* dezentralisiert. Analytisch lässt sich damit eine dritte Verdatungsphase unterscheiden – die am treffendsten als *Selbst*verdatungsphase beschrieben ist. Das umfangreiche Repertoire an verschiedensten Internetportalen, Apps oder anderen tragbaren Sensoren, die auf unterschiedliche Weise Körperfunktionen aufzeichnen, Bewegungsprofile erstellen, Daten über den Umgang mit Ressourcen wie Geld oder Zeit aufzeichnen wird inzwischen vielfach für die Erstellung von Finanz-, Therapie-, Diät-, Trainings- oder Arbeitsplänen verwendet.

Das Erbe der bevölkerungsstatistischen Mittelwerte scheint sich dabei vor allem in der massenhaften Anwendung von Selbstvermessungstechnologien durch nicht-institutionalisierte, diffuse NutzerInnengruppen fortzusetzen. Wohingegen die Messungen der *QS*-Mitglieder vornehmlich auf einer kontemplativen und im engeren Sinne selbstbezüglichen Orientierung an den Datenspuren vergangener (eigener) Tätigkeiten, Gefühle oder Körperwerte beruhen, die sie anhand selbst definierter Ziele und Grenzwerte bewerten, treten im Zuge der zunehmenden Vernetzung und Akkumulation dezentraler Selbstvermessungen nun immer mehr Bewertungskriterien hinzu, die sich vor allem aus überindividuellen Durchschnitten ableiten lassen und es den Vermessen(d)en ermöglichen selbst aktiv kleinteilige Details über verschiedene Aspekte ihres Lebens in ein Verhältnis zu anderen zu setzen. Viele der inzwischen massenhaft genutzten und kommerziell betriebenen Selbstvermessungsportale basieren sogar schwerpunktmäßig darauf, Protokolle über Bewegung, Gefühlszustände oder Körperwerte der NutzerInnen in standardisierten Kategorien wie Kilometern, Kalorien oder „Mood-Scales" auf einem entsprechenden Webportal zu speichern und mit den Werten anderer NutzerInnen zu vergleichen. Wohingegen innerhalb der *QS*-Community neue Vermessungspraktiken noch in institutionalisierten Treffen wie z.B. den sog. *Show&Tell*-Formaten

durch konsistente Beschreibung von Vermessungsweisen und zugrundeliegender Bedarfe fundiert werden[18], werden individuell festgelegte Ziele im Zuge der massenhaften Vernetzung von Vermessungstechnologien inzwischen durch die integrierten Mittelwerte auf den Displays der Smartphones ersetzt. Die Möglichkeit sich selbstbezüglich mit den Daten auseinanderzusetzen, eigene Fortschritte und Rückschritte zu beobachten oder sich Ziele zu setzen, korrespondiert so immer stärker mit der fortlaufenden Beobachtbarkeit der Fortschritte und Rückschritte aller übrigen NutzerInnen im (zumindest plattformweiten) Durchschnitt. Die großen Datenaggregate vernetzter Vermessungs-Apps bieten über die Möglichkeiten hinaus, gezielt auf sich einzuwirken, daher häufig selbst die nötigen Kennwerte, an denen sich der erforderliche Grad an Selbstjustierungen, z.B. bei der Änderung von Ernährungsgewohnheiten, Arbeitsweisen oder Körperroutinen in Relation zu den Werten anderer bemessen lässt.

Dies kann sowohl eine Plattform zur Therapie oder Prävention von Krankheiten sein, die die individuellen Angaben aller NutzerInnen zusammenfasst, als auch ein neuartiger Versicherungstarif, der auf der Selbstverdatung und flexiblen Normalisierung seiner KlientInnen basiert. Selbst der zu Beginn erwähnte „gehostete" Toaster-Prototyp *Brad*, der „addicted products"-Serie, verwendet zur Einschätzung des Nutzens, den er in einem Haushalt erfüllt, über die Quantifizierung seines Gebrauchs hinaus noch überindividuelle und flexible Beurteilungsmaßstäbe, die er via Twitter mit seinen BesitzerInnen teilt:

„@charles. i feel pretty useless compared to others. brad."[19]

Es entstehen derzeit unübersehbar viele neue auf Zahlen basierende Vergleichszusammenhänge, die durch Graphen, Kurven und Tabellen vermittelt und meist automatisiert auf Grundlage des massenhaften Uploads der Daten einzelner NutzerInnen erstellt werden. Derartige Verfahren führen auf diese Weise in unterschiedlichen Bereichen zu einer dezentralen und verselbstständigten Produktion großer Datenbestände, was zur Folge hat, dass die Erhebung, Verwaltung, Auswertung und Veröffentlichung von Daten nun nicht mehr nur der Verantwortung staatlicher wissenschaftlicher oder kommerzieller Akteure untersteht, sondern auch durch die Vermessen(d)en selbst aktiv vorangetrieben oder eingefordert wird.

---

18 Zu Beginn jedes *Show&Tell*-Plenums der *Quantified Self Conference* 2014 in Amsterdam wiederholte Mitorganisator Gary Wolf die drei Kernfragen, an denen sich die Vorträge orientieren sollten: „What did you do? How did you do it? What did you learn?"

19 Quelle: http://www.vimeo.com/4136473. Zugegriffen: 29. März 2014.

Obgleich diese Entwicklung als ergebnisoffen beschrieben werden muss, ist indes sehr auffällig, dass die Interpretation und Verwendung solcher Daten unverkennbar mit den Zielen der „Verbesserung" verbunden ist und die Messergebnisse oft in kompetitiven Gegenüberstellungen dargestellt und mit Wettbewerbsanalogien ausstaffiert werden. Nicht zufällig weisen viele der Selbstvermessungstechnologien derzeit eine semantische Anbindung an einen Zusammenhang aus Gesundheit und Sport auf, der gemeinhin als „Fitness" beschrieben wird. Schon der Selbstbeschreibung nach stellen sich die meisten Tracking-Tools daher in den Dienst von Leistungs- und Gesundheitssteigerung, die als Schlüsselvariablen für die Erhöhung von Lebensqualität behandelt werden. Die Unabhängigkeits-, Selbsterkenntnis- und Emanzipationsrhetorik, unter deren Vorzeichen derartige Software meist verwendet wird, versinnbildlicht dabei treffend das ambivalente Verhältnis zwischen verringerter Fremdbestimmung und einer hierdurch ins Werk gesetzten eigenverantwortlichen Steuerung, die als disziplinarische Kontrolle zweiten Grades durch die Kontrollierten selbst ausgeübt wird. Auf diese Weise kulminieren Empowerment und Selbstverantwortung als zwei Seiten der gleichen Medaille im „Projekt Ich".[20]

---

20   Eine so gewendete Problematisierung des Selbstvermessungsphänomens bezieht sich damit gerade auch auf optimistische Bewertungen dieser Entwicklung, die den Selbstvermessungstechnologien das Potential zusprechen das Selbst durch die Messung des eigenen Verhaltens gegen gesellschaftliche Optimierungszumutungen mit Stopp-Regeln für die eigene Produktivität und Fitness auszurüsten – z.B. in dem sie ihm anzeigen genug geleistet oder trainiert zu haben oder es von Expertisen des Gesundheitswesens unabhängig machen.
Derartige Essentialisierungen des Selbst, die den Eindruck erwecken das Subjekt stünde einer ihm äußeren Gesellschaft gegenüber, sind symptomatisch für QS, finden sich allerdings auch in den wissenschaftlichen Rezeptionen der Selbstvermessungsentwicklung wieder (vgl. hierzu den Beitrag *Selbstoptimierung durch Quantified Self? Selbstvermessung als Möglichkeit von Selbststeigerung, Selbsteffektivierung und Selbstbegrenzung* von Stefan Meißner in diesem Band).
Eine diskursanalytische Betrachtung dieses Phänomens basiert demgegenüber geradezu darauf „dem Subjekt seine Rolle als ursprüngliche Begründung zu nehmen und es als Variable und komplexe Funktion des Diskurses zu analysieren" (Foucault 2001[1969], S. 1029) und aufzuzeigen, dass sich Selbstverständnisse nicht auf die Absicht eines Subjekts zurückführen lassen, das einer planvollen Selbsteinwirkung folgt (vgl. Foucault 1981[1969], S. 182). Wie Cruikshank (1996) bereits anhand der US-Amerikanischen „self esteem"-Bewegung verdeutlicht hat, bildet daher auch das Streben nach mehr Selbsterkenntnis durch neue Introspektionstechniken lediglich den ersten Ansatzpunkt einer Selbstformung durch die letztlich eine „Harmonie zwischen politischen Staatszielen und einem persönlichen „state of esteem" gewährleistet wird" (Lemke 2000, S. 42), sofern nicht gesellschaftlich-strukturelle Faktoren zum Ausgangspunkt und Interventionsziel emanzipatorischer Ansprüche erhoben werden.

Die Statistik des Selbst

„Knowledge is power. The power is now yours. [...] The power to be the healthiest you possible." BodyMedia[21]

Im folgenden Abschnitt werden einige exemplarische Fälle näher beschrieben, die sich in besonderer Weise dazu eignen, verschiedene normalisierende und regulative Selbstvermessungs-Arrangements und die mit ihnen korrelierenden Subjekttypen aufzuzeigen. Dazu soll zunächst eine sehr grobe Systematisierung der unterschiedlichen Selbstvermessungsvarianten vorgenommen werden bei denen besonders deutlich wird, dass sie in der Tradition der modernen Sozialstatistik die Transformation von zentralen Steuerungsmaßnahmen hin zu vielseitigen Konstellation sich selbst steuernder Entitäten fortführen.

Anders ausgedrückt: Das Subjekt, das sich in der Nutzung von Selbstvermessungstechnologien konstituiert, macht sich von medizinischen Expertinnen nur um den Preis unabhängig, dass es die medizinische Expertise auf sich selbst anwendet. Diese Expertisen mögen sich qualitativ und quantitativ von ärztlichen Fremdbeschreibungen unterscheiden, allerdings enthebt sie dies nicht aus dem Einflussbereich biopolitischer oder ökonomischer Prämissen.

21 Quelle: http://www.bodymedia.com/?whence=. Zugegriffen: 11. Dez 2014.

3 Systematisierung normalisierender Selbstvermessungstechnologien

DATENAUSGABE

DATENEINGABE

Dezentrale Erhebung (meist aktiv) / Zentrale Erhebung (meist passiv)

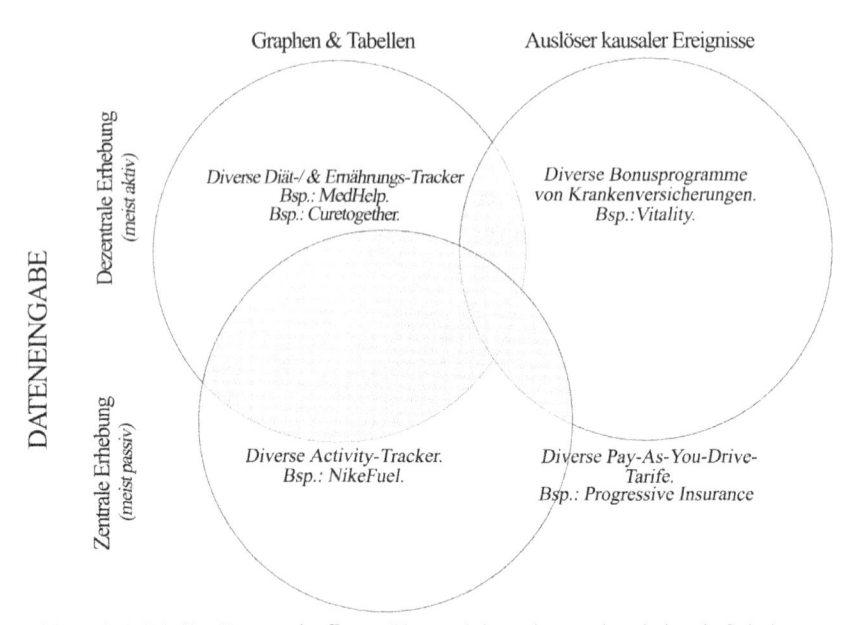

Graphen & Tabellen / Auslöser kausaler Ereignisse

- Diverse Diät-/ & Ernährungs-Tracker. Bsp.: MedHelp. Bsp.: Curetogether.
- Diverse Bonusprogramme von Krankenversicherungen. Bsp.: Vitality.
- Diverse Activity-Tracker. Bsp.: NikeFuel.
- Diverse Pay-As-You-Drive-Tarife. Bsp.: Progressive Insurance

Abb. 1 2x2-Tabelle. Formen der Daten-Ein- und Ausgabe, sowie relationale Schnittmengen[22]

Dieses grobe Schema greift das eingangs bereits angedeutete, sehr weit gefasste Verständnis von Selbstvermessung auf, wonach von Self-Tracking gesprochen werden kann, insofern Entitäten dezentral vermessen und durch einsehbare Messergebnisse in Beziehung zu anderen oder sich selbst gesetzt werden und die so erzeugten Graphen und Tabellen elementar für das Zustandekommen der Gerätefunktion oder Dienstleistung sind. Es unterscheidet idealtypisch die Dimen-

---

22 Die hier vorgenommenen Unterscheidungen sind notwendiger Weise idealtypisch und vermögen es nicht die gesamte Komplexität der Self-Tracking-Technologien und -Anwendungsfelder wiederzugeben. Die Tabelle zeigt daher zusätzlich auch Schnittmengen zwischen einzelnen Technologien und Bereichen an, deren Größe sich relational nach der Häufigkeit ihres Vorkommens bestimmt. So bieten z.B. viele Activity-Tracker gleichzeitig sowohl passive als auch aktive Formate für die Datenerhebung.

sionen Dateneingabe und Datenausgabe, d.h. also die verschiedenen Formen der *Erhebung* von Daten sowie ihre Weiterverarbeitung und *Repräsentation*. In der Dimension der Dateneingabe unterscheidet diese Heuristik *zentrale* und *dezentrale* Formen der Erfassung, wobei durch *zentrale Erfassung* solche Technologien und Dienste subsumiert werden, die zwar eine Anmeldung von NutzerInnen oder die Installation von Software und deren Konfiguration erfordern, ansonsten allerdings Daten automatisiert und meist passiv erheben. Dem gegenüber stehen Vermessungspraktiken, die auf der aktiven Eingabe von Daten durch die NutzerInnen basieren – diese Verdatungspraktiken werden hier als *dezentral* bezeichnet. In der Datenausgabe-Dimension werden unter den möglichen Formen, in denen Daten weiterverarbeitet und an die NutzerInnen zurückgespiegelt werden können, sehr grob Datenrepräsentationen in Graphen- und Tabellenform von solchen Vermessungs-Szenarien unterschieden, in denen die erhobenen Daten eine kausale Ereigniskette auslösen und für die Vermessen(d)en zu unmittelbaren Folgen führen – so z.B. bei Self-Tracking im Zusammenhang mit den Scoring-Verfahren von Versicherungen oder Rating-Agenturen.

Die auf diesen unterschiedlichen Wegen erzeugten Datentypen verwenden ganz unterschiedliche Formen der Standardisierung und unterscheiden sich beträchtlich im Hinblick auf ihre Validität. Gerade aktive, dezentrale Datenerhebungen bieten meist keine Möglichkeiten, das Zustandekommen der Eingaben zu überprüfen. Gleichwohl sind viele Effekte denkbar, die zu einer Verfälschung oder Beeinflussung der Daten führen könnten. Im Fachjargon werden die Ergebnisse solcher Vermessungspraktiken daher häufig als „unstrukturierte Daten" bezeichnet – was allerdings nicht bedeutet, dass an einer vermehrten Integration derartiger Daten, z.B. in medizinische Datenpraxen oder solche des Versicherungswesens, nicht gearbeitet würde. Auch bei standardisierten Daten sind viele Verzerrungen denkbar, die bei der Entwicklung der zugrundeliegenden Programme oder ihrer Anwendung durch Dienstleistungsunternehmen etc. entstehen können. So wurde in der soziologischen Objektivismuskritik und den Science Technology-, Software- oder Code-Studies bereits umfangreich diskutiert, wie sich z.B. Vorannahmen und Weltauffassungen in selektiven Fragebogendesigns der Meinungsforschung oder der Entwicklung unsichtbar operierender Algorithmen niederschlagen, die wenig bis keine Rückschlüsse über das genaue Zustandekommen bestimmter Werte zulassen (vgl. Suchman 1994; Bowker und Star 2000). Gesetzliche, politische und marktförmige Überformungen sind weitere denkbare Aspekte, die sich auf die Entwicklung von Software auswirken können. Hinzu kommt die Tatsache, dass viele der Datenkollektive vermutlich eine sehr hohe sozialstrukturelle Homogenität unter ihren NutzerInnen aufweisen, die im Falle kommerzieller Dienstleistungen und Produkte z.B. deckungsgleich mit einer

Produktzielgruppe sein kann.[23] Solche Kennwerte müssen demnach als in hohem Maße abstrakt angesehen werden und über ihre „tatsächliche" oder „faktische" Signifikanz ist keine verlässliche Aussage zu treffen. Allerdings ist die Beobachtung derartiger Selbstvermessungen selbst auch weitaus interessanter, als die Frage danach, wie „authentisch" die so produzierten Werte „wirklich" sind. Auch die Frage nach der subjektiven Wirklichkeit, die durch das soziotechnische Ensemble von Vermessungstechnologien und ihrer NutzerInnen konstituiert wird[24], bleibt durch die hier vorgenommene Fokussierung auf die Angebote, die durch Self-Tracking-Technologien für das Selbstverständnis und die Selbst-Modellierungen bereitgestellt werden, weitestgehend unberührt.

Anhand konkreter Beispiele werden im Folgenden einige musterhafte Kombinationsmöglichkeiten aus Erhebungs- und Repräsentationsformen skizziert. Die hierfür ausgewählten Anwendungskontexte sollen vordergründig einen Überblick über die wechselseitige Verschränkung zwischen Vermessen(d)en, Dienstleistungsmodellen, Konsumangeboten und sozialstaatlichen Prämissen aufzeigen, die an der zunehmenden Verbreitung von Selbstvermessungsverfahren in unterschiedlichem Maße beteiligt sind oder indirekt von diesen profitieren. Ein weiterer Zuschnitt dieser Auswahl liegt allerdings auf Technologien, die über Aggregation und Vergleichsverfahren wie Durchschnittsberechnungen den NutzerInnen unterschiedliche Formen der Selbstjustierung ermöglichen.

---

23 Zusätzlich ist davon auszugehen, dass derartige Datenkollektive in den meisten Fällen auch durch die Phänomene wie den „Digital Devide" bedingt sind, die zu einer systematischen Ausgrenzung bestimmter Status- oder Altersgruppen führen. So sind nach der aktuellen Studie des konsumtechnologiefokussierten Marktforschungsinstitutes *Forrester* 78% der Weltbevölkerung nicht im Besitz eines Smartphones. Quelle: https://www.forrester.com/Forrester+Research+World+Mobile+And+Smartphone+Adoption+Forecast+2014+To+2019+Global/fulltext/-/E-RES118252. Zugegriffen: 03. Jan 2015.

24 Unabhängig von der „Echtheit" z.B. erhobener Daten können diese doch „echte" Folgen haben: „If men define situations as real, they are real in their consequences" (Thomas 1928, S. 572).

3.1 Feld 1x1 – Aktive, dezentrale Vermessung bei visueller Repräsentation der Ergebnisse

Zu den Self-Tracking-Technologien, die sich unter dieser Rubrik zusammenfassen lassen, zählen vor allem Diät-/ Ernährungs- und Finanzportale[25] sowie verschiedene Apps und einige Scanner zur Überwachung der Schlafphasen[26] und Körperwerte. Diesen Technologien ist gemein, dass eine Eingabe z.b. der konsumierten Lebensmittel oder finanziellen Ausgaben und Einkünfte anhand von Apps und Webmasken oder durch die aktive sensorische Messung von Hautspannung, Puls und Blutzuckerwerten erfolgt. Ganz gleich, ob die Daten, die auf diesen Wegen erhoben werden, in den lokalen Speichern der Endgeräte, also z.B. den Smartphones und PCs, verbleiben oder ob sie in die Cloud geladen und zu großen Datenaggregaten zusammengefasst werden, es wird schnell deutlich, dass auch diese individuell und häufig auf subjektiven Einschätzungen beruhenden Daten ihre soziale Relevanz erst dadurch erhalten, dass sie in Beziehung zu gesellschaftlichen Durchschnitten gesetzt werden.

Das auf Selbstangaben beruhende Self-Tracking-Center *medhelp* etwa bietet die Möglichkeit, über längere Zeitperioden die Entwicklung von Schlafphasen, Kalorienaufnahme oder Körpergewicht aufzuzeichnen. In dieser Hinsicht unterscheidet das Portal sich nur in relativ geringem Maße von äquivalenten Praktiken der analogen Aufzeichnung verschiedener Körperwerte und Ernährungsgewohnheiten, z.B. durch konventionelle Diätpläne. Im Gegenteil scheint es an derartige Praktiken sogar dezidiert anzuschließen und verwendet für den Vergleich mit anderen NutzerInnen und die damit zusammenhängenden Normalisierungs- und Normbildungsprozesse auch traditionsreiche Kennwerte, wie den Quételet-Kaup-Index, besser bekannt als Körpermassenzahl (KMZ) bzw. als Body-Maß-Index (BMI), der die NutzerInnen, einer flexiblen Normalisierung entsprechend, in die Lage versetzt selbst darüber zu entscheiden, wie weit sie sich von der symbolischen Mitte dieser Verteilung wegbewegen. Anders als entsprechende Offline-Äquivalente bietet die Plattform allerdings auch verschiedene Social-Network-Funktionen an, die das Self-Monitoring zusätzlich in Beziehung zu anderen setzen

---

25 Populäre Beispiele sind *Mint* oder *Finanzblick*, die leicht erkennbar in der Tradition der analogen Haushaltsbuchführung stehen.

26 Verschiedene Technologien der Schlafanalyse basieren ebenfalls darauf, dass die Schlaf- und Wachzeiten über die passive Messung von Pulsfrequenz o.ä. hinaus aktiv eingegeben werden müssen, auch wenn sich dieser Anwendungsbereich von Vermessungstechnologien in den letzten Jahren rapide entwickelt hat und inzwischen eine Vielzahl verschiedener Sensoren in Matratzen, Uhren oder Armbändern oder audiovisuelle Überwachungssysteme die manuelle Eingabe ersetzen.

und es ermöglichen, die zahlenförmigen Repräsentationen des eigenen Körpers mit anderen Personen über verschiedene Sharing-Funktionen zu teilen. Aktuelles Gewicht und der zugehörige Ernährungsplan können z.B. bei Facebook gepostet und dort den – durch massenmediale Formate inzwischen über Jahrzehnte eingeübten Umgangsformen mit normalisierender Statistik entsprechend – motivierend oder sanktionierend diskutiert werden. Dabei lässt sich feststellen, dass der Diskurs im Zusammenhang mit solchen Technologien nun allerdings deutlich näher an den Daten stattfindet, die auch ein viel umfangreicheres und strukturierteres Vergleichsfeld aufspannen, als es etwa die konventionelle Badezimmerwage[27] ermöglichte.

Ein weiteres Beispiel für diese Form von Vermessungsverfahren stellt die mit der Gendatenbank *23andMe* kooperierende Plattform *Curetogether* dar, die darauf beruht, konventionelle und traditionalisierte Normalisierungsverfahren des Medizinsystems durch den unmittelbaren Vergleich von individuellen Angaben zu Krankheitssymptomen, medizinischer Behandlung sowie zur Wirkungen und Nebenwirkungen vorwegzunehmen. Hierzu bietet das Portal die Möglichkeit Kategorien (z.B. Krankheitssymptome) mit standardisierten Skalierungen (z.B. für die Intensität von Symptomen oder ihrer Linderung) zu erstellen, die von anderen NutzerInnen für ihre Angaben übernommen oder um weitere Kategorien ergänzt werden können. Anhand von Balkendiagrammen und visuellen Veranschaulichungen der durchschnittlichen Verteilungen soll das System auf diesem Weg numerische Foren für einen globalen Erfahrungsaustausch mit verschiedenen Krankheitsbildern liefern, die unabhängig von ExpertInnen der Medizin oder der Pharmazie funktionieren. Auch bei diesem Beispiel wird sehr deutlich, dass neuartige Selbstvermessungsportale dieser Art weiterhin stark auf Vergleichen in Form von Durchschnitten beruhen und sich der emanzipatorische Subtext dieser Portale vor allem gegen die institutionelle Erzeugung und Verwaltung von numerischen Vergleichen richtet. Normalisierende Vergleichsmaße selbst werden nicht kritisiert, vielmehr wird ihre Dezentralisierung angestrebt.

---

27 Obgleich auch viele Personenwaagen inzwischen via Wi-Fi an Smartphone und PC angeschlossen werden können und neben Gewicht und Körperfettanteil zusätzlich die Herzfrequenz sowie die Raumluft messen: „Smart Body Analyzer – Die ultimative Waage zur Überwachung Ihrer Gesundheit […] Sie erhalten absolut präzise Gewichts- und Körperfett-Messungen sowie Ihren Body Mass Index (BMI). Ihre Messdaten werden dann automatisch in intuitiv verständliche Grafiken umgesetzt, die sofort für Sie zur Verfügung stehen." Quelle: http://www.withings.com/de/smart-body-analyzer.html. Zugegriffen: 11. Dez 2014.

3.2 Feld 2x1 – Passive, zentrale Vermessung bei visueller Repräsentation der Ergebnisse

Neben derartigen Portalen, die sich selbst in die Tradition community-basierter Emanzipationsdiskurse stellen, sind an der Popularisierung von Vermessungsverfahren und entsprechender Gadgets nicht zuletzt auch die reichweitenstarken Marketingkampagnen großer Unternehmen beteiligt. Auch in diesem Bereich ist deutlich feststellbar, dass einige der Technologien ihre Attraktivität vor allem durch die zusätzliche Bereitstellung von numerischen Vergleichsmöglichkeiten gewinnen, die sie von mechanischen Vorgängern wie den klassischen Pedometern unterscheiden. Die Tracking-Tools der *Nike+*-Serie etwa rechnen jedwede Form von Aktivität in sogenanntes *Fuel* um, was eine Art Einheitswährung für körperliche Leistung im Allgemeinen darstellt, deren Kurswert sich erst im nutzerInnenübergreifenden Zusammenhang bemessen lässt und das BesitzerInnen der entsprechenden Gadgets in ein vereinheitlichtes Wettkampfverhältnis verschaltet.

> „NikeFuel turns Life into a Sport. […]. NikeFuel measures your whole body movement focusing only on the energy required to do an activity. […] The power of NikeFuel is not just in what it measures, but also in what it enables. Connect you with other athletes, compete, compare and get rewarded for your movement."[28]

Die zugrundeliegenden Algorithmen annullieren dabei zunächst unterschiedliche Erhebungskategorien wie Körpergröße, Gewicht, Alter, Geschlecht oder eben die konkrete Form der Aktivität und setzen hierdurch auf die Herausbildung einer möglichst konturarmen Verteilungshomogenität, die nur bei Bedarf, z.B. für exemplarische Community-Events, in Form anschaulicher Auswertungen von Nutzungstrends nach Regionen oder in binäre Geschlechterkategorien differenziert wird. Wie viele andere Self-Tracking-Tools basiert das System auf der Ermöglichung verschiedener numerischer Beobachtungs- und Selbstbeobachtungsformen, die analoge Möglichkeiten der Selbst- und Fremdbeobachtung aufgreifen, irritieren und überschreiten. So bietet die Umrechnung von Aktivitäten in *Fuel* beispielsweise die Möglichkeit die körperlichen Leistungen einzelner zunächst in numerischer Form aus dem kooperativen Leistungszusammenhang einer Teamsportart herauszulösen und unabhängig von anderen Aspekten des Zusammenspiels in Form isolierter Aktivitätspunkte auf den individuellen Konten der NutzerInnen/SportlerInnen zu sammeln. Dabei stellt das Tools allerdings die einzelnen Individuen anschließend wieder in kompetitive Vergleichszusammenhänge, wie

---

28 Quelle: http://www.nike.com/de/de_de/c/nikeplus-fuelband. Zugegriffen: 11. Dez 2014.

z.B. die klassischen Rankings der *Nike+-Leaderboards*, indem es den Spielverlauf in Form individueller Aktivitätsskalen resümiert. Vergleichbar mit den Werten aus Diät- oder Ernährungs-Apps lässt sich zudem auch das *Fuel* über Social-Network-Funktionen vergleichen und kommentieren. So wird die etwa 300.000 Mitglieder zählende *Facebook*-Community des Anbieters regelmäßig zur Veröffentlichung ihrer Highscores aufgefordert. Diese Aufforderungen beziehen sich dabei nicht nur auf Scores, die im Zusammenhang mit Leistungs- oder Teamsportaktivitäten entstanden sind, sondern versuchen im Gegenteil jede Form von Aktivität in einem leistungs- und wettbewerbsfokussierten Sportbegriff zu inkludieren -"NikeFuel turns Life into a sport."[29]

3.3 Feld 2x2 – Passive, zentrale Vermessung als Auslöser kausaler Ereignisse

Mit den sog. „Social Scoring"-Verfahren, mit denen sich unter Internetbedingungen ehemals verdeckte Kreditwürdigkeitsprüfungen oder die Erstellung von Versicherungstarifen zu partizipativen Modellen des risikofokussierten Self-Rankings entwickeln, lässt sich ein weiterer Bereich aufzeigen, in dem sich die Logik des kompetitiven Vergleichs in ähnlicher Weise fortsetzt. Das Maß an Zahlen und Tabellen, mit denen die durch die NutzerInnen eingespeisten Informationen hier zurückgespiegelt werden, mag im direkten Vergleich mit dem bunten Strauß an Kurven und Diagrammen, den die meisten Activity-Tracker inzwischen bieten, weit geringer ausfallen. Jedoch installieren auch solche Dienste in ähnlicher Weise auf Freiwilligkeit basierende Kausalsysteme, die ein direktes Beobachten und Antizipieren der positiven und negativen Effekte des eigenen Verhaltens innerhalb eines definierten Regelkanons ermöglichen. „Social Scoring"-Dienste wie *Kreditech* oder *TrustCloud* nutzen dazu die verfügbaren Daten über Mail-, *Facebook*-, *Twitter*- und *Ebay*-Accounts[30] der NutzerInnen, um anhand standardisierter Parameter spezielle Werte für die Einschätzung von Vertrauenswürdigkeit bzw. Zahlungsbereitschaft etc. zu bestimmen. Die so errechneten Scores sollen im Bereich

---

29   Quelle: http://www.nike.com/de/de_de/c/nikeplus-fuelband. Zugegriffen: 11. Dez 2014.

30   „Based on 20,000 dynamic data points, the unique technology is capable of scoring everyone worldwide, including the 4bn individuals without credit score." Quelle: http://www.kreditech.com/. Zugegriffen: 11. Dez 2014.

der „Sharing-Economy"[31] oder bei der Vergabe von Kleinstkrediten einen formalisierten Echtheitsbeweis einer Person samt Einschätzung über ihre Vertrauenswürdigkeit ermöglichen. Gut gepflegte Kontakte auf *Facebook* wirken sich dabei vertrauensfördernd, kurzweilige Kontakte und neu angelegte Mailaccounts dagegen vertrauensmindernd aus. Auch ein solches Portal ist also in starkem Maße eine Technologie der Reflexion, Relationierung und Orientierung, die es ermöglicht im Zuge der vergleichenden Einordnung in einen Gesamtzusammenhang ein funktionales Selbstverständnis zu erzeugen, das dabei Wissensordnungen reproduziert, welche die NutzerInnen anleiten sich auf eine bestimmte Weise zu verstehen und bestimmte Routinen mehr zu pflegen als andere:

> „Trust is difficult to quantify – [...] These days, however, there's enough data generated from online activity to detect actual patterns of Trustworthy behavior." „[...] we detect behavior across social networks like Facebook, Twitter and LinkedIn. Our proprietary algorithms look for behaviors like responsiveness, consistency and longevity. In combination, these gestures speak volumes to how you behave online."[32]

Gegenwärtig ist in viel breiterem Maße zu verzeichnen, dass sich viele wohlfahrtsstaatliche Institutionen z.b. des Versicherungswesens aus klassischen Fürsorge oder Regulierungspositionen zurückziehen. Dazu gehören auch die mit diesem Bereich eng verbundenen Rating-Agenturen, Versicherungsunternehmen und anderweitig Rechtssicherheit herstellende Vertragsinstitutionen, die ihre Dienstleistungen inzwischen durch algorithmisierte Verfahren der (Selbst)Verdatung von Personen ergänzen oder ersetzen. Ganz allgemein ist anzunehmen, dass diese Entwicklung sicher auch damit zusammenhängt, dass vor dem Hintergrund der wachsenden Komplexität der internetgestützten Organisation von Sozial- und Handelsbeziehungen über nationale Rechtsräume hinweg, nach anderen Mechanismen gesucht wird, um die Einschätzung und Stabilisierung von Vertragsbeziehungen, bei möglichst geringem Kostenaufwand, zu gewährleisten. (Selbst)beobachtungstechnologien werden daher auch über die wachsende Sharing-Ökonomie hinaus bereits dazu verwendet um die PatientInnen und KlientInnen an der aktiven Anwendung von Kontrollmechanismen des Gesundheits- oder Versicherungswesens

---

31 Laut den Marktforschungen von Frost und Sullivan wird allein der Carsharing-Markt in Nord Amerika bis 2016 3.3 Milliarden USD betragen. Schätzungen der Autorin Rachel Botsman zur Folge, die als populäre Referenz zum Thema „Collaborative Consumption" gilt, könnte sich die „Sharing-Economy" Weltweit in den nächsten Jahren zu einem Markt im dreistelligen Milliardenbereich entwickeln. Quelle: http://www.fastcompany.com/1747551/sharing-economy, Zugegriffen: 11. Dez 2014.
32 Quelle: https://trustcloud.com/measure-trust, Zugegriffen: 02. Feb 2014.

im Sinne der zu Grunde liegenden Geschäftsmodelle zu beteiligen. *Pay-As-You-Drive* nennen sich partizipative und flexible Verfahren von Autoversicherungen (z.b. des US-Unternehmens *progressive insurance)*, die ihre selbstverdatenden Versicherten einerseits in bekannter Weise durch ihre Basisstatistiken normalisieren, darüber hinaus allerdings über die Korrelation von aufgezeichneter Bremshäufigkeit, Kilometerzahl und Fahrtzeit mit Kategorien wie Geschlecht, Alter und Autotyp einen personalisierten Real-Time-Versicherungstarif erzeugen, der sich je nach Fahrverhalten von Beitragsabbuchung zu Beitragsabbuchung verändern kann. Auch hierbei werden keine absoluten Werte für „gute" oder „schlechte" FahrerInnen festgelegt, sondern allein das Verhältnis zu anderen bestimmt wer „besser" oder „schlechter" fährt.

Eine solche Datenpraxis ähnelt damit durchaus noch zentralen Steuerungsmodellen von Versicherungen, die sich Statistiken sowohl verdanken als auch über sie legitimieren. Unterschiede bestehen aber darin, dass die Vermessenen sich an der Ermittlung des Risikos, das sie für ein Unternehmen bedeuten können, aktiv beteiligen und dieses Verdatungs- und Kalkulationssystem über die Möglichkeit Fortschritte und Rückschritte online zu beobachten hinaus, auf Selbststeuerungseffekte spekuliert. Auch hierbei setzen solche Tarife, an deren Etablierung in Europa vor allem im Rahmen von *Telematik* gearbeitet wird, auf kompetitive Vergleichsmöglichkeiten, die das Fahrverhalten von Freunden und Verwandten über virtuelle Auszeichnungen für den sichersten Fahrstil oder andere Gamification-Elemente vermittelt. Die Erhebung, Interpretation und Entscheidung der konventionell regulativen Datenpraxis,[33] so wie sie im Grunde bereits seit dem 19. Jahrhundert bekannt ist, wird durch derartige Verfahren damit zu einer algorithmischen Kausalkette aus Erhebung, Akkumulation und flexibler Durchschnittsberechnung verwoben, an deren Ende den überindividuell orientierungsfähigen TeilnehmerInnen die Informationen veranschaulicht werden, die sie benötigen, um sich selbst zu einem tarifkonformen Fahrstil zu erziehen.[34]

---

33 Für einen ausführlichen Einblick in die realitätsbildenden Eigenschaften datenbasierter Bevölkerungspolitik am aktuellen Beispiel der UK New Labour social policy initiatives siehe Ruppert (2012).
34 Siehe dazu auch das Konzept des „Technovehikels" nach Jürgen Link (1997, S. 25).

3.4 Feld 1x2 – Aktive, dezentrale Vermessung als Auslöser kausaler Ereignisse

Wie sich zeigt werden aber auch „unstrukturierte Daten"[35], die eine aktive Eingabe der Vermessen(d)en selbst erfordern, zunehmend in flexible Versicherungstarife oder Bonusprogramme integriert. Mit *Vitality* plant der Versicherungsdienstleister *Generali* zukünftig etwa ein Telemonitoring-Programm der südafrikanischen Versicherung *Discovery* in Europa zu etablieren, das über die Einhaltung von Vorsorgeterminen hinaus zurückgelegte Schritte dokumentiert und in das sich sportliche Aktivitäten und aufgenommene Kalorien zusätzlich eintragen lassen. Es ist derzeit noch wenig darüber bekannt, wie derartige Daten in den Versicherungen verarbeitet werden und mit welcher Kausalität sie Tarife und Bonusprämien etc. beeinflussen. Anzunehmen ist auch vielmehr, dass die Selbsteingaben derzeit eher dazu dienen sollen einen durch die *QS*-Szene popularisierten Nebeneffekt von Selbstvermessung für Unternehmenszwecke nutzbar zu machen: Die Erhöhung von Aufmerksamkeit für eine bestimmte Tätigkeit im Zuge ihrer Dokumentation.

„Wir beeinflussen das Verhalten unserer Kunden, [denn] gesündere Kunden sind besser für uns." Mario Greco – Chef des Generali-Konzerns[36]

„The healthier your lifestyle the bigger the rewards!" IHS/Discovery[37]

Damit ist allerdings nicht gesagt, dass sich die Validität von subjektiven Selbsteinschätzungen oder ganz allgemein von „unstrukturierten Daten" zukünftig nicht durch die Verschaltung verschiedener Datenquellen, Vergleichs- und Analyseverfahren besser bemessen lässt. Es sei diesbezüglich nur an die potentielle Kombinierbarkeit sensorischer Körperdatenerhebung, eigener Eingaben zu Ernährungs-

---

35 Der Dienst IFTTT (*If This Then That*) bietet NutzerInnen zudem die Möglichkeit selbst spezifische Ereignisse zu bestimmen, die dann als Auslöser kausaler Ereignisse dienen. Dies können auch „unstrukturierte Daten" sein. Geräte wie z.B. die *Smart Body Analyzer* Waage von Withings bieten hier standardmäßig eine entsprechende Implementation an: „Richten Sie mit IFTTT automatisierte Abläufe nach dem Muster „If this then that" ein: so können Sie eine Aktion auslösen, wenn Sie sich wiegen oder ein Ziel realisiert haben, damit Sie Ihr Gewichtziel erreichen oder halten." Quellen: https://ifttt.com/wtf, http://www.withings.com/de/smart-body-analyzer.html. Zugegriffen: 11. Dez 2014.

36 Quelle: http://www.faz.net/aktuell/feuilleton/generali-app-preisnachlass-bei-zusenden-der-koerperdaten-13287991.html. Zugegriffen: 11. Dez 2014.

37 Quelle: http://www.lifestyle-benefits.co.za/get-discovery-vitality/. Zugegriffen: 11. Dez 2014.

gewohnheiten, allgemeiner Online-Aktivität, GPS-Daten und Informationen aus bargeldlosen Bezahlverfahren zu denken.

4 Fazit

Die auf der aktiven oder passiven Verdatung beruhenden Versicherungstarife mögen derzeit noch nicht allzu weit verbreitet sein und vor allem in Form von auf Freiwilligkeit beruhenden Pilotprojekten in Erscheinung treten, die im Allgemeinen noch weitaus zögerlicher verwendet werden, als viele Activity-Tracker. Dennoch ist nicht auszuschließen, dass *Telematik*-Tarife mit zunehmender Verbreitung durch die voranschreitende Etablierung von Selbstvermessungsverfahren im Gesundheitswesen ihre Bonus-Logik zukünftig umkehren.

Selbstvermessungspraktiken im Zusammenhang mit Versicherungsleistungen können über ihre Kopplung an flexible Tarife freiwillig bleiben und gleichzeitig bei Nichtnutzung zu monetären Nachteilen führen oder auf andere Weise schleichenden Druck auf abweichende Lebensstile ausüben. Die Dezentralisierung von Sozial- und Gesundheitsstatistiken sowie von Risikobewertungen stellt sich vor diesem Hintergrund als ein Phänomen dar, das weit über die institutionalisierten Selbstvermessungs-Communities und technologieaffinen Subkulturen hinaus durch indirekte Effekte potentiell jeden Bereich der Gesellschaft erfassen kann.

Veranstaltungen wie das durch die *Robert Wood Johnson Foundation* und das *U.S. Department of Health and Human Services* geförderte *Quantified Self Public Health Symposium* im April 2014 oder ein entsprechender Schwerpunkt der *Industrial Users Conference* zu medizinischen Daten, personalisierter Medizin und Telematik während der *CeBit* 2014[38], sind deutliche Anzeichen dafür, dass sich die Interessensgebiete von SoftwareentwicklerInnen, Dienstleistungsunternehmen und sozialstaatlichen Institutionen laufend weiter im Feld der Selbstvermessung verzweigen und in zunehmendem Maße ein reziprokes Verstärkungsverhältnis ausbilden, in dem Impulse gesetzt, aufgegriffen oder unterminiert werden. Dabei ist deutlich beobachtbar, dass basale bevölkerungspolitische Prämissen bis in diesen Diskurs hineinreichen und Begriffe wie Gesundheit und Leistung weit über den institutionalisierten Bereich des Gesundheitswesens hinaus zu bestimmenden

---

38 Titel ausgewählter Vorträge und Diskussionen der Konferenz: „Paneldiskussion: Mehrwert durch Daten. Das wirtschaftliche und medizinische Potential von Healthcare", „Herausforderungen des Big Data Processing in der personalisierten Medizin", „Telematikinfrastruktur und Big Data" sowie „Healthcare Big Data in der Praxis: Welchen Nutzen können Teilnehmer im Gesundheitswesen generieren?"

Konzepten für die Entwicklung von numerischen Selbstbeobachtungsverfahren im Allgemeinen werden.

Kompetitive Vergleichszusammenhänge im Fitnessbereich, die Integration von Selbstvermessungs-Apps in die Tarifberechnung von Krankenkassen oder Autoversicherungen, partizipative Selbst-Therapie-Portale oder verschiedene Varianten des Social-Scoring können entsprechend als Eruptionen der klassischen sozialstaatlichen Steuerungsbeziehungen im Zuge der Dezentralisierung von Datenerhebungsinstrumenten angesehen werden, welche historisch auf der sich fortsetzenden Eigenlogik von Sozialstatistiken begründet ist.

Literatur

Andrejevic, M. (2011). The Work That affective economics does. *Cultural Studies, 25*(4–5), 604–620. doi:10.1080/09502386.2011.600551.

Bohn, C. (2003). Mediatisierte Normalität: Normalität und Abweichung systemtheoretisch betrachtet. In J. Link, T. Loer & H. Neuendorff (Hrsg.), *„Normalität" im Diskursnetz soziologischer Begriffe* (S. 39–50). Heidelberg: Synchron.

Bowker, G., & Star, S. L. (2000). *Sorting things out: classification and its consequences*. Cambridge: MIT Press.

Cruikshank, B. (1996). Revolutions Within: Self-Government and Self-Esteem. In A. Barry, T. Osborne & N. Rose (Hrsg.), *Foucault and Political Reason. Liberalism, Neo-Liberalism and Rationalities of Government* (S. 231–251). London: UCL Press.

Deflem, M. (1997). Surveillance and Criminal Statistics: Historical Foundations of Governmentality. *Studies in Law, Politics and Society, 17*, 149–184.

Degeling, M. (2014). Profiling, Prediction und Privatheit: Über das Verhältnis eines liberalen Privatheitbegriffs zu neueren Techniken der Verhaltensvorhersage. In S. Garnett, S. Halft, M. Herz & J. M. Mönig (Hrsg.), *Medien und Privatheit, Medien, Texte, Semiotik* (S. 69–92). Passau: Verlag Karl Stutz.

Desrosières, A. (2005). *Die Politik der großen Zahlen. Eine Geschichte der statistischen Denkweise*. Berlin: Springer.

Espeland, W. N., & Stevens, M. L. (2008). A Sociology of Quantification. *European Journal of Sociology, 49*(3), 401–436. doi:10.1017/S0003975609000150.

Foucault, M. (1981[1969]). *Archäologie des Wissens*. Frankfurt a.M.: Suhrkamp.

Foucault, M. (1983). *Der Wille zum Wissen. Sexualität und Wahrheit I*. Frankfurt a.M.: Suhrkamp.

Foucault, M. (2000). Die Gouvernementalität. In U. Bröckling, S. Krasmann & T. Lemke (Hrsg.), *Gouvernementalität der Gegenwart* (S. 41–67). Frankfurt a.M.: Suhrkamp.

Foucault, M. (2001[1969]). „Wer sind Sie Professor Foucault?", Gespräch mit P. Caruso. In D. Defert & F. Lagrange (Hrsg.), *Dits et Ecrits. Schriften 1, 1954–1969* (S. 770–793). Frankfurt a.M.: Suhrkamp.

Foucault, M., & Ott, M. (2001). *In Verteidigung der Gesellschaft. Vorlesungen am Collège de France (1975–1976)*. Frankfurt a.M.: Suhrkamp.

Foucault, M. (2004a). *Sicherheit, Territorium, Bevölkerung. Geschichte der Gouvernementalität I: Vorlesungen am Collège de France 1978/1979*. Frankfurt a.M.: Suhrkamp.
Foucault, M. (2004b). *Die Geburt der Biopolitik. Geschichte der Gouvernementalität II: Vorlesungen am Collège de France 1978/1979*. Frankfurt a.M.: Suhrkamp.
Gehring, P. (2009). Adolphe Quetelet: Sprache und Wirklichkeitsmacht der Bevölkerungsstatistik. In A. Schwarz & A. Nordmann (Hrsg.), *Das bunte Gewand der Theorie. Vierzehn Begegnungen mit philosophierenden Forschern* (S. 96–113). Freiburg i.Br.: Alber.
Gerlitz, C. (2011). Die Like-Economy. Digitaler Raum, Daten und Wertschöpfung. In O. Leistert & T. Röhle (Hrsg.), *Generation Facebook. Über das Leben im Social Net* (S. 101–122). Bielefeld: transcript.
Gould, S. J., & Seib, G. (1983). *Der falsch vermessene Mensch*. Basel: Birkhäuser Verlag.
Hacking, I. (1965). *Logic of statistical inference*. Cambridge: Cambridge University Press.
Hacking, I. (1982). Biopower And The Avalance Of Printed Numbers. *Humanities in Society, 5*(3/4), 279–295.
Heintz, B. (2007). Zahlen, Wissen, Objektivität: Wissenschaftssoziologische Perspektiven. In A. Mennicken & H. Vollmer (Hrsg.), *Zahlenwerk. Kalkulation, Organisation und Gesellschaft* (S. 65–87). Wiesbaden: VS-Verlag.
Heintz, B. (2010). Welterzeugung durch Zahlen. Modell politischer Differenzierung in internationalen Statistiken 1928–2010. *Soziale Systeme, 18*(1/2), 7–39.
Kaulbach, F. (1971). „Aggregat". In J. Ritter & K. Gründer (Hrsg.), *Historisches Wörterbuch der Philosophie, Bd. 1* (S. 102). Basel: Schwabe.
Kreissl, R. (2011). Gouverning by Numbers. In D. Bonß, W. A. T. Bader, F. Pichlbauer, M. Vogl & D. Fischer (Hrsg.), *Uneindeutigkeit als Herausforderung. Risikokalkulation, Amtliche Statistik und die Modellierung des Sozialen*. Neubiberg: Universität der Bundeswehr.
Köhler, B. (2008). Amtliche Statistik, Sichtbarkeit und die Herstellung von Verfügbarkeit. *Berliner Journal für Soziologie, 18*(1), 73–98. doi:10.1007/s11609-008-0005-8.
Latour, B. (2009). Die Logistik der immutable mobiles. In J. Döring & T. Thielmann (Hrsg.), *Mediengeographie. Theorie-Analyse-Diskussion* (S. 67–110). Bielefeld: transcript.
Lemke, T. (2000). Neoliberalismus, Staat und Selbsttechnologien: ein kritischer Überblick über die governmentality studies. *Politische Vierteljahresschrift: Zeitschrift der Deutschen Vereinigung für Politische Wissenschaft, Politische Vierteljahresschrift: Zeitschrift der Deutschen Vereinigung für Politische Wissenschaft, 41*(1), 31–47.
Lemke, T. (2003). Gesunde Körper – kranke Gesellschaft? Medizin im Zeitalter der Biopolitik. *Zeitschrift für Biopolitik, 2*(2), 67–71.
Link, J. (1997). *Versuch über den Normalismus. Wie Normalität produziert wird*. Opladen: Westdeutscher Verlag.
Link, J. (1999). Wie das Kügelchen fällt und das Auto rollt. Zum Anteil des Normalismus an der Identitätsproblematik in der Moderne. In H. Willems & A. Hahn (Hrsg.), *Identität und Moderne* (S. 164–179). Frankfurt a.M.: Suhrkamp.
Link, J. (2004). The Normalistic Subject and its Curves: On the Symbolic Visualization of Orienteering Date. *Cultural Critique, 57*, 47–67.
Millington, B. (2012). Amusing Ourselves to Life: Fitness Consumerism and the Birth of Bio-Games. *Journal of Sport & Social Issues, 38*, 491–508. doi:10.1177/0193723512458932.
Muhle, M. (2008). *Eine Genealogie der Biopolitik. Zum Begriff des Lebens bei Foucault und Canguilhem*. Bielefeld: transcript.

Mämecke, T., & Wehner, J. (2013). „Staatistik" – Zur Vermessung politischer Beteiligung. In K. Voss (Hrsg.), *Internet & Partizipation – Bottom-up oder Top-down? Politische Beteiligungsmöglichkeiten im Internet* (S. 311–322).Wiesbaden: VS-Verlag.

Pongratz, L. A. (2013). Selbst-Technologien und Kontrollgesellschaft. Gouvernementale Praktiken in Pädagogischen Feldern. In H. Bublitz, I. Kaldrack, T. Röhle & M. Zeman (Hrsg.), *Automatismen – Selbst-Technologien* (S. 221–235). München: Fink.

Ruppert, E. (2012). The Governmental Topologies of Database Devices. *Theory, Culture & Society, 29*(4–5), 116–136. doi:10.1177/0263276412439428.

Röhle, T. (2015). „Ad gregem agere" – Digitales Mapping zwischen Akkumulation und Aggregation. In T. Mämecke, J.-H. Passoth & J. Wehner (Hrsg.), *Bedeutende Daten (Arbeitstitel)*. Wiesbaden: VS-Verlag.

Suchman, L. (1994). Do categories have politics? *Computer Supported Cooperative Work, 2*(3), 177–190. doi:10.1007/BF00749015.

Thomas, W. I. (1928). *The Child in America: Behavior Problems and Programs*. New York: Alfred A. Knopf.

Weber, J. (2015). Pleasing Little Sister. Big Data und Social Media Surveillance. In T. Mämecke, J.-H. Passoth & J. Wehner (Hrsg.), *Bedeutende Daten (Arbeitstitel)*. Wiesbaden: VS-Verlag.

Zimmermann, B. (2006). *Arbeitslosigkeit in Deutschland. Zur Entstehung einer sozialen Kategorie*. Frankfurt a.M.: Campus.

Mood Tracking:
Zur digitalen Selbstvermessung der Gefühle

Sarah Miriam Pritz

1 Einleitung

Self Knowledge Through Numbers – unter diesem Motto wird in der *Quantified Self*-Bewegung *(QS)* nichts weniger als modernes „Mensch-Sein" selbst zum Gegenstand von (Selbst-)Beobachtung und Quantifizierung. Über Methoden des sogenannten Self-Trackings werden verschiedenste körperbezogene Phänomene und Alltagspraxen auf messende und zählende Weise sichtbar gemacht: Fitnessverhalten, Ernährungsgewohnheiten, Schlafqualität, selbst so scheinbar „subjektive" Phänomene wie Stimmungen und Emotionen werden in statistische Daten transformiert. Es ist diese statistische und technisch-medial vermittelte Sicht *auf* und „Sichtbarkeit" *des* eigenen Körpers, die zu einem bewussteren, gesünderen und insgesamt glücklicheren Leben führen sollen.[1] Self-Tracking findet dabei nicht nur innerhalb der *QS*-Bewegung im engeren Sinn statt, d.h. nicht jede Person, die einen oder mehrere Lebensbereiche vermisst, ist zugleich aktiv in diese Bewegung involviert.

Bei näherer Betrachtung des Diskurses rund um *QS* und Self-Tracking fällt auf, dass dieser durch ein höchst paradoxes Verhältnis zu Gefühlen gekennzeichnet ist. Einer nahezu romantisch anmutenden Überhöhung von Gefühlen im Sinne von „Wohlfühlen" und „Glücklich-Sein" als ultimative Ziele der *QS*-Bewegung korre-

---

1 Durch Praktiken der digitalen Selbstvermessung werden aber nicht nur neue Sichten *auf* und „Sichtbarkeiten" *des* eigenen Körpers geschaffen, sondern auch neue Aspekte von Körper- und Leiblichkeit konstituiert.

spondiert eine skeptische, beinahe feindliche Haltung gegenüber dem „Fühlen" als Beurteilungsinstanz der eigenen Existenz. Einerseits sollen Glück und ein besseres bzw. verbessertes Leben am Ende eines auf Zahlen basierenden Selbsterkenntnisprozesses stehen: *QS* „can lead to greater happiness"[2], stellt beispielsweise ein Anhänger der Bewegung aus den USA überzeugt fest. Andererseits werden Gefühle im Rahmen von *QS* immer wieder als „Probleme" konstruiert. Schon in seinem als Gründungsmanifest gefeierten Artikel in der *New York Times* mit dem Titel *The Data-Driven Life* (2010) stellt Gary Wolf, der gemeinsam mit Kevin Kelly 2007 die *Website http://quantifiedself.com/*[3] als globale Vernetzungsplattform für Self-Tracker/-innen ins Leben gerufen hatte, als einen der zentralen menschlichen „Fehler" (*error*) fest: „We go with our gut" (a.a.O., S. 1) und weiter „If you want to replace the vagaries of intuition with something more reliable, you first need to gather data." (a.a.O.). Gefühle werden also als etwas thematisiert, das der Selbsterkenntnis im Alltag oft im Weg zu stehen scheint. Als einen der größten Vorteile von Tracking-Systemen führt Wolf folgerichtig an: „Electronic trackers have no feelings. They are emotionally neutral (…)." (a.a.O., S. 10).

Allerdings finden sich auch Stimmen, die gerade der Selbstvermessung der Gefühle zutrauen, Self-Tracking insgesamt revolutionieren zu können (u.a. Dembosky 2011; Tolentino 2013). Die Kontextualisierung von Daten aus anderen Lebensbereichen (z.B. Essgewohnheiten, Arbeitsverhalten etc.) mithilfe von Emotionsmesswerten könnte – so die Hoffnung – Aufschluss über charakteristische Verhaltensmuster geben und somit gezielt Verhaltensänderungen anleiten.

Im vorliegenden Beitrag wird der Fokus auf die Programme der Selbstvermessung gelegt, die *explizit* Gefühle adressieren und eine Antwort auf die Frage geben wollen, wie wir uns *fühlen*. Bevor allerdings das „Fenster" zum empirischen Feld in Abschnitt 3 vollends geöffnet wird, wird in Abschnitt 2 vorgeschlagen, Self-Tracking als spezifische Form selbstthematisierender Praxis zu begreifen. Ein derartiger heuristischer Zugriff erlaubt eine historische und soziologische Kontextualisierung von Self-Tracking im Allgemeinen und dem Tracking von Emotionen, Gefühlen, Stimmungen im Besonderen. In Abschnitt 3 werden die Verfahren und Strategien, in denen Emotionen im doppelten Wortsinn sowohl „zählen" als auch „zählbar" gemacht werden (*making emotions count*), analytisch rekonstruiert. Dabei führe ich eine Unterscheidung zwischen Programmen der *standardisierten Selbstbeobachtung und -protokollierung* und Programmen der *automatischen*

---

2 Interview von Leonieke Daalder mit Mark Leavitt auf der *Quantified Self. Europe Conference* in Amsterdam, 11.-12. Mai 2013, verfügbar als Video unter https://www.youtube.com/watch?v=xutYhWzJg_U. Zugegriffen: 05. Dez 2014.

3 http://quantifiedself.com/. Zugegriffen: 08. Dez 2014.

Emotionsauswertung ein. In Abschnitt 4 wird ein Bezug zu emotionssoziologischen Gegenwartsdiagnosen hergestellt, indem die Programme der emotionalen Selbstvermessung in Hinblick auf die ihnen zugrunde liegenden impliziten Emotionskonzepte reflektiert werden. Im Anschluss daran werde ich herausarbeiten, inwiefern die digitale Selbstvermessung der Gefühle dazu beiträgt, ein neues Verständnis von Emotionen hervorzubringen, das Gefühle unter dem Vorzeichen von Selbsterkenntnis, Selbstverwirklichung und Erfolg als willentlich wähl-, form- und optimierbar erscheinen lässt.

2 (Emotionale) Selbstvermessung als Praxis der Selbstthematisierung

Die verschiedenen Formen, in denen Subjekte sich zum Objekt ihrer selbst machen, hängen wesentlich von den „institutionellen Selbstthematisierungsmöglichkeiten ab, die in einer Gesellschaft zu Gebote stehen" (Hahn 1987, S. 11). „Menschen neigen nicht von Natur aus dazu, sich über ihr Leben Rechenschaft abzulegen" (a.a.O., S. 18). Soziale Institutionen der Selbstthematisierung (z.B. Beichte, Autobiographie, Tagebuch etc.) variieren nach spezifischen historischen wie kulturellen Bedingungen und den damit verbundenen Vorstellungen von Subjektivität und Identität. Das bedeutet, dass die Arten und Weisen, wie Menschen sich selbst und ihr Leben zum Thema machen, stets auf Deutungsmuster von Subjektivität und Identität bezogen sind, wie sie in einer bestimmten Gesellschaft zu einem bestimmten historischen Zeitpunkt verfügbar sind, diese aktualisieren, (re-)produzieren und gegebenenfalls modifizieren.

Die Subjektvorstellung, die im Self-Tracking ihren kontemporär vielleicht prägnantesten Ausdruck erfährt, ist jene des sich selbst regierenden, neoliberalen Subjekts.[4] Neoliberale Regierungsformen adressieren Individuen als Subjekte, die selbstverantwortlich und autonom handeln und rational entscheiden sollen: „The prudent subjects of neo-liberalism should practise and sustain their autonomy by assembling information, materials and practices together into a personalized strategy that identifies and minimizes their exposure to harm" (O'Malley 2000, S. 465). Self-Tracking lässt sich in diesem Sinne als genuin neoliberale Art des Risikomanagements und der Selbstführung interpretieren.[5] Über verschiedenste Tech-

---

4 Vgl. u.a. Burchill et al. 1991; Lemke 1997, 2000; Rose 1998, 1999a, 1999b; Bröckling et al. 2000; Dean 2010.

5 Vgl. auch den Beitrag von Christopher Stark über den neoliberalen Zeitgeist als Nährboden für die digitale Selbstvermessung in diesem Sammelband.

niken der Beobachtung, Messung und Auswertung personenbezogener Daten wird vom Subjekt versucht, einen (selbst-)verantwortlichen Lebensstil zu entwerfen, in dem möglichst viele Risiken minimiert erscheinen. Neoliberales Regieren ist allerdings auch wesentlich eine Regierungsform, die Subjekte als affektive, emotionale Wesen anspricht (u.a. Isin 2004); Individuen sollen lernen, ihre Emotionen und Gefühle sowie die anderer als „emotionales Kapital" zu begreifen.[6] Insofern ist es nicht überraschend, dass neben Gesundheit und Leistung vor allem Gefühle eine zentrale Beobachtungskategorie von Self-Tracking darstellen.

Im Vergleich zu anderen – sowohl historischen als auch kontemporären – Formen der Selbstthematisierung lässt sich Self-Tracking als eine *technisch-numerische Form der Selbstthematisierung* charakterisieren, die auf bestimmter Soft- und Hardware, statistischen Operationen, Algorithmen, visuellen Darstellungsformen wie Tabellen, Diagrammen und Verlaufskurven etc. beruht. Praktiken der Vermessung, wie sie sich in anderen Bereichen (z.B. Wissenschaft, Medizin, Sport, Wirtschaft) entwickelt haben, werden in den Kontext individueller Selbstthematisierung transferiert.

Die Art und Weise, wie Menschen auf sich selbst Bezug nehmen, hat historisch unterschiedliche Formen angenommen. So ist es beispielsweise nicht unerheblich, dass Selbstthematisierung als allgemein verbindliche Aufgabe im Rahmen der sozialen Institution der Beichte im Zusammenhang von Schuld und Geständnis institutionalisiert worden ist.[7] Dieser Konnex von „Prüfung, Schuld und Selbstkontrolle" (Duttweiler 2007, S. 153) hallt in gewisser Weise bis in heutige Formen der Selbstthematisierung nach: z.B. im Self-Tracking oder in der Vielzahl an kontemporären „Technologien des Selbst" (Foucault 1993), wie sie u.a. in der modernen Ratgeberliteratur popularisiert werden. Allerdings geht es dabei nicht mehr um die Sünde gegen Gott oder Mitmenschen, sondern vielmehr um die Sünde gegen sich selbst, sein Leben nicht selbstbestimmt und autonom zu gestalten (Duttweiler 2007, S. 153).

Noch zwei weitere Aspekte bzw. „Entwicklungsstationen" der Beichte als frühe soziale Institution der Selbstthematisierung sind insbesondere für das Verständnis der digitalen Selbstvermessung der Gefühle als selbstthematisierende Praxis von Bedeutung: zum einen die Schwerpunktverlagerung der Sündenanalyse von den äußeren Handlungen auf Intentionen und Motive im 12. Jahrhundert, die zu einer „Sozialisation von Empfindungen" (Hahn 2000, S. 200) und einer gesteigerten

---

6   Vgl. u.a. Hochschild 1998; Illouz 2006, 2008a; Neckel 2005, 2014.
7   Spätestens ab dem 4. Laterankonzil 1215 war die Beichte zumindest einmal jährlich für Christen vorgeschrieben und ein Verstoß gegen diese Vorschrift konnte schwere religiöse und weltliche Strafen nach sich ziehen (Hahn 1987, S. 18–22).

Empfindung der eigenen Subjektivität führte; zum anderen die Veralltäglichung und Systematisierung der Lebensbeobachtung und Lebensbeichte seit der Zeit der europäischen Reformation (z.b. in Form von Tagebüchern), die nicht nur den engen Zusammenhang von Selbsterforschung und Selbstkontrolle (mit-)begründeten, wie er sich beispielsweise auch im Self-Tracking findet, sondern auch zu einer allgemeinen „Verfeinerung der psychologischen Sensibilität" (a.a.O., S. 222) beitrugen, die ihren folgenreichen Reflex unter anderem in der Romanliteratur der Moderne fand:

> „Diese Darstellung und Zergliederung noch der alltäglichsten Empfindungen und Gefühle objektivieren und sozialisieren das Ich in vorher kaum gekannter Weise. (…) Vielmehr schaffen erst benennbare Differenzierungen der einzelnen Innenzustände, wie sie der moderne Roman herausarbeitet, jene subtile Landkarte für den Dschungel der Gemütslagen, die es erlaubt, sich in sich selbst zurechtzufinden, über das eigene Innere zu kommunizieren, es zu beeinflussen und es nach Vorbildern zu modeln." (a.a.O., S. 224).

Gerade der Aufstieg des Romans seit dem 18. Jahrhundert als einer „Gattung der Innerlichkeit" zu *dem* Genre der Moderne schlechthin ist mit der Entwicklung einer emotional-reflexiven Subjektivität in engem Zusammenhang zu denken, wie sie für moderne, westliche Gesellschaften charakteristisch ist.[8] „Emotions are held in high esteem these days and this can be observed in all spheres of society." (Becker 2009, S. 195).

Selbstthematisierung lenkt also seit ihrer frühen Institutionalisierung in der Praxis der Beichte die Aufmerksamkeit auf die Erforschung des eigenen Innenlebens, der eigenen Emotionen, Gefühle und Stimmungen. Eine Erforschung, die sich seither in Hinblick auf Kontext, Funktion, Form und Verbreitung ausdifferenziert, intensiviert[9] und gesellschaftlich verallgemeinert hat[10] sowie mit jeweils spezifischen Formen des Emotionsmanagements einhergeht. Dass sich in der digitalen Selbstvermessung der Gefühle die Hinwendung zu den eigenen Emotionen gerade über den (scheinbar) „rationalen" Zugriff technisch-numerischer Selbstthematisierung vollzieht, ist dabei weder ein Widerspruch noch ein historischer Zufall;

---

8 Vgl. u.a. Flam 1990, 2002, 2013; Hochschild 1983, 1989, 1997, 2003; Illouz 1997, 2006, 2008b; Neckel 2005, 2014.
9 Vgl. u.a. Burkart 2006a; Schroer 2006.
10 Es wird diskutiert, ob tatsächlich von einer allgemeinen Ausweitung und Veralltäglichung von Selbstthematisierung gesprochen werden kann oder ob sich diese Entwicklung nicht vielmehr auf bestimmte gesellschaftliche Milieus beschränkt (u.a. Burkart 2006a, 2006b).

vielmehr ist jene spezifische Kopplung von Rationalität und Emotionalität geradezu ein charakteristisches Merkmal der Kultur moderner, westlicher Gegenwartsgesellschaften – ein Zusammenhang, der in Abschnitt 4 näher aufgegriffen wird.

3   *Making emotions count*: Aktuelle Verfahren der digitalen Selbstvermessung der Gefühle

Wie werden Gefühle zum Gegenstand von Beobachtungs- und Messverfahren des Self-Trackings gemacht bzw. wie werden sie dadurch – in einem Foucault'schen Sinne – auch in einer bestimmten Form „produziert" und hervorgebracht? Welche Sichten *auf* und Sichtbarkeiten *von* Emotionen werden erzeugt und was bleibt dabei unsichtbar? Die Verwendungsweisen von Begriffen wie „Gefühle" (*feelings*), „Stimmungen" (*moods*), „Emotionen" (*emotions*) sind im Feld nicht klar ausdifferenziert. Diese und verwandte Begrifflichkeiten werden weitgehend synonym gebraucht, wobei als Überbegriff für die digitale Selbstvermessung der Gefühle häufig die Bezeichnung „Mood Tracking" auftaucht.[11]

Das Funktionsprinzip aktueller Verfahren der digitalen Selbstvermessung der Gefühle lässt sich in zwei Kategorien auffächern und reicht von Varianten der *standardisierten Selbstbeobachtung und -protokollierung von Emotionen* (Kategorie 1) bis hin zu Verfahren der *automatischen Emotionsauswertung* (Kategorie 2).

Bei der ersten Kategorie handelt es sich um Programme, welche die Beobachtung und Protokollierung von Emotionen in standardisierter Form anhand spezifischer Symbolsysteme (z.B. Skalen, Emoticons) und Programmeigenschaften anleiten. Programme der zweiten Kategorien versuchen, Emotionen – sozusagen ohne Umwege über jedwede Deutungs- und Interpretationsleistungen der sie empfindenden Person – „direkt" und automatisch auf der Basis der Messung und Verarbeitung bestimmter Parameter (z.B. Sprache, Gesichtsausdruck, körperliche Prozesse) auszuwerten.

Die historischen Vorläufer der ersten Kategorie emotionaler Selbstvermessungsverfahren sind beispielsweise im Tagebuch, der Autobiographie oder auch im Brief zu suchen. Selbstthematisierung vollzieht sich hier – im Unterschied zum Self-Tracking – noch ausschließlich im Medium der Schrift als einem zentralen Medium zur „Generierung moderner Individualität" (Bohn und Hahn 1999, S. 46). Authentizität hat im Rahmen dieser Textgattungen geradezu programmatischen Charakter. Allerdings haben sich auch und gerade für „authentisches Schreiben"

---

11   Eine Analyse von Emotionssemantiken, die auf die Rekonstruktion des Gebrauchs spezifischer Begrifflichkeiten zielt, steht noch aus.

spezifische zeit- und kulturgebundene Konventionen herausgebildet, gilt es doch, das Paradoxon einer „medial erzeugten Unmittelbarkeit" (a.a.O., S. 50) unsichtbar zu machen. Es lassen sich allerdings auch standardisierte Aufzeichnungsvorlagen wie beispielsweise das sogenannte „Glückstagebuch", das auf das „Rationalisierungsimperium" (Rieger 2002, S. 88) Gustav Großmanns zurückgeht, ausmachen. Psychometrische Testverfahren, wie sie in der Psychologie entwickelt werden (z.b. Eignungstests, Persönlichkeitstests, Intelligenz- bzw. Emotionale Intelligenztests etc.) oder in z.T. stark vereinfachter und popularisierter Form im Internet oder in Zeitschriften verfügbar sind, sind als dem Self-Tracking verwandte Praxis der Selbstthematisierung an der Schwelle zwischen erster und zweiter Kategorie zu verorten. Automatische Emotionsauswertung, auf deren Basis die zweite Kategorie emotionaler Selbstvermessungsverfahren operiert, ist ein relativ neues Phänomen, das hauptsächlich im Bereich der Neurowissenschaften erforscht und entwickelt wird.[12]

3.1 Standardisierte Selbstbeobachtung und -protokollierung von Emotionen

Die erste Kategorie emotionaler Selbstvermessungsverfahren funktioniert nach dem Prinzip der *standardisierten Selbstbeobachtung und -protokollierung*: Self-Tracker/-innen beobachten ihre Emotionen, machen sie „reflexiv", benennen und dokumentieren sie mittels spezieller Software auf ihrem Computer, Tablet oder Smartphone. Ergebnis dieser Art der Eigenprotokollierung ist ein mehr oder weniger differenzierter, aber immer bunt aufbereiteter statistischer Überblick über die eigene Gefühlswelt und Befindlichkeit in Form von Verlaufskurven und Häufigkeitsverteilungen.

„Fixiert" und „sichtbar gemacht" werden Gefühle dabei entweder mithilfe von *Skalen* (z.B. *Mappiness*[13] *T2 Mood Tracker*[14] *How Are You feeling?*[15], *Mood*

---

12 Eine systematische Spurensuche nach den historischen Vorläufern der digitalen Selbstvermessung der Gefühle und den Kontinuitäten und Brüchen dieser Geschichte würde sich zweifelsohne als lohnenswert erweisen, kann an dieser Stelle allerdings aus Platzgründen nicht geleistet werden.
13 http://www.mappiness.org.uk/. Zugegriffen: 10. Dez 2014.
14 https://play.google.com/store/apps/details?id=com.t2.vas&hl=de. Zugegriffen: 10. Dez 2014.
15 https://play.google.com/store/apps/details?id=com.readyrickshaw.hayf&hl=de. Zugegriffen: 10. Dez 2014.

24/7[16]) oder in der Form von *Emoticons* (z.B. *Mood Pulse*[17], *Mood O Scope*[18], *Mercury App*[19], *Mood Panda*[20]). In beiden Fällen kommt es also zu einem Prozess der Transferierung und „Übersetzung" von Emotionen in ein Symbolsystem.

Auffällig ist, dass bei den Programmen, die Skalen verwenden, entweder überhaupt nur positive Gefühle angeführt sind oder die positiven Gefühle konsequent das obere Ende der Skala bilden. So kann man beispielsweise mithilfe von *Mappiness*[21] – einer App, die gleichzeitig Teil eines Forschungsprojekt an der *London School of Economics* zum Zusammenhang von Wohlbefinden und Umgebung ist – auf einer Skala eintragen, wie „happy", „relaxed" und „awake" man sich fühlt. Der *T2 Mood Tracker*[22] – eine App, die von einer Einrichtung entwickelt wurde, die dem *US Department of Defense* zugeordnet ist – fordert dazu auf, sich beispielsweise zwischen „sad" und „happy" oder „worried" und „calm" zu verorten. Die App *How are you feeling?*[23] schließlich bietet lediglich die Möglichkeit, sein Befinden von „terrible" bis „great" zu beurteilen.

Anhand dessen wird nicht nur deutlich, wie emotionale Selbstvermessung Emotionen kategorial ordnet und einteilt – und damit auch *als* diese Kategorien hervorbringt –, sondern auch wie dieser Kategorisierung eine Hierarchie zwischen „positiv" und „negativ" bewerteten Gefühlen eingeschrieben ist. Außerdem manifestiert sich hier eine an Computerspiele erinnernde Steigerungslogik: Je höher der erreichte Wert, der „score" – und das heißt stets: je positiver die Gefühle –, desto besser. Mood Tracker funktionieren nach einer Teleologie des positiven Fühlens.

Derartige spielerische Logiken finden sich auf unterschiedliche, mehr oder minder explizite Weisen in zahlreichen Mood Tracking-Programmen (Whitson 2013). Schon die digitale Selbstvermessung der eigenen Gefühle in Form von bunten Emoticons weist Elemente des Spiels auf. Bei einer Vielzahl von Mood Trackern erfolgt die „Fixierung" und „Sichtbarmachung" von Gefühlen in Form von

---

16 https://www.mood247.com/home. Zugegriffen: 11. Dez 2014.
17 https://play.google.com/store/apps/details?id=moodpulse.com. Zugegriffen: 10. Dez 2014.
18 https://play.google.com/store/apps/details?id=com.xlabz.moodoscope. Zugegriffen: 11. Dez 2014.
19 https://www.mercuryapp.com/. Zugegriffen: 11. Dez 2014.
20 http://www.moodpanda.com/. Zugegriffen: 11. Dez 2014.
21 http://www.mappiness.org.uk/. Zugegriffen: 10. Dez 2014.
22 https://play.google.com/store/apps/details?id=com.t2.vas&hl=de. Zugegriffen: 10. Dez 2014.
23 https://play.google.com/store/apps/details?id=com.readyrickshaw.hayf&hl=de. Zugegriffen: 10. Dez 2014.

Emoticons, die lachen, sich freuen, weinen, müde sind, sich ärgern usw. (z.B. *Mood Pulse*[24], *Mood O Scope*[25], *Mercury App*[26], *Mood Panda*[27]). Damit wird einerseits an die weit verbreitete Praxis der digitalen Ver*körperung* von Emotionen durch Emoticons in der medialen Kommunikation angeknüpft. Andererseits geht damit ein sehr viel diskreteres Verständnis von Emotionen einher als dies beispielsweise durch die eben schon porträtierten Skalen suggeriert wird. Nutzer und Nutzerinnen müssen sich für bestimmte Emoticons und die durch sie verkörperten Emotionen entscheiden; graduelle Abstufungen sowie die Darstellung von Diffusitäten und Ambivalenzen in der emotionalen Empfindung, wie sie beispielsweise Skalen zumindest teilweise erlauben, sind hier nicht möglich.

Beide Varianten tragen dazu bei, emotionale Befindlichkeiten zu standardisieren und zu „vereindeutigen"; Emotionen werden in einer bestimmten, vom Programm vorgegebenen Form hervorgebracht und „festgeschrieben". Besonders eindrücklich wird dieser Prozess bei der Web-Applikation *Moodscope*[28], bei der jede mittels eines Online-Karten-Spiels auszuwählende und hinsichtlich ihres Ausprägungsgrads einzustufende Emotion mit einer „vereindeutigenden" Erklärung versehen ist. So wird beispielsweise „active" mit dem Zusatz „feeling full of energy" versehen, „inspired" mit „feeling the desire to do something" oder „ashamed" mit „feeling shame for doing something wrong or foolish". Das Programm leistet also eine Art „emotionale Erziehung" in Hinblick auf die Benennung und Differenzierung unterschiedlicher emotionaler Befindlichkeiten.

Auf Logiken des Spiels beruht auch die Funktionsweise zahlreicher Apps, die standardisierte Selbstprotokollierung von Emotionen nicht nur anleiten, sondern einen Raum des emotionalen Austauschs schaffen. Dieser emotionale Austausch kann zwischen User/-in und App, zwischen nominierten Freunden/-innen oder in einer größeren, meist anonymen Community erfolgen. „[I]t feels good to tell someone how you feel, even if that someone is your phone"[29], proklamiert die App *How are you feeling?*

---

24 https://play.google.com/store/apps/details?id=moodpulse.com. Zugegriffen: 10. Dez 2014.
25 https://play.google.com/store/apps/details?id=com.xlabz.moodoscope. Zugegriffen: 11. Dez 2014.
26 https://www.mercuryapp.com/. Zugegriffen: 11. Dez 2014.
27 http://www.moodpanda.com/. Zugegriffen: 11. Dez 2014.
28 https://www.moodscope.com/. Zugegriffen: 10. Dez 2014.
29 https://play.google.com/store/apps/details?id=com.readyrickshaw.hayf. Zugegriffen: 11. Dez 2014.

„Mechanische Empathie"[30], also ein emotionaler „Austausch" zwischen User/-in und App, wird in einer sehr eindrücklichen Variante beispielsweise von der App *Mood Pulse*[31] geboten: Jede via Emoticon protokollierte Emotion wird mit einem kurzen, automatisch aufblinkenden Text „belohnt". Dabei kann es sich um direkte Kommentare und Bewertungen der jeweiligen Befindlichkeit handeln (z.B. „Excellent!" als Lob für die Auswahl des „Happy"-Emoticons.), um humorvolle Ratschläge (z.B. „We must have a pie. Stress cannot exist in the presence of a pie." bei der Auswahl des „Stressed"-Emoticons), um direkte Aufforderungen und Trost (z.B. „Never, never, never give up!" bei der Auswahl des „Sad"-Emoticons), um Fragen (z.B. „What do you need to change it into a wonderful day?" bei der Auswahl des „Just ok"-Emoticons) oder allgemeine aphoristische Aussprüche (z.B. „To develop courage, you have to give up this illusion of future certainty." bei der Auswahl des „Just ok"-Emoticons).

Die Web-Applikation *Moodscope*[32] wirbt für eine Verbesserung der eigenen Stimmung „with a little help from your friends" und beruht im Kern darauf, dass der erzielte *score* beim schon erwähnten Online-Kartenspiels zur Feststellung der eigenen Befindlichkeit automatisch an vorher nominierte Freunde/-innen verschickt wird, die dann direkt darauf reagieren können. Hier wird also über einen Onlinedienst die Möglichkeit zum emotionalen Austausch zwischen ausgewählten Freunden/-innen geschaffen.

Beim Online-Programm plus dazugehöriger App *Mood Panda*[33] schließlich kann man nicht nur den emotionalen Status anderer Mitglieder mitverfolgen und kommentieren, sondern auch „Hugs" verteilen, um Trost zu spenden, teilnehmende Freude zu artikulieren etc. Interessant an dieser Applikation ist außerdem, dass die Verlaufskurve der eigenen Stimmung stets im Verhältnis zur sogenannten „Global Mood" erscheint. Ein Durchschnittswert – von dem unklar ist, wie er eigentlich zustande kommt[34] – fungiert hier also als eine Art „Normalitätsorientierung" und soll zum normalisierenden Vergleich anregen.

---

30 Dieser Begriff wird z.B. von Gary Wolf in seinem als Gründungsmanifest gefeierten Artikel in der *New York Times* mit dem Titel *The Data-Driven Life* verwendet (Wolf 2010, S. 10).
31 https://play.google.com/store/apps/details?id=moodpulse.com. Zugegriffen: 10. Dez 2014.
32 https://www.moodscope.com/. Zugegriffen: 10. Dez 2014.
33 http://www.moodpanda.com/. Zugegriffen: 11. Dez 2014.
34 Es ist unklar, wie diese „Global Mood" erhoben wird, ob sie z.B. auf Eingaben aller auf *Mood Panda* registrierten Mitglieder beruht oder ob dafür andere Daten herangezogen werden.

Während manche Programme dekontextualisiert nur auf die Beobachtung von Gefühlen fokussieren (z.b. *Mood Pulse*[35]), geht es vielen anderen explizit darum, deren Kontexte mit zu erheben – entweder unsystematisch in Form von freien Notizfeldern (z.B. *T2 Mood Tracker*[36], *Mood O Scope*[37], *Mood Panda*[38], *Moodscope*[39], *Mercury App*[40], *How are you feeling?*[41]) oder in Form von vordefinierten Variablen (z.b. „Personen", „Orte" oder „Tätigkeiten" als vordefinierte Variablen in der App *Mappiness*[42]) und ihren Korrelationen mit der jeweiligen Befindlichkeit.

Damit ist auch schon eines der wesentlichen Ziele dieser Art der Emotionsvermessung angesprochen: Ein zentrales Versprechen, das beinahe alle Programme geben, die auf dem Prinzip der standardisierten Selbstbeobachtung und -protokollierung beruhen, ist jenes, ein besseres Verständnis davon zu erlangen, was einen *wirklich* glücklich macht – und was nicht – und sein Leben danach gestalten und optimieren zu können.[43] Auf die Frage, warum er begonnen hätte, seine Stimmung zu tracken, antwortete beispielsweise ein Anhänger der *QS*-Bewegung aus den USA lapidar: „I wanted to be happier. (…) Who doesn't want to be happier? (…) So I started tracking my mood and trying to figure out what made me happy."[44] Die digitale Selbstvermessung der Gefühle weist sich hier als alltagspraktisches Kor-

---

35 https://play.google.com/store/apps/details?id=moodpulse.com. Zugegriffen: 10. Dez 2014.
36 https://play.google.com/store/apps/details?id=com.t2.vas&hl=de. Zugegriffen: 10. Dez 2014.
37 https://play.google.com/store/apps/details?id=com.xlabz.moodoscope. Zugegriffen: 11. Dez 2014.
38 http://www.moodpanda.com/. Zugegriffen: 11. Dez 2014.
39 https://www.moodscope.com/. Zugegriffen: 10. Dez 2014.
40 https://www.mercuryapp.com/. Zugegriffen: 11. Dez 2014.
41 https://play.google.com/store/apps/details?id=com.readyrickshaw.hayf&hl=de. Zugegriffen: 10. Dez 2014.
42 http://www.mappiness.org.uk/. Zugegriffen: 11. Dez 2014.
43 Z.B. *Mappiness* „(…) when, where and with whom you're happiest." (http://www.mappiness.org.uk/. Zugegriffen: 23. Jun 2014), *How Are You feeling?* „(…) keeping track of how you feel can give you insight into when and why you feel the way you do." (https://play.google.com/store/apps/details?id=com.readyrickshaw.hayf. Zugegriffen: 11. Dez 2014), *Mood O Scope* „Have you ever wondered if you are really happy with your life? Ever wondered what could be that one thing, place or person that made you the happiest? Have you ever wanted to measure the quality of your life?" (https://play.google.com/store/apps/details?id=com.xlabz.moodoscope. Zugegriffen: 13. Jun 2014)
44 Interview von Leonieke Daalder mit Daniel Gartenberg auf der *Quantified Self. Europe Conference* in Amsterdam, 11.-12.Mai 2013, verfügbar als Video unter https://www.youtube.com/watch?v=qmSTh3VwYqA. Zugegriffen: 11. Dez 2014.

relat der wissenschaftlichen „Glücksforschung" (*happiness studies*) aus, die seit den 1980er Jahren Charakteristik und Bedingungen der (subjektiven) Erfahrung von Glück erforscht (u.a. Bellebaum 2002); in beiden Fällen weiten sich kalkulative Praktiken der Zuweisung von Wert auf den bisher davon relativ unberührten Bereich des Glücks aus (Kappler und Vormbusch 2014). Self-Tracking scheint dabei durchaus als Reflexionsanlass gesehen bzw. als eine Art Reflexionsinstrument eingesetzt zu werden: „It helped me to reflect every day and to see, to hold on for a couple of seconds: How do I feel? What's happening right now?", schildert ein junger Mann seine Erfahrungen mit der Vermessung seiner Emotionen.[45]

Außerdem soll das Tracking der eigenen Emotionen, Gefühle und Stimmungen eine informierte Grundlage für das Treffen besserer Entscheidungen bereitstellen.[46] Emotionen werden als eine Art Identitätsstifter[47] und Glück als etwas, das individuell machbar ist,[48] behandelt. Die digitale Selbstvermessung der Gefühle soll aber nicht nur zu mehr Selbsterkenntnis und somit letztlich zu mehr Glück führen, sondern auch präventive und sogar kurative Funktionen zur Vorbeugung von und zur Unterstützung bei psychischen Erkrankungen übernehmen.[49]

---

[45] What I learned from Emotion Tracking – Benjamin Bolland – Quantified Self Meetup Berlin, http://vimeo.com/111370287. Zugegriffen: 22. Dez 2014.; Vgl. dazu auch: „(…) And the act of tracking yourself is a great way to self reflect, almost." (Interview von Leonieke Daalder mit Daniel Gartenberg auf der *Quantified Self. Europe Conference* in Amsterdam, 11.-12. Mai 2013, verfügbar als Video unter https://www.youtube.com/watch?v=qmSTh3VwYqA. Zugegriffen: 11. Dez 2014.)

[46] Z.B. *Mercury App* „(…) get data that can help you improve your life and make better decisions." (https://www.mercuryapp.com/. Zugegriffen: 19. Jun 2014).

[47] Z.B. *Mood O Scope* „By tracking all these moods (…) you can find out what sort of person you are." (https://play.google.com/store/apps/details?id=com.xlabz.moodoscope. Zugegriffen: 13. Jun 2014).

[48] Z.B. *Mood O Scope* „(…) because happiness is a decision and Mood O Scope helps you make that decision." (https://play.google.com/store/apps/details?id=com.xlabz.moodoscope. Zugegriffen: 13. Jun 2014); *Moodscope* „Lift your mood. 1. Clean your teeth, wash your face, measure your mood. A daily must-do. 2. Track your ups and downs on a graph to understand what gets to you. 3. Share your scores with trusted friends so they can support you. Everybody needs a buddy." (https://www.moodscope.com/. Zugegriffen: 19. Jun 2014).

[49] Z.B. *Moodscope* (https://www.moodscope.com/. Zugegriffen: 11. Dez 2014), *Mood 24/7* (https://www.mood247.com/home. Zugegriffen: 11. Dez 2014) etc.

3.2 Automatische Emotionsauswertung

Die zweite Kategorie emotionaler Selbstvermessungsverfahren funktioniert als *Black Box*.[50] Diese Web- und/oder Smartphone-Applikationen beanspruchen, mithilfe spezieller Sensoren und Analysesoftware, Emotionen aus einer externen Perspektive „objektiv" messbar machen zu können. Dabei fokussieren sie auf unterschiedliche Parameter: So gibt es beispielsweise Versuche, Emotionen über das Messen der Herzfrequenz auswerten zu können (Ivonin et al. 2013; ein portables Gerät zum individuellen Gebrauch: emWave2). Eine Reihe von Programmen konzentriert sich auf die Auswertung des Gesichtsausdrucks (z.B. *Emotient*[51], *Facereader*[52], *Affectiva – Affdex*[53], *Realeyes*[54]). Die Analyse geschriebener („Sentimentanalyse", z.B. *ContextSense*[55], *Streamcrab*[56]) und/oder gesprochener Sprache (z.B. *Beyond Verbal – Moodies*[57], *Precire*[58]) wiederum steht im Mittelpunkt von anderen Programmen. Auch die Auswertung der Verwendung des eigenen Smartphones (z.B. *Ginger.io*[59]) oder der Tastatureingabedynamik (Epp et al. 2011) gerät in den analysierenden Blick von Programmen der Emotionsvermessung. Außerdem existieren Technologien, die physiologische Signale nicht nur messen, sondern auch für andere sichtbar machen sollen („*Wearable Technology*"). Hier ist beispielsweise der *EEG Data Visualising Pendant*[60] zu nennen – ein „*Emotive*

---

50 Zwar funktionieren auch die Programme der ersten Kategorie emotionaler Selbstvermessungsverfahren (standardisierte Selbstbeobachtung und -protokollierung) prinzipiell als Black Box, allerdings operieren sie zumeist auf der Basis relativ einfacher und leicht nachvollziehbarer statistischer Anwendungen, weshalb der Begriff „Black Box" für Programme der automatischen Emotionsauswertung als zweite Kategorie emotionaler Selbstvermessungsverfahren passender erscheint.
51 http://www.emotient.com/. Zugegriffen: 11. Dez 2014; http://www.facereader-online.com/. Zugegriffen: 11. Dez 2014.
52 http://www.facereader-online.com/. Zugegriffen: 18. Dez 2014.
53 http://www.affectiva.com/. Zugegriffen: 04. Jun 2015
54 www.realeyes.me. Zugegriffen: 04. Jun 2015
55 http://wingify.com/contextsense/. Zugegriffen: 11. Dez 2014.
56 http://www.streamcrab.com/. Zugegriffen: 11. Dez 2014.
57 http://www.beyondverbal.com/. Zugegriffen: 11. Dez 2014.
58 http://www.psyware.de/de/sprachanalyse-mit-precire. Zugegriffen: 05. Jun 2015
59 https://ginger.io/. Zugegriffen: 11. Dez 2014.
60 http://rainycatz.wordpress.com/2013/05/27/eeg-data-visualising-pendant-wearable-technology-for-use-in-social-situations/. Zugegriffen: 12. Dez 2014; http://quantifiedself.com/?s=emotive+wearables&x=0&y=0. Zugegriffen: 12. Dez 2014.

Wearable", das Daten, die über die Messung von Hirnströmen generiert wurden,[61] via ein LED-System („*Light Emitting Diodes*") nach außen hin visualisiert und so Interpretationen der Umwelt beispielsweise über das Konzentrationslevel der User/-innen ermöglicht. Diese Technologie will die Schwierigkeit, Emotionen in sozialen Interaktionen allein über non-verbale Signale erkennen zu müssen, erleichtern.[62]

Die Ansprüche, Ziele und Versprechungen der genannten Technologien reichen sehr viel weiter als die der oben portraitierten digitalen Selbstbeobachtungs- und Selbstprotokollierungsinstrumente. So verkündet beispielsweise *Beyond Verbal*[63] – ein Programm zur Auswertung von Emotionen aus Merkmalen gesprochener Sprache – nichts weniger als seine Vision als „to introduce emotions' understanding into every aspect of our lives allowing you to gain a deeper hold of contact and meaning and accomplish more in practically everything you do."[64] Die ökonomische Verwertbarkeit solcher Programme erscheint grenzenlos und wird von den verschiedenen Anbietern[65] auch besonders hervorgehoben: Marketing, Dienstleistungen, Kommunikation, ja selbst so etwas wie die Anbahnung romantischer Beziehungen könnten mithilfe von automatischer Emotionsauswertung potentiell optimiert werden.

Im Zusammenhang mit Verfahren der automatischen Emotionsauswertung wird deutlich, dass es nicht mehr nur allein um die Selbstvermessung der eigenen Gefühle als selbstthematisierende Praxis, sondern auch um die Vermessung der Gefühle *anderer* geht. Laut einer Studie von Wolfie Christl (2014, S. 27) sind solche Analysetechnologien im reinen Online-Sektor, und hier vor allem im Bereich der Werbung am weitesten fortgeschritten und entwickelt. So haben einige Unternehmen bereits auf Emotionsauswertung basierende Werbeinstrumente entwickelt, mit denen sie beispielsweise Emotionen von Personen beim Betrachten

---

61 Die Messung der Hirnströme funktioniert über EEG (Elektroenzephalografie) mit dem NeuroSky MindWave Mobile headset (http://store.neurosky.com/products/mindwave-mobile. Zugegriffen: 12. Dez 2014).
62 http://rainycatz.wordpress.com/2013/05/27/eeg-data-visualising-pendant-wearable-technology-for-use-in-social-situations/. Zugegriffen: 12. Dez 2014.
63 http://www.beyondverbal.com/. Zugegriffen: 11. Dez 2014.
64 Vgl. Werbevideo von *Beyond Verbal*: https://www.youtube.com/watch?feature=player_embedded&v=t75uUoY4zdI. Zugegriffen: 11. Dez 2014.
65 An dieser Stelle sei darauf hingewiesen, dass u.a. der Anglozentrismus der meisten Programme eine Genealogie der Programme der Emotionsvermessung als höchst notwendig erscheinen lässt.

von Online-Werbevideos messen (z.B. *Ebuzzing*[66]) bzw. die es ermöglichen, in besonders „sensiblen" Augenblicken personalisierte Werbeangebote zu schalten (z.B. *Emotional Targeting* von *MediaBrix*[67], *Targeting Advertisments Based on Emotion* von *Microsoft*[68], *Apparatus and method for sharing user's emotion* von Samsung[69]).

Gemeinsam ist all diesen Programmen der digitalen (Selbst-)Vermessung der Gefühle, die auf der Grundlage automatischer Emotionsauswertung prozessieren, dass sie sich als eine Art *Black Box* präsentieren, ihren Fokus also klar auf *Input* – eben z.B. Sprache, Mimik oder körperliche Prozesse – und *Output* – die daraus „extrahierten" Emotionen – legen, während die interne Funktionslogik für die Nutzer und Nutzerinnen dunkel bleibt. Mit Bruno Latour lässt sich dieser Prozess des *„Black Boxing"* als das „Unsichtbarmachen wissenschaftlicher und technischer Arbeit durch ihren eigenen Erfolg" (Latour 2002, S. 373) bezeichnen.

Diese Programme funktionieren allerdings nicht nur als *Black Box*, sondern leiten auch selbst eine spezifische Art des *„Black Boxing"* ein – nämlich das *Black Boxing* der eigenen Gefühle. *Cyborg*-Fantasien (Gray 1995) werden wach, wenn man sich vor Augen führt, wie sich hier Technologien an die Stelle der eigenleiblichen Empfindung setzen. So verfolgt beispielsweise *Ginger.io*[70] – ein Programm, das über die automatische Analyse der Verwendungsweise des eigenen Smartphones funktioniert – die Idee „to help you learn what your body is trying to say"[71]. „When something seems off"[72], erhält man selbst und auch Familienmitglieder, Freunde/-innen oder sogar behandelnde Ärzte/innen einen Alarm. Das

---

66 http://www.ebuzzing.com/de/insight-and-research/buzzindex/. Zugegriffen: 11. Dez 2014.
67 MediaBrix (2013): The MediaBrix Social and Mobile Gaming Report. Q3–4 2013. http://www.mediabrix.com/wp-content/uploads/2014/03/MediaBrix_Report_Q3-4_2013_FINAL.pdf. Zugegriffen: 11. Dez 2014.
68 Microsoft Corporation (2012): Targeting Advertisements Based on Emotion, US 20120143693 A1. http://www.google.com/patents/US20120143693. Zugegriffen: 11. Dez 2014.
69 Samsung Electronics Co., Ltd. (2013): Apparatus and method for sharing user's emotion. US 20130144937 A1. http://www.google.com/patents/US20130144937. Zugegriffen: 11. Dez 2014.
70 https://ginger.io/. Zugegriffen: 11. Dez 2014.
71 Vgl. Werbevideo von *Ginger.io*: http://vimeo.com/73484315. Zugegriffen: 24. Jun 2014.
72 Vgl. Werbevideo von *Ginger.io*: http://vimeo.com/73484315. Zugegriffen: 24. Jun 2014.

eigene Smartphone scheint also ungleich besser zu wissen als man selbst, wie man sich fühlt und was zu tun ist.

3.3 Das Verhältnis von „Körper" und „Leib" im Kontext der digitalen Selbstvermessung der Gefühle

Bei dem hier zugrunde liegenden Prozess der Substitution des eigenleiblichen Spürens und Fühlens durch Daten handelt es sich um einen, der für das gesamte Projekt des *QS* charakteristisch ist. In Anlehnung an die Leib-/Körper-Unterscheidung hat Paula-Irene Villa von einer „Leibvergessenheit" und „Körperbesessenheit" (Villa 2012, S. 16) im Zusammenhang mit der Vermessung des Selbst gesprochen. Die Unterscheidung zwischen Leib und Körper geht im Wesentlichen auf die philosophische Anthropologie Helmuth Plessners (u.a. Plessner 1975; Plessner et al. 1995) und die Leibphänomenologie (u.a. Merleau-Ponty 1966; Schmitz 1964-1980, 1985) zurück. Diese analytische Trennung geht – allgemein gesprochen – davon aus, dass Menschen „nicht nur einen Körper [haben], den sie gewissermaßen besitzen und über den sie verfügen. Menschen sind zudem ein Leib" (Villa 2008, S. 201). Mit dem Begriff des Körpers wird die Dimension des Körper-Habens gefasst, „d.h. unsere Fähigkeit, mit unserem Körper wie mit einem Gegenstand instrumentell zu handeln: uns also von ihm ein Stück weit distanzieren zu können, über ihn nachzudenken und ihn zu beeinflussen" (a.a.O.). Der Begriff des Leibs hingegen bezeichnet „das unmittelbare, nicht-relativierbare innere Erleben" (a.a.O.), die subjektive Wahrnehmung und Erfahrung aus der Perspektive der 1. Person. Körper-Haben und Körper-Sein sind dabei untrennbar miteinander verbunden, bedingen sich gegenseitig und sind historisch und kulturell variabel (Gugutzer 2004, S. 146); eine vorgesellschaftliche Erfahrung des Leibes gibt es nicht (Lindemann 1996).

In Bezug auf Self-Tracking kann allgemein von einer Fokussierung auf die Dimension des Körper-Habens gesprochen werden, also eine Konzentration auf jene körperliche Aspekte, die aus der Perspektive der 3. Person „objektiv" messbar sind. Leibliches „Spüren" oder „Fühlen" allein werden als unzureichend für die Beurteilung der eigenen Existenz angesehen (u.a. Wolf 2010). Es ist die digitale Selbstvermessung der Gefühle, in der dieser Prozess in seiner wohl kondensiertesten Form erscheint.

Die Rolle des Leibes ist allerdings in Hinblick auf die beiden Kategorien der standardisierten Selbstbeobachtung und -protokollierung und der automatischen Emotionsauswertung jeweils unterschiedlich einzustufen. Während die These der „Leibvergessenheit" und „Körperbesessenheit" (Villa 2012, S. 16) auf die zweite Kategorie von Programmen (automatische Emotionsauswertung) in charakteristischer Weise zutrifft, kann im Zusammenhang mit der ersten Kategorie (standardisierte Selbstbeobachtung und -protokollierung) von einer „Übersetzung" leiblicher Erfahrung in unterschiedliche Symbolsysteme wie beispielsweise Skalen, Emoticons, aber auch (geschriebene) Sprache (Notizfelder) gesprochen werden. Leibliches Spüren stellt hier also gewissermaßen sogar eine Voraussetzung von Self-Tracking dar, wenngleich es beim Transfer in Programme der Emotionsvermessung notwendig standardisiert und „vereindeutigt" (dokumentiert) wird. Es braucht also so etwas wie eine minimale „leibliche Restkomponente", die mithilfe bestimmter Software auf Basis bestimmter Emotionskategorien interpretiert wird. Eine interessante empirische Frage wäre hier, wie dieser Prozess der Kategorisierung der eigenen Emotionen und des „Übersetzens" bestimmter eigenleiblicher Empfindungen im Detail abläuft. Welches implizite – und damit wiederum ver*körperte*, inkorporierte – Wissen ist für diesen Prozess notwendig? Was passiert, wenn die Subsumtion unter bestimmte Kategorien schwerfällt? Trägt der Prozess der standardisierten und „vereindeutigten" Dokumentation der eigenen Emotionen auch tatsächlich dazu bei, beispielsweise emotionale Ambivalenzen abzubauen? Etc.

Als ein wichtiger Punkt, der beide Kategorien der Emotionsvermessung betrifft, erscheint mir die – wiederum nur empirisch zu beantwortende – Frage, wie sich Nutzer und Nutzerinnen zu ihren verobjektivierten Emotionsdaten verhalten und welche Rolle hier dem eigenleiblichen Spüren zukommt. Welche Prozesse des Abgleichens von Emotionsdaten mit der eigenleiblichen Empfindung finden beispielsweise statt? Etc.

Ein interessanter Zusammenhang zwischen Körper und Leib im Kontext von Self-Tracking wird von einem Anhänger der *QS*-Bewegung thematisiert: „I use the self-tracking tools to train my intuitions. That's a very common thing in this community, as well. People use the tools to develop new types of senses (...)."[73] Diese Aussage deutet auf komplexe Rückkopplungsprozesse zwischen der Vermessung des Körpers und einer Art „Training" des Leibes hin, deren nähere empirische Untersuchung unbedingt erforderlich wäre, um das Verhältnis von Körper und Leib in Bezug auf Self-Tracking näher bestimmen zu können.

---

73 Interview von Leonieke Daalder mit Joshua Kauffman auf der *Quantified Self. Europe Conference* in Amsterdam, 11.–12. Mai 2013, verfügbar als Video unter https://www.youtube.com/watch?v=rAH9cFdpvEI. Zugegriffen: 12. Dez 2013.

4 Die paradoxe Verschränkung von Disziplinierung und Informalisierung: Emotionssoziologische Gegenwartsdiagnosen und die digitale Selbstvermessung der Gefühle

Im Folgenden wird das Phänomen der digitalen Selbstvermessung der Gefühle zu emotionssoziologischen Gegenwartsdiagnosen in Bezug gesetzt sowie in Hinblick auf die ihm zugrundeliegenden, impliziten Emotionskonzepte reflektiert.

Aktuell stehen einander zwei Thesen zur Rolle von Emotionen in modernen, westlichen Gegenwartsgesellschaften gegenüber (vgl. Neckel 2005): Während die sogenannte „Disziplinierungsthese" (u.a. Hochschild 1983; Mestrovic 1997) kontemporäres Emotionsmanagement im Wesentlichen als Geschichte einer zunehmenden Rationalisierung und instrumentellen Objektivierung von Emotionen fortschreibt, wie sie in anderer Form schon bei den soziologischen Klassikern zu finden ist (u.a. Simmel 1990; Elias 1979; Weber 1980), geht die sogenannte „Informalisierungsthese" (u.a. Wouters 1999; Maffesoli 1995, 1996) gerade von einer zunehmenden Lockerung emotionaler Disziplin und einer zunehmenden Akzeptanz expressiver Gefühlsmuster seit dem 20. Jahrhundert aus.

Die These des vorliegenden Beitrags zielt im Anschluss an ein Argument Sighard Neckels (2005) darauf ab, dass wir es im Zusammenhang mit dem Projekt der emotionalen Selbstvermessung mit einem Phänomen zu tun haben, das paradigmatisch für einen Umbruch in der gesellschaftlichen Regulation von Gefühlen steht – einem Umbruch, in dem sich Disziplinierung und Informalisierung nicht länger als unauflösbare Gegensätze gegenüberstehen, sondern eine paradoxe Verbindung eingehen.

In ihrer Einbettung in den Modernitätsdiskurs, der Emotionalität und Rationalität als dichotome Gegensätze konstruiert, verfehlen beide Perspektiven das spezifisch Neue kontemporären Emotionsmanagements. Sie konzeptualisieren, wie Patrick Becker dargelegt hat, die historische Entwicklung als Null-Summen-Spiel zwischen Rationalisierung und Disziplinierung auf der einen Seite und Informalisierung und emotionaler Expressivität auf der anderen Seite, sodass alles, was an Rationalität gewonnen wird, notwendig mit einem Verlust emotionaler Freiheit einhergehen muss und umgekehrt (Becker 2009, S. 210).

Betrachtet man die portraitierten Programme emotionaler Selbstvermessung nun vor diesem Hintergrund, so fällt auf, dass sie zwar einerseits durch Versuche der Rationalisierung und Domestizierung von Emotionen charakterisiert sind – allerdings *wesentlich* unter dem Vorzeichen einer besonderen Wertschätzung von Emotionen als Ressourcen persönlicher Expressivität. So sind die impliziten Emotionskonzepte, die diesen Programmen zugrunde liegen, einerseits geprägt von einem materialistisch-kognitivistischen Verständnis von Emotionen, wie es tonangebend in den Neurowissenschaften propagiert wird. Emotionen werden als Phänomene mit nahezu eigenem ontologischem Status behandelt, die geordnet, vermessen, reguliert und normalisiert werden können. Objektiviert durch Verfahren des Self-Trackings werden sie zum Ziel von Interventionen, die alle auf der Vorstellung einer kognitiven Steuer- und Beeinflussbarkeit von Emotionen beruhen. Emotionen verwandeln sich in Entitäten, die „bewertet, inspiziert, diskutiert, verhandelt, quantifiziert und kommodifiziert werden" können (Illouz 2006, S. 161).

Andererseits werden Emotionen als persönliche Ressourcen von Selbsterkenntnis und Selbstverwirklichung im Projekt der emotionalen Selbstvermessung geradezu romantisch überhöht. Ein „besseres" Verständnis und – daran auch immer geknüpft – ein „besserer" Umgang mit den eigenen Emotionen und der anderer soll zu Glück und Erfolg in praktisch allen Lebensbereichen führen. Emotionen wird eine herausragende Rolle im Rahmen von Entscheidungsprozessen und Handlungsorientierungen zugestanden.

„It's time to get emotional."[74] bewirbt *Beyond Verbal* sein Programm zur Emotionsauswertung aus Merkmalen gesprochener Sprache in einem Werbevideo. Allerdings wird schnell klar, dass hier eine bestimmte Art von Emotionalität gemeint ist, wenn eine gleich darauf eingeblendete, laut weinende Trickfigur mit dem Kommentar „Not that emotional."[75] quittiert wird. Wenngleich Emotionalität also allgemein Anerkennung und Wertschätzung erfährt, lässt sich im Zusammenhang mit der digitalen Selbstvermessung der Gefühle dennoch eine Tendenz ausmachen, nach der das Spektrum menschlicher Emotionen nach „guten/erwünschten" und „schlechten/unerwünschten" Gefühlen eingeteilt wird. Diese Tendenz, „negative" Emotionen einfach „wegzutracken" hat auch in der *QS*-Bewegung selbst schon kritische Stimmen auf den Plan gerufen und beispielsweise zu Versuchen geführt, eher „negativ" bewerteten Emotionen wie Traurigkeit und Trauer in Form eigener Programme mehr Raum zu verschaffen (z.B. *Lean Into Grief*).[76] Hier schließt sich also der Kreis eines Phänomens, das beides gleichermaßen vereint: Disziplinierung und Informalisierung, Kontrolle und „Zulassen".

In dieser Anlage und schillernden Ambivalenz reiht sich die digitale Selbstvermessung der Gefühle in die lange Reihe zeitgenössischer Programme und Praktiken der Selbstthematisierung und des Emotionsmanagements ein, wie wir sie

---

74 beyond verbal: https://www.youtube.com/watch?v=t75uUoY4zdI. Zugegriffen: 19. Jun 2014.
75 beyond verbal: https://www.youtube.com/watch?v=t75uUoY4zdI. Zugegriffen: 19. Jun 2014.
76 http://quantifiedself.com/?s=emotion&x=0&y=0. Zugegriffen: 18. Jun 2014.

zum Beispiel prominent im Modell Emotionaler Intelligenz[77] oder der vielfältigen Ratgeberliteratur zum Thema Emotionen[78] finden. Self-Tracking lässt sich in diesem Zusammenhang auch im Rahmen des Kompetenzdiskurses analysieren, also „innerhalb eines Netzes von Diskursen und Praktiken um Eignung, Optimierung und Kontrolle" (Tumeltshammer 2016): In der selbstthematisierenden Auseinandersetzung mit den eigenen Emotionsdaten sollen emotionale Kompetenzen entwickelt werden, die vielfältig einsetzbar und die zu fördern, Erfolg auf allen Ebenen verspricht.

5 Schluss

Bleibt abschließend noch kritisch die – letztlich nur empirisch zu beantwortende – Frage zu stellen, welche Folgen dieses Ineinander-Aufgehen von materialistisch-rationalistischen Emotionskonzepten in romantischen Vorstellungen der Bedeutsamkeit emotionaler Expressivität für gesellschaftliche Akteure und Akteurinnen eigentlich hat. Betrachtet man nämlich die zentrale Funktion, die Emotionen in der menschlichen Handlungskoordination zukommt – nämlich Individuen unmittelbar über die subjektive Bedeutung bestimmter Wahrnehmungen, Ereignisse, Personen, Objekte etc. zu informieren – so wird deutlich, dass die digitale Selbstvermessung der Gefühle gerade an der Stelle der „Signalfunktion" (u.a. Hochschild 1983) von Gefühlen ansetzt. Sich wesentlich auch leiblich konstituierende „emotionale Signale" werden im Prozess der Transformation in Daten dekontextualisiert, standardisiert und normalisiert.

Im Rahmen von Programmen der standardisierten Selbstbeobachtung und -protokollierung deuten und „übersetzen" Akteur/-innen ihr emotionales Erleben auf der Basis vorgegebener Software, in der Emotionen sowohl kategorisiert als auch hierarchisiert werden, womit normalisierende Effekte einhergehen. Während hier noch entschieden versucht wird, Emotionen zu kontextualisieren – entweder auf die Weise, dass den quantitativen Emotionsdaten ein qualitativer Appendix hinzugefügt wird oder sie mit ausgewählten Variablen korreliert werden –, figurieren Emotionen im Rahmen von Programmen der automatischen Emotionsauswertung als Output der *Black Box* des technischen Analyseprogramms völlig ohne Bezug zu Situation und Kontext, in denen sie entstanden sind. In beiden Varianten erscheinen den Akteur/-innen die eigenen Emotionen in einer objektivierten, äußer-

---

77 Vgl. u.a. Goleman 1995, 1998; kritisch: Baumeler 2010; Fineman 2000, 2003, 2004; Krell und Weiskopf 2006; Neckel 2005; Pritz 2012; Sieben 2001, 2007.
78 Vgl. u.a. Stavemann 2010; Wolf und Merkle 2013; kritisch: Duttweiler 2007.

lichen Form – einer neuen „Sichtbarkeit" –, die die Funktion erfüllen soll, diese auf ungleich „bessere" Weise über ihre innere Befindlichkeit zu informieren. Insofern erscheint das Projekt emotionaler Selbstvermessung ein bisschen wie ein magischer Spiegel, in den hineinzublicken zwar ein glücklicheres Leben verheißt, aber auch die Gefahr in sich bergen könnte, dass sich „spiegelndes" und „gespiegeltes Ich" nicht mehr als eine Einheit *erleben* lassen.

Literatur

Baumeler C. (2010). Organizational Regimes of Emotional Conduct. In B. Sieben & Å. Wettergren (Hrsg.), *Emotionalizing Organizations and Organizing Emotions* (S. 272–292). New York: Palgrave Macmillan.
Becker P. (2009). What Makes us Modern(s)? The Place of Emotions in Contemporary Society. In D. Hopkins, J. Kleres, H. Flam & H. Kuzmics (Hrsg.), *Theorizing Emotions. Sociological Explorations and Applications* (S. 195–220). Frankfurt a.M.: Campus.
Bellebaum, A. (2002). *Glücksforschung. Eine Bestandsaufnahme.* Konstanz: UVK.
Bohn, C., & Hahn, A. (1999). Selbstbeschreibung und Selbstthematisierung. Facetten der Identität in der modernen Gesellschaft. In H. Willems & A. Hahn (Hrsg.), *Identität und Moderne* (S. 33–61). Frankfurt a.M.: Suhrkamp.
Bröckling U., Krasmann S., & Lemke T. (2000). *Gouvernementalität der Gegenwart. Studien zur Ökonomisierung des Sozialen.* Frankfurt a.M.: Suhrkamp.
Burchill, G., Gordon C., & Miller, P. (1991). *The Foucault Effect. Studies in Governmentality. Studies in governmentality with two lectures by and an inteview with Michel Foucault.* London: Harvester Wheatsheaf.
Burkart, G. (2006a). *Die Ausweitung der Bekenntniskultur – neue Formen der Selbstthematisierung?* Wiesbaden: VS.
Burkart, G. (2006b). Virtuosen der Selbstthematisierung? Konferenzbeitrag am 32. Kongress der Deutschen Gesellschaft für Soziologie „Soziale Ungleichheit – kulturelle Unterschiede". München, 2004. http://nbn-resolving.de/urn:nbn:de:0168-ssoar-142777. Zugegriffen: 08. Jan 2015.
Christl, W. (2014). Kommerzielle digitale Überwachung im Alltag. Erfassung, Verknüpfung und Verwertung persönlicher Daten im Zeitalter von Big Data. Internationale Trends, Risiken und Herausforderungen anhand ausgewählter Problemfelder und Beispiele. http://crackedlabs.org/dl/Studie_Digitale_Ueberwachung.pdf. Zugegriffen: 12. Nov 2014.
Dean, M. (2010). *Governmentality. Power and Rule in Modern Society.* London: SAGE Publications.
Dembosky, A. (2011). Invasion of the Body Hackers. http://www.ft.com/cms/s/2/3ccb11a0-923b-11e0-9e00-00144feab49a.html. Zugegriffen: 08 Jan 2015.
Duttweiler, S. (2007). *Sein Glück machen. Arbeit am Glück als neoliberale Regierungstechnologie.* Konstanz: UVK.
Elias, N. (1979). *Über den Prozess der Zivilisation. Soziogenetische und psychogenetische Untersuchungen.* Frankfurt a.M.: Suhrkamp.

Epp, C., Lippold, M., & Mandryk, R. L. (2011). Identifying Emotional States using Keystroke Dynamics. *Proceedings of the 2011 Annual Conference on Human Factors in Computing Systems (CHI 2011)*, 715–724.
Fineman, S. (2000). Commodifying the Emotionally Intelligent. In Fineman, S. (Hrsg.), *Emotion in Organizations* (S. 101–114). London: SAGE Publications.
Fineman, S. (2003). *Understanding Emotion at Work*. London: SAGE Publications.
Fineman, S. (2004). Getting the Measure of Emotion – And the Cautionary Tale of Emotional Intelligence. *Human Relations, 57*(6), 719–740. doi:10.1177/0018726704044953
Flam, H. (1990). Emotional Man. Corporate Actors as Emotion-motivated Emotion Managers. *International Sociology, 5*, 225–234.
Flam, H. (2002). *Soziologie der Emotionen. Eine Einführung*. Konstanz: UVK.
Flam, H. (2013). Mit groben Pinselstrichen über den Emotional Turn. *Berliner Debatte Initial* (Schwerpunkt 3/2013), 5–14.
Foucault, M. (1993). Technologien des Selbst. In L. G. Martin, H. Gutman & P. H. Hutton (Hrsg.), *Technologien des Selbst* (S. 24–62). Frankfurt a.M.: Fischer.
Goleman, D. (1995). *Emotional Intelligence. Why It Can Matter More Than IQ*. New York: Bantam Books.
Goleman, D. (1998). *Working with Emotional Intelligence*. New York: Bantam Books.
Gray, C. H. (1995). *The Cyborg Handbook*. New York: Routledge.
Gugutzer, R. (2004). *Soziologie des Körpers*. Bielefeld: Transcript.
Hahn, A. (1987). Identität und Selbstthematisierung. In A. Hahn & V. Kapp (Hrsg.), *Selbstthematisierung und Selbstzeugnis. Bekenntnis und Geständnis* (S. 9–24). Frankfurt a.M.: Suhrkamp.
Hahn, A. (2000). *Konstruktionen des Selbst, der Welt und der Geschichte. Aufsätze zur Kultursoziologie*. Frankfurt a.M.: Suhrkamp.
Hochschild, A. R. (1983). *The Managed Heart. The Commercialization of Human Feelings*. Berkeley: University of California Press.
Hochschild, A. R. (1989). *The Second Shift. Working Parents and the Revolution at Home*. New York: Viking Penguin.
Hochschild, A. R. (1997). *The Time Bind. When Work Becomes Home and Home Becomes Work*. New York: Metropolitan & Holt.
Hochschild, A. R. (1998). The Sociology of Emotions as a Way of Seeing. In G. Bendelow & S. J. Williams (Hrsg.), *Emotions in Social Life. Critical Themes and Contemporary Issue* (S. 3–15). London: Routledge.
Hochschild, A. R. (2003). *The Commercialization of Intimate Life. Notes from Home and Work*. San Francisco: University of California Press.
Illouz, E. (1997). *Consuming the Romantic Utopia. Love and the Cultural Contradictions of Capitalism*. Berkeley: University of California Press.
Illouz, E. (2006). *Gefühle in Zeiten des Kapitalismus. Adorno-Vorlesungen 2004*. Frankfurt a.M.: Suhrkamp.
Illouz, E. (2008a). Emotional Capital, Therapeutic Language and the Habitus of the „New Man". In N. C. Karafyllis & G. Ulshöfer (Hrsg.), *Sexualized Brains. Scientific Modeling of Emotional Intelligence from a Cultural Perspective* (S. 151–178). Cambridge: MIT Press.
Illouz, E. (2008b). *Saving the Modern Soul. Therapy, Emotions, and the Culture of Self-Help*. Berkeley: University of California Press.

Isin, E. (2004). The Neurotic Citizen. *Citizenship Studies, 8*(3), 217–235.
Ivonin, L. Chang, H. M., Chen, W., & Rauterberg, M. (2013). Unconscious Emotions. Quantifying and Logging Something We Are Not Aware of. *Personal and Ubiquitous Computing, 17*(4), 663–673. doi:10.1007/s00779-012-0514-5.
Kappler, K., & Vormbusch, U. (2014). Froh zu sein bedarf es wenig...? Quantifizierung und der Wert des Glücks. Sozialwissenschaften und Berufspraxis, *37*(2), 267–281.
Krell, G., & Weiskopf, R. (2006). *Die Anordnung der Leidenschaften*. Wien: Passagen-Verlag.
Latour, B. (2002). *Die Hoffnung der Pandora. Untersuchungen zur Wirklichkeit der Wissenschaft*. Frankfurt a.M.: Suhrkamp.
Lemke, T. (1997). *Eine Kritik der politischen Vernunft. Foucaults Analyse der modernen Gouvernementalität*. Berlin: Argument Verlag.
Lemke, T. (2000). Neoliberalismus. Staat und Selbsttechnologien. Ein kritischer Überblick über die Governmentality Studies. *Politische Vierteljahrsschrift, 41*(1), 31–47.
Lindemann, G. (1996). Zeichentheoretische Überlegungen zum Verhältnis von Körper und Leib. In A. Barkhaus (Hrsg.), *Identität, Leiblichkeit, Normativität. Neue Horizonte anthropologischen Denkens* (S. 146–175). Frankfurt a.M.: Suhrkamp.
Maffesoli, M. (1995). *The Time of Tribes*. London: SAGE Publications.
Maffesoli, M. (1996). *Ordinary Knowledge*. Cambridge: Polity Press.
Merleau-Ponty, M. (1966). *Phänomenologie der Wahrnehmung*. Berlin: De Gruyter.
Mestrovic S. (1997). *Postemotional Society*. London: SAGE Publications.
Neckel, S. (2005). Emotion by Design. Das Selbstmanagement der Gefühle als kulturelles Programm. *Berliner Journal für Soziologie, 15*(3), 419–430.
Neckel, S. (2014). Emotionale Reflexivität – Paradoxien der Emotionalisierung. In T. Fehmel, S. Lessenich & J. Preunkert (Hrsg.), *Systemzwang und Akteurswissen. Theorie und Empirie von Autonomiegewinnen* (S. 117–132). Frankfurt a.M.: Campus.
O'Malley, P. (2000). Uncertain Subjects. Risks, Liberalism and Contract. *Economy and Society, 29*(4), 460–484. doi:10.1080/03085140050174741.
Plessner, H. (1975). *Die Stufen des Organischen und der Mensch*. Berlin: De Gruyter.
Plessner, H., Friedrich J., & Westermann, B. (1995). *Unter offenem Horizont. Anthropologie nach Helmuth Plessner*. Frankfurt a.M.: P. Lang.
Pritz, S. M. (2012). Emotionale Intelligenz in der Schönen, neuen Welt? Ein erfolgreiches Konzept auf dem Prüfstand. In E. Mixa & P. Vogl (Hrsg.), *E-Motions. Transformationsprozesse in der Gegenwartskultur* (S. 104–114). Wien: Turia + Kant.
Rieger, S. (2002). Arbeit an sich – Dispositive der Selbstsorge in der Moderne. In U. Bröckling & E. Horn (Hrsg.), *Anthropologie der Arbeit* (S. 79–96). Tübingen: Gunter Narr Verlag.
Rose, N. S. (1998). *Inventing Our Selves. Psychology, Power and Personhood*. Cambridge: Cambridge University Press.
Rose, N. S. (1999a). *Governing the Soul. The Shaping of the Private Self*. London: Routledge.
Rose, N. S. (1999b). *Powers of Freedom. Reframing Political Thought*. Cambridge: Cambridge University Press.
Schmitz, H. (1964–1980). *System der Philosophie*. 5 Bd. Bonn: Bouvier.

Schmitz, H. (1985). Phänomenologie der Leiblichkeit. In H. Petzold (Hrsg.), *Leiblichkeit. Philosophische, gesellschaftliche und therapeutische Perspektiven* (S. 71–106). Paderborn: Junfermann.
Schroer, M. (2006). Selbstthematisierung. Von der (Er-)Findung des Selbst und der Suche nach Aufmerksamkeit. In G. Burkart (Hrsg.), *Die Ausweitung der Bekenntniskultur – neue Formen der Selbstthematisierung?* (S. 41–72). Wiesbaden: Springer VS Verlag.
Sieben, B. (2001). Emotionale Intelligenz – Golemans Erfolgskonstrukt auf dem Prüfstand. In G. Schreyögg & J. Sydow (Hrsg.), *Emotionen und Management* (S. 135–170). Wiesbaden: Westdt. Verlag.
Sieben, B. (2007). *Management und Emotionen. Analyse einer ambivalenten Verknüpfung*. Frankfurt a.M.: Campus
Simmel, G. (1990). *Philosophie des Geldes*. Frankfurt a.M.: Suhrkamp.
Stavemann, H. H. (2010). *Im Gefühlsdschungel. Emotionale Krisen verstehen und bewältigen*. 2. Aufl. Weinheim: Beltz.
Tolentino, M. (2013). How Your Mood Affects the Self-Quantified Revolution. http://siliconangle.com/blog/2013/10/01/how-your-mood-affects-the-self-quantified-revolution/. Zugegriffen: 08 Jan 2015.
Tumeltshammer, M. (2016). Von der Kompetenz zum *Self Tracking*. In E. Mixa, S. M. Pritz, M. Tumeltshammer & M. Greco (Hrsg.), *Un-Wohl-Gefühle. Eine Kulturanalyse gegenwärtiger Befindlichkeiten*. Bielefeld: Transcript. (Im Erscheinen)
Villa, P.-I. (2008). Körper. In N. Baur (Hrsg.), *Handbuch Soziologie* (S. 201–217). Wiesbaden: Springer VS Verlag.
Villa, P.-I. (2012). Die Vermessung des Selbst. Einsicht in die Logik zeitgenössischer Körperarbeit. *Aviso. Zeitschrift für Wissenschaft und Kunst in Bayern, 3*, 14–19.
Weber, M. (1980). *Wirtschaft und Gesellschaft*. Tübingen: Mohr-Siebeck.
Whitson, J. R. (2013). Gaming the Quantified Self. *Surveillance and Society, 11*(1/2), 163–176.
Wolf, D., & Merkle, R. (2013). *Gefühle verstehen, Probleme bewältigen. Eine Gebrauchsanleitung für Gefühle*. 29. Aufl. Mannheim: PAL Verlagsgesellschaft mbH.
Wolf, G. (2010). The Data-Driven Life. http://www.nytimes.com/2010/05/02/magazine/02self-measurement-t.html?pagewanted=all. Zugegriffen: 08 Jan 2015.
Wouters, C. (1999). *Informalisierung*. Wiesbaden: Springer VS Verlag.

Die Vermessung des Unternehmers seiner selbst

Vergeschlechtlichte Quantifizierung im Diskurs des Self-Tracking

Simon Schaupp

1 Einleitung

„If reputation capital is the new currency of online interactions, you need to check what's in your wallet."[1] So preist die Firma *Trustcloud* ihre gleichnamige Online-Anwendung an, eine Art Rating-Agentur für Privatpersonen. *Trustcloud* und andere Anbieter personenbezogener Ratings (z.b. *Klout*) analysieren die digitale Kommunikation ihrer Nutzer/-innen und die Reaktionen auf deren Online-Verhalten, um so eine Punktzahl zu berechnen, die deren Vertrauenswürdigkeit oder Einfluss angeben soll. *Klout* gibt an, dass ihre geheimen Algorithmen eine derartige Punktzahl bereits für 620 Millionen Nutzer/-innen berechnet hätten und dabei täglich 12 Milliarden „soziale Signale" aus dem Internet auswerten würden.[2] Dieses Beispiel kann als Teil des wachsenden Interesses am Self-Tracking, also des automatisierten Erhebens von Daten über das eigene Leben, verstanden werden.

Ich werde hier die Frage stellen, welche Implikationen der Diskurs des Self-Tracking für gegenwärtige Subjektivierungsregimes aufweist. Dabei dient mir das

---

[1] https://trustcloud.com/blog/2011/12/07/klout-is-out-why-reputation-is-more-valuable-than-influence.html. Zugegriffen: 26. Sept 2014.
[2] https://klout.com/corp/about. Zugegriffen: 26. Sept 2014.

Foucaultsche Konzept des „Unternehmers seiner Selbst" (Foucault 2010, S. 193) als Ausgangspunkt.[3] Der Begriff bezieht sich auf ein ökonomisches Programm, das Arbeiter/-innen als Arbeitskraft*unternehmer/-innen* versteht. Das Spezifische am „Unternehmer seiner selbst" ist für Foucault, dass er „für sich selbst sein eigenes Kapital ist, sein eigener Produzent, seine eigene Einkommensquelle ist" (a.a.O.). Damit geht einher, dass individuelle Aktivitäten als Unternehmensaktivitäten verstanden werden. Bereits das Beispiel der Rating-Anwendungen für Privatpersonen zeigt, dass die Imaginierung des Selbst analog zu einem Unternehmen, in das Ressourcen möglichst gewinnbringend investiert werden müssen, im Diskurs des Self-Tracking sehr präsent ist.

Das Theorem des Unternehmers seiner selbst wurde von Miller und Rose (1995), von Voß und Pongratz (1998) und insbesondere von Ulrich Bröckling (2002, 2003, 2013) weiterentwickelt. Letzterer identifizierte als Kern des „unternehmerischen Selbst" den Imperativ einer unabschließbaren Selbstoptimierung.

Das Argument, das ich hier anhand einer Untersuchung des Self-Tracking-Diskurses entwickeln werde, besteht darin, dass zwei wichtige Aspekte in den meisten Studien zum Unternehmer seiner Selbst unterschätzt wurden: Erstens wird die Subjektivierung als Unternehmer seiner Selbst erst mit der Durchsetzung einer quantitativen Rationalität ermöglicht. Zweitens ist diese Subjektivierung eine vergeschlechtlichte.

Zu diesem Zweck werde ich zunächst einige Self-Tracking Technologien vorstellen. Die Auswahl ist zwar nicht repräsentativ für das umfangreiche Feld der verfügbaren Technologien, reicht aber für einen Überblick über die Struktur des Diskurses um das Self-Tracking aus. Anhand dieser Beispiele werde ich aufzeigen, dass die Subjektivierung als Unternehmer seiner selbst ein ökonomisch rationales Selbstverhältnis voraussetzt, das nur dann im vollen Sinne möglich ist, wenn buchhalterische, also quantitative Informationen über das Unternehmen des Selbst vorliegen.

Im zweiten Schritt zeige ich anhand des Self-Tracking Diskurses, dass die Figur des Unternehmers seiner Selbst im Kontext von Prozessen des Genderings und des Degenderings gedacht werden sollte. Während bei Foucault Subjektivierung relativ unabhängig von Geschlecht gedacht wird, argumentiere ich mit Judith Butler, dass sie immer als vergeschlechtlicht verstanden werden muss (vgl. Butler 2011, S. 72f.). Wenn Foucault vom Unternehmer *seiner* selbst spricht, gibt es keine Hinweise darauf, dass er die männliche Form benutzt, um die androzentrische Struktur der zu dieser Figur gehörenden Diskurse aufzuzeigen, die

---

3 Vgl. hierzu auch den Beitrag *Datensätze der Selbstbeobachtung – Daten verkörpern und Leib vergessen!?* von Lisa Wiedemann in diesem Band.

sich auch im Self-Tracking offenbart. Ich werde den Begriff hier jedoch in seiner männlichen Form belassen, um genau diese zu unterstreichen. Unter diesen Prämissen frage ich, welche Aufschlüsse der Diskurs des Self-Tracking über gegenwärtige männliche Subjektivierungsregime ermöglicht. Dabei zeige ich auf, dass der Diskurs eine Männlichkeitskonzeption nahelegt, die ich hier als unternehmerische Männlichkeit bezeichne, die sich wesentlich auf eine ökonomisierte Selbstverwirklichung stützt.

2 Technologien des quantifizierten Selbst

Die vielen Sonderbarkeiten, die das Self-Tracking hervorbringt, verleiten nur allzu leicht dazu, das Phänomen als isoliertes Kuriosum zu betrachten. Selbstquantifizierung ist jedoch keineswegs nur ein Phänomen des „Internetzeitalters". Stattdessen kann sie zurückverfolgt werden in verschiedene ältere Technologien wie das Haushaltsbuch, das Gewichtsregister und ähnliches, als deren Radikalisierung das Self-Tracking verstanden werden sollte.

Foucault zeigte, dass bereits im antiken Griechenland die Techniken der Diätetik dazu ersonnen wurden, das Selbst zu analysieren und zu meistern. Dabei ging es darum, Bewegung, Essen, Trinken, Schlaf und sexuelle Aktivität in ein optimales Verhältnis zueinander zu bringen (vgl. Foucault 1990, S. 102). Jahrhunderte später entwickelte der US-Amerikanische Staatsgründer Benjamin Franklin diese Technik unter explizitem Bezug auf die antiken Philosophen, insbesondere Pythagoras, weiter. Um seine moralischen Qualitäten zu verbessern führte er ein Buch, in dem er in verschiedenen Tabellen Verstöße gegen seine moralischen Prinzipien eintrug und addierte. Dieses Buch trug er ständig bei sich, um seine Sünden sofort notieren zu können, nachdem er sie beging (Franklin 1916, S. 69). Ähnlich wie viele Self-Tracker/-innen, die plötzlich Zugriff auf Vorgänge haben die vormals unbewusst blieben, war Franklin „surpris'd to find myself so much fuller of faults than I had imagined". Gleichzeitig machte er jedoch eine Erfahrung, die viele Self-Tracker/-innen als den motivierendsten Aspekt der Praxis beschreiben: „I had the satisfaction of seeing them diminish." (a.a.O.).

Während ein derartiges obsessives Engagement für die eigene moralische Optimierung ein Privileg war, das sich, wenn überhaupt, nur in der herrschenden Klasse verbreitet haben dürfte, gab es andere Techniken der Selbstüberwachung und -quantifizierung die weiter verbreitet waren. Wie James Aho (2005) zeigt, dürften frühe Techniken der (Haushalts)-Buchhaltung in ihrer religiösen Konnotation nicht so weit entfernt von Franklins Beicht-Tabellen gewesen sein, wie zunächst vermutet werden könnte.

Der in diesem Kontext interessanteste Typus der Buchhaltung dürfte die Haushaltsbuchhaltung sein. Anfang des 18. Jahrhunderts entstand eine Reihe von Ratgebern, die standardisierte Modelle der Haushaltsbuchführung anboten, mit denen es möglich werden sollte, alle ökonomischen Aktivitäten des Haushaltes festzuhalten (Vickery 2013, S. 19). In diesen Ratgebern wurde Selbsttransparenz durch Quantifizierung als Grundlage der rationalen Planung etabliert. In einem dieser Ratgeber heißt es etwa, dass erst das Führen eines Haushaltsbuches, es möglich mache zu erkennen, „ob etwa das Haushalt-Schifflein einen verderblichen Curs eingeschlagen hat, und dass sie mithin auch eher die Möglichkeit darbieten, den Curs zu ändern." (zit. n. Schmidt 2007, S. 239).

Mittlerweile existieren Self-Tracking Technologien für beinahe jeden Aspekt des Lebens vom Schlafen bis zum Treffen von Freund-en/-innen, vom Sex bis zur Ernährung, vom Vertrauen bis zum Sport. Was diese Technologien vereint ist die Suche nach rationalen Erkenntnissen über das eigene Leben durch die Erhebung quantitativer Daten. Im Folgenden werde ich eine kleine Auswahl dieser Technologien vorstellen. Dies geschieht in Form von Diskursfragmenten, die aus der Eigenwerbung der Self-Tracking Anbieter für ihre Produkte stammt. Werbung eignet sich besonders für eine Analyse der Diskursstruktur und ihrer Implikationen für Subjektivierungsregimes, da sie immer wieder idealisierte Subjekte des Self-Tracking anruft. Bei der Analyse geht es nicht darum, einen geheimen Sinn hinter den Aussagen, die meist aus Werbungen für die jeweilige Technologie stammen, zu entschlüsseln, oder zu zeigen, was *eigentlich* gemeint ist. Stattdessen gehe ich mit Foucault davon aus, dass Diskurse „transparent [sind], sie bedürfen keiner Interpretation, sie brauchen niemanden, der ihnen einen bestimmten Sinn gibt." (Foucault 1978, S. 29f.).

2.1 Die Universalplattform

Die Online-Anwendung *TicTrac* bietet eine Zusammenführung von Daten verschiedenster Anwendungen wie Körper-Loggern, Zeitmanagement-Software, Emaildiensten, Musikwebseiten, digitalen Kalendern usw. an. Weitere Daten, wie Kaffee- und Alkoholkonsum, Stresspegel oder Stimmung, müssen jedoch noch per Hand eingegeben werden. Die Daten können auf verschiedenste Weise aggregiert und dargestellt werden. Es besteht die Möglichkeit, Korrelationen durch die Darstellung längerer Zeitreihen, in denen verschiedenste Daten verglichen werden, sichtbar zu machen. So kann z.B. ein Zusammenhang zwischen Ernährung und „Produktivität" hergestellt werden. Oder die verschiedenen Daten, z.B. aus Emailprogrammen, Sozialen Netzwerken und Internettelefonie können aber auch für ein „Beziehungstracking" benutzt werden, um das es erlaubt, die eigenen sozialen Kontakte exakt den aktuellen Bedürfnissen anzupassen. Ein Beziehungs-Tracker berichtet: „Nur 14 Prozent [der sozialen Kontakte] sind wichtig für meinen Glücklich-Zustand"[4], stellt aber gleichzeitig fest: „Man kann Menschen nicht einfach eliminieren"[5]. Deshalb habe er ein Programm zur Optimierung seiner sozialen Kontakte entwickelt, das er „*Reducing Relationship Fat Percentage – RFP*"[6] nennt.

Beworben wird *TicTrac* auf der Startseite mit dem Foto eines Mannes in Schneekleidung, der mit ausgebreiteten Armen vor einem Schild steht, das angibt, er befinde sich auf einem Gipfel 5895 Meter über dem Meeresspiegel. Umgeben ist dieses Bild von einer Vielzahl von Zahlen, Diagrammen und Graphen.[7] In der schriftlichen Werbung heißt es, dass *TicTrac* es durch die große Menge an Daten möglich mache „to provide a *complete picture* of what it takes to maximize success on and off the field. From sleep to speed, nutrition to endurance".[8]

2.2 Sport

Sport ist das größte Einsatzgebiet von Self-Tracking überhaupt. Der größte Anbieter für Self-Tracking im Sport ist *runtastic*.[9] Er vertreibt die verschiedensten Arten von Messgeräten von der digitalen Waage, die automatisch per Bluetooth Daten an den Computer überträgt und zur „Speicherung, Verwaltung und Analyse" auf den Server von *runtastic* hochlädt[10], bis zum digitalen Aktivitätssensor fürs Radfahren und Laufen[11].

Beworben wird *runtastic* hauptsächlich mit Zitaten von zufriedenen Kunden (es sind tatsächlich nur Männer). Diese werden mit Portrait (in Sportoutfit) dargestellt, neben Sätzen wie diesem: „*runtastic* ist das perfekte Tool für mich, um meine Laufdaten aufzuzeichnen und diese nach dem Training zu analysieren, damit ich meine Leistung optimieren und ständig steigern kann."[12] Bemerkenswert ist, dass auf den Bildern ausschließlich Männer zu sehen sind. Auffällig ist außerdem

---

4   http://qsdeutschland.de/beziehungs-tracking/. (6:50) Zugegriffen: 8. Juni 2014.
5   http://qsdeutschland.de/beziehungs-tracking/. (7:02) Zugegriffen: 8. Juni 2014.
6   http://qsdeutschland.de/beziehungs-tracking/. (7:20) Zugegriffen: 8. Juni 2014.
7   https://www.tictrac.com/. Zugegriffen: 4. Okt 2014.
8   https://www.tictrac.com/business. Zugegriffen: 21. Juli 2014.
9   https://www.runtastic.com/. Zugegriffen: 8. Juli 2014.
10 https://www.runtastic.com/shop/de/runtastic-libra-waage. Zugegriffen: 8. Juli 2014.
11 https://www.runtastic.com/shop/de/runtastic-speed-set. Zugegriffen: 8. Juli 2014.
12 https://www.runtastic.com/shop/de/weidlinger. Zugegriffen: 4. Okt 2014.

die Darstellung von Leistung und Erfolg z.B. durch einen stark behaarten (und dadurch männlich konnotierten) Arm, der dreckverschmiert in den Himmel gereckt wird und mit der Faust eine Goldmedaille umklammert.[13]

2.3 Biotracking

Neben Sport ist Gesundheit ein weiteres Haupteinsatzgebiet für Self-Tracking-Technologien. Dabei geht es darum, am eigenen Körper Tests durchzuführen und diese auszuwerten, um die eigene Gesundheit zu optimieren. Auch in diesem Bereich gibt es eine große Variation von Anwendungen. Ein Beispiel ist das Testosteron-Tracking, das in einem Video auf der Website von *Quantified Self (QS)* Deutschland vorgestellt wird. Dort berichtet ein Self-Tracker von seinem Versuch durch eine auf seinen Self-Tracking Resultaten beruhenden Diätumstellung „Wolverine zu werden"[14] Wichtiger sind aber wohl Firmen wie *Biotrakr*, die auf Grundlage eingeschickter Blut- oder Speicheltests Analysen von gesundheitsrelevanten Werten anbieten. Wie bei anderen Self-Tracking Anwendungen werden die Daten auch hier die dann auf der jeweiligen Website von *Biotrakr* hochgeladen, um sie dort analysieren zu können. Beworben wird *Biotrakr* mit dem Slogan „Wir machen Gesundheit messbar. Denn man kann nur managen, was man auch messen kann".[15] Bebildert ist die Startseite von *Biotrakr* ist mit dem Foto einer männlichen Person bebildert, die angeseilt, in Kletterausrüstung auf einer verschneiten Bergkuppe steht und in den Sonnenauf/untergang blickt.[16]

Ebenfalls zur Kategorie des Biotracking können Technologien des Diät-Trackings gezählt werden. Der wohl bekannteste Anbieter von Diät-Zubehör ist *Weightwatchers*, der auch die verschiedensten Self-Tracking-Technologien anbietet. Besonders interessant ist in diesem Zusammenhang die Angebotssektion von *Weightwatchers*, die sich speziell an Männer richtet.[17] Mit relativ hohem Werbeaufwand werden hier die weiblich konnotierten Diättechniken für Männer attraktiv gemacht. So hat *Weightwatchers* verschiedene Werbespots produziert, die unter

---

13 https://www.runtastic.com/. Zugegriffen: 4. Okt 2014.
14 http://qsdeutschland.de/wie-werde-ich-wie-wolverine-ein-versuch-testosteron-zu-entschluesseln/. (4:21) Zugegriffen: 8. Juni 2014.
15 http://biotrakr.de/. Zugegriffen: 4. Okt 2014.
16 a.a.O.
17 Vgl. dazu auch den Beitrag *Kalorienzählen oder tracken? Wie Quantified Self feminisierte Körperpraxen zu Männlichkeitsperformanzen transformiert* von Corinna Schmechel in diesem Band.

dem Slogan „Lose like a man", Männern eine speziell männliche Art und Weise des Abnehmens nahelegt, bei der sie beispielsweise nicht auf „man food" verzichten müssen.[18] In einem anderen Video wird Männern von einem Soldaten erklärt, wie er durch *Weightwatchers* zum Offzier und zum „role model for my men" wurde. „Like you, I thought weightwatchers was just for the ladies", beginnt er, dann habe er jedoch entdeckt wie er mithilfe verschiedener Self-Tracking-Technologien *männlich* abnehmen könne. „*Weightwatchers* Online for Men isn't some random app or calorie counter — it's a weight-loss plan, customized for guys", heißt es auf der Website. „Like toys? You get a suite of digital tools so you can stay on track"[19]

3 Die Vermessung des unternehmerischen Selbst

Offensichtlich ist „self-knowledge through numbers", wie der Slogan der *QS*-Bewegung lautet[20], kein Selbstzweck, sondern eine Bedingung für Selbstoptimierung, das zentrale Anliegen des Self-Tracking. Optimiert wird dabei fast immer eine *Leistung*. Nicht nur im Sport geht es dabei darum „Leistung [zu] optimieren und ständig [zu] steigern", wie es bei *runtastic* heißt.[21] Stattdessen muss jeder Lebensbereich „on and off the field" wie es bei *TicTrac* heißt, „from sleep to speed, nutrition to endurance"[22] in Begriffen der Leistung analysiert und optimiert werden. Sehr auffällig ist, dass das Bild des Bergsteigers immer wieder zur Illustration der Werbung für herangezogen wird. Das Bild des Bergsteigers, der einen Gipfel erreicht hat, steht dabei als viseotypisches Schlüsselbild (vgl. Ludes 2001) für die Verbindung von Leistung und Erfolg.

Die Optimierung von Leistung wird analog zur Optimierung der Ressourcenallokation in einem Unternehmen gedacht. Vertrauenswürdigkeit wird zu „reputation capital"[23], das analog zu Unternehmen hierarchisiert wird, um anderen Unternehmen bei Investitionsentscheidungen zu helfen. Sogar Gesundheit wird zu einer Frage des rationalen „Managements" des Körpers, wie wir bei *Biotrakr* sehen.[24]

---

18 http://www.youtube.com/watch?v=EtOUjOHMbW8. Zugegriffen: 11. Juli 2014.
19 http://www.weightwatchers.com/men/. Zugegriffen: 11. Juli 2014.
20 http://quantifiedself.com/. Zugegriffen: 21. Juli 2014.
21 https://www.runtastic.com/shop/de/weidlinger. Zugegriffen: 4. Okt 2014.
22 https://www.tictrac.com/business. Zugegriffen: 21. Juli 2014.
23 https://trustcloud.com/blog/2011/12/07/klout-is-out-why-reputation-is-more-valuable-than-influence.html. Zugegriffen: 26. Sept 2014.
24 http://biotrakr.de/. Zugegriffen: 4. Okt 2014.

3.1 Die Optimierung des Unternehmens des Selbst

Dieses instrumentelle Selbstverhältnis kommt im Self-Tracking zu einem zugespitzten Ausdruck, ist jedoch keineswegs völlig neu. Es wurde bereits in den 1970er Jahren von Foucault mit der Subjektivierungsform des Unternehmers seiner selbst beschrieben (vgl. Foucault 2010, S. 193). Diesen Begriff des Unternehmers seiner Selbst destillierte Foucault unter anderem aus den Schriften des Ökonomen Theodore W. Schultz (1971), der zunächst Bildung, später dann alle Tätigkeiten und Konsumptionen wesentlich als Investitionen in das eigene Humankapital verstand. Die Arbeiten von Schultz wurden von Foucault in seinen Studien zum Humankapital als Subjektivierungsform analysiert. Damit liest er Schultz Thesen vom ökonomischen Subjekt als Humankapitalisten/-in gewissermaßen gegen den Strich, da sie für ihn nicht als anthropologische Diagnose interessant ist, sondern als wirkmächtiger Diskurs der zur Konstitution der Subjekte beiträgt.

Die Körper sind für Foucault also nicht a priori ökonomische Einheiten, wie es z.b. das Modell des homo oeconomicus impliziert, sondern müssen durch verschiedene Subjektivierungstechniken erst als Arbeitskräfte oder Unternehmer/-innen *hervorgebracht* werden. Die Konstituierung des ökonomischen Subjekts nimmt für Foucault historisch verschiedenste Formen an, von denen er zum Ende seines Lebens die des Unternehmers seiner Selbst als diejenige versteht, zu der sich „die Wirtschaftspolitik, aber auch die Sozialpolitik, die Kulturpolitik und die Bildungspolitik aller entwickelten Länder […] hin orientieren." (Foucault 2010, S. 202).

Mit Bröckling kann der Self-Tracking Diskurs als wesentlich von den Anrufungen des Unternehmers seiner selbst bzw. des „unternehmerischen Selbst" geprägt verstanden werden. Im Zentrum dieser Figur steht der Imperativ einer permanenten Selbstoptimierung: „Keine Lebensäußerung, deren Nutzen nicht maximiert, keine Entscheidung, die nicht optimiert, kein Begehren, das nicht kommodifiziert werden könnte. Selbst der Einspruch, die Verweigerung, die Regelverletzung lassen sich in Programme gießen, die Wettbewerbsvorteile versprechen; und jeder Misserfolg belegt nur, dass man sich cleverer hätte anstellen können." (Bröckling 2013, S. 283).

Das unternehmerische Selbst versteht Bröckling dabei keineswegs als einen Idealtypus im Weberschen Sinne, sondern als ein unerreichbares Ziel von fortwährenden Optimierungsprozessen: „Ein unternehmerisches Selbst ist man nicht, man soll es werden." (Bröckling 2002, S. 179). Das liege unter anderem daran, dass die Ideale des unternehmerischen Selbst auf eine Weise widersprüchlich seien, dass sie niemals gleichzeitig verwirklicht werden könnten. So z.B. eine Gleichzeitigkeit von rationalistischer Planung und flammender Kreativität (vgl. Bröckling 2013, S. 124).

3.2 Buchführung Kybernetische Buchhaltung für das Unternehmen des Selbst

Eine zentrale Eigenschaft des Self-Tracking ist, wie die Selbstbezeichnung „quantified self movement" bereits nahelegt, die Quantifizierung. Diese Quantifizierung soll scheinbar ein Bedürfnis nach Objektivität und Rationalität befriedigen, das in fast alle Werbungen für Self-Tracking angesprochen wird. Beispiele sind das Versprechen eines „*complete picture* of what it takes to maximize success" bei *TicTrac*, oder der Slogan der Zeitmanagement-Anwendung *TimeDoctor*: „Know EXACTLY what is REALLY going on."[25]

Diese Rationalität ist untrennbar verbunden mit Quantifizierung, die auch in der Werbung stets präsent ist. So ist die Illustration der Werbung mit Zahlenkolonnen, Diagrammen und Graphen fast durchgängig beobachtbar. Dabei ist meistens nicht erkennbar, um was für Werte es sich handelt, oder was diese aussagen sollen. Die Präsenz der Zahlen scheint allein schon für sich zu sprechen.

Mit Nikolas Rose können Zahlen als „Techniken der Objektivität" gefasst werden, das heißt ihre wesentliche soziale Funktion ist die diskursive Herstellung von Neutralität und Objektivität (vgl. Rose 1999, S. 199). Objektive Einsichten in das eigene Leben, im Gegensatz zur subjektiv verzerrten Selbstwahrnehmung scheinen so einen wesentlichen Reiz des Self-Tracking auszumachen. Tatsächlich verweisen Vertreter/-innen der *QS*-Bewegung explizit auf „unsere selektive Wahrnehmung: So neigen Menschen dazu, vieles unbewusst zu verdrängen und anderes dafür tagelang nicht aus dem Kopf zu bekommen. Rational ist das nicht, sondern eher überlebenstaktischer Urmenschinstinkt" (Janssen 2012, S. 75).

Unter Bezugnahme auf den oben beschriebenen Wandel der Subjektivierungsregimes hin zu einem Unternehmer seiner selbst und der damit verbundenen Verallgemeinerung der Marktlogik, kann die Rationalität, die von den Self-Tracking-Technologien angerufen wird, als eine buchhalterische Rationalität des Abwägens über Investitionen verstanden werden. Diese Rationalität ist insofern eine buchhalterische, als dass sie auf das ständige Optimieren von Ressourcen- und Arbeitseinsatz mit dem Ziel der Nutzenmaximierung abzielt.

Eine solche Optimierung der Ressourcenallokation wird rational jedoch erst dann möglich, wenn dem „Unternehmen" buchhalterische, also quantitative Daten zur Verfügung stehen. Quantitativ müssen sie sein, insofern es bei den von ihnen angestrebten Selbstoptimierungen um das Erzeugen eines Mehr*werts* geht. Denn das Unternehmen bzw. die Ware des Selbst ist stets so viel wert, wie Arbeit (nicht individuelle sondern abstrakte) in es investiert wurde. Der Wert der Investitionen

---

25 http://www.timedoctor.com/. Zugegriffen: 21. Juli 2014.

muss deshalb erstens bekannt und zweitens geringer sein, als der erzeugte Mehrwert, der sich in der Profitabilität des Körpers ausdrückt.

Wenn der „Humankapitalist" (Bröckling 2013, S. 94) beispielsweise eine Runde joggen geht, um die Lebensdauer seines Körpers zu verlängern und selbigen attraktiver zu machen, so muss er wissen, wie viel Zeit er zum Joggen benötigt, wie viele Kalorien er dabei verbrennt, wann und wie oft er joggen gehen muss, um den effizientesten Trainingseffekt zu erzielen uvm. Das Individuum kann also nur dann zum Unternehmer seiner selbst werden, wenn es buchhalterische Informationen über sein Unternehmen hat, durch die rationales Wirtschaften erst möglich wird. Der *homo oeconomicus* ist deshalb notwendigerweise ein *homo calculans*, „[d]enn man kann nur managen, was man auch messen kann", wie bei *Biotrakr* zu erfahren ist.[26]

Erst durch Quantifizierungstechnologien wie dem Self-Tracking wird also das im vollen Sinne möglich, was Foucault als „politische Ökonomie des Körpers" (Foucault 1994, S. 37) bezeichnete. Denn erst durch die automatisierte Überwachung der einzelnen Körper wird der Unternehmer seiner selbst überhaupt in die Lage versetzt, eine ökonomisch rationale Beziehung zu sich selbst entwickeln zu können, da wesentliche Bereiche bis dahin einem rationalen Zugriff entzogen blieben.

Zur amtlichen Statistik stellte Foucault fest, dass sie keineswegs nur dem Abbilden dessen diene, was ist, sondern als eine Regierungskunst zu verstehen sei. Sie ermöglichte eine rationale Regierung der Bevölkerung, indem sie deren Undurchsichtigkeit überwand (vgl. Foucault 2005a, S. 167). Dasselbe gilt auch für die Technologien der Selbstquantifizierung vom Haushaltsbuch bis zum Self-Tracking. Wie bei der amtlichen Statistik handelt es sich hier nicht allein um Wissenstechniken, sondern um politische Technologien, die ein neues Interventionsfeld eröffnen, das vordem unsichtbar und damit für rationale Planung und Entscheidung unzugänglich war.[27] Diese Rationalisierung lässt sich in potentiell alle Lebensbereiche ausweiten, wie das Beispiel von *TicTrac* zeigt.

Die buchhalterische Rationalität bringt mit ihrem ökonomisierenden Zugriff auf die Welt notwendigerweise auch das Selbst als ein quantifiziertes hervor, da nur das mit einem Wert Bezifferte als Humankapital erfasst werden kann. So wird dem quantifizierten Selbst, mit Horkheimer und Adorno gesprochen, „zum Schein, was in Zahlen, zuletzt in der Eins, nicht aufgeht" (Horkheimer und Adorno 1993, S. 13).

---

26 http://biotrakr.de/ 4.10.2014. Zugegriffen: 4. Okt 2014.
27 Vgl. hierzu auch den Beitrag *Die Statistik des Selbst – Zur Gouvernementalität der (Selbst)Verdatung* von Thorben Mämecke in diesem Band.

Dem Self-Tracking kommt in der Geschichte der Selbstvermessung insofern eine Sonderrolle zu, als dass es die Informationsfunktion der Buchhaltung automatisiert. Wo die buchhalterischen Statistiken noch zeitversetzt interpretiert werden mussten, wird im Self-Tracking jede Abweichung vom Optimierungskurs unmittelbar mahnend oder lobend an die Nutzer/-innen zurückgespiegelt. So übernimmt das Self-Tracking im Unternehmen des Selbst nicht nur die Funktion der Buchhaltung, sondern die eines kybernetischen Rückkopplungsmoduls, das die erhobenen Daten automatisch an das beobachtete System zurückleitet.

3.3 Ökonomisierte Selbstverwirklichung

Es könnte nun eingewandt werden, dass die oben beschriebenen Technologien der Quantifizierung keineswegs nur im klassischen Sinn ökonomische Tätigkeiten messen und sogar explizit dazu anhalten, Arbeitspausen einzulegen, Sport zu treiben, oder allgemeiner: sich selbst zu verwirklichen.

Tatsächlich scheint das Ideal der Selbstverwirklichung im Self-Tracking eine zentrale Stellung einzunehmen. Körper werden nicht nach bestimmten allgemeingültigen Maßen vermessen und normiert. Stattdessen wird viel Wert auf Individualität gelegt. Dies wird auch immer wieder in der Werbung für Self-Tracking ausgedrückt, etwa wenn es bei *TicTrac* heißt: „Each of us leads our life in our own way. This is what makes us unique."[28]

Zwar geht es stets um Vergleich, dieser findet jedoch meist in Gruppen statt, deren Mitglieder sich ähneln. Entweder kann das der digitale „Freundeskreis" sein, oder Menschen die sich in dieselbe Richtung entwickeln wollen, oder gar nur die eigenen Rekorde, die geschlagen werden.[29] Dies sind, wie *runtastic* unterstreicht, „individuelle Ziele, egal wie auch immer diese definiert sind."[30] Es geht also weniger um allgemeingültige Standards als um sich selbst durch Feedback verstärkende Gruppenziele.

Wenn nun aber Humankapital, wie Bröckling nahelegt, bedeutet, „dass Wissen und Fertigkeiten, der Gesundheitszustand, aber auch äußeres Erscheinungsbild, Sozialprestige, Arbeitsethos und persönliche Gewohnheiten als knappe Ressourcen anzusehen sind, die aufzubauen, zu erhalten und zu steigern Investitionen fordert" (Bröckling 2013, S. 90), dann stellen die scheinbar gegensätzlichen An-

---

28 http://www.tictrac.com. Zugegriffen: 12. Juli 2014.
29 Vgl. z.B. runtastic: https://www.runtastic.com/de/premium-mitgliedschaft/info. Zugegriffen 6. Okt 2014.
30 https://www.runtastic.com/shop/de/baumann. Zugegriffen: 20. Okt 2014.

forderungen von ökonomischer Rationalität und Selbstverwirklichung nur auf den ersten Blick Widersprüche dar. Wie in der ökonomischen Portfoliotheorie[31] geht es auch hier um Investitionen in verschiedene Segmente des Humankapitals (vgl. Vormbusch 2012, S. 214f.). So wird beispielsweise emotionale Intelligenz zu einer wichtigen Kompetenz des Unternehmers seiner selbst, bleibt jedoch innerhalb der Grenzen der ökonomischen Rationalität, oder wie Reckwitz es ausdrückt:

> Die emotionale Subjektivierung des postmodernen Selbst, des *emotional self*, bleibt dabei allerdings auf ganz bestimmte als konstruktiv und produktiv wahrgenommene Emotionen beschränkt. Es geht gerade nicht um eine grenzenlose Befreiung der Affekte [...], sondern um eine Entwicklung von emotional sensibilisierenden Technologien des Selbst, welche sowohl intersubjektive Relationen als auch das Selbstverhältnis betreffen. (Reckwitz 2010, S. 72).

Es scheint deshalb angemessen, von einem Imperativ der ökonomisierten *Selbstverwirklichung* zu sprechen. Bröcklings These, dass Unternehmergeist „sich gerade nicht in der Vernunft des Buchhalters, der bei jeder Entscheidung Soll und Haben aufrechnet" erschöpfe, sondern „ihr Vorbild weit eher im Genius des Künstlers" finde (Bröckling 2013, S. 124), ist deshalb nur bedingt zuzustimmen. Tatsächlich bildet der „Genius des Künstlers", weit eher als die Vernunft des Buchhalters die sichtbare Oberfläche des Unternehmers seiner selbst. Im Kern ist er jedoch auf eine buchhalterische Rationalität angewiesen, ohne die sich kein Genius verwerten lässt.

Dies kann anhand eines Schaubildes zur Produktivität von Roman-Autoren/-innen illustriert werden, das auf einer Website der Zeitmanagement-Software *RescueTime* veröffentlicht wurde. Aufgrund von Erhebungen in diesem kreativen Berufsfeld empfiehlt *RescueTime* Dinge wie: „Set a ‚no sleep till wordcount' goal. People who logged the most [writing] time tended to write the most between the hours from nine to midnight." Auch „occasional marathon-days" würden den Output signifikant steigern, aber trotzdem: „Don't forget to eat dinner!", denn „the top 30% of the people with the most writing time [...] took a break between the hours of 5pm and 8pm".[32] Offensichtlich muss sich also auch dieses künstlerische Berufsfeld der buchhalterischen Rationalität unterwerfen.

---

31 Eine weit verbreitete Finanzmarkt-Theorie, die nahelegt Investitionen in verschiedene Bereiche aufzufächern und nicht auf einen einzigen zu konzentrieren.
32 http://blog.rescuetime.com/2013/10/23/are-you-ready-for-national-novel-writing-month/. Zugegriffen: 6. Juli 2014.

4 Unternehmerische Männlichkeit

Die oben beschriebenen Prozesse können verstanden werden als eine Ausweitung ökonomischer Rationalität. Diese ist offenbar nicht mehr auf eine „ökonomischen Sphäre" des Berufslebens beschränkt, sondern diffundiert bis in den Bereich der Selbstverwirklichung, der gleichzeitig diskursiv aufgewertet wird (vgl. Distelhorst 2014, S. 113). Diese Verschiebungen werden von Cristina Morini (2007) als eine Feminisierung der Arbeit beschrieben. Diese ist eng verbunden mit einer Krise des männlichen „Normalarbeitsverhältnisses", also der unbefristeten Vollzeitbeschäftigung, einer durch selbige erworbenen Inklusion in soziale Sicherungssysteme, sowie der Position als männlicher Familienernährer. Dieses Modell geriet unter anderem durch die zunehmende Bedeutung der Dienstleistungsarbeit, den Abbau des Wohlfahrtsstaates und damit einhergehende Flexibilisierung, sowie die zunehmende Inklusion von Frauen in den Arbeitsmarkt unter Druck. Dabei ist es wichtig, zu unterstreichen, dass der Begriff der Krise hier keineswegs auf ein singuläres gegenwärtiges Ereignis verweisen soll. Stattdessen ist das Thema der Krise ein traditionsreicher Bestandteil moderner Männlichkeitsdiskurse schlechthin (vgl. Meuser 2010, S. 327). Diese dauerhafte Gegenwärtigkeit des Themas der Krise in Männlichkeitsdiskursen kann verstanden werden als Ausdruck der Instabilität der Geschlechterkonstruktionen sowie der Machtrelationen der Geschlechter zueinander.

Die Diskurse, die im Self-Tracking zum Vorschein kommen, sind recht aufschlussreich im Hinblick auf männliche Subjektivierung nach dieser Krise des „Normalarbeitsverhältnisses". In der Männlichkeitsforschung herrscht relative Einigkeit darüber, dass Erwerbsarbeit für die moderne Konstruktion von Männlichkeit einen zentralen Bezugspunkt darstellt. Deshalb geriet mit der Krise des „Normalarbeitsverhältnisses" auch das an ihm orientierte Männlichkeitsbild unter Druck.

Während bei Foucault Subjektivierung relativ unabhängig von Geschlecht gedacht wird, verstehe ich sie mit Butler als stets schon vergeschlechtlichte Anrufung (vgl. Butler 2011, S. 72f.). Für sie findet Anrufung immer dann statt, wenn Personen mit einer bestimmten Identität adressiert werden. Die Anrufung ist ein Prozess, der auf seine ständige Wiederholung angewiesen ist. Das Subjekt bleibt nur dann Subjekt, wenn es sich immer wieder den Anrufungen aussetzt und diese selbst zitiert und performiert. Es ist erst diese „ständig wiederholende und zitierende Praxis, durch die der Diskurs die Wirkungen erzeugt, die er benennt" (Butler 1997, S. 22).

Auch wenn erste Stichproben zum Geschlechterverhältnis in der *QS*-Bewegung eine Männerquote ca. 80 Prozent ergaben (vgl. z.B. Cornell 2010), soll hier keineswegs behauptet werden, Self-Tracking richte sich nur an Männer.[33] Ausgangspunkt ist stattdessen die Feststellung, dass die Diskurse um das Self-Tracking stark männlich dominiert sind. So werden die Technologien beispielsweise sehr häufig mit Bildern von männlichen Körpern in kämpferischen oder triumphalen Posen beworben. Ein Beispiel dafür ist das immer wiederkehrende Bild des Bergsteigers, das verstanden werden kann als Anrufung männlicher Autonomie bzw. Leistung. Ähnliches kommt im Bild des oben beschriebenen behaarten, dreckverschmierten Armes zum Ausdruck, der sich mit einer Goldmedaille in der Faust in den Himmel reckt.

Das ist einigermaßen erstaunlich, wenn in Betracht gezogen wird, dass beispielsweise das Diättagebuch, das als Vorläufertechnologie des Self-Trackings verstanden werden kann, stark weiblich konnotiert war und ist. Im Gegensatz zum Self-Tracking wird das Diättagebuch jedoch kaum mit Bildern von Autonomie und Leistung, sondern eher mit Passivität (dem Nicht-Essen) in Verbindung gebracht.

In diesem Zusammenhang fällt auch der wiederkehrende Topos des Soldaten auf. Dieser taucht z.B. bei *Weightwatchers* explizit auf, wenn ein Soldat im Werbespot die männlichen Qualitäten der Technologien herausstellen soll. Aber auch bei sehr vielen anderen Technologien wird er implizit angerufen, z.B. in Form von virtuellen Orden, die in fast jeder Self-Tracking Anwendung auftauchen. Dies kann als ein Symbol für die Verbindung von Leistung und Härte interpretiert werden, wobei auch die Anrufung soldatischer Disziplin und Kampfbereitschaft eine wichtige Rolle zu spielen scheinen. In jedem Fall gilt es festzuhalten, dass der Soldat und mehr noch der Bergsteiger zentrale Bilder für Männlichkeitskonstruktionen im Self-Tracking sind.

Offensichtlich sind die Anrufungen des unternehmerischen Selbst, zumindest im Diskurs des Self-Tracking, stark androzentrisch geprägt, das heißt es wird von einer männlichen Diskursposition ausgegangen, oder dass dies expliziert würde. Bröckling kommt in seiner Untersuchung von Selbstmanagement-Ratgebern zu einem ähnlichen Ergebnis, was nahelegt, dass dieser Androzentrismus der Anrufung Figur des Unternehmers seiner selbst inhärent ist (vgl. Bröckling 2002, S. 184).

Eine interessante Ausnahme, bei der Männlichkeit doch thematisiert wird, ist das *Weightwatchers*-Programm „Lose like a man". Das Explizieren von Männlichkeit ist hier vermutlich auf die starke weibliche Konnotation von Diäten zurückzuführen. Diese Gegebenheit muss diskursiv offen kontestiert werden, um

---

33 Eine Analyse zu weiblichen Subjektivierungsregimen im Self-Tracking wäre ebenfalls interessant, kann hier jedoch nicht geleistet werden.

die Techniken für Männer zugänglich zu machen, ohne deren männliche Identität anzugreifen.

Raewyn Connell argumentiert in ihren neueren Studien, dass die Männlichkeitskonstruktion des Familienernährers abgelöst wird durch ein Konzept, das sie „transnational business masculinity" nennt (vgl. Connell und Wood 2005). An die Stelle des Familienernährers tritt die Figur des Managers. Die Eigenschaften dieser Subjektivierungsfigur decken sich weitgehend, mit dem, was Bröckling als unternehmerisches Selbst beschreibt: ökonomische Rationalität und gesteigerter Egozentrismus, verbunden mit großen Bemühungen um das eigene Image, verringerte Loyalität gegenüber einer Firma oder Familie und eine liberale Sexualität (vgl. Lengersdorf und Meuser 2010, S. 96). Die Anrufung von Flexibilität findet im oben erwähnten „Beziehungstracking" einen radikalen Ausdruck, wenn soziale Kontakte in Zahlen transformiert und je nach aktuellem Nutzen „angepasst" oder aufgelöst werden.

Das ökonomische Verhältnis zu sich selbst und anderen, das Connell und Wood als ein Charakteristikum der business-masculinity beschreiben, scheint auch die Männlichkeitskonstruktionen wesentlich zu prägen, die im Self-Tracking zum Tragen kommen. All dies legt nahe, dass für eine männliche Subjektivierung ökonomische Rationalität noch an Bedeutung gewonnen hat.

Ein wesentlicher Teil dieser ökonomischen Rationalität ist der Wettbewerb. Dieser spielt auch im Self-Tracking eine wesentliche Rolle. Es gibt kaum eine Technologie, die nicht irgendeine Ranking-Funktion beinhaltet. Es geht beim Self-Tracking meistens nicht darum, einen allgemeingültigen Standard zu erreichen. Stattdessen ist die Selbstoptimierung ein prinzipiell unabgeschlossener Prozess, der wesentlich relational, also im Modus der Konkurrenz gemessen wird.

Dieser relationale Charakter der Selbstoptimierung erinnert an das, was Bourdieu als „die ernsten Spiele des Wettbewerbs" bezeichnete, in denen er ein konstitutives Moment von Männlichkeitskonstruktion sah (Bourdieu 1997, S. 203). In Self-Tracking kann eine Ausweitung der Arenen dieser ernsten Spiele gesehen werden. Allerdings handelt es sich dabei nicht mehr, wie bei Bourdieu, um einen homosozialen Raum, in dem Frauen auf die Rolle von Zuschauerinnen verwiesen sind (vgl. a.a.O.).

Traditionell spielt „Vernunft", insbesondere ökonomische Vernunft, eine zentrale Rolle bei der Konstruktion von Männlichkeit (vgl. Connell 1999, S. 185ff.). Die Vorstellung männlicher Vernunft ist eng verbunden mit einem Anspruch auf Objektivität (vgl. Jones 2004, S. 314). Diese Objektivität wiederum wird ins Zentrum männlicher Identität gerückt – stets in Abgrenzung zu weiblichen Nicht-Objektivität. So schreibt MacKinnon: „[That male stance] is the neutral posture, which I will be calling objectivity – that is the non-situated, distanced standpoint.

I'm claiming that this is the male standpoint socially." (zit. n. Jones 2004, S. 308). Wie wir gesehen haben nimmt auch im Self-Tracking-Diskurs Objektivität eine zentrale Stellung ein.

Die hier beschriebenen Subjektivierungstechnologien können mit Reckwitz (2010) im Kontext von übergeordneten Prozessen des Degendering und Gendering betrachtet werden. So kann ein wichtiger Aspekt der Männlichkeitskonzeptionen im Self-Tracking Diskurs als Reaktionen auf die Krise einer sich am Normalarbeitsverhältnis orientierenden Männlichkeit verstanden werden. Diese Reaktion setzt sich zusammen aus einem teilweisen Festhalten an tradierten Männlichkeitsnormen, wie der Leistungsbereitschaft und der Härte, auf der einen Seite und einer Inklusion von neuen, eher weiblich konnotierten Anforderungen, wie emotionaler Intelligenz und Selbstverwirklichung auf der anderen. Die eher weiblich konnotierten Aspekte dürfen jedoch keinesfalls wild wuchern, sondern müssen in rationalisierten Bahnen verlaufen und sind angewiesen auf permanente Versicherungen ihrer Kompatibilität mit dominanten Vorstellungen von Männlichkeit.

5 Fazit: Wie aus dem Leben eine ökonomische Funktion wird

Zur Beantwortung der Frage, welche Implikationen der Diskurs des Self-Tracking für gegenwärtige Subjektivierungsregime aufweist, habe ich hier verschiedene Anforderungen des Diskurses herausgearbeitet, die der Diskurs an die Individuen stellt. Diese Anforderungen richten sich insbesondere auf:

1. eine ökonomische Rationalität, die sich auf potentiell alle Lebensbereiche erstreckt, insbesondere aber im Selbstverhältnis der Akteuren/-innen zum Vorschein kommt.

2. einen Imperativ der rationalen Selbstverwirklichung; dabei werden unter Beibehaltung der ökonomischen Rationalität verschiedene vormals außerökonomische Bereiche diskursiv aufgewertet, auch solche die eher weiblich konnotiert waren. Die Anforderung besteht so darin, gleichzeitig „man selbst" zu sein und sich einen Marktvorteil zu verschaffen;

3. einen Leistungsimperativ in allen Lebensbereichen, der verbunden ist mit einem unaufhörlichen Imperativ der Selbstoptimierung, zu dem oft eine Flexibilisierung von Bindungen an Personen, Institutionen und Normen hinzukommt.

Diese Anforderungen, die sich teilweise direkt widersprechen, decken sich weitgehend mit dem, was von Ulrich Bröckling als unternehmerisches Selbst bezeichnet wurde. Das Theorem erweist sich also als tragfähig für die Analyse des

Self-Tracking. Es hat sich jedoch auch gezeigt, dass die Subjektivierung im Modus des unternehmerischen Selbst wichtige Voraussetzungen hat, insbesondere die Verankerung einer quantitativen Rationalität. Individuen können erst dann vollständig zu Unternehmer/-innen ihrer selbst werden, wenn sie über buchhalterische, also quantitative Daten über ihr Unternehmen verfügen. Möglicherweise liegt also ein Grund für das große Interesse am Self-Tracking darin, dass es dabei hilft, den allgegenwärtigen Forderungen, ein unternehmerisches Selbst zu werden, nachzukommen.

Ein weiterer Aspekt, der bis jetzt nur in Ansätzen behandelt wurde, ist die Rolle, die Geschlecht für die Subjektivierung als unternehmerisches Selbst spielt. Die Anrufungen des unternehmerischen Selbst scheinen eine besondere Bedeutung für gegenwärtige Männlichkeitskonstruktionen zu haben. Das zeigt sich darin, dass im Diskurs meist eine männliche Position impliziert wird und, dass an Normen appelliert wird, die von anderen Studien (z.B. Connell und Wood 2005; Lengersdorf und Meuser 2010) als zentrale Inhalte einer neuen Männlichkeitskonzeption identifiziert wurden.

Ich habe gezeigt, dass das Self-Tracking im Kontext von Prozessen des De- und des Regenderings verstanden werden sollte. „Mit der Erfindung der Technik hat sich der Mann sukzessive selbst entmännlicht", schreibt Walter Hollstein. „Er hat Kraft, Stärke, Persönlichkeit, Autorität, Unverwechselbarkeit und Pioniergeist an immer effizientere Geräte und Instrumente delegiert" (Hollstein zit. n. Meuser 2001, S. 10). Die vorliegende Analyse zeigt, dass zumindest im Self-Tracking das Gegenteil der Fall ist. Wenn wir dem Self-Tracking Diskurs folgen, sind Männer für das Erlernen und Demonstrieren von Stärke, Persönlichkeit, Autorität, Unverwechselbarkeit und Pioniergeist *angewiesen* auf bestimmte Geräte und Instrumente. Das Self-Tracking fördert nicht nur die Realisierung dieser Ideale, es fordert sie auch ein.

Diese Anforderungen sind zu verstehen im Kontext einer Krise von Männlichkeitskonstruktionen, die sich vorrangig am Normalarbeitsverhältnis orientieren. Sie stellen eine Mischung dar aus einem Festhalten an tradierten Männlichkeitsnormen und der Herausbildung neuer Anforderungen. In Anlehnung an Bröcklings „unternehmerisches Selbst" und an Connells „transnational business masculinity" kann dieses Set von Normen, bzw. diese Subjektivierungsform verstanden werden als eine *unternehmerische Männlichkeit*. Die Anrufungen dieser unternehmerischen Männlichkeit entwickeln ihre Macht erst dadurch, dass sie von Individuen aufgegriffen und performiert werden (vgl. Butler 1997, S. 22). Im Anschluss daran können die Self-Tracking Technologien als Disziplinierungstechnologien verstanden werden, die eine umfängliche Performanz der Anrufungen der unternehmerischen Männlichkeit erst möglich machen.

In welchem Umfang die hier herausgearbeiteten Anrufungen jedoch tatsächlich performiert werden und ob sie sich zu einem neuen dominanten Männlichkeitsbild zusammensetzen, lässt sich zum jetzigen Zeitpunkt und beim jetzigen Stand der Forschung nur schwer beantworten. Offensichtlich ist aber, dass die Anrufungen einer unternehmerischen Männlichkeit weit über den Diskurs des Self-Tracking hinaus verbreitet sind. Während es sich beim Self-Tracking im Wesentlichen um ein Wohlstandsphänomen handelt, hat beispielsweise Niels Spilker (2010) ganz ähnliche Anrufungen in Diskursen von Arbeitsämtern aufgezeigt.

Eine Konsequenz des Selbstunternehmertums ist die Verlagerung von Verantwortung für das Wohlergehen von sozialen Sicherungssystemen in die Individuen. Diese Verlagerung kann mit Techniken der Selbstquantifizierung in Verbindung gebracht werden. Schon 1894 schrieb Carl Landolt, Haushaltsforscher beim Schweizer Eidgenössischen Statistischen Amt, dass sich durch Haushaltsbuchhaltung zeigen werde, „ob sie [die Armen] und die Gewohnheiten ihrer Angehörigen selbst die Schuld tragen an den herrschenden Missständen" (zit. n. Schmidt 2007, S. 234). Diese Rhetorik findet sich auch wieder im Vorschlag des Britischen Gesundheitsministeriums, dass Ärzte ihren Patienten/-innen Self-Tracking Anwendungen verschreiben sollten „to allow them to monitor and manage their health more effectively [which] will give patients more choice, control and responsibility over their health".[34]

Soziale Sicherheit wird so ersetzt durch die „Verantwortlichkeit" der Individuen. Diese wiederum besteht aus Imperativen einer ökonomisierten Selbstverwirklichung, deren Ziel es ist, das Selbst zu kennen und zu meistern, um es effizient ökonomisch nutzen zu können. Es wäre falsch, die Performanz dieser Imperative auf individuelle Entscheidungen zu reduzieren, denn, wie Bröckling anmerkt: „Wenn Leben zur ökonomischen Funktion wird, bedeutet Desinvestment Tod" (Bröckling 2003, S. 22). Das Self-Tracking kann dabei als eine der Schnittstellen verstanden werden, an denen das Leben in eine ökonomische Funktion übersetzt wird.

Literatur

Aho, J. A. (2005). *Confession and bookkeeping*. New York: State University of New York.
Bourdieu, P. (1997). Die männliche Herrschaft. In I. Dölling & B. Krais (Hrsg.), *Ein alltägliches Spiel. Geschlechterkonstruktionen in der sozialen Praxis* (S. 153–217). Frankfurt a.M.: Suhrkamp.

---

34 https://www.gov.uk/government/news/gps-to-prescribe-apps-for-patients--2. Zugegriffen 2. Juli 2014.

Bröckling, U. (2002). Das unternehmerische Selbst und seine Geschlechter. *Leviathan, 30*(2), 175–194. doi:10.1007/s11578-002-0017-2.
Bröckling, U. (2003). Menschenökonomie, Humankapital. Eine Kritik der biopolitischen Ökonomie. *Mittelweg, 36*(1), 3–22.
Bröckling, U. (2011). Human Economy, Human Capital: A Critique of Biopolitical Economy. In U. Bröckling, S. Krasmann & T. Lemke (Hrsg.), *Governmentality. Current Issues and Future Challenges* (S. 247–268). London: Routledge.
Bröckling, U. (2013). *Das unternehmerische Selbst. Soziologie einer Subjektivierungsform.* Frankfurt a.M.: Suhrkamp.
Butler, J. (1997). *Körper von Gewicht.* Frankfurt a.M.: Suhrkamp.
Butler, J. (2011). *Die Macht der Geschlechternormen und die Grenzen des Menschlichen.* Frankfurt a.M.: Suhrkamp.
Connell, R. (1999). *Der gemachte Mann. Konstruktion und Krise von Männlichkeiten.* Opladen: Leske + Budrich.
Connell, R., & Wood, J. (2005). Globalization and Business Masculinities. *Men and Masculinities, 7*(4), 347-364. doi:10.1177/1097184X03260969.
Cornell, M. (2010). Is there a Self-Experimentation Gender Gap? http://quantifiedself.com/2010/12/is-there-a-self-experimentation-gender-gap/. Zugegriffen: 08. Juni 2014.
Distelhorst, L. (2014). *Leistung. Das Endstadium der Ideologie.* Bielefeld: transcript.
Franklin, B. (1916). *The Autobiography of Benjamin Franklin.* New York: Henry Holt.
Foucault, M. (1978). *Dispositive der Macht. Über Sexualität, Wissen und Wahrheit.* Berlin: Merve.
Foucault, M. (1994). *Überwachen und Strafen.* Frankfurt a.M.: Suhrkamp.
Foucault, M. (2005). Die „Gouvernementalität" (Vortrag). In D. Defert (Hrsg.), *Analytik der Macht* (S. 148–174). Frankfurt a.M.: Suhrkamp.
Foucault, M. (2005a). „Omnes et singulatim": zu einer Kritik der politischen Vernunft. In D. Defert (Hrsg.), *Analytik der Macht* (S. 188–219). Frankfurt a.M.: Suhrkamp.
Foucault, M. (2010). Neoliberale Gouvernementalität II: Die Theorie des Humankapitals. In U. Bröckling (Hrsg.), *Kritik des Regierens. Schriften zur Politik* (S. 177–203). Frankfurt a.M.: Suhrkamp.
Franklin, B. (1916). *The Autobiography of Benjamin Franklin. With Illustrations by E. Boyd Smith. Edited by Frank Woodworth Pine:* New York: Holt & Co..
Horkheimer, M., & Adorno, T. W. (1993). *Dialektik der Aufklärung. Philosophische Fragmente.* Frankfurt a.M.: Suhrkamp.
Janssen, J.-K. (2012). Das vermessene Ich. *c't, 18*, 74–77.
Jones, K. (2004). GENDER AND RATIONALITY. In A. R. Mele & P. Rawling (Hrsg.), *The Oxford Handbook of Rationality* (S. 301–219). Oxford: Oxford University Press.
Lengersdorf, D., & Meuser, M. (2010). Wandel von Arbeit – Wandel von Männlichkeiten. *Österreichische Zeitschrift für Soziologie, 35*(2), 89–103. doi:10.1007/s11614-010-0056-x.
Ludes, P. (2001). Schlüsselbild-Gewohnheiten. Visuelle Habitualisierungen und visuelle Koordination. In T. Knieper & M. Müller (Hrsg.), *Kommunikation visuell. Das Bild als Forschungsgegenstand – Grundlagen und Perspektiven.* (S. 64–78) Köln: Halem.
Meuser, M. (2001). Männerwelten. Zur kollektiven Konstruktion hegemonialer Männlichkeit. *Schriften des Essener Kollegs für Geschlechterforschung, 1*(2), 5–32.

Meuser, M. (2010). Geschlecht, Macht, Männlichkeit – Strukturwandel von Erwerbsarbeit und hegemonialer Männlichkeit. *Erwägen Wissen Ethik, 21*(3), 325–336.

Miller, P., & Rose, N. (1995). Production, identity, and democracy. *Theory & Society, 24*(3), 427–467.

Morini, C. (2007). The Feminization of Labour in Cognitive Capitalism. *Feminist Review, 87*, 40–59. doi:10.1057/palgrave.fr.9400367.

Reckwitz, A. (2010). Umkämpfte Männlichkeit. Zur Historischen Kultursoziologie männlicher Subjektformen und ihrer Affektivitäten vom Zeitalter der Empfindsamkeit bis zur Postmoderne. In M. Borutta & N. Verheyen (Hrsg.), *Die Präsenz der Gefühle. Männlichkeit und Emotion in der Moderne* (S. 57–77). Bielefeld: transcript.

Rose, N. (1999). *Powers of Freedom: Reframing political thought*. Cambridge: Cambridge University Press.

Schmidt, D. (2007). Buchführung für Oikos und Etat. In A. Mennicken & H. Vollmer (Hrsg.), *Zahlenwerk* (S. 229–245). Wiesbaden: VS.

Schultz, T. W. (1971). *Investment in human capital*. New York: Free Press.

Spilker, N. (2010). *Die Regierung der Prekarität. Zur neoliberalen Konzeption unsicherer Arbeitsverhältnisse*. Münster: Unrast.

Vormbusch, U. (2012). *Die Herrschaft der Zahlen. Zur Kalkulation des Sozialen in der kapitalistischen Moderne*. Frankfurt a.M.: Campus.

Vickery, A. (2013). His and Hers: Gender, Consumption and Household Accounting in Eighteenth-Century England. *Past & Present, 1* (suppl 1), 12–38. doi:10.1093/pastj/gtj013.

Voß, G. G., & Pongratz, H. J. (1998). Der Arbeitskraftunternehmer. Eine neue Grundform der Ware Arbeitskraft? *Kölner Zeitschrift für Soziologie und Sozialpsychologie, 50*(1), 131–158.

Kalorienzählen oder tracken?

Wie *Quantified Self* feminisierte Körperpraxen zu Männlichkeitsperformanzen transformiert

Corinna Schmechel

Quantified Self (nachfolgend *QS*) gilt als männlich dominierte Sphäre, während gleichzeitig Statistiken zu den körperüberwachenden Apps und Gadgets eher eine weiblich dominierte Nutzer_Innengruppe[1] zeigen. Das Überwachen des eigenen Körpers (z.B. durch Gewichtskontrollen und Menstruationskalender) hat eine lange Tradition als weibliche Körperpraxis. *QS* bietet nun durch die Verknüpfung des feminin konnotierten Feldes der Körperselbstsorge mit männlich konnotierten Aspekten wie Elektronik und wissenschaftlicher Objektivität eine Möglichkeit, Geschlechtergrenzen der Körperpraktiken neu zu tarieren und damit eine „männliche" Form der Körperselbstsorge zu installieren, wie sie historisch bereits vorgängig waren. In diesem Beitrag wird *QS* mit der antiken Diätetik und dem bürgerlichen Hygienediskurs des beginnenden 20. Jahrhunderts verknüpft und die Kontinuitäten sowie die Brüche in Bezug auf das Geschlecht des selbstüberwachenden Subjekts herausgearbeitet.

---

1 Die Schreibweise des _ und des großgeschriebenen I soll auf Personen im Kreis der Bezeichneten verweisen, welche sich nicht in einer binären Geschlechterstruktur wiederfinden und die Großschreibung des I dem immanenten Androzentrismus im generischen Maskulinum entgegengesetzt werden, welcher sich latent auch durch ein hintenanstellen der femininen Endung durch _innen reproduziert.

Darauf basierend ruft der Beitrag dazu auf, die Subjekte der *QS*-Bewegung aus einer interdependent denkenden Perspektive zu betrachten, da auch die Fragen nach dem Geschlecht der Nutzer_Innen nicht ungetrennt von Fragen z.b. der ökonomischen Situation betrachtet werden können. Heute gilt der Imperativ der Selbstkonstruktion via körperorientierter Selbstsorge für viele gesellschaftliche Schichten. Dennoch sind die Möglichkeiten dazu unterschiedlich verteilt. Self-Tracking z.B. ist sicher allein aus finanziellen, wie auch aus habituellen Gründen als schichtgebundene Praktik zu verstehen, wie schon die antike Diätetik und das bürgerliche Selbstvermessen Praktiken zur sozialen Disktinktion waren.

1 Einleitung

Egal ob Self-Tracking, Lifelogging und die *QS*-Bewegung als Emanzipation und Selbstermächtigung über den eigenen Körper oder als Selbst-Verobjektivierung, Entfremdung und Komplettabsage an die Privatsphäre gesehen werden, in Einem sind sich bewegungsin- wie externe Einschätzungen einig: Es handelt sich um ein stark männlich dominiertes Phänomen. Statistiken über Äußerungen in Foren, sowie Teilnahme und Präsentationen bei Treffen der Mitglieder der *QS*-Bewegung (Meetups) kommen auf einen Anteil von 70-90 Prozent männlicher Beteiligung (Cornell 2010). Doch ein differenzierterer Blick auf die Nutzer_Innengruppe der entsprechenden Gadgets und Apps zur Vermessung des eigenen Körpers zeigen hier eine ausgeglichene, wenn nicht gar weiblich dominierte Verteilung.[2] Das ist eigentlich auch nicht verwunderlich. Ist nicht das Überwachen des eigenen Körpers – z.b. durch Gewichtskontrollen und Menstruationskalender – primär eine weibliche Praktik? Stellt nun technik-basiertes Self-Tracking und die offenkundige Darstellung der Ergebnisse die modernisierte und maskulinisierte Form dieser dar? Oder wie es die US-amerikanische Soziologin Whitney Erin Boesel formuliert: „Given all of this, who's probably self-tracking but not doing so as a part of Quantified Self?" (Whitney Erin Boesel: „The Missing Trackers", 2013).

Dieser Beitrag geht der Frage nach, wo Unterschiede und Gemeinsamkeiten von Self-Tracking und der *QS*-Bewegung, als primär männlicher Community,

---

2 Florian Schumacher – Gründer von *Quantified Self Deutschland* – sagt dazu in einem Interview mit dem Schweizer Rundfunk und Fernsehen: „Je tiefer es in die Datenanalyse geht, desto mehr Männer sind dabei", Unter den normalen Nutzern kommerzieller Angebote ist der Anteil der Frauen höher. Beim Fitbit-System, das Schritte, Schlafphasen, Kalorienzufuhr und andere Kenndaten verarbeitet, „liegt er über 60 Prozent", http://www.srf.ch/wissen/digital/quantified-self-gesunder-trend-oder-grosse-gefahr. Zugegriffen: 25. Juni 2015.

und verbreiteter weiblicher Körper-Selbstüberwachung auszumachen sind. Darauf aufbauend geht es um die Frage, inwiefern *QS* Wandel und Transformation in der geschlechtlichen Konnotierung von körperlichen Selbsttechnologien bedeutet und wo hierin wiederum hegemoniale Geschlechterrollen reproduziert werden. Schließlich gilt es zu fragen, ob eine Analyse, die Geschlecht als losgelösten Faktor versteht, überhaupt in der Lage ist, die Realität der Self-Tracking-Nutzung zu erfassen und zu erklären?

Zur Klärung dieser Fragen soll der Diskurs zu Geschlechterverhältnis in der *QS*-Bewegung in diesem Beitrag um eine historisierende und interdependente Sichtweise ergänzt werden. Der Schwerpunkt liegt dabei auf dem Tracken von Daten zum Gewichts- und Fertilisationsmanagement, da dies die Self-Tracking-Bereiche sind, die auf eine lange Geschichte jenseits von *QS* zurückblicken können und zudem eine starke feminine Konnotierung mit sich tragen. Boesel stellt die These auf, dass „the feminine gendering of ‚dieting' and ‚fertility tracking' plays a role (…) also in their seeming absence from Quantified Self (…)" (Boesel, vgl. auch Danah Boyd).

Das kleine Wort „seeming" ist hier sehr wichtig und „diet tracking" sehr wohl Teil von Self-Tracking im Sinne von *QS*, obwohl letztes als männlich konnotiertes Feld gilt. Denn die Entwicklung von *QS* ist, wie sich hier zeigt, als eine ambivalente Transformation zu sehen, bei der geschlechtliche Konnotationen aufgegriffen, angepasst, verändert aber auch reproduziert werden. Dazu soll betont sein, dass es sich bei Männlichkeit und Weiblichkeit sowie Zweigeschlechtlichkeit insgesamt, um Produkte sozialer Konstruktionsprozesse und nicht um Entitäten handelt. Die binären Geschlechtervorstellungen materialisieren sich *in* und *durch* Körperpraxen und die dazugehörigen Diskurse (z.B. zu Diätverhalten) wie im Folgenden exemplarisch dargestellt wird.

2   Auch du darfst – manly dieting

Boesel beginnt ihren Post „The missing trackers" mit einem Rätsel:

> „To begin, it's both an organization and a group of people. It's quite large; over a million people participate. They don't all participate together, though; rather, they meet up regularly in much smaller groups, in cities all over the world. Participants are almost all doing some kind of self-tracking, which usually includes things about their bodies, their activities, what they eat, and sometimes how they feel. When the smaller groups get together, meetings include both presentations and time for participants to get advice from each other about their self-tracking projects."

Die Assoziation zu *QS* liegt nahe. Worüber Boesel aber schreibt, sind *Weight Watchers*, das weltweit wohl bekannteste Unternehmen und Konzept zur Gewichtreduktion, das bereits seit 1963 (in Deutschland seit 1970) besteht. „It would seem that Weight Watchers could make a good case for being ‚the original self-tracking meetup group'…)"(ebd.) resümiert Boesel. Ein spannender Unterschied zwischen *QS* und *Weight Watchers* ist jedoch, neben der thematischen Fixierung auf das Tracken des Körpergewichts und damit verknüpften Faktoren, die geschlechtliche Konnotierung. „The typical Weight Watchers client is an upper-middle class women living in the suburbs"(David J. Leonard 2012).

Dass Diät-Halten und generell eine starke Überwachung und Kontrolle der eigenen Körpersilhouette eigentlich einen Widerspruch zur Performanz hegemonialer Männlichkeit bedeutet, darauf verweist die spezifische Werbung der *Weight Watchers*, in der unter dem vielsagenden Titel „lose like a man"/"Verlier wie ein Mann" mit dem US-amerikanischen Basketballspieler Charles Barkley bzw. dem deutschen Fußballer Oliver Kahn[3] geworben wird. Die Tatsache, dass Männer überhaupt als Zielgruppe speziell ausformuliert werden, betont die Besonderheit des Bildes „diätender Mann" – eine diskursive Strategie, die sonst vorrangig von Phänomenen wie „Frauenfußball oder -boxen" bekannt ist.

Sebastian Scheele arbeitet heraus, dass tradierte Männlichkeitskonstruktionen darauf beruhen, dem eigenen Körper möglichst wenig Aufmerksamkeit zu widmen. Das Image des starken, selbstbewussten und unabhängigen männlichen Subjektes beinhaltet(e) eine Unabhängigkeit von ästhetischen Urteilen, Furchtlosigkeit vor etwaigen Spätfolgen des eigenen (Gesundheits-)Verhaltens und den Verzicht auf ärztlicher Ratschläge oder Hilfeleistungen (Scheele 2010). Nicht zuletzt kann dies mit der „asymmetrischen Medikalisierung" der Geschlechter als Abgrenzung zur als genuin pathologisch konstruierten Weiblichkeit erklärt werden (ebd., S. 64). Scheele (und sicher auch andere) haben herausgestellt, dass sich gerade ein Wandel im öffentlichen Diskurs um Gesundheits- und Körpernormen vollzieht: Männer werden vom unmarkierten Standard nun (auch) zum Objekt neuerer Vorstellungen von Fitness und Schönheit. Dabei wäre es aber verkürzt, einfach davon zu sprechen, dass „Schlankheitswahn" und „Schönheitsterror" nun auch auf männliche Subjekte und Körper übergreifen. Mit dieser schlichten Ausweitungsthese wird die Spezifik der geschlechtlichen Körper-Selbstregierungsregime vernachlässigt.

Körperpraxen wie z.B. eine Diät, die Aufzeichnung der eigenen Kalorienzufuhr und Aktivität sind „Technologien des Selbst" im Foucault'schen Sinne, also „ (…) gewusste und gewollte Praktiken (…), mit denen die Menschen nicht nur die Regeln ihres Verhaltens festlegen, sondern sich selber zu transformieren, sich in ihrem be-

---

3 https://www.youtube.com/watch?v=l4a1kK9uS54. Zugegriffen: 25. Juni 2015

sonderen Sein zu modifizieren und aus ihrem Leben ein Werk zu machen suchen, das gewisse ästhetische Werte trägt und gewissen Stilkriterien entspricht" (Foucault 2012b, S. 18). Was Foucault zumindest nie explizit herausstellt, ist die Rolle, die Geschlecht für die Subjektivation durch Selbsttechnologien spielt. Dabei sind die „gewissen ästhetischen Werte und gewissen Stilkriterien" nicht allgemein oder beliebig, sondern stark durch die gesellschaftliche Positionierung des jeweiligen Subjektes geformt. Entgegen tradierter androzentrischer Rhetorik in den (Sozial) Wissenschaften, gibt es *das* Subjekt, das über die hier erwähnten körperbezogenen Technologien des Selbst konstruiert wird, nicht. Vielmehr werden über bestimmte Technologien, bestimmte Subjekte – eben auch vergeschlechtlichte Subjekte – hervorgebracht. Über das Zählen der Kalorienaufnahme und -verbrennung werden nicht (nur) figur- und gesundheitsbewusste Subjektivitäten erschaffen, sondern – zumindest bis vor einigen Jahr(zehnt)en – vorrangig (*weiße*[4] Mittelstands)Frauen.

Zur Verdeutlichung möchte ich auf die Produktkette „Du darfst" verweisen. Deren Werbung bedient vollkommen die weibliche Vergeschlechtlichung diätischen Essverhaltens, wie an der ausschließlichen Ansprache von Frauen und beispielhaft an folgenden Zitaten der Internetpräsenz zu sehen ist:

„Du darfst findet: Frauen sind einfach toll. Sie sind heute so und morgen ganz anders. An manchen Tagen fühlen sie sich gut – und an anderen nicht, ohne zu wissen warum. Mal essen sie voller Lust und dann wieder mit schlechtem Gewissen. Das ist typisch Frau! Wir von Du darfst verstehen das und glauben: Frauen, die Spaß am Essen haben, sind einfach glücklicher. Denn Ernährung spielt für das Wohlbefinden eine wichtige Rolle. Deshalb geht mit Du darfst beides: geschmackvoller Genuss und kalorienbewusste Ernährung." (http://www.du-darfst.de/Ueber-Du-Darfst. Zugegriffen: 25. Juni 2015)

Typisch Frau ist nach diesem Text also ein permanentes unberechenbares und undurchschaubares Schwanken zwischen dem schlechten Gewissen und dem eigenen Appetit, das durch kalorienreduzierte Nahrung explizit ohne die Notwendigkeit von Kalkulation und Selbstbeherrschung gelöst werden soll. In diesem Sinne heißt es weiter: „Kalorienzählen war gestern. ‚Du darfst' unterstützt Frauen, durch fettarme und ausgewogene Ernährung ihr persönliches Schönfühlgewicht zu erreichen oder zu halten." (ebd.)

---

4   Ich verwende die kursive Schreibweise bei den Begriffen *weiß* und *dick*, um auf die soziale Konstruiertheit und inhaltliche Wandelbarkeit dieser Kategorien zu verweisen und von einer Lesart als deskriptive Adjektive abzugrenzen. Bei der Bezeichnung *Schwarz* nutze ich zusätzlich die Großschreibung um auf die Bedeutung des Begriffes als politische Identität zu verweisen.

Um den Graben zu tradierten Männlichkeitsperformances zu überbrücken, konstruiert die *Weight Watchers*-Kampagne im Gegensatz dazu eine explizit männliche Form des Diäthaltens und präsentiert Elemente der *Weight Watchers-*Diät, die eigentlich für alle Partizipierenden, also auch alle Frauen gelten, hierin zu spezifisch für Männer wichtigen Aspekten. Besonders die Verknüpfung mit moderner Technik und Gadgets der digitalen Selbstvermessung, sowie die Zielgerichtetheit und Planbarkeit werden hervorgehoben (die Elemente der Gruppentreffen und anderen sozialen Austauschplattformen hingegen nicht[5]). Ein Sub-Slogan der US-Kampagne lautet beispielsweise: „Be the man with the online plan!"[6] Hier ist Kalorienzählen nicht gestrig, sondern hochmodern. So wird *über Techniken des digitalen Self-Trackings* Männlichkeit produziert. Das Kalorienzählen wird als Kalorien-Tracken zur männlichen Tätigkeit transformiert ganz ohne Bruch mit dem von Gayle Rubin herausgearbeiteten „sameness taboo", nach welchem Männer und Frauen niemals das Gleiche tun, sondern ihre Tätigkeiten stets geschlechtlich unterscheidbar sein müssen (Rubin 1997, S. 39).

3 „Self-tracking tools are a ‚guy thing'."[7] – Vergeschlechtlichung der Selbstvermessung

Sowohl externe Beobachter_Innen wie auch interne Partizipierende kommen zum gleichen Beobachtungsergebnis, der männlichen Dominanz der *QS*-Bewegung. Diese wird ebenso übergreifend auf den hohen Grad der Technologisierung und Verwissenschaftlichung zurückgeführt.[8] Auch von Frauen selbst werden in bewegungsinternen Foren die eigene Technikferne und ein mangelndes Selbstbewusstsein im Umgang mit „Wissenschaftlichkeit" und Technik als große Hürde angegeben. Ein Beispiel dafür ist folgender Post:

> „Speaking as a woman, and not a young one, I can say that a lack of science education has kept me out of all kinds of discussion, reading and thinking in science.

---

5 In einem Werbesport auf http://www.weightwatchers.com/men/ stellt ein US-Offizier, nachdem er betont, dass er früher auch dachte WW wäre nur was für „ladies", detailliert die digitalen WW-Elemente dar.

6 http://www.weightwatchers.com/men/. Zugegriffen: 25. Juni 2015.

7 http://quantifiedself.com/2010/12/is-there-a-self-experimentation-gender-gap/. Zugegriffen: 25. Juni 2015.

8 Wie z.B. Stefan Selke es im Interview mit dem Schweizer Fernsehen ausdrückt: „Das ist diese Teckie-Welt, die stark männlich geprägt ist." http://www.srf.ch/wissen/digital/quantified-self-gesunder-trend-oder-grosse-gefahr. Zugegriffen: 25. Juni 2015.

> I'm a huge quantifying and tracking geek. I love spreadsheets, charts, and technological tools. I have an Android phone and I use it. When I discovered that there's such a thing as self-quantifying (very recently), I was completely galvanized by it, and by all that it can do for me. But when I started an experiment on your Edison site, I immediately ran into problems with my internal dialog: do I really understand what an experiment is? Is my purely female experiment subject (tracking hot flashes) too girly for this place? Am I really able to apply some kindergarten version of the scientific method to my daily and personal concerns? ... and so on." (Cornell 2010)

Doch neben der klar formulierten Hürde der „lack of science education" möchte ich das Augenmerk auf die Frage legen: „Is my purely female experiment subject (tracking hot flashes) too girly for this place?" Mit Blick auf all die Dinge, die in *QS*-Foren getrackt, ausgewertet und diskutiert werden, entsteht der Eindruck, dass ein Element der *QS*-Mentalität darin besteht, dass nahezu nichts zu banal ist, um als Beobachtungobjekt zu dienen. Gleichzeitig aber lebt auch hier der lange in Gesellschaft und (medizinischer) Wissenschaft tradierte Androzentrismus fort, der den unausgesprochen männlich gedachten Körper zur Norm setzt und Phänomene dann als außergewöhnlich und randständig betrachtet, wenn sie auf diesen nicht anzuwenden sind. Dazu möchte ich exemplarisch auf die Erfahrung einer App-Firmen-Gründerin verweisen:

> „Recently, I had a phone call with an editor here in Berlin about why he should write about my company's cycle-tracking app, *Clue*. Yes, I'm a little biased, but I thought we had a strong pitch: we were the No. 1 app in Germany in the Health & Fitness category, have been covered in major publications and have just raised a half-million euro round from prominent investors in both Europe and the US.
> His response was, 'Why should I cover a niche app?'
> That's right: an app targeted at women – 51 percent of the world's population – is still considered 'niche' by the tech world and the media." (Tin 2014)

Die Autorin dieses Beitragsmacht ähnlich wie Boesel das Argument stark, dass die offizielle *QS*-Bewegung zwar männlich dominiert sein mag, Self-Tracking an sich aber eher als weibliche Domäne betrachtet werden kann: „The other is that fertility tracking is not a new habit, but one that goes back literally thousands of years. Women have always tracked their cycles – with pen and paper, with calendars, and now with technological tools." (ebd.)

Es ist, wie auch am Beispiel der „männlichen Diät" erst die Verknüpfung mit moderner Technik und eine Betonung auf die „Wissenschaftlichkeit" und Rationalität mit der die Selbstbeobachtung zur männlichen Tätigkeit wird.

4   „… too damn busy …" – Self-Tracking als Frage der zeitlichen und finanziellen Ressourcen

Neben den eher auf der kulturellen Ebene zu verortenden Elementen gibt es auch eher materielle Gründe für die männliche Dominanz in der *QS*-Bewegung. Auch hier möchte ich einen Post aus einer bewegungsinternen Diskussion als Beispiel heranziehen. Als Antwort auf einen Blogartikel, der nach Gründen für die geringe Beteiligung von Frauen in der *QS*-Bewegung fragt, antwortet eine Leserin:

> „Also, frankly, I'm just too damn busy to measure almost anything regularly except my bank balance, which is calculated for me. Like most women, I'm on a triple shift life plan. I work, I write, I keep a house and raise a big family, I eat mostly vegan and practice yoga every day, contribute in the community, and do it on generally less money than the guys. Plus I am culturally obligated to a time consuming grooming standard. So, no, I don't have time for gadgets and measurement." (http://quantifiedself.com/2010/12/is-there-a-self-experimentation-gender-gap/. Zugegriffen: 25. Juni 2015)

Zuerst einmal sehe ich den Verweis auf den „time consuming grooming standard" als eine zumindest latente Bestärkung der These, dass Aktivitäten, die in der *QS*-Bewegung unter dem Stichwort Self-Tracking verhandelt werden, längt Teil verbreiteter weiblicher Lebensrealität sind. Es wird nicht näher bezeichnet, was die Autorin genau darunter versteht, doch kann kalorienbewusste Ernährung und Sport zur Figurformung grundsätzlich als Element der Körperpflege verstanden werden.

Noch spannender ist aber der Verweis auf die zeitlichen und (damit verknüpft) finanziellen Ressourcen, die notwendig sind, um an der *QS*-Bewegung zu partizipieren. Diese sind auch heute noch ungleich unter den Geschlechtern verteilt. Frauen erhalten weniger Lohn und sind zudem in bedeutend größerem Maße verantwortlich für reproduktive Tätigkeiten wie Hausarbeit und Kindererziehung. Die Partizipation in der *QS*-Szene erfordert ein gewisses Maß an Freizeit und Energie, die ganz allein auf sich selbst fokussiert wird, was wiederum etwas ist, was den Anforderungen der klassisch weiblichen Geschlechterrolle widerspricht.

Zusätzlich erinnert dieser Punkt auch daran, dass Geschlecht nicht losgelöst von Faktoren der sozialen Lage zu denken ist. Die Autorin des oben zitierten Beitrags schreibt: „I eat mostly vegan and practice yoga every day, contribute in the community, (…)." (ebd.) Basierend auf Studien zur Abhängigkeit von Lebensstilen von der sozialen Lage (wie dem Klassiker „Die feinen Unterschiede" von Pierre Bourdieu, 1987) liegt die Annahme sehr nahe, dass es sich hierbei um eine Frau aus der oberen Mittelschicht handelt, die innerhalb ihrer Schicht von geschlechtsgebundener Benachteiligung durch Doppel-, bzw. Dreifachbelastung betroffen ist. Dennoch hat sie Zugang zu *QS*-Foren und beteiligt sich an Diskussionen und der Rest ihres Beitrags zeigt, dass sie durchaus zumindest versucht hat, Self-Tracking zu praktizieren.

Der Verweis auf die zeitlichen und durchaus auch finanziellen Mittel, die für eine intensive Partizipation an der *QS*-Bewegung aufzubringen sind, lässt vermuten, dass *QS* nicht einfach männlich dominiert ist, sondern sich vielmehr auch die Frage stellt, welche Männer an *QS* partizipieren und wie hoch der Anteil von Männern aus sozial prekären und schlecht gestellten Schichten ist.

Dazu gibt es bislang noch sehr wenig Diskussion innerhalb des Diskurses zu Self-Tracking und *QS*. Doch schon Pierre Bourdieu stellte in seiner Studie „Die feinen Unterschiede" fest, dass ein Lebensstil, der Selbstreflexion und -Optimierung, ein permanentes „Sorgen um sich" beinhaltet, eher für mittlere und aufsteigende soziale Schichten konstitutiv ist[9]. So ist schon das Ideal der gesunden und bewussten Lebensführung von *QS* und Self-Tracking von einem Klassen-Bias durchzogen:

> „Denn die normative Durchsetzung eines spezifischen Ernährungsregimes für alle Bevölkerungsgruppen stellt einen Akt der Durchsetzung von gesellschaftlicher Macht dar – nämlich der Macht spezifischer sozialer Fraktionen zu bestimmen, was ‚richtiges Essen' ist, und dies zum allgemein verpflichtenden Verhaltensstandard zu erheben" (Rose 2012, S. 212).

Dies lässt sich auch historisch herleiten, was im Folgenden nachgezeichnet wird.

5 „...lauter Dinge, die ‚gemessen' sein müssen" – Historische Einbettung von Self-Tracking[10]

Das Phänomen Self-Tracking ist einerseits spezifisch aktuell und andererseits alles andere als neu. Michel Foucault fasst in seiner Analyse der antiken Diätetik die Essenz dieser zusammen als „lauter Dinge, die ‚gemessen' sein müssen" [11] (Foucault

---

9   Er arbeitet heraus, dass es zum Habitus des Kleinbürgertums gehört, sich ständig von außen selbst zu beobachten, sich selbst zu überwachen, kontrollieren, und zu züchtigen (S. 331). Ferner beschreibt Bourdieu die Psychologisierung des Körperverhältnisses und die Bedeutung der Kommunikation über den eigenen Körper im Kleinbürgertum (Bourdieu 1986, S. 578ff. und 739).

10 Dieses Unterkapitel basiert auf meiner unveröffentlichten Masterarbeit: „Von Sorgen, Sünden und Süchten. Eine genealogische Betrachtung der Problematisierung diätischer Körperpraxen und ihrer Vergeschlechtlichung", eingereicht im August 2010 an der Kultur-, Sozial- und Bildungswissenschaftlichen Fakultät der Humboldt-Universität zu Berlin.

11 Diese Dinge umfassen auch ziemlich genau die Bereiche, die heute Objekt der meisten Self-Tracking-Aktivitäten sind: „die Übungen, die Speisen, die Getränke, den Schlaf, sie sexuellen Beziehungen".

2012b, S. 132) und führt aus, wie das Wesen der Diät seit jeher darin besteht, ein reflexives Verhältnis zum „Selbst" zu entwickeln und dieses Selbst zu messen und zu überwachen: „Die ganze Zeit über und für alle Tätigkeiten des Mannes problematisiert die Diät das Verhältnis zum Körper und entwickelt eine Lebensweise, deren Formen, Entscheidungen, Variablen von der Sorge um den Körper bestimmt sind" (Foucault 2012b, S. 132).

In diesem Sinne stellen Techniken wie Self-Tracking lediglich die eine, dem Stand der Technik und politischen Dispositive (als Stichworte seien hier Biopolitik und Gouvernementalität eingeworfen) entsprechende, Form der Technologien des um sich sorgenden Selbst dar.[12] Und es scheint damals wie heute, dass es „alle Tätigkeiten des Mannes" sind, die im Fokus der Selbstüberwachung stehen.

Das Selbst war in der Antike ein männliches, wohlgemerkt: ein freies männliches, also ein mit Privilegien und Ressourcen ausgestattetes Selbst. Frauen, Sklav_Innen und armen Menschen stand die Subjektivierung über eine ästhetisch motivierte körperbezogenen Selbstführung nicht zur Verfügung, vielmehr diente diese Praxis auch dazu, den eigenen sozialen Status zu (re)produzieren (Foucault 2012, S. 33; Voß 2011, Kapitel I). Inwiefern hier eine Analogie zur heutigen Self-Tracking-Praxis gezogen werden kann, wird hier später betrachtet.

Dazu lohnt es, einen weiteren Vorläufer der *QS*-Bewegung ins Visier zu nehmen, den bürgerlichen Hygiene-Diskurs der frühen Moderne, der tiefgreifend vom Historiker Philip Sarasin analysiert wurde. Das Wort Hygiene darf dabei nicht mit der heutigen Reduzierung auf Sauberkeitsstandards verwechselt werden, sondern umfasst in seiner ursprünglichen Bedeutung die Inhalte der antiken Diätetik, die explizit als Referenzrahmen dienen, wie Sarasin herausstellt: „Die moderne Hygiene, die sich seit der Aufklärung auf die antike Medizin bezog, war ein Wissen, das das Verhältnis des Menschen zu den materiellen Bedingungen seiner physischen Existenz beschreibe und das Individuen und gesellschaftliche Handlungsträger dazu anleitete, diese Bedingungen zu regulieren" (Sarasin 2001, S. 17).

Die Vorstellung, die sich heute innerhalb der *QS*-Bewegung unter dem Leitgedanken „Self knowledge through numbers" sowie vertreten durch das Konzept des Selbstexperiments zeigt, findet sich auch schon in einem Diätetik-Handbuch von 1811, das Sarasin wie folgt zitiert: „(…) schließt man auf einen bestimmten Causalzusammenhang (sic) zwischen den Reizen und der Gesundheit und prüft die Wahrheit des gefundenen Satzes noch durch absichtlich angestellte Versuche, erlangt man diätetische Kenntnisse" (Sarasin 2001, S. 249). Ziel der Versuche war es auch hier, den eigenen Gesundheitszustand und Bau des Körpers zu bestimmen.

---

12 Vgl. dazu die Entgegnung im Beitrag *Selbstoptimierung durch Quantified Self?* von von Stefan Meißner in diesem Sammelband.

Das Self-Tracking (auch wenn es damals noch nicht so hieß und noch nicht die Bandbreite an Werkzeugen dafür zur Verfügung stand) diente auch dazu, den immanenten Selbstwiderspruch der Aufklärung zu lösen. Diesen Widerspruch sieht Sarasin darin, einerseits nach Kant „das Buch abzulehnen, das für mich Verstand hat" (ebd.) und anderseits aber auch auf (z.b. hygienisches) Wissen angewiesen zu sein um der gewünschten Mündigkeit möglichst nahe zu kommen. Lösbar, oder zumindest reduzierbar, wird dieser Widerspruch eben dadurch, dass das Wissen individualisiert wird, sowohl in seiner Gewinnung als auch in seinem Geltungsbereich. Der Mensch verschafft sich selbst das Wissen über seinen individuellen Körper und ist dadurch unabhängig von Expert_Innen und Autoritäten und deren verallgemeinerten Ansichten – ein Element, welches heute explizit als Argument der *QS*-Bewegung angeführt wird.[13]

Die Sorge um den eigenen Körper wird im 19. Jahrhundert zum wesentlichen Charakterzug des bürgerlichen Subjekts: „Dieses ist mit der dauernden, regelmäßigen Observierung seines Körpers beschäftigt; die Verantwortung, die es für sich hat, erstreckt sich nicht länger nur auf die Reinheit der Seele, die Lauterkeit seiner Absichten oder die Treue seiner Pflichterfüllung, sondern auch auf sein physisches Wohlergehen" (Sarasin 2001, S. 22). Der Hygienediskurs stellte eine „gesellschaftliche Agentur" dar, die die Normalisierungsanstrengungen der Medizin und anderer neuer Wissenschaften vom Menschen in die Alltagswelt der Individuen übersetzte und einführte und die „Lebensführung in einer spezifischen Rationalität unterwarf, die sich unmittelbar in die Systemanforderungen kapitalistischer Rationalisierung einfügte" (ebd.).

An diesem historischen Punkt verbinden sich die modernen Naturwissenschaften des Menschen und seines Körpers mit dem Kapitalismus als Funktionssystem. Daraus entwickelt sich ein Verständnis des Körpers als Maschine (Sarasin 2001, S. 75ff.), als Besitz und als ökonomischer Faktor, dessen Arbeitsfähigkeit organisiert und garantiert werden musste. In bürgerlichen Kreisen wurde dies nicht (nur) durch strenge disziplinarisch juridische Machtausübung, sondern auch durch die Selbststeuerung der Subjekte im Rahmen ihrer eigenen Identitätsproduktion erreicht. Bei der diätischen Regierung des eigenen Körpers – sei es unter der antiken Diätetik, dem modernen Hygienediskurs oder im Rahmen heutiger Anrufungen der Fitness-Kultur – handelt es sich um eine Form der ethischen Selbstregierung, welche eine Freiheit und Wahlmöglichkeit der Individuen voraussetzt, über die erst die Selbstkonstruktion qua (hier körperbezogener) Selbsttechnologien möglich ist. „Die Ethik als Selbstverhältnis ist zugleich eine Gestaltung und Modellierung der

---

13 Vgl. dazu den Beitrag *Selbstvermessung als Wissensproduktion* von Nils B. Heyen in diesem Sammelband.

Freiheit. Zwar ist die Ethik nicht mit Freiheit identisch, ohne Freiheit gibt es jedoch keine Ethik, da es sonst der Grundlage und des Materials ermangelt, an dem die ethische Arbeit ansetzen könnte." (Lemke 2014, S. 310)

Die körperliche Lebensführung wird also zu einem Moment, in dem Fremd- und Selbstführung, Herrschafts- und Selbsttechniken zusammenfallen; ein Moment in dem die privaten Entscheidungen und Lebensstile der Individuen zum Ausdruck politischer Entwicklungen und Umstände werden und andersherum. Ähnlich also wie in der Antike und im Hygienediskurs dient die körperbezogene Selbstregulierung hier dazu, eine privilegierte gesellschaftliche Position zu (re-)produzieren, zu repräsentieren und damit auch zu verteidigen.[14]

5.1 Die Verdatung des Körpers

Doch bei genauerer Betrachtung eröffnet sich ein größerer Unterschied zwischen beiden Ethiken. Es geht in der antiken Diätetik um den „Gebrauch der Lüste", also um das Regieren der eigenen Begehren und das Trainieren des Charakters, der im Körper lediglich widergespiegelt wurde. Der Körper symbolisierte in der Antike zwar den Erfolg dieser Regierung, war aber nicht der Grund und das Ziel selbstregierenden Handelns, das daher eher als „Leibesethik"[15] bezeichnet werden kann. Dagegen entwickelt sich mit den modernen Strukturen eine Ethik, die sich auf den Körper und dessen Form konzentriert. Dieser Körper bekommt mit Entstehung von Nationalstaatssystemen und moderner Wissenschaft eine neue Struktur, als kalkulierbares Objekt individueller Selbstregierung, sowie staatlicher Biopolitik. Denn während in der Antike zwar verschiedene Körperformen unterschieden wurden, kann nun exakt die Position der Individuen auf oder neben der Normalverteilungskurve anhand verschiedenster Indizes (z.B. Broca-Index, BMI) berechnet, ausgedrückt und zueinander ins Verhältnis gesetzt werden. „Wir können zwar annehmen, dass es auch in der Antike ‚objektive' Verteilungen von Verhalten und ‚Durchschnitte' gegeben haben muß. Da sie ‚subjektiv' aber nicht in Form datenerhebender Dispositive existierten, (...)" sagt Jürgen Link „besaßen die Handelnden schlichtweg kein „‚Wissen' vom Typ der Verdatung" (Link 1998, S. 256) bzw. konnten sie sich nicht im Verhältnis zum Durchschnitt positionieren und dadurch

---

14   Umgekehrt entstehen dann auch unterprivilegierte gesellschaftliche Positionen. Vgl. dazu die Ausführungen zu „rationaler Diskriminierung" im Beitrag *Ausweitung der Kampfzone* von Stefan Selke in diesem Sammelband.
15   Entsprechend der Leib/Körper-Trennung bei Plessner, siehe Villa 2007, S. 1

konstruieren, individualisieren und sozialisieren, was wiederum für heutiges Self-Tracking im Rahmen von *QS* essentiell ist.[16]
Und nicht nur das *Ergebnis* von Lebensführung und Ernährungsweise wird zunehmend nummerisch verwissenschaftlicht, auch die *Lebensführung selber* wird mit Etablierung der Ernährungswissenschaften – mit „Entdeckung" der Kilokalorie und des Grundumsatzes und Stoffwechsels, der Zergliederung des Essens in die verschiedenen Nahrungsbestandteile Protein, Kohlehydrate und Fette – zum Objekt rationaler Beobachtung und Steuerung. Die neuen Ernährungswissenschaften sind ein höchst ambivalentes Feld. Einerseits eröffnen sie den Menschen vermehrte Selbstbestimmung über den eigenen Körper und sind eines der ersten wissenschaftlichen und beruflichen Felder, das von Frauen dominiert wird. Andererseits geht die neue Freiheit stets mit neuen Zwängen einher und schafft mit der Verwissenschaftlichung von Körper und Ernährung weit diffizilere und tiefgreifendere Normen und Verantwortlichkeiten, die ihre Legitimation und Wirkmacht gerade aus der Positionierung dieses Wissens als Wissenschaft und Wahrheit beziehen (vgl. Junge 2007, S. 172). Wie Abigail Bray beschreibt, entwickelt dies eine Wirkmacht bis tief in die Alltagspraxen hinein:

> „The private sphere of the kitchen/dining room was transformed into a quasi-chemical laboratory, where middle-class women juggled with various kinds of scientifically coded food or fuel in order to produce meals which would ensure the normalisation of their families' body weight and health" (Bray 2005, S. 127).[17]

Anschaulich für die Verwissenschaftlichung und Verdatung der Lebensführung (speziell der Ernährung) ist auch der 1918 veröffentlichte Diätratgeber von Lulu Hunt Peters, der als Vorreiter moderner Diätratgeber gesehen wird, da in ihm erstmals die Methode des Kalorienzählens vorgestellt wird:

> „Sie werden also nach Kalorien essen. Anstatt zu sagen, eine Scheibe Brot oder ein Stück Kuchen, werden Sie sagen 100 Kalorien Brot, 350 Kalorien Kuchen" (Bray 2005, S. 127; Brumberg 1994, S. 210ff.).

---

16 Vgl. dazu die Betonung von Freiheitgraden im Sinne einer Selbststeigerung anstatt der Betonung der Selbsteffektivierung durch das Vergleichen mit Mittelwerten und Normen wie im Beitrag von Stefan Meißner in diesem Sammelband dargelegt.

17 Als aktuelles Beispiel bezieht Bray sich auch auf Mineralwasserflaschen, auf denen heute angegeben wird, dass das Wasser null Kalorien enthält: *„The impact of the seemingly innocent and trivial calorie, for example, recodifies consumption and body weight to the extent that every single calorie is calculated in the act of consumption just as every single pound lost or gained is measured.",* S. 128.

Als ein Ausdruck sowie Werkzeug dieser Entwicklung kann die Etablierung des Wiegens als Alltagspraxis angesehen werden. Personenwaagen wurden zu Beginn des 20. Jahrhunderts zu normalen Gebrauchsgegenständen in Arztpraxen und Privathaushalten, sowie in öffentlichen Einrichtungen wie Schwimmbädern und Bahnhöfen (wo sie, zumindest in Berlin, heute noch vorhanden sind). Die Verbreitung der Waage als Instrument ging einher mit vielfach publizierten Anweisungen der Nutzung. Tabellen und Formeln zum Ideal und Normalgewicht wurden verbreitet und verknüpft mit der Forderung: „Täglich wiegen zur selben Zeit im selben Kleid!" (Merta, S. 307ff. Abb. 49). Dieser Slogan könnte heute auch Titel eines Self-Tracking-Experiments sein.

5.2   Die Feminisierung der Diät

Anhand dieser Übereinstimmt kann die Transformation der Vergeschlechtlichungsprozesse innerhalb des modernen Diskurses zur körperlichen Selbstregierung thematisiert werden. Sich täglich zu wiegen und den eigenen Kalorienverbrauch zu berechnen und zu protokollieren, ist im Hygienediskurs des angehenden 20. Jahrhunderts keine Tätigkeit mehr, die einen „freien Mann" kennzeichnet, sondern fester Bestandteil des hegemonialen weiblichen Alltags und des entsprechenden „grooming standard". Körperliche und körperpraktische Repräsentation dienten der neuen bürgerlichen Identität zur Differenzierung des bourgeoisen von adligen und proletarischen Körpern (vgl. Alkemeyer 2007, S. 7ff.), der europäischen weißen von „wilden" *Schwarzen* Körpern und der Konstruktion einer auch körperlichen Geschlechterordnung und -moral, die auch eine Distinktionstechnik gegenüber anderen Schichten, Klassen und „Ethnien" darstellte (Sarasin 2001, S. 194).[18] Denn die Entwicklung moderner Vorstellungen von binären Geschlechtscharakteren äußerte sich auch in einer geschlechtlich segregierten Moral zur leiblichen Selbstregierung, ganz besonders in Bezug auf die Kontrolle des Körpergewichts.

Das Diäthalten verliert im Laufe der Jahrhunderte seine ausschließliche Klassenzugehörigkeit und wird zum Imperativ für Frauen allgemein:

> „New too is the spread of this discipline to all classes of women and its deployment throughout the life cycle. What was formerly the speciality of the aristocrat or cour-

---

18   Die Geschlechterdichotomie und entsprechende Geschlechtscharaktere werden einerseits als Zeichen der Zivilisation, widersprüchlicher Weise, gleichsam als „natürlich" determiniert konstruiert.

tesan is now the routine obligation of every woman, be she a grandmother or a barely pubescent girl" (Bartky 1988, S. 42).

Das heißt nicht, dass männliche Subjektivierung nicht ebenso über körperliche Selbsttechniken passiert(e), doch wurde die Bedeutung der Körperlichkeit für die eigene Identität für weibliche Subjekte als ungleich wichtiger betrachtet, da ihr Körper das einzige war, worüber sie sich definieren konnten und mussten. Die vergeschlechtlichte Arbeitsteilung, die die Führung des Haushaltes und damit die Gestaltung der Ernährung für die gesamte Familie beinhaltete, übertrug ihnen auch die Verantwortung für die Körper ihrer Kinder und Ehemänner.

Wichtig scheint mir, dass sich der Charakter der körperformbezogenen Ethik im Rahmen der Transformation von Vergeschlechtlichung auch in dem Sinne ändert, dass aus der freiwilligen ästhetischen Handlung, die quasi der Verzierung eines generell schon tugendhaften und privilegierten Selbst diente, eine Selbsttechnologie wurde, die eher aus Begriffen der Gefahr und Bedrohung eine Notwendigkeit formuliert. (Bürgerliche) Frauen dürfen nicht dick werden, sie müssen ihre Diät halten um auf dem Heiratsmarkt eine Chance zu haben (Bordo 2003, S. 192). Auch heute noch rekurriert der Diskurs um die richtige Körperregierung vor allem auf Konzepte der Bedrohung. Diesem Diskurs folgend, birgt jede falsche Handlung die Gefahr einer Gewichtszunahme. Die Motivation zur Beschäftigung mit dem eigenen Körper liegt heute primär in der Angst dick zu werden und entsprechende soziale Sanktionen zu erleiden.

Tatsächlich muss wohl in die Analyse dieses Geschlechtswechsels des „diätenden Subjekts" einbezogen werden, dass Frauen zwar seit der Aufklärung zunehmend formal gleichberechtigt waren, tatsächlich aber wenig Zugang zu Macht, Entscheidungspositionen und Ressourcen hatten. Ihr eigener Körper blieb für sie daher weiterhin das einzige Feld tatsächlicher Machtausübung und er wurde durch den Anspruch der Emanzipation zunehmend als das bedeutsam. So lässt sich dann das Paradigma, nach dem Frauen per se ein Gewichtsproblem hätten und permanente Arbeit an der eigenen schlanken Linie zum weiblichen Alltag gehört, auch als eine Art Gegenangriff gegen die zunehmenden Emanzipationsbestrebungen von Frauen lesen (Gesing 2006, S. 216). Während sie sich größeren Raum im politischen und sozial-kulturellen Feld und mehr und mehr Möglichkeiten zur freien Lebensgestaltung erkämpften, erstarkte die Norm ihren Körpern gegenüber. Damit wurden die Möglichkeiten „schön" zu sein eingeschränkt und Frauen dazu angehalten körperlich möglichst wenig raumeinnehmend zu sein (Bartky 1988, S. 35; Bordo 2003, S. 166; Gesing 2006, S. 212).

6 Die Regel beherrschen: Geschichte des Menstruationskalenders

Ein weiteres Beispiel für die Vergeschlechtlichungen innerhalb des Hygienediskurses, stellt der Menstruationskalender dar. Er kann als eines der ursprünglichsten Werkzeuge der Selbstvermessung betrachtet werden, weswegen eine historische Betrachtung seiner Entwicklung für die Einordnung des heutigen Self-Trackings angemessen ist.

Als Alltagsgegenstand in der heute bekannten Form etablierte er sich in Deutschland etwa in den 1920er Jahren, also im selben Zeitraum, in dem auch das Diäthalten und die Forderung „täglich wiegen zur selben Zeit" fest in der hegemonialen weiblichen Alltagsrealität verankert wurde. Wie Martina Schlünder in ihrem Essay „Die Herren der Regel/n. Gynäkologen und der Menstruationskalender als Regulierungsinstrument der weiblichen Natur" herausarbeitet, kam die Idee, die Monatsblutungen zu beobachten, zu protokollieren und ihnen einen festen Rhythmus einzuschreiben, nicht von den Menstruierenden selbst, sondern von der erstarkenden Disziplin der Gynäkologie, in der zu Beginn des 20. Jahrhunderts ausschließlich Männer beruflich tätig waren. Die Menstruation erwies sich aus damaliger Perspektive als eines der Refugien, die sich dem rationalen wissenschaftlichen Verständnis entzogen und in gewisser Weise ein Sinnbild für die Assoziationen von Unberechenbarkeit, Unregelmäßigkeit und latenter Pathologie mit Weiblichkeit darstellten (Schlünder 2005, S. 158).

Ähnlich heutigen *QS*-Selbstexperimenten (wenn auch unter deutlich misogyneren Parametern) wurden zu Beginn des 20. Jahrhunderts diverse Faktoren – von Gewicht und Stimmung über motorische Fähigkeiten und den Sexualtrieb – in Abhängigkeit zum Menstruationszyklus gemessen, unter dem Ziel kausale Verknüpfungen zu erstellen. Von Self-Tracking kann zu Beginn dieser Teildisziplin der Gynäkologie noch nicht gesprochen werden, denn „(…)die Kalender wurden nicht von den Frauen geführt, sondern von den Ärzten und entstanden aus der Verschriftlichung der Regelanamnesen, wobei die Angaben der Frauen häufig nicht auf eigenen Kalenderaufzeichnungen beruhten, sondern auf deren Erinnerungsvermögen" (ebd., S. 166).

In den 1930er Jahren erst transformierte sich das Führen eines Regelkalenders in eine Alltagspraxis der Menstruierenden selbst, da die Mediziner die Einsicht entwickelten, dass sie so zu valideren Ergebnissen kommen würden. So handelte es sich damals um eine eindeutige Anweisung der Ärzte an ihre Patientinnen, mit dem Ziel „möglichst viele, am besten alle Frauen, dazu zu bringen, die Kalender selbst zu führen. Der Menstruationskalender war zum Transportmedium geworden, das den Wissensaustausch zwischen dem physiologischen Labor und dem Alltag von Frauen förderte" (ebd., S. 176).

Damit zeigt sich in dieser Praxis eine Ambivalenz, wie sie auch dem heutigen Self-Tracking innewohnt. Denn einerseits wurde die Aufforderung zur Selbstbeobachtung mit der besseren selbstbestimmten Planbarkeit von Schwangerschaften beworben und legitimiert. Die Frau könne „künftig die entscheidende Stimme im eigenen Fortpflanzungsprozess sein" (ebd.). Gleichzeitig wurde diese Selbstständigkeit disziplinarisch hervorgebracht, indem das Führen der Kalender von Ärzten und ggf. Turnlehrer_Innen, Aufseher_Innen und ähnlichen Autoritäten überwacht wurde (ebd., S. 180). Zudem stand hinter dieser Anrufung zur Menstruationskontrolle weniger ein emanzipatorisches als vielmehr ein biopolitisches Anliegen. Die Zeit der zunehmenden Verbreitung der eigenständigen Regelkalenderführung fällt in den 1930er Jahren nicht zufällig mit dem Erstarken eugenischer Ideen und Politiken zusammen. Tatsächlich sollte durch die so gewonnene „knowledge through numbers" (wie es gegenwärtig im Kontext von *QS* heißt) über un/fruchtbare Tage die „bewusste Zeugung" von „politisch erwünschtem" Nachwuchs gefördert werden (ebd.). Schlünder spricht vom Taylor'schen „scientific management der Fortpflanzung" (S. 181), wofür während des Krieges bei kalendarisch nachzuweisender hoher Fruchtbarkeit gezielt Feldurlaub für SS-Männer erteilt wurde (ebd., S. 185). Ferner betont sie (und auch hier finden sich Parallelen zur heutigen Kontroverse um *QS*) die Transformation von Grenzen der Privatheit, wenn nun intime körperliche Vorgänge und selbst der Sexualverkehr in die Kalender eingetragen und zwar nicht online gepostet wurden, doch Ärzten und ggf. Behörden vorgelegt werden mussten. Die Verknüpfung der Selbstbeobachtung als Selbsttechnologie im Sinne von Michel Foucault mit einer Herrschaftsstrategie ist hier also aus heutiger Sicht wesentlich eindeutiger erkennbar.

Aus gendersensibler Perspektive ist bemerkenswert, dass im Gegensatz zu heute, die Menstruation bei Weitem nicht „too girly" war, um von großem Interesse zu sein. Im Gegenteil, die Aufmerksamkeit, die ihr zuteil wurde, resultierte gerade daraus, dass im historischen Kontext noch vorrangig der weibliche Körper das Objekt des neugierigen wissenschaftlich-medizinischen Blicks war. Die Selbstbeobachtung ist hier also eine klar weibliche Technologie, denn nur der weibliche Körper muss überhaupt überwacht werden. Bestimmende Subjekte dieser Überwachungsaktion sind allerdings vorrangig männliche Ärzte und Politiker. Die Selbstbeobachtung körperlicher Phänomene wird noch sehr oberflächlich als Selbstermächtigung vermarktet und ist primär im Bereich der Pathologie und des Problematischen verhaftet. Und doch kann die Entwicklung der Menstruations(selbst)beobachtung als einer der Vorläuferinnen der heutigen *QS*-Bewegung betrachtet werden, da grundsätzliche Elemente (Messen, Verdaten, Suchen nach Zusammenhängen mit anderen Vorgängen, Nutzbarmachen für eine Lebensführung, Prinzip des scientific management des Körpers, Verwischung der Grenzen von Intimität und Öffentlichkeit, ambivalente Verortung zwischen Selbst- und Fremdführung) in sehr ähnlicher Weise zentral sind.

7 Fazit

Wie dargelegt, handelt es sich bei der mehr oder weniger akribischen Verdatung und Überwachung eigener körperlicher Phänomene grundsätzlich um keine besonders neue Praktik. Die antike Diätetik und auch der bürgerliche Hygienediskurs postulierten die Überwachung und Regierung der Elemente des Lebens, vom Essen über Schlaf, Arbeit, Sport und Freizeitbeschäftigungen als Selbsttechnologien zur Produktion eines „ethischen Selbst", das über diese Verobjektivierung und Rationalisierung seines Körpers Ideale der Selbstbeherrschung, Disziplin und Optimierungsstreben produziert und verkörpert. Dies war dabei stets privilegierten Subjekten vorbehalten und diente zur Abgrenzung von als unzivilisiert markierten Subjekten und repräsentierte auch die eigene (ökonomische) Freiheit und Handlungsfähigkeit zur selbstbestimmten ästhetisch motivierten Gestaltung der eigenen Lebensweise und körperlichen Verfassung. Die Paradigmen des Hygienediskurses – Mündigkeit und Selbstverantwortung durch Rationalität der Lebensführung – die ihre Geburt in der Aufklärung hatten und sich bewusst auf die Antike bezogen, adaptierten auch die androzentristische Ausrichtung ihrer Ideale. Innerhalb dieser vormodernen Selbst-Vermessungs-Ethiken handelte es sich um männlich konnotierte Praktiken. Im Zuge der Etablierung der neuen Wissenschaften vom Menschen und der damit einhergehenden Produktion der biologistisch legitimierten „Andersartigkeit" und „Mangelhaftigkeit" des weiblichen Körpers (Duden 1987) entwickelte sich dieser zum primären Objekt der Vermessung und Überwachung, u.a. durch Menstruationskalender und Diätkonzepte.

Doch sind Vergeschlechtlichungsprozesse stets kontextabhängig und somit u.a. auch historisch wandelbar. So wie z.B. der Beruf des_r Sekretär_In erst ein „Männerberuf" war, der Zuverlässigkeit, Rationalität, Planungsvermögen und Repräsentationsfähigkeiten verlangte, wandelte er sich durch seine Degradierung innerhalb des Lohnarbeitsmarktes zum heutigen Bild der vermeintlich anspruchsarmen Assistentinnentätigkeit.

Ein ähnlicher Prozess der Transformation geschlechtlicher Konnotierung kann an der Vergeschlechtlichung der körperbezogenen Selbstüberwachung beobachtet werden. Sie funktionierte erst als männlich besetzte Statusreproduktionstechnik, wurde dann unter dem Wandel gesellschaftlicher Kontexte zum Sinnbild feminisierter Unterwerfung und wird nun von *QS* als männlich konnotierte Strömung aufgegriffen und „vermännlicht".

Hintergrundmusik dieser Entwicklung ist die Etablierung und das Erstarken gouvernementaler Biopolitik(en), die die selbstgesteuerte Disziplinierung des Körpers zum Zweck seiner bestmöglichen Funktionalisierung zum zentralen Regierungsinstrument werden lässt. Die Freiheit zur ästhetischen Selbstgestaltung ist dabei kein Privileg einiger Weniger, sondern Teil einer zur Selbstsorge verpflichtenden allgemeinen Kultur: „Anstelle der Drohung mit dem Mord ist es nun die Verantwortung für das Leben, die der Macht den Zugang zum Körper verschafft" (Foucault 2012a, S. 138).

Self-Tracking im Rahmen der *QS*-Bewegung verbindet das tradiert maskuline Bild des Körpers als Maschine mit den neuen Anforderungen an männliche Individuen im neoliberalen Gesundheitssystem. „Mit gut 150jähriger Verzögerung und unter gründlich gewandelten Bedingungen erobert die Biomedizin nach dem Frauenkörper nun den Männerkörper" zitiert Scheele den Soziologen Torsten Wöllmann (Scheele 2010b). Und fährt selbst fort: „Auffällig ist, wie diese Strategien an bestimmte Männlichkeitsnormen anknüpfen; sie schlagen Profit aus der Angst, ihnen nicht zu genügen. So geht es oft um das Altern, Nachlassen von Kräften, Potenzverlust, Autonomieverlust, bzw. um das Versprechen, all dies medizinisch verhindern zu können. Hier wird genau die Medikalisierung von Prozessen des Lebens nachgeholt, der Frauen in der androzentrischen Medizin unterworfen waren" (ebd., ebenso Bordo 2003, S. xxiii).

Es ist aber nicht angebracht, vorschnell von einem schlichten „Nachholen" des genau gleichen Unterwerfungsmechanismus zu sprechen. Denn bei präziserer Betrachtung zeigen sich durchaus relevante Unterschiede in der Art und Weise, wie diese Eroberung des Körpers durch die Biopolitik gegenwärtig passiert. Das klassische Diäthalten, das weiblich konnotiert und von dem sich das „manly dieting" der Weight Watchers-Kampagne abgrenzt, ist assoziiert mit der Unterwerfung unter äußere Schönheitsnormen durch ein als passiv konstruiertes Unterlassen von Nahrungsaufnahme, gegen das eine aktive Kontrolle der eigenen Nahrungsmenge durch technikbasierte Rationalität gesetzt wird. Und während Frauen nicht einmal wissen, warum sie sich wann wie fühlen, erlangen Männer „knowledge through numbers" über sämtliche körpereigenen Prozesse. Wesentliches Merkmal von Self-Tracking im Rahmen der *QS*-Bewegung ist der Subjektstatus der Involvierten. *QS* bietet die Möglichkeit, weiblich konnotierte Praxen ins Repertoire männlicher Subjektivierung und Gender-Performanz einzubauen ohne mit Gayle Rubins Gleichheits-Tabu zu brechen. Damit bietet *QS* durch die Verknüpfung des lange weiblich konnotierten Feldes der Körperselbstsorge mit männlich konnotierten

Aspekten wie Elektronik und „wissenschaftlicher Objektivität"[19] eine Möglichkeit Geschlechtergrenzen der Körperpraktiken neu zu tarieren und damit eine „männliche" Form der Körperselbstsorge, ähnlich der antiken Diätetik, die Foucault untersuchte, zu installieren.

Gleichsam muss die Interdependenz von Gender bedacht sein, um der komplexen Realität vielschichtiger Subjektivationsprozesse durch körpergebundene Technologien wie Self-Tracking gerecht zu werden. Denn Männlichkeit und Weiblichkeit sind mitnichten als monolithische Entitäten zu verstehen. Vielmehr bilden sich je nach gesellschaftlichem Kontext spezifische Geschlechtlichkeiten. Damit ist auch die zur Selbstsorge verpflichtende Kultur nicht nach einem klar geschlechtlich binären Schema dekliniert. Soziale Positionierungen innerhalb ökonomischer, rassifizierter und ableistische[20] Strukturen müssen daher eingedacht werden. Zwar gilt der Imperativ der Selbstkonstruktion durch körperorientierte Selbstsorge für viele gesellschaftliche Schichten, doch sind die Möglichkeiten, sich innerhalb dieses Regimes zu bewegen unterschiedlich verteilt. Technikbasiertes Self-Tracking ist beispielsweise sicher allein aus finanziellen, wie auch aus habituellen Gründen als schicht-gebundene Praktik zu verstehen, wie schon das antike Selbst-Vermessen und die bürgerliche Diätetik Praktiken der sozialen Distinktion waren. Darüber hinaus bietet das Phänomen gerade durch seine Verknüpfung von medizinischem Wissen und Praxis und der Alltagswelt vieler gemeinhin gesunder Menschen auch ein spannendes und leider bisher wenig erkundetes Feld für Perspektiven der Disablility Studies. So bieten sich für die noch recht junge Forschung zu Phänomenen des Self-Tracking und *QS* noch viele offene Fragen zum selbstvermessenden Subjekt und gilt es die diversen Bedeutungen der aktuellen Körperkultur, die den Kontext für Self-Tracking und *QS* darstellen, in einer interdependenten Analyse zu betrachten.

---

19 Vgl. hierzu die Ausführungen von Nils B. Heyen zur Self-Trackern als Prosumenten neuer Wissensformen, die sich zwar an Gütekriterien der empirischen Sozialwissenschaft (Reliabilit, Validität) orientieren, hingegen weniger an Objektivität, weil deren Stichprobenumfang meist mit „n=me" beschrieben werden kann.

20 Auf deutsch etwa sogenannte „Behinderten"feindlichkeit. Das Konzept von Ableism geht darüber aber noch hinaus und beinhaltet eine Kritik an der Konstruktion bestimmter Fähigkeiten als essentiell und das Fehlen dieser Fähigkeiten als Mangel und Stigma. Diese Konstruktion erst ist die Basis für Disableism, also die vielfältige Diskriminierung von Menschen aufgrund des „Mangels" an diesen Fähigkeiten.

Literatur

Alkemeyer, T. (2007). Aufrecht und biegsam. Eine politische Geschichte des Körperkults. *Aus Politik und Zeitgeschichte, 18.* http://www.bpb.de/apuz/30506/aufrecht-und-biegsam-eine-politische-geschichte-des-koerperkults?p=all. Zugegriffen: 25. Juni 2015.
Bartky, S. L. (1988). Foucault, Femininity, and the Modernization of Patriarchal Power. In R. Weitz (Hrsg.), *The Politics of Women's Bodies. Sexuality, Appearance and Behavior* (S. 25–45). Oxford: Oxford University Press.
Boesel, W. E. (2013). The Missing Trackers? http://thesocietypages.org/cyborgology/2013/05/10/the-missing-trackers/. Zugegriffen: 25. Juni 2015.
Bordo, S. (2003). *Unbearable Weight. Western Culture, Feminism and the Body.* Los Angeles: University of California Press.
Bourdieu, P. (1987). *Die feinen Unterschiede. Kritik der gesellschaftlichen Urteilkraft.* Frankfurt a.M.: Suhrkamp.
Boyd, D. (2012). omg girls' bodies are fascinating: embracing the gendered side of quantified self. http://www.zephoria.org/thoughts/archives/2012/10/01/quantifying-girlness.html. Zugegriffen: 25. Juni 2015.
Bray, A. (2005). The Anorexic Body: Reading Disorders. In T. Atkinsony (Hrsg.), *Readers in Cultural Criticism: The Body* (S. 115–129). New York: palgrave macmillan.
Bröckling, U., Krasmann, S., & Lemke, T. (2000). *Gouvernementalität der Gegenwart. Studien zur Ökonomisierung des Sozialen.* Frankfurt a.M.: Suhrkamp.
Brumberg, J. (1994). *Todeshunger. Die Geschichte der Anorexia nervosa vom Mittelalter bis heute.* Frankfurt a.M.: Campus.
Cornell, M. (2010). Is There a Self-Experimentation Gender Gap? http://quantifiedself.com/2010/12/is-there-a-self-experimentation-gender-gap/. Zugegriffen: 25. Juni 2015.
Duden, B. (1987). *Geschichte unter der Haut. Ein Eisenacher Arzt und seine Patientinnen um 1730.* Stuttgart: Klett-Cotta.
Foucault, M. (1976). Die Macht und die Norm. In M. Foucault (Hrsg.), *Mikrophysik der Macht. Über Strafjustiz, Psychiatrie und Medizin* (S. 114–124). Berlin: Merve.
Foucault, M. (2012a). *Sexualität und Wahrheit, Bd. 1. Der Wille zum Wissen.* Frankfurt a.M.: Suhrkamp.
Foucault, M. (2012b). *Sexualität und Wahrheit, Bd. 2. Der Gebrauch der Lüste.* Frankfurt a.M.: Suhrkamp.
Gesing, B. F. (2006). Fat Politics: Körpernormierung und Geschlechterkonstruktion im modernen Schlankheitsdiskurs. In Geschäftsstelle des Zentrums für transdisziplinäre Geschlechterstudien der Humboldt-Universität zu Berlin (Hrsg.), *Bulletin – Texte 32.* Berlin: Humboldt-Universität. https://www.gender.hu-berlin.de/de/publikationen/gender-bulletins/texte-32/texte32pkt12.pdf/at_download/file. Zugegriffen: 03. Nov 2015.
Hönegger, K., & Raabe, N. (2014). Quantified Self – gesunder Trend oder grosse Gefahr? http://www.srf.ch/wissen/digital/quantified-self-gesunder-trend-oder-grosse-gefahr. Zugegriffen: 25. Juni 2015.
Junge, T. (2007). Unerwünschte Körper und die Sorge um sich selbst. Die Biomedizin als Differenzgenerator. In T. Junge & I. Schmincke (Hrsg.), *Marginalisierte Körper. Beiträge zur Soziologie und Geschichte des anderen Körpers* (S. 171–187). Münster: Unrast.
Lemke, T. (2014). *Eine Kritik der politischen Vernunft. Foucaults Analyse der modernen Gouvernementalität.* Hamburg: Argument Verlag.

Leonard, D. J. (2012). Lose like a Man: Who is Really Losing in the new Weight Watchers Campaign? http://thefeministwire.com/2012/01/lose-like-a-man-who-is-really-losing-in-the-new-weight-watchers-campaign/. Zugegriffen: 25. Juni 2015.

Link, J. (1998). Von der „Macht der Norm" zum „flexiblen Normalismus". Überlegungen nach Foucault. In J. Jurt (Hrsg.), *Zeitgenössische französische Denker. Eine Bilanz*. Freiburg: Rombach.

Merta, S. (2003). *Wege und Irrwege zum modernen Schlankheitskult. Diätkost und Körperkultur als Suche nach neuen Lebensstilformen 1880–1930*. Stuttgart: Franz Steiner Verlag.

Rose, L. (2012). Fünfmal Gemüse und Obst am Tag. Gesundheitsprogramme und doing diversity – untersucht am Beispiel der Ernährungserziehung. In B. Bütow & Ch. Munsch (Hrsg.), *Soziale Arbeit und Geschlecht. Herausforderungen jenseits von Universalisierung und Essentialisierung* (S. 212–228). Münster: Westfälisches Dampfboot.

Rubin, G. (1997). The Traffic in Women: Notes on the „Political Economy" of Sex. In L. Nicholson (Hrsg.), *The Second Wave: A Reader in Feminist Theory* (S. 27–62). London: Routledge.

Sarasin, P. (2001). *Reizbare Maschinen. Eine Geschichte des Körpers 1765–1914*. Frankfurt a.M.: Suhrkamp.

Scheele, S. (2010a). *Geschlecht, Gesundheit, Gouvernementalität. Selbstverhältnisse und Geschlechterwissen in der Männergesundheitsforschung*. Sulzbach: Ulrike Helmer Verlag.

Scheele, S. (2010b). Ich möchte Teil einer Risikogruppe sein. Zur Debatte um Männergesundheit. *arranca!, 43*, 45–47.

Schlünder, M. (2005). Die Herren der Regel/n? Gynäkologen und der Menstruationskalender als Regulierungsinstrument der weiblichen Natur. In C. Borck, V. Hess & H. Schmidgen (Hrsg.), *Maß und Eigensinn. Versuche im Anschluß an Georges Canguilhem*. München: Wilhelm Fink Verlag.

Tin, I. (2014). The next big thing in tech will be female health. http://pixelhealth.net/2014/05/20/next-big-thing-tech-will-be-female-health/. Zugegriffen: 25. Juni 2015.

Villa, P.-I. (2007). Der Körper als kulturelle Inszenierung und Statussymbol. *Aus Politik und Zeitgeschichte* 18. http://www.bpb.de/apuz/30508/der-koerper-als-kulturelle-inszenierung-und-statussymbol?p=all. Zugegriffen: 25. Juni 2015.

Voß, H.-J. (2011). *Making Sex Revisited. Dekonstruktion des Geschlechts aus biologisch-medizinischer Perspektive*. Bielefeld: transcript.

Virtuelle Identitäten im „Worklogging"

Impulse zur sozialen Gestaltung der Arbeitswelt in der „Industrie 4.0"

Welf Schröter

Wenn von digitaler Selbstvermessung und alltäglicher Handlungsprotokollierung geschrieben oder gesprochen wird, wendet sich der Blick vor allem dem privaten Freizeit- und Lebensbereich zu. Die Phänomene, die sich unter dem Begriff „Lifelogging" (Selke 2014) zusammenfassen lassen, rekurrieren nicht selten auf den individuellen Gesundheits- und Körperbezug, auf privates Social Media, auf „Follower" und „Likes", auf Selbstreferenzielles wie das Motto „yolo" (you only live once) oder persönliche Netzwerk-Kulturen. Der Bezug zur Arbeitswelt erscheint eher dann, wenn innerlich Junggebliebene ihre berufliche Fitness im Kontext eines verkürzten Employability-Verständnisses pflegen. Sei es begründet in medizinischer Vorsorge oder in modischer Anpassung an gängige Trends. Schwenkt der Blick hinüber in die derzeitigen Arbeitswelten tauchen zusätzlich Begriffe wie „Prävention" oder „Burn-out-Vermeidung" auf.

Um die zukünftigen Dimensionen und Potenziale des alltäglichen Loggings deutlicher zu erfassen, ist ein Perspektivwechsel hilfreich: Nicht nur der Blick des Lifeloggings auf die Arbeitswelt, sondern auch der Blick aus der weitreichenden Transformationsdynamik industrieller Prozesse auf die Möglichkeiten der Selbst- und Fremdvermessung, auf die Evolutionen des Protokollierens eröffnet neue begrüßenswerte oder kritisch zu hinterfragende Horizonte.

1 Lifelogging als „Persönlichkeitsveredelungsprojekt"

Stefan Selke weist in seinem Buch auf den scheinbar verheißungsvollen Begriff des Lifelogging als „Persönlichkeitsveredelungsprojekt" hin und lässt nicht ohne Hintergedanken den so genannten „Guru" in Sachen Selbstvermessung, Jim Gemmell, in dessen selbstinszenierender Weise zu Wort kommen:

> „Ich mache die Daten nutzbar für mich. Ich halte sie zusammen, bewahre sie für immer, sichere sie, greife auf sie zu, wann immer ich es möchte. Die Daten sind einfach da, wenn ich sie brauche. Es ist wichtig, selbst entscheiden zu können, wann man etwas erinnern möchte. Ich erkenne mich. Das ist Mehrwert. Und deswegen wird das Lifelogging-Jahrzehnt kommen." […] „Lifelogging ist eine Black Box für Menschen. Alles, was unser Leben ausmacht, steckt darin." (Selke 2014, S. 15)

Die technischen oder infrastrukturellen Möglichkeiten, seine eigenen Daten tatsächlich ausreichend sichern und schützen zu können, ist in Zeiten von Facebook, Google, Twitter etc. unmissverständlich zu verneinen. So fußt Gemmells Antizipation nur auf der Projektion einer individuellen und uneingeschränkt gültigen Souveränität im Umgang mit eigenen Daten sowie einer ständigen Souveränitätsverfügbarkeit.

Der Traum der positiven Selbstvermessung als erfolgreiche Anreicherung eigener Lebensphasen geht von der Annahme aus, dass das „Ich" stets freiwillig und stets frei von äußeren Zwängen bzw. strukturellen Einengungen über den Fortgang des eigenen Datensammelns entscheiden kann. Dies legt jedoch das Bild einer Wirklichkeit zugrunde, das spätestens beim Blick in bestehende wie auch sich derzeit grundlegend verändernde Arbeits- und Berufswelten in sich zusammenzufallen droht. Die Veredelung der Persönlichkeit durch Selbstvermessung stößt alsbald dann an ihre Grenzen, wenn neue Arbeitswelten ebenfalls personenbezogene Vermessungen einfordern, die nicht für besagte „Black Box" gedacht sind, sondern deren Kernintention gerade die externe Zugriffsmöglichkeit und externe Verfügbarkeit umfasst. Was gehört noch an digital selbst erbrachten Vermessungsprofilen in diese „Black Box", wenn selbige nicht mehr der alleinigen Hoheit des betroffenen Individuums unterliegt?

Antworten lassen sich nicht nur im Blick zurück oder in der Analyse der Gegenwart finden, sondern vor allem in der Betrachtung von konkreten Zielsetzungen des angelaufenen Umwälzungsprozesses im modernen Industrialismus und dessen weitreichenden Rückwirkungen auf das Noch-Private des arbeitenden Menschen.

2 Neue Infrastrukturen der Arbeit und Ausbau der Netze

Die durchaus strategische Relevanz der (Selbst-)Vermessungspotenziale wird erkennbarer, wenn die Blicke von den „Neuen Infrastrukturen der Arbeit" (Schröter 2007) über die Konvergenz der Techniken und Netze hin zur beginnenden Transformation der Arbeitswelt in Richtung „Industrie 4.0" hinüberschweifen. Eine kurze skizzierende Darlegung ordnet diese Relevanz neu ein.

Die alten Arbeitswelten der Industriegesellschaft in der zweiten Hälfte des 20. Jahrhunderts entfalteten sich in der Norm des traditionellen Normalarbeitsverhältnisses. Dieses basiert darauf, dass Arbeit ihren Ort, ihre Zeit und ihre Verfasstheit besitzt. Als Normalarbeitsverhältnis wird angesehen, wenn die arbeitende Person über eine unbefristete, vertraglich geregelte, abhängige Beschäftigung verfügt. Noch bis in die achtziger Jahre hinein dominierte das Normalarbeitsverhältnis die Arbeitswelt mit einem Anteil von mehr als 85 Prozent. Die Erwerbsbiografie war weitgehend linear, ein Jobwechsel erschien als negativ. Beruf und Freizeit waren grundsätzlich räumlich und zeitlich getrennt. Das Private war in der Regel nur insofern für die Arbeitswelt von Bedeutung, als es Einschränkungen der Verfügbarkeit der Arbeitskraft auslöste.[1] Das arbeitsweltliche Denken war betriebs- und betriebsarbeitsplatzzentriert.

Mit der einsetzenden Implementierung der Informations- und Kommunikationstechnik in Betrieben und Verwaltungen beschleunigte sich die schrittweise Flexibilisierung von Ort, Zeit und Verfasstheit der Arbeit. Arbeit wurde im doppelten Sinne mobil: Zum einen konnte die arbeitende Person digitalisierbare Arbeitsaufgaben aus dem Ort Betrieb „nach Hause" mitnehmen. Zum anderen erlaubte die intelligente Technik der – damals so benannten – „Softwareagenten" sowohl Assistenz- wie auch Delegationsschritte ins Virtuelle. Informationelle Assistenztechniken unterstützen die handelnde Person bei der Erfüllung von Aufgaben. Integrierte Delegationstechniken öffneten den Weg für die rechtsverbindliche Beauftragung virtuell-ganzheitlich-automatisierter Prozesse. Arbeit wird seitdem losgelöst vom Menschen im virtuellen Raum mobil transaktionsfähig. Hinzu traten erste Perspektiven auf verlässliche humanoide Robotiksysteme.

Der Betrieb als vereinbarter Ort der Arbeitserbringung begann langsam seine normierende Rolle einzubüßen. Das „Prinzip Betrieb" (Schröter 2007, S. 15) wurde flexibilisiert und franste aus. Die Anzahl der Normalarbeitsverhältnisse ging tendenziell und strukturell langsam zurück, ohne gänzlich zu verschwinden, und die Anzahl der neuen Selbstständigen am Netz und im Netz nahm zu.

---

1 Vgl. dazu auch den Beitrag *Lifelogging – Projekt der Befreiung oder Quelle der Verdinglichung?* von Peter Schulz in diesem Sammelband.

Die bisherige traditionelle Ordnung industrieller Arbeitswelten wurde durch die schleichende Digitalisierung und Virtualisierung der Arbeits- und Geschäftsprozesse in Frage gestellt. „Neue Infrastrukturen der Arbeit" als soziale und geschäftliche Organisations- und Prozessmodelle breiteten und breiten sich schrittweise aus.

Ergänzt wurde diese strukturelle Veränderung durch das qualitative Anwachsen von zunächst noch getrennten physischen Netzinfrastrukturen. Neben firmeninternen Netzen wuchsen schnelle Wissenschaftsnetze („backbones"), Landesverwaltungsnetze und kommunale Netzangebote von Stadtwerken. Sie erweiterten die generelle Datenverfügbarkeit neben entstehenden Breitbandnetzen und Funkverteilanlagen großer Netzbetreiber. Die technischen Infrastrukturen mobilen Wirtschaftens blühten auf.

3 Die Transformationen der Arbeitswelt und die Konvergenz der Netze

Folgt man dieser Skizze weiter bis in die Gegenwart, dann lässt sich unschwer erkennen, dass der arbeitende Mensch sich in mehrfacher Weise in einem grundlegenden Prozess der Transformation der Arbeitswelt befindet bzw. wiederfindet. Es ist nicht untertrieben, davon zu sprechen, dass wir am Beginn einer Art innerer Kontinentalverschiebung der Arbeit stehen.

Im Abschlussbericht der Kommission „Zukunft der Arbeitswelt" der Robert Bosch Stiftung, der mit Unterstützung des Instituts für Beschäftigung und Employability IBE im Jahr 2013 verfasst wurde, heißt es diesbezüglich noch etwas zurückhaltend:

> „Die Herausforderungen, denen sich Unternehmen gegenübersehen, sind nur bedingt kompatibel mit festen Organisationswelten sowie mit hierarchischen und zentralistischen Steuerungssystemen. Zudem besteht die Notwendigkeit, auch in der Zukunft die Strategie mit den Strukturen und Prozessen zu verknüpfen. Künftig stehen drei Organisationstypen nebeneinander: die Hierarchie – die Matrixorganisation – das Netzwerk. Häufig sind diese Organisationstypen innerhalb eines Unternehmens anzutreffen. Die Produktion kann im Hierarchiemodell, das Controlling und der Vertrieb in Matrixform sowie die Unternehmensentwicklung im Netzwerk organisiert sein. Innerhalb der Organisation werden Prozesse und Strukturen häufig in Form von variablen Arbeitsbeziehungen, flexiblen Arbeitsmodellen, virtuellen Teams und Strukturen, Open Innovation und Projektwirtschaft gestaltet. Dies gilt vor allem in wissensintensiven Bereichen." (Robert Bosch Stiftung 2013, S. 53f.)

An anderer Stelle gärt es spitzer:

„Starre Systeme brechen – agile Systeme überleben." (a.a.O., S. 52)

Die Flexibilisierung von Ort, Zeit und Verfasstheit, die Verschiebung der Handlungsebenen von „mobil online" zu „online mobil" und der zunehmende Verlust normativer Wirkungen des Ortes „Betrieb" sind bereits verknüpft mit der emergierenden Automatisierung des virtuellen Prozessraumes.

Nach der Digitalisierung des Arbeitsplatzes und der folgenden Digitalisierung und Virtualisierung der Entität Betrieb beginnt nun die Digitalisierung und Virtualisierung ganzheitlicher Geschäftsabläufe über komplette Wertschöpfungsketten in globalem Ausmaß. Die Vision einer „Industrie 4.0" (Promotorengruppe 2013) wächst unter dem Leitmotiv der kundenorientierten „Losgröße Eins" und der Konvergenz bislang getrennt angelegter „Smart Factories" mit den Potenzialen des „Internets der Dinge" (Cyber Physical Systems CPS), des Cloud Computings und der humanoiden Robotik schrittweise heran.

Die „Arbeitswelt 4.0"[2] ist somit strukturell anders aufgebaut als die „Arbeit 2.0" der Jahrtausendwende. Der Rückgang des Normalarbeitsverhältnisses beschleunigt sich abermals hin zu deutlich reduzierten, dabei jedoch hochqualifizierten und privilegierten Kernbelegschaften. Gleichzeitig wird die Auslagerung von Arbeitsvolumina aus dem „Prinzip Betrieb" in den virtuellen rechtsverbindlichen Transaktionsraum forciert hin zur Vergabe von parzellierten Teilaufgaben über Crowdsourcing-Plattformen an Freelancer, Freie, Werkvertragsnehmende und Crowdworker. Dieser Herausforderung wendete sich schon der „IT-Gipfel 2014" der Bundesregierung zu.

„Die Digitalisierung führt auch in der Arbeitswelt zu gravierenden Veränderungen. Sie stellen Wirtschaft, Sozialpartner und Politik vor gewaltige Gestaltungsaufgaben, um Wachstumschancen zu sichern und angemessene Rahmenbedingungen für gute, sichere und nachhaltige Arbeit zu setzen. Gleichzeitig erleichtert die Digitalisierung den Zugang zu weltweit verteilten Informationen, Wissen, Ressourcen, Kompetenzen und Fachkräften. Phänomene wie Crowd-Working oder Liquid Organisation zeigen, dass die digitale Transformation schon jetzt in der Arbeitswelt angekommen ist." (Bundesministerium 2014, Maßnahmenpaket)

---

2 Unter Betriebsräten und in den Gewerkschaften wird die kommende Arbeitswelt unter den Bedingungen von „Industrie 4.0" als „Arbeit 4.0" oder „Arbeitswelt 4.0" bezeichnet. Hierbei wird eine Wertschöpfungsketten übergreifende Arbeit im virtuell automatisierten und echtzeitgesteuerten digitalen Transaktionsraum zugrunde gelegt.

Die Bundesregierung setzt in den Umbau der Wirtschaft und in den Wandel der Arbeitswelt große Hoffnungen. Die industriepolitischen Impulse sollen neue Beschäftigungspotenziale eröffnen:

„Durch die Einführung von Industrie 4.0-Technologien werden nicht nur neue Arbeitsplätze für Hochqualifizierte entstehen. Chancen zur Ausführung von formal höher qualifizierten Tätigkeiten entstehen auch durch neue Techniken wie Augmented Reality, d.h. die Ergänzung von Bildern oder Videos mit computergenerierten Zusatzinformationen oder virtuellen Objekten mittels Einblendung/Überlagerung. [...] Vielfältige neuartige Arbeitsmodelle entstehen, die die bisherigen Modelle ergänzen und einen individuellen Zuschnitt von Arbeitsort und Arbeitszeit ermöglichen, aber auch neue berufliche und private Anforderungen an Arbeitnehmerinnen und Arbeitnehmer stellen. In diesen neuartigen Arbeitsmodellen liegen große Chancen für eine bessere partnerschaftliche Vereinbarkeit von Familie und Beruf. Die Automatisierung kann zur Verlagerungen oder zum Wegfall von Arbeitsplätzen führen. Gleichzeitig werden neue, kreative, anspruchsvolle Berufe entstehen. Es stellen sich neue Fragen zu den Chancen und Risiken räumlicher und zeitlicher Entgrenzung, zur sozialen Sicherheit von Selbstständigen sowie zum Schutz von Beschäftigtendaten." (Bundesministerium 2014, Abschlusserklärung)

Die bis dato entstandenen „klugen intelligenten" Einzelnetze wie Smart Grids, Smart Factories, Open Government, Social Media des „Web 2.0", Smart Homes und Smart Cities stehen vor einer technisch kompatiblen Konvergenz, die einen großformatigen entterritorialisierten virtuellen Handlungsraum vorbereiten. Parallel träumt die EU-Kommission bezüglich des öffentlichen Dienstleistungssektors von einem zusammenhängenden und integrierten virtuellen E-Government-Raum für alle EU-Mitgliedsstaaten. Die Baubranche erfindet sich neu im „Building Information Modeling" (BIM). Ein „Smart Home" verknüpft „Ambient Assisted Living" (AAL).

In diesem neuen – bald integrierten – „Raum 4.0" der arbeitsweltlichen Entdeckungen und sozialen Herausforderungen muss sich nun ein erwerbsarbeitsbedürftiges Individuum neu verorten und verorten können. Der partiellen Entwurzelung des „Prinzips Betrieb" steht die Neuschaffung einer „Arbeitswelt 4.0" als Melodie eines „Disembedding" und zugleich eines radikal anmutenden choreografisch anzulegenden Chancenmanagements gegenüber.

„Die Arbeitgeber stehen unter einem enormen Modernisierungsdruck: Um global bestehen zu können, müssen sie Massenprodukte billiger, schneller, aber auch personalisierter herstellen. Sie sind dabei, ihre Verfasstheit einzureißen und den Wertschöpfungsprozess völlig neu zu organisieren – horizontal und dezentral." (Scheytt 2013, S. 15)

Zur Vermeidung von Missverständnissen sei hinzugefügt, dass diese Entwicklung nicht bedeutet, dass es keine verfassten Unternehmen und Betriebe mehr geben wird. Aber: sie werden sich in ihren inneren Strukturen erheblich wandeln und ihr kulturell normierender Charakter wird sich vermindern.

Dieses skizzenhafte Szenario ließe sich weiter vertiefen. Doch als Verständnisgrundlage für den neuen Aktionsrahmen und die Vermessung des „virtuellen Ichs" reicht diese Beschreibung zunächst aus. Nun gilt es, prominente treibende Kräfte des Wandels genauer zu betrachten, bevor die Neuverortung des Individuums in einer flexiblen virtuellen Arbeitswelt adressiert werden kann.

4 Konzertierte Aktion „Bündnis Zukunft der Industrie"

Über lange Zeit hinweg galt weithin die ökonomische Annahme, dass sich der sekundäre und der tertiäre Wirtschaftssektor weiter spreizen, Industriearbeit zurückgeht und Dienstleistungsarbeit gesteigert wird. Der tertiäre Sektor versprach die Kreation neuer Wertschöpfung und neuer Jobs.

Diesem Denk- und Handlungsansatz widerspricht nun ein programmatisches Papier des tripartistischen Impulses für eine neue „Konzertierte Aktion" (Grillo 2014) von Staat, Wirtschaft und Gewerkschaft. Das Bündnis „Zukunft der Industrie", das das Bundeswirtschaftsministerium, der Bundesverband der Deutschen Industrie (BDI) und die Industriegewerkschaft Metall im November 2014 aus der Taufe hoben, prognostiziert nicht nur eine Umkehr sondern einen industriepolitischen Paradigmenwechsel:

„Neue Forschungsergebnisse über sog. ‚Hybridprodukte' zeigen, dass die Trennung zwischen den Sektoren Industrie und Dienstleistung aufgegeben werden muss. Wertschöpfung entsteht immer mehr im Zusammenspiel. Die starke Verbindung zwischen Industriegütersektor und unternehmensbezogenen Dienstleistungen hat zu einem hoch wettbewerbsfähigen Geflecht an wirtschaftlichen Strukturen in der Bundesrepublik geführt. Insbesondere für Deutschland lässt sich ein besonders hoher Verflechtungsgrad zwischen sekundärem und tertiärem Sektor nachweisen, ein Vorteil für Leistungsbündel und Gesamtpakete auf den internationalen Märkten. Es bestehen zwischen der Industrie und dem Dienstleistungssektor komplementäre Beziehungen, jedoch mit einer herausragenden Bedeutung der industriellen Wertschöpfung: Der Industriesektor beschleunigt die Entwicklung von Dienstleistungen, vor allem in den wachsenden und produktiven Bereichen des tertiären Sektors. Mit anderen Worten zeigt es sich, dass das Wachstum der unternehmensbezogenen Dienstleistungen zu einem nicht unbeträchtlichen Teil auf das Wachstum des Industriegütersektors zurückzuführen ist. Der exportorientierte Industriesektor ist damit der Motor für die Entwicklung der unternehmensbezogenen Dienstleistungen." (Grillo 2014, S. 2)

Diese Hypothese bildet – zusammen mit einem starken Impuls zu industriellen und technisch innovativen Investitionen der Unternehmen in die dynamische Transformation bestehender industrieller Arbeitskulturen – den Kern eines Basiskonzeptes zur Erreichung des Produktions- und Produktivitätswandels zugunsten von „Industrie 4.0". Die „wissensbasierte Industrie" will damit neue Wertschöpfungsketten und neue Wertschöpfungspotenziale erschließen. Zentrale Eckpunkte dieser Zielformulierung stellen dabei die Stichworte Vernetzung, Offenheit, Partizipation und Agilität dar.

> „Klargestellt werden muss, dass die Industriegesellschaft nicht durch die Dienstleistungsgesellschaft abgelöst wird. Vielmehr haben wir es mit einer industriell basierten Wissensgesellschaft zu tun, die nicht nur auf einer industriellen Basis fußt, sondern sich auch durch eine enge Verzahnung zwischen dem Dienstleistungsbereich und der wissensbasierten Industrie auszeichnet. […] Diese hybriden Anwendungsbündel, sog. Dienstleistungs-Technologie-Kombinationen, sind aber ohne industriell-technologischen Bestandteil und die dauerhafte Vernetzung mit industriellen Produkten nicht denk- und nicht anwendbar." (Grillo 2014, S. 5)

An die Stelle eines allein betriebsbezogenen und betriebsarbeitsplatzbezogenen Denkens setzt das „Bündnis Zukunft der Industrie" den Blick auf die Betriebe übergreifende Wertschöpfungskette als neuen wesentlichen und sicherlich bald dominierenden Handlungsrahmen. Das Bündnis fordert, dass Strukturen und Organisationsformen an veränderte Wertschöpfungsketten im digitalen Zeitalter angepasst und modernisiert werden müssten, um die Wettbewerbsfähigkeit der Wirtschaft – und damit Deutschland als Industrieland – nachhaltig zu sichern. Es müssten die Wertschöpfungsketten insgesamt betrachten werden. Die Autoren sagen voraus, dass unternehmerische Entscheidungen über industrielle Wertschöpfung in Deutschland zukünftig stärker davon abhängen, inwiefern die Wertschöpfung durch Software und den Einsatz von Daten-, Informations- und Kommunikationstechnologie erhöht und gesteuert werden kann. Das Papier dieser „Konzertierten Aktion" wendet sich konsequent einer Vision zu:

> „Industrie 4.0 steht für die Vision einer vernetzten und flexiblen Produktion. Sie verbindet intelligente Produkte mit vernetzten Maschinen, Menschen und Unternehmen. Gleichzeitig werden Teile der Wertschöpfungskette dezentraler, räumlich verlagert und mobiler." (Grillo 2014, S. 7)

Seit den Jahren 2013 und 2014 wurden in den Unternehmen der Industriebranchen Kraftfahrzeugbau, Maschinenbau und Chemie mehrere hundert einzelne Technikprojekte unter verschiedensten Bezeichnungen angestoßen. Sie versuchen, zahllose vorhandene Puzzle-Teile mit – in der Regel – vorhandenen Technologien zu einem abgestimmten Bild einer virtuell teil- oder partiell vollautomatisierten unternehmensübergreifenden, Zuliefererbetriebe integrierenden Wertschöpfungskette zu verschmelzen, die von der Kundenseite her in „Losgröße Eins" „denkt" und dabei bei jedem Kundenauftrag eine jeweils global flexibel angelegte Geschäftsprozesskette auslöst. Es geht dabei nicht nur um die Virtualisierung der Betriebe, sondern der ganzen Wertschöpfungskette. Wenn es gelingt, dies sozial und partizipatorisch zu gestalten, kann dieser tiefgreifende Umbau der Arbeitswelt – so die Hoffnung der Gewerkschaften – die Wertschöpfung und Jobs der nahen Zukunft erbringen.

Die neue „Allianz 4.0 Baden-Württemberg" als tripartistisches Modell[3] einer innovierenden Industriepolitik versammelt die Kraftfahrzeugbranche, den Maschinenbau und die IT-Wirtschaft, um im März 2015 zu postulieren:

„Es soll das Bewusstsein wachsen, dass in einer engen Kooperation der Branchen entlang der gesamten Wertschöpfungskette neue flexible, hocheffiziente Produktionssysteme und Dienstleistungskonzepte entstehen können."[4]

Zuvor meldete die Deutsche Presseagentur dpa am 15. Februar 2015 aus Stuttgart, Bosch wolle die gemeinsame Sprache für Industrie 4.0 prägen. Als Autozulieferer und Technikkonzern strebt Bosch an, bei der digital unterstützten Produktion – der sogenannten Industrie 4.0 – eine Vorreiterrolle einzunehmen. Das Ringen um die Festlegung der globalen Standards hat begonnen.

---

3   Bereits am 25. September 2013 stellte das Innovationsbündnis „Forward IT" in seinem Gründungsstatement „Vereinbarung der IKT-Allianz Baden-Württemberg zur Gestaltung des digitalen Zeitalters im Land" fest: „Um die Kompetenz, Innovationsfähigkeit und die Motivation der Beschäftigten zu stärken, sind die Herausforderungen der neuen digitalen Arbeitswelt sozialpartnerschaftlich im Dialog zu gestalten. Gerade für die Entwicklung moderner Ansätze im Bereich „Industrie 4.0" und Cloud Computing sind gemeinsame Ansätze der Sozialpartner, der Betriebsräte und Geschäftsleitungen ein zentraler Erfolgsfaktor. Dazu gehören auch die Sicherung des Datenschutzes für Arbeitnehmerinnen und Arbeitnehmer sowie die soziale Technikgestaltung."
4   Zitiert aus der Gründungserklärung der „Allianz 4.0 Baden-Württemberg" vom 26. März 2015.

5 Paradigmenwechsel in der Kommunikation

Die Beschäftigten und Berufstätigen des 20. Jahrhunderts waren mehrheitlich von einem Kommunikationsbegriff geprägt, der den Informations- und Wissensaustausch von Mensch zu Mensch synchron zugrunde legte. Mit etwas Mühe fanden sie nach der Erfahrung der Asynchronität der elektronischen Mailings endlich Zugang zu Phänomenen wie der Mensch-Maschine-Kommunikation und später der Maschine-Mensch-Kommunikation.

Mit den technischen Innovationen zugunsten des „Internets der Dinge" und der RFIDs breitete sich das Erkennen aus, dass es auch immer häufiger eine Maschine-Maschine-Kommunikation sowie eine Gegenstand-Gegenstand-Kommunikation geben wird:

> „Die Anwendung von CPS kann in nahezu allen Funktionsbereichen entlang des Produktlebenszyklus erfolgen. Neben den typischen Bereichen Fertigung, Montage, Instandhaltung, Supply Chain Management, Logistik, Lager und Versand können CPS auch in indirekten Bereichen, wie strategischer Investitionsplanung, Entwicklung, Prozess-, Fabrik- und Produktionsplanung, Einkauf, Marketing, Vertrieb und Verwaltung sinnvoll eingesetzt werden. […] Einer der grundlegenden Ansätze von Industrie 4.0 ist die Betrachtung von Produkten und Fabriken über den gesamten Lebenszyklus. In die Praxis überführt bedeutet dies, dass das gesamte Wertschöpfungsnetzwerk von der Konstruktion und Entwicklung, über die Lieferanten und die Fertigung bis hin zum Kunden und der Entsorgung vernetzt ist." (Fraunhofer 2014, S. 38)

Mit dem Durchbruch der Softwareagenten, der Bots und Avatare und endlich der CPS-Anwendungen wurde unübersehbar, dass die Kommunikation zwischen Dingen und zwischen Maschinen sowie zwischen Maschinen und Dingen die quantitative Vorherrschaft übernimmt. Aus dem menschbezogenen Kommunikationsbegriff wurde der informationstechnische Kommunikationsprozess „M2M", der mit Hilfe von Big Data-Ansätzen wieder beherrschbar werden soll.

Hinter dem Rücken der realen User verwandelte sich Kommunikation zu einem immensen und für Einzelne nicht mehr zu durchschauenden virtuellen Be- und Auswertungsraum. Als Kompensation für den partiellen Verlust der als deklassiert empfundenen Wort-Kommunikation breitete sich dominant die schriftlose Mündlichkeit der Mobiles und Videos aus.

Die Strukturen und Abläufe unter „Industrie 4.0" werden vor allem durch automatisierte virtuelle Kommunikationen mit hoher Abstraktion und dichter Komplexität bestimmt werden. Die Rolle der Kommunikation von Mensch zu Mensch als direkte gleichzeitige Begegnung findet vor allem im Bereich des Führens, Planens und Steuerns statt. Der Raum für den emanzipatorischen Charakter von natürlicher Kommunikation muss nun – so die Anforderungen aus dem gewerkschaftsnahen Netzwerk „Forum Soziale Technikgestaltung" – organisatorisch abgesichert und zurückgeholt werden.

Das einflussreiche Technologienetzwerk „acatech" formulierte 2013, dass der durch Industrie 4.0 einsetzende Paradigmenwechsel in der Mensch-Technik- und Mensch-Umgebungs-Interaktion zu neuen Formen der kollaborativen Fabrikarbeit in virtuell mobilen Arbeitswelten führen werde, die nicht zwangsläufig in der Fabrik stattfinden müsse. Intelligente Assistenzsysteme mit multimodalen und bedienungsfreundlichen Benutzerschnittstellen würden die Beschäftigten in ihrer Arbeit unterstützen (Promotorengruppe 2013, S. 27).

Die Veränderung des Gebrauchs des Wortes und der technikinduzierte Wandel der Kommunikation beeinflusst das Werden der individuellen Identitätsarbeit.

6 „Worklogging" – Die neue Vermessung der Arbeit

In Industriebetrieben – aber nicht nur dort – waren seit jeher REFA-Spezialisten unterwegs, die Verfahrens-, Produktions- und Arbeitsabläufe zu optimieren trachteten. Sie sollten die effizientesten und effektivsten Organisationsmodelle herausfinden und den Betrieben zur Umsetzung empfehlen. Nicht selten wurde dieses Ansinnen von Betriebsräten als drohende Arbeitsverdichtung und Stresssteigerung kritisiert.

Der Schritt in die virtuellen Arbeitswelten mit den immer mehr verfügbaren intelligenten Werkzeugen eröffnet nun ein neues Kapitel der Möglichkeiten, Arbeitsvorgänge zu vermessen. Dieses Worklogging beginnt, sich im Schatten der Digitalisierungs- und „Industrie 4.0"-Diskussion zu vollziehen.

In zahlreichen Firmen werden auf der Basis der alten Erfahrungen der „fraktalen Fabrik", der „Lean Production" und von „Lean Management" Technikexperimente mit „intelligenten" Brillen, Handschuhen, Kleidungsstücken, Headsets etc. realisiert. Wenn etwa Sortier- oder Zuordnungsarbeiten von Menschen zwischen zwei Regalen oder Tischen angelegt werden, um die kürzesten Bewegungswege der Hände herauszufinden, so speichert der „intelligente" Handschuh die Vorgänge. Er vermisst Raum und Zeit der Bewegung. Die dahinter liegende Software ermittelt den optimalsten Winkel der Bewegung, die erreichbare Geschwindigkeit in Bewegung pro Zeit, standardisiert sie und gibt später neu einzulernenden Personen Signale, wie sie die Arbeit ausführen sollen. Sobald die Hand eine zu große oder eine zu zeitintensive Bewegung ausführt, erhält die menschliche Hand ein elektrisches Signal, um die Person auf die angestrebten berechneten Bahnen zu disziplinieren. Natürlich lassen sich die Zahl der Abweichungen und der Stromsignale zu einem Profil bündeln.

Ein Mensch, der in seiner Freizeit seine Körperbewegungen im Rahmen eines privaten Lifelogging misst, wird auf dieses „Worklogging" weniger fremdelnd bzw. mit größerer Akzeptanzbereitschaft reagieren. Man muss jedoch kein Betriebsrat sein, um erkennen zu können, dass dieses Vermessen von Arbeitsvorgängen mit Hilfe intelligenter Werkzeuge samt personenbezogener Profilbildung nicht nur das informationelle Selbstbestimmungsrecht verletzt.

Andere Arten der Vermessungen von Arbeitsschritten lassen sich in Experimenten zur Nutzung von CPS-Elementen wahrnehmen. Wenn jedes Materialteil, jedes Montage- oder Bauteil einen eigenen Chip enthält, damit mittels einer Gegenstand-Gegenstand-Kommunikation gespeichert werden kann, wann das Bauteil hergestellt wurde, welche chemischen Mischungen es enthält, für welchen Kundenauftrag es aktiviert und welchem Fahrzeug-Montageprozess es zugeordnet wurde, wird kaum jemand überrascht sein, dass CPS-Modelle auch die Zeit messen können, wann das Bauteil von wem wie lange in der Hand gehalten wurde. Hier besteht die Gefahr, dass Gegenstands- und Prozessdaten ebenso mit personenbezogenen Daten verknüpft werden können. Betriebsräte und Gewerkschaften treten daher dafür ein, dass in CPS-Systemen keine personenbezogenen und keine personenbeziehbare Daten eingegeben werden.

Ein anderer Knotenpunkt der intelligenten Vermessung von Körperbewegungen oder Körperbelastungen lässt sich bei der neuen Form der Hand-in-Hand-Arbeit von humanoidem Roboter und Mensch ersehen. Wenn der mobile und freilaufende „Robo" als Helfer im Montagevorgang dem Menschen zur Hand geht, Teile herbeibringt, schwere Gegenstände anhebt, dreht, drückt oder schraubt, vermisst der Roboter nicht nur seine eigenen Abläufe sondern er beginnt, auch die aus „seiner Sicht" komplementären Bewegungen des Menschen zu messen, um sich diesem besser anpassen zu können.

Die betrieblichen „Worklogging"-Experimente mit humanoider Robotik setzen an, körper-, leistungs-, orts- und zeitbezogene Vermessungsdaten über den arbeitenden Menschen zu sammeln. Je mehr Daten „Robo" aufnimmt, um besser kann „er" sich ein Bild von seinem natürlichen Gegenüber machen und umso leichter kann buchstäblich ermessen werden, wie die nächste Robotergeneration ausgestaltet werden müsste, um die verbliebenen Körperbewegungen des Menschen zu ersetzen.

7 Die neue virtuelle Lebenslage des arbeitenden Menschen

Vor Jahrzehnten wurde das Arbeitsleben der Einzelnen im Betrieb oder in der Verwaltung beeinflusst von der individuellen „Personalakte". Der Arbeitgeber führte diese personenbezogene Dokumentation eines Arbeitslebens und einigte sich bestenfalls mit dem Betriebsrat darauf, was in die Akte aufgenommen werden darf und was nicht. Diese Informationssammlung hatte rechtsverbindlichen Charakter, bestand aus papierenen Blättern und war nur für wenige Personen zugänglich. Die ersten Digitalisierungsschübe verlagerten die Daten zwar auf einen geschützten Server, die Zugänglichkeit änderte sich aber dabei kaum.

Seit dem Einfließen der Informations- und Kommunikationstechnik in die Organisation des Arbeitsplatzes, der Architektur des Betriebes und der übergreifenden Wertschöpfungsprozesse, seit dem Aufkommen des „Web 2.0" mit seinen neuen Plattformen der Social Media-Angebote hinterlässt der arbeitende Mensch Datenspuren, die in ihrer Quantität und Inhalt weit über die Ordnung der „Personalakte" hinausgehen.

Eine andere Qualität von Netzöffentlichkeit umgibt nun Beruf und Freizeit, Betrieb und Privatheit. Die ubiquitäre und ständige Verfügbarkeit von personenbezogenen und Personen zuordenbaren Datenmengen lässt für das Individuum die neue Erfahrung einer „virtuellen Lebenslage" (Schröter 2014) entstehen. Die vormals gelebte strenge Trennung von Arbeit und Privatheit zerfasert, löst sich schrittweise auf.

Zu der Forderung nach ArbeitnehmerInnen-Datenschutz im Unternehmen gesellt sich die Selbstanforderung, durch geläuterte Onlinekompetenz seine eigenen Profile in Xing, LinkedIn, Facebook, Google, Twitter etc. zu pflegen. Jede einzelne Person muss nun vermehrt selbst entscheiden, wo die Trennung zwischen privaten und öffentlichen Daten zu verlaufen habe. Das Individuum lernt, was persönliche Datenhoheit heißen soll.

Gekennzeichnet war dieser Prozess lange Zeit durch eine über Plattformen vermittelte Mensch-zu-Mensch-Kommunikation. Betriebliche Netze, Verwaltungs- und Stromnetze, Shopping-Portale und Wissensnetze oder Blogs organisierten sich getrennt und verleiteten zu dem Eindruck, dass auch die Daten nicht quer ausgelesen werden können. Die neuen Suchmaschinen von Google und anderen zeigten allerdings schon bald, dass sich Daten in anderer Weise verbinden lassen, als es der User geplant hatte.

Mit der Konvergenz der Netze und der digitalen Prozessketten wächst jeder einzelnen Person eine jeweils eigene konkrete „virtuelle Lebenslage" zu. Diese Lebenslage umfasst arbeitsweltliche und berufliche Angaben, Payback-Cards, elektronische Ausweise, Profile in der Social-Media-Welt, die selbst angelegt wurden, und Profile, die durch Einfügungen entstehen, die von fremder Hand ins Netz gestellt wurden. Die Ergebnisse von Suchmaschinen kombinieren bruchlos Erwerbsbezogenes, Privates, längst Vergessenes und gänzlich Neues.

Die „virtuelle Lebenslage" ist zum einen geprägt durch aktive und passive Datenschatten. Zum anderen wird sie erweitert durch Profilbildungen mittels Big Data-Auswertungen, durch automatisierte Bots und Agenten, durch Ergebnisse des „Internets der Dinge", durch Clouds und CPS, durch elektronische Lernumgebungen (Blended Learning, E-Learning etc.), durch selbsterzeugtes Lifelogging, durch fremd gesammeltes „Worklogging". Die Liste ließe sich verlängern.

Die neue „virtuelle Lebenslage" wird in ihren Wirkungen bei all den Berufstätigen vorläufig noch gebremst und begrenzt, die in einem festen und unbefristeten Normalarbeitsverhältnis aktiv sind. Sobald aber Arbeitsverhältnisse befristet sind oder werden, ein Job- oder Firmenwechsel ansteht oder aber der Sprung aus stabilen Umgebungen in die zwar flexible jedoch schwieriger planbare neue Selbstständigkeit der Freelancer und Crowdworker ansteht, entfaltet die „virtuelle Lebenslage" eine überraschende Wuchtwirkung auf die Einzelnen. Sie verwandelt Zugänglichkeiten und erzeugt scheinbar unsichtbare Hindernisse. Gerade bei (Online-)Bewerbungsverfahren und bei der freien Auftragsakquise wird dies deutlich.

8 Vom „biografischen Ich" zum „virtuellen Ich"

Das strukturelle Konvergieren der haptisch-materiellen Arbeitsumgebung mit dem virtuellen Transaktionsraum, das Verschmelzen nicht-virtueller mit virtuellen Prozessen rückt die Frage nach den Folgewirkungen auf das Subjekt des Handelns in den Vordergrund. Der Umbruch der Infrastrukturen der Arbeit beeinflusst die individuelle „Identitätsarbeit" (Keupp) des verunsicherten Ichs:

> „Eines der zentralen wachsenden Zukunftsthemen für die Erwerbswelt ist das Entstehen, Sichern und Pflegen von Identität, von Identitätsstiftung aus virtuell-flüchtigen Arbeitsumgebungen. Der arbeitende Mensch hat seit Menschengedenken einen wichtigen Teil seiner Identität und seines Selbstbewusstseins aus materieller Produktion gezogen. Das Ergebnis der Arbeit sollte sinnlich-haptisch fassbar sein. Begreifen im Kopf hatte mit greifen der Hände zu tun. Mit der zunehmenden Digitalisierung und Virtualisierung von immer mehr Arbeitsschritten wird die Identitätsbildung aus immateriellen und sinnlich nicht greifbaren Vorgängen und Ergebnissen immer schwerer. Doch das Bedürfnis nach Identität ist geblieben." (Schröter 2014, S. 128)

Die sich in Richtung „Industrie 4.0" verschiebende Arbeitswelt setzt die lebensgeschichtlich, sozial, kulturell, beruflich erworbene Identität aus der analogen und „Web 2.0"-Zeit in eine sich steigernde Spannung mit der sich konzentrierenden Identität in der Virtualität. Das „biografische Ich" sieht sich einem eigendynamisch agierenden „virtuellen Ich" (Schröter 2014) gegenüber. Dieses „virtuelle Ich" bildet sich zum Teil durch Eigenaktivitäten des „biografischen Ich" und gleichzeitig durch digital automatisierte, fremdgesteuerte Prozesse hinter dem Rücken des Produzenten.

Durch die Digitalisierung und Virtualisierung der Arbeitswelt, durch Konvergenzen der Netze, durch „intelligente" Werkzeuge im Netz, durch automatisierten Datenverkehr von Maschine-zu-Maschine und Gegenstand-zu-Gegenstand, durch Lifelogging und „Worklogging" wächst jene „virtuelle Lebenslage" weiter, die mit oder gegen den Willen des arbeitenden Menschen ein vielteiliges „virtuelles Ich" hervorbringt, das mit jedem Tag datenmächtiger wird.

In dem Maße wie die handelnde Person aus Erwerbs- und Einkommensgründen sich verstärkt selbst im Netz präsentieren und inszenieren muss – etwa beim Jobwechsel oder als sich selbst anbietende Freelancer in der Crowd –, nimmt die Wirkmächtigkeit des „virtuellen Ichs" gegenüber dem „biografischen Ich" zu. Die Identitätsstiftung und Identitätsbildung des Menschen in der sich entfaltenden Welt der „Industrie 4.0" vollzieht sich alsbald über andere Wege und hinterlässt andere Spuren als in der industriellen Zeit davor.

Es ist nach jetziger Vorabschätzung davon auszugehen, dass die individuelle „Identitätsarbeit" der nahen Zukunft dauerhaft durch die Spannung zwischen „biografischem Ich" und „virtuellem Ich" konfiguriert wird. Identität wird fragmentiert aus beiden Teilen bestehen. Daraus ist zu folgern,

> „dass die Herausbildung einer ganzheitlichen Identität – als Verknüpfung der alltagsweltlichen realen Lebenslage mit der an Bedeutung gewinnenden, virtuellen Lebenslage' – zu einem Schlüsselthema der kommenden wirtschaftlichen und sozialen Modernisierungsprozesse werden wird und werden muss." (Schröter 2014, S. 120)

Die Zunahme psychischer Erkrankungen von Personen in der IT-Entwicklerbranche und die sich steigernde Zahl von Burn-outs und Suiziden deuten an, dass nicht nur der zunehmende Arbeitsstress in agil organisierten Zielvereinbarungen massiven Druck erzeugt, sondern dass zudem die tradierten Wege der „Identitätsarbeit" sich nicht mehr im Einklang befinden mit den Herausforderungen „Neuer Infrastrukturen der Arbeit".

Die erlittene Entwurzelung aus bekannten und gewohnten Zusammenhängen und die noch nicht vollzogene Neuverortung des Subjekts im sich bildenden virtuellen Großraum der digital-virtuellen flexiblen Einkommenswelten legt völlig neue Brüche in den Erwerbsbiografien nahe.

Der Prozess der sozialen und humanen Gestaltung neuer Arbeitswelten unter den Bedingungen von „Industrie 4.0" erfordert eine dauerhafte und prioritäre Erweiterung der Gestaltungsziele und Gestaltungsansätze um den Begriff der „Identität". Dieser darf dabei nicht auf bloße technische Identitäten oder auf bloßes datengespeistes „Identitätsmanagement" reduziert werden. Es geht vielmehr um einen ganzheitlich emanzipatorischen, Entfremdung aufhebenden Weg eines erneuerten Humanisierungsdenkens. Dabei setzen die zunehmend nicht-linearen Berufs- und Lebensgeschichten brüchige Fundamente.

Die Kategorie der Entfremdung ist hierbei als mehrschichtig zu lesen: Die Entfremdung des Menschen auf Grund des Warencharakters seiner Arbeit und die Entfremdung des flexibilisierten Selbstorganisators seiner Erwerbswelt sowie die Entfremdung des „biografischen Ichs" vom „virtuellen Ich".

9 Identitätsarbeit und Identitätskonstruktionen

Um die Bedeutung und Tiefe der Spannung zwischen „biografischem Ich" und „virtuellem Ich" genauer erkennen zu können, ist ein Blick in die sozialpsychologische Forschung zum Thema „Identität" und „Identitätskonstruktionen" mehr als hilfreich. Wegweisende Erkenntnisse auf diesem Wissenschaftsgebiet hat seit Jahren Heiner Keupp geliefert. Allerdings nahm der Fachexperte seine Erkundungen und Auswertungen vor dem Eintritt in den Transformationsprozess zu „Industrie 4.0" vor.

Das Werden eines Menschen, seine Identitätsarbeit, untersuchte Keupp auf der Basis nicht-virtueller Realität. Eine zunächst nicht intendierte Anwendung auf das Gebiet der sozialpsychologischen Erwachsenenforschung im Kontext virtueller Ich-Bildungen kann dennoch wertvolle methodische Zugänge zum Erfassen der Wirkungsweise von „virtuellen Identitäten" erbringen. Schon eine seiner Schlüsselfragen lässt sich in den aktuellen Virtualisierungs-Diskurs übernehmen:

> „Wenn wir uns der Frage zuwenden, welche gesellschaftlichen Entwicklungstendenzen die alltäglichen Lebensformen der Menschen heute prägen, dann kann man an dem Gedanken des ‚disembedding' oder der Enttraditionalisierung anknüpfen. Dieser Prozess lässt sich einerseits als tiefgreifende Individualisierung und als explosive Pluralisierung andererseits beschreiben." (Keupp 2003, S. 4f.)

Für Keupp gehören „Individualisierung, Pluralisierung, Flexibilität und Mobilität" zu den „Normalerfahrungen" in der Gesellschaft. Aus ihnen leitet sich der „Verlust von unstrittig akzeptierten Lebenskonzepten, übernehmbaren Identitätsmustern und normativen Koordinaten" ab. Seine Kernthese zu der von ihm aufgegriffenen Begrifflichkeit „Identitätsarbeit" lautet:

> „Identitätsarbeit hat als Bedingung und als Ziel die Schaffung von Lebenskohärenz. In früheren gesellschaftlichen Epochen war die Bereitschaft zur Übernahme vorgefertigter Identitätspakete das zentrale Kriterium für Lebensbewältigung. Heute

kommt es auf die individuelle Passungs- und Identitätsarbeit an, also auf die Fähigkeit zur Selbstorganisation, zum ‚Selbsttätigwerden' oder zur ‚Selbsteinbettung'. [...] Das Gelingen dieser Identitätsarbeit bemisst sich für das Subjekt von innen an dem Kriterium Authentizität und von außen am Kriterium Anerkennung."

Identitätsarbeit hat eine innere und äußere Dimension. Eher nach außen gerichtet ist die Dimension der Passungsarbeit. Unumgänglich ist hier die Aufrechterhaltung von Handlungsfähigkeit und von Anerkennung und Integration. Eher nach innen, auf das Subjekt bezogen, ist Synthesearbeit zu leisten, hier geht es um die subjektive Verknüpfung der verschiedenen Bezüge, um die Konstruktion und Aufrechterhaltung von Kohärenz und Selbstanerkennung, um das Gefühl von Authentizität und Sinnhaftigkeit." (Keupp 2003, S. 10).

Ein wesentlicher Eckpunkt der Identitätsarbeit fußt im Zugehörigkeitsgefühl. Wenn Menschen aus ihren vertrauten Umgebungen herausgelöst, entbettet (disembedding) werden, dann wird die kollektive Identität als Teil der eigenen Identitätsarbeit in Frage gestellt.

Dieses Zugehörigkeitsgefühl beginnt zu leiden, wenn durch Digitalisierung und Virtualisierung die bisherige Anordnung des Betriebes im Innern, die Vertrautheit des Arbeitsortes und des Arbeitsplatzes zerfasert und sich grundlegend verändert. In den „Neuen Infrastrukturen der Arbeit" (Schröter) erfährt das Individuum den Wandel seiner täglichen Identitätsarbeit. Seine Einstellungen zu sich selbst und zu seiner Arbeit verorten sich neu. Das „Leben als Projekt" (Dill und Keupp 2015, S. 28) bringt der/dem Einzelnen die Möglichkeit verschiedener Optionen und verengt zugleich die Auswahlfreiheit selbst zum Auswahlzwang. Aus Identitätsfragmenten soll durch „freiwillige" Selbstorganisation ein Weg neuer Identitätskonstruktion entstehen. Die Suche nach „innerer Lebenskohärenz" erscheint sowohl als Chance der Neugestaltung wie zugleich auch als De-Konstruktion, Verlust und Risiko, als Ausquartierung aus bislang traditionsnormierten Lebensmodellen (Dill und Keupp 2015, S. 21).

Der Umbau der alten Arbeitswelt in eine neue gewerkschaftlich thematisierte „Arbeit 4.0" entbettet die Arbeitenden, verändert oftmals ihren Status vom Normalarbeitsverhältnis zum prekären oder ökonomisch stabilen Crowdworker und fordert von ihnen die Fähigkeit, sich in neuen Kontexten neu, agil, flexibel zu verorten. Diese Neu-Verortung wird – je nach Kompetenz der Person – durch die Polarität von „biografischem Ich" und „virtuellem Ich" zusätzlich erschwert. Eine neue Fragestellung entsteht dort, wo ein „entbettetes" „biografisches Ich" sich lediglich in ein „virtuelles Ich" einzubetten versucht. Wie aber gelingt dem verunsicherten Menschen das Stabilisieren von Kohärenz als „zusammenhängende Lebensgeschichte" (Keupp 2015, S. 32ff.) unter den realen Bedingungen von mehrfachen Brechungen der Erwerbsbiografie? – Noch lässt sich diese Frage nicht hinreichend beantworten.

10 Soziale Gestaltung virtueller Arbeitswelten

Angesichts der in Gang gekommenen Transformation der industriell verfassten Arbeitsumgebungen hin in Richtung „Industrie 4.0" eröffnen Betriebsräte und Teile der Gewerkschaften sowie das Netzwerk „Forum Soziale Technikgestaltung" einen neuen Gestaltungsdiskurs. Es geht um eine kritisch-konstruktive Begleitung des Weges in die digitale Geschäftswelt.

Dieser Diskurs greift einerseits die Kriterien der bisher gelebten Arbeitsorganisation, der Mitbestimmungsrechte, der Qualifizierung und Weiterbildung, des Arbeits- und Gesundheitsschutzes, der Arbeitszeitpolitik, der Prävention, des Arbeitnehmerdatenschutzes und des informationellen Selbstbestimmungsrechtes auf und beginnt, sie zu erweitern.

Dabei liegen zahlreiche partizipationsorientierte Umbauanforderungen zunächst noch auf der Ebene des Ortes Betrieb. Über mitbestimmungspflichtige Verfahren soll der Schutz des Individuums – und damit auch der Schutz der Privatheit – derart gesichert werden, dass die Verarbeitung und Verwendung von personenbezogenen Daten ausschließlich nur mit Zustimmung der betroffenen Person erfolgen darf.

Dieser Ansatz greift zugleich einen grundlegenden Paradigmenwechsel der letzten Jahre auf, wonach Datenschutz als organisatorische Maßnahme des Unternehmens durch Datennutzungsbegrenzungen und durch eine grundsätzlich anzustrebende Datensparsamkeit allein nicht erreichbar ist. Die betroffene Person selbst muss zum bewussten Datensouverän und zum Hort des Eigenschutzes ermächtigt werden. Dies kann technisch teilweise gelingen durch die Verankerung des Rechtes auf Anonymisierung und Pseudonymisierung im arbeitsweltlichen und beruflichen Datenverkehr der Mensch-zu-Mensch-Kommunikation wie auch in den CPS-RFID-Welten des „Internets der Dinge".

> „Der Wandel der materiellen Arbeitsumgebung hin zu Arbeitswelten, die verstärkt von virtuellen Abläufen geprägt werden, verlangt eine Überarbeitung und Erweiterung der sozialen Rechte von Arbeitnehmerinnen und Arbeitnehmern. Die Virtualisierung von zahlreichen betrieblichen Prozessen stellt die Regeln der Betriebsverfassung in Frage." (Arbeitskreis 2014, S. 305)

Im Angesicht der Digitalisierung und Virtualisierung globaler überbetrieblicher und außerbetrieblicher Datenströme entlang neuer flexibler Wertschöpfungsketten von „Industrie 4.0" muss aber zugleich eine neue Kategorie in den Gestaltungsdiskurs um die Zukunft der Arbeit eingebracht werden: Die Ermöglichung, Pflege, Gestaltung und souveräne Beherrschung „virtueller Identitäten" („virtuelles Ich") als offensives Prozessziel, um die Möglichkeit der Identitätsarbeit und um das Chancenpotenzial innerer Lebenskohärenz abzusichern. Dies schließt die Durchsetzung von humanen Sozialstandards für abhängige und selbstständige Crowdworker grundlegend mit ein.

Der Wandel in die neue „Arbeitswelt 4.0" kann nicht nur mit dem humanzentrierten Perspektivblick der alten „Arbeitswelt 2.0" gelingen. Es bedarf zusätzlich des Perspektivwechsels aus der virtuellen Arbeitsumgebung heraus auf den Menschen – gerade im Kontext des „Worklogging". „Virtuelle Identitäten" sind auch Erfahrungsrealitäten. Sie sollen Gestaltungsziel und Humanisierungsziel werden. Die soziale Gestaltung virtueller Arbeitswelten wird zu einer der wesentlichen Bedingungen der Humanisierung der Arbeit generell.

In der Arbeitswelt der beginnenden Zukunft werden das „biografische Ich" und das „virtuelle Ich" zu einer dauerhaften widersprüchlichen Dualität verknüpft. Beide zusammen markieren die Eckpunkte der Identitätsarbeit des zu emanzipierenden Subjekts.

Entscheidend wird sein, ob es gelingt, die unsichtbaren Mauern der Zugänglichkeit bzw. Unzugänglichkeit, wie sie für jeden Menschen durch die drastische Zunahme von Abstraktion und Komplexität erwächst, aufzuheben und zu überwinden. Wenn Zugangsbarrieren nicht identifiziert und minimiert werden, droht eine veränderte Version der „digitalen Spaltung" der Gesellschaft. Scheitert dieses Überwinden, gelingt wohl auch keine nachhaltige, auf Kohärenz angelegte Identitätsarbeit.

Von geradezu strategischer Bedeutung erscheint der Funktionswandel des Ortes Betrieb:

„Die normierende Kraft des Wortes Betrieb wird für die Sozialisierung der Menschen im Beruf abnehmen. Entortung, Entzeitlichung, Individualisierung und Vereinzelung, Virtualisierung und Entbetrieblichung stellen die Frage, wo dann noch Menschen zu einem sozialen und einem demokratischen Miteinander sozialisiert werden können. Die ‚Community Betrieb' bröckelt. Die Zahl der Ein-Personen-Selbstständigen und Freelancer steigt. Doch was, wo und wer tritt strategisch in der Gesellschaft an die Stelle des Sozialisationsortes ‚Betrieb'? Wenn die strukturelle Bedeutung des Ortes ‚Betrieb' in seiner normierenden gesellschaftlichen Funktion nachlässt, wird dies auch zu einer Pluralisierung der Sozialisationsverortung führen. Dies kann entweder eine kulturelle Bereicherung für alle ermöglichen oder eine verstärkte Fragmentierung und Parzellierung gesellschaftlicher Gruppen einläuten. Das arbeitende Individuum wird von den kulturellen Prägungen und Regulationen der Sozialpartner immer weniger erreicht. Die Kollegialkultur und deren sozialisierende Kraft aus Betrieben, Belegschaften, Teams, Verbänden und Sozialpartnern verlieren ihre Interpretationshoheit in den aufkommenden virtuellen Einkommenswelten. Die strukturelle Ent-Integration des arbeitenden Individuums aus den postindustriellen Strukturen der Arbeitswelten zieht eine latente Tendenz zur Ent-Sozialisation nach sich. Die Rollen der Sozialpartner als gesellschaftliche Binde-Mittel werden geschwächt. Sie büßen Kohäsionskraft ein. Parallel zur realen und virtuellen Atomisierung des Individuums vollzieht sich eine Rückbildung des zentralen Kohäsionszentrums ‚Betrieb' als formierender Ort der Vergesellschaftung des Individuums. Angesichts dieses beginnenden Ent-Kohäsionsprozesses der Gesellschaft muss die Frage nach neuen Anlässen, Orten und Kulturen formuliert werden, wie und wo kompensatorische Kohäsionsorte und ebensolche Kohäsionskräfte wachsen können." (Schröter 2012, S. 15f.)

Die soziale Gestaltung der Arbeitswelten in „Industrie 4.0" ist nicht nur eine betriebsbezogene Herausforderung der Sozialpartner. Sie ist auf Grund ihrer weitreichenden Auswirkungen eine gesamtgesellschaftliche Aufgabe.

Der Gestaltungsansatz aus dem Blickwinkel der Beschäftigten und Auftragssuchenden muss das begrenzte Transformationszeitfenster im Übergang von der bestehenden Arbeitswelt hin zur automatisierten und dezentralisierten aber endlich solidarischen „Arbeit 4.0" proaktiv und vorantreibend nutzen. Sobald sich das Zeitfenster schließt, werden anschließende Korrekturen der „Neuen Infrastrukturen der Arbeit" möglicherweise deutlich schwerer zu meistern sein als im Prozess des kooperativen Kick-offs. Eile ist geboten, denn es geht um „Grundrisse einer besseren Welt" (Braun 1997).

Auf der Tagesordnung steht vor allem die Erarbeitung und Umsetzung einer umfassenden „SozialCharta Virtuelle Arbeit" (Schröter 2010) entlang der neuen digital-virtuellen Wertschöpfungsbeziehungen. Das gewerkschaftsnahe Netzwerk „Forum Soziale Technikgestaltung" will dafür aktiv eigene Beiträge leisten.

Literatur

Alcatel SEL Stiftung für Kommunikationsforschung, Forum Soziale Technikgestaltung (2002). *Mobile Arbeitswelten. Soziale Gestaltung von „Electronic Mobility"*. Mössingen: Talheimer Verlag.
Arbeitskreis Informations- und Kommunikationstechnik, Forum Soziale Technikgestaltung. (2014). IT und Beschäftigung. Memorandum (Version 2.0) Stuttgart. In W. Schröter (Hrsg.), *Identität in der Virtualität. Einblicke in neue Arbeitswelten und „Industrie 4.0"* (S. 286–305). Mössingen: Talheimer Verlag.
Baacke, E., Scherer, I., & Schröter, W. (2006). *Electronic Mobility in der Wissensgesellschaft – Wege in die Virtualität*. Mössingen: Talheimer Verlag.

Balfanz, D., & Schröter, W. (2010). *Gestaltete Virtualität: Realität der neuen Medien in der Arbeitswelt. Standortbestimmung und Perspektiven.* Mössingen: Talheimer Verlag.

Bauernhansl, T. (2013). Industrie 4.0 – Wie die 4. Industrielle Revolution die Prozesse in der Produktion verändert. mav Innovationsforum 2013 Böblingen 16. April 2013. http://www.mav-online.de/c/document_library/get_file?uuid=8d283187-3cef-44d4-9e08-6f0047be9f3a&groupId=32571331. Zugegriffen: 21. Feb 2015.

Benner, Ch. (2015). *Crowdwork – zurück in die Zukunft? Perspektiven digitaler Arbeit.* Frankfurt a.M.: Bund-Verlag.

Braun, E. (1997). *Grundrisse einer besseren Welt. Zur politischen Philosophie der Hoffnung.* Mössingen: Talheimer Verlag.

Bundesministerium für Wirtschaft und Energie (2014). 8. Nationaler IT-Gipfel: Arbeiten und Leben im digitalen Wandel – gemeinsam.innovativ.selbstbestimmt. Abschlusserklärung Hamburg/Berlin. http://www.it-gipfel.de/IT-Gipfel/Redaktion/PDF/hamburger-erklaerung,property=pdf,bereich=itgipfel,sprache=de,rwb=true.pdf. Zugegriffen: 21. Feb 2015.

Bundesministerium für Wirtschaft und Energie (2014). 8. Nationaler IT-Gipfel: Maßnahmenpaket „Innovative Digitalisierung der Deutschen Wirtschaft 2014/2015". Hamburg/Berlin. http://www.it-gipfel.de/IT-Gipfel/Redaktion/PDF/massnahmenpaket,property=pdf,bereich=itgipfel,sprache=de,rwb=true.pdf. Zugegriffen: 21. Feb 2015.

Dengel, A., & Schröter, W. (1997). *Flexibilisierung der Arbeitskultur. Infrastrukturen der Arbeit im 21.Jahrhundert.* Mössingen: Talheimer Verlag.

Dill, H., & Keupp, H. (2015). *Alterskraftunternehmer. Ambivalenzen und Potenziale eines neuen Altersbildes in der flexiblen Arbeitswelt.* Bielefeld: transcript.

Fraunhofer-Institut für Produktionstechnik und Automatisierung IPA, Ministerium für Finanzen und Wirtschaft Baden-Württemberg MFW (2014). Strukturstudie „Industrie 4.0" für Baden-Württemberg. Baden-Württemberg auf dem Weg zu Industrie 4.0. Stuttgart. http://mfw.baden-wuerttemberg.de/fileadmin/redaktion/m-mfw/intern/Dateien/Downloads/Industrie_und_Innovation/IPA_Strukturstudie_Industrie_4.0_BW.pdf. Zugegriffen: 21. Feb 2015.

Grillo, U., Gabriel, S., & Wetzel, D. (2014). Aufruf zur Gründung: Bündnis „Zukunft der Industrie", Berlin . http://www.bmwi.de/BMWi/Redaktion/PDF/A/aufruf-zur-gruendungbuendnis-zukunft-der-industrie,property=pdf,bereich=bmwi2012,sprache=de,rwb=true.pdf. Zugegriffen: 21. Feb 2015.

Keupp, H. (2003). Identitätskonstruktion. Vortrag bei der 5. bundesweiten Fachtagung zur Erlebnispädagogik am 22. September 2003 in Magdeburg. http://www.ipp-muenchen.de/texte/identitaetskonstruktion.pdf. Zugegriffen: 21. Feb 2015.

Klumpp, D. (1996). *Marktplatz Multimedia. Praxisorientierte Strategien für die Informationsgesellschaft.* Mössingen: Talheimer Verlag.

Klumpp, D., Kubicek, H., & Roßnagel, A. (2003). *next generation information society? Notwendigkeit einer Neuorientierung.* Mössingen: Talheimer Verlag.

Kraft, A. (2015). Besuch in der digitalen Fabrik. Smarte Arbeit. *Mitbestimmung,* (1/2), 30–35.

Kurz, C. (2014). Industrie 4.0 verändert die Arbeitswelt. Gewerkschaftliche Gestaltungsimpulse für „bessere" Arbeit. In W. Schröter (Hrsg.), *Identität in der Virtualität. Einblicke in neue Arbeitswelten und „Industrie 4.0"* (S. 106–111). Mössingen: Talheimer Verlag.

Mostbacher-Dix, P. (2015). Längerfristig sollen neue Jobs und Dienstleistungen entstehen. *Staatsanzeiger* (Ausgabe vom 6. Feb. 2015). Stuttgart: Staatsanzeiger Verlag.

Promotorengruppe Kommunikation der Forschungsunion Wirtschaft – Wissenschaft, acatech – Deutsche Akademie der Technikwissenschaften e.V. (2013). Deutschlands Zukunft als Produktionsstandort sichern. Umsetzungsempfehlungen für das Zukunftsprojekt Industrie 4.0. Abschlussbericht des Arbeitskreises Industrie 4.0. Frankfurt. http://www.bmbf.de/pubRD/Umsetzungsempfehlungen_Industrie4_0.pdf. Zugegriffen: 21. Feb 2015.

Robert Bosch Stiftung (2013). Die Zukunft der Arbeitswelt. Auf dem Weg ins Jahr 2030. Bericht der Kommission „Zukunft der Arbeitswelt" der Robert Bosch Stiftung mit Unterstützung des Instituts für Beschäftigung und Employability IBE. Stuttgart. http://www.bosch-stiftung.de/content/language1/downloads/Studie_Zukunft_der_Arbeitswelt_Einzelseiten.pdf. Zugegriffen: 21. Feb 2015.

Rump, J., & Biegel, I. (2009). *Arbeit und Freizeit. Wie wir in Zukunft leben und arbeiten werden*. Mössingen: Talheimer Verlag.

Rump, J., Schabel, F., & Grabmeier, S. (2011). *Auf dem Weg in die Organisation 2.0 – Mut zur Unsicherheit*. Sternenfels: Verlag Wissenschaft & Praxis.

Scheytt, S. (2013). Die Kraft, die alles verändert. *Mitbestimmung*, (12), 10–15.

Selke, S. (2014). *Lifelogging. Wie die digitale Selbstvermessung unsere Gesellschaft verändert*. Berlin: econ Verlag.

Schröder, L., & Urban, H.-J. (2014). *Gute Arbeit. Profile prekärer Arbeit – Arbeitspolitik von unten*. Frankfurt a.M.: Bund-Verlag.

Schröter, W. (2004). *Wie wir morgen arbeiten werden. Eine Einführung in die Berufswelt der Informationsgesellschaft*. Mössingen: Talheimer Verlag.

Schröter, W. (2007). *Auf dem Weg zu neuen Arbeitswelten – Impulse des Forum Soziale Technikgestaltung*. Mössingen: Talheimer Verlag.

Schröter, W. (2010). Diskursimpulse für eine SozialCharta Virtuelle Arbeit. 25 Metatrends der Veränderung. In D. Balfanz & W. Schröter (Hrsg.), *Gestaltete Virtualität: Realität der neuen Medien in der Arbeitswelt. Standortbestimmung und Perspektiven* (S. 152–161). Mössingen: Talheimer Verlag.

Schröter, W. (2012). Der Wandel der industriellen Arbeitswelt fordert das Selbstverständnis der Bibliotheken heraus. *mb-magazin*, (150/151), 12–16.

Schröter, W. (2014). *Identität in der Virtualität. Einblicke in neue Arbeitswelten und „Industrie 4.0"*. Mössingen: Talheimer Verlag.

Schröter, W. (2015). Identität. http://bloch-blog.de/tag/identitat/. Zugegriffen: 21. Feb 2015.

Schröter, W. (2015). http://blog-zukunft-der-arbeit.de/ Zugegriffen: 31. Juli 2015

Weiss, M., Busch, Ch., & Schröter, W. (2003). *Multimedia Arbeitsplatz der Zukunft. Assistenz und Delegation mit mobilen Softwareagenten*. Mössingen: Talheimer Verlag.

# Quantifizierte Wissensformen
und gesellschaftliche Folgen

Selbstoptimierung durch *Quantified Self*?

Selbstvermessung als Möglichkeit von Selbststeigerung, Selbsteffektivierung und Selbstbegrenzung

Stefan Meißner

Quantified Self (QS) ist die in Deutschland weithin übernommene Selbstbeschreibung einer losen Gruppe von Menschen, die sich und ihre Aktivitäten quantitativ vermessen. Das Spektrum dieser Quantifizierung ist äußerst breit und reicht von den täglichen Bewegungen, über die Aufzeichnung der eigenen Gefühlszustände, des Blutdrucks, der Ernährung bis hin zum eigenen Schlafverhalten oder Hirnströmen. Die Etablierung des Begriffs *Quantified Self* und des Netzwerks mit vielen regionalen Konferenzen beginnt 2008. Bis in die Gegenwart ist eine Ausbreitung des Begriffs *QS* oder anderer Beschreibungen des Phänomens wie etwa Lifelogging, se coacher, personal analytics oder Self-Tracking zu beobachten.

Selbstvermessung als Praxis ist dabei keineswegs neu, so führte u.a. Benjamin Franklin detailliert Buch über seine eigenen Aktivitäten und Fortschritte in 13 verschiedenen Tugenden wie Sparsamkeit und Fleiß, aber auch Schweigen (vgl. Morozov 2013, S. 382).[1]

---

1   Franklin definierte zunächst 13 Tugenden, nach denen er leben wolle. Da er jedoch immer wieder im Alltag dagegen verstieß, wollte er sein Bemühen systematisieren. Er fokussierte wochenweise je auf eine Tugend, markierte jedoch jeden Verstoß als Punkt in einer Tabelle.

Als neu erscheinen dagegen drei Aspekte: Erstens wird das Messen der Daten durch Sensoren erleichtert und zum Teil überhaupt erst ermöglicht. Jedes Smartphone besitzt einen GPS-Sensor, der automatisch die zurückgelegte Strecke messen kann und in Kombination mit einem Beschleunigungssensor auch erkennen kann, ob diese Strecke zu Fuß, mit dem Rad oder dem Auto absolviert wurde bzw. wie viel Stufen am Tag bewältigt wurden. *Erleichtert* wird das Messen, da nicht mehr jeder Schritt gezählt werden muss. Dies geschieht automatisch, nebenbei mit dem Handy oder mittels darauf spezialisierter kleiner Geräte von Anbietern wie z.B. *fitbit*, *jawbone* oder *bodymedia*. *Ermöglicht* wird das Messen, da wir beispielsweise unseren Schlafrhythmus oder unseren Blutzuckerspiegel ohne Sensoren überhaupt nicht erfassen, sondern nur über indirekte Vermutungen erschließen können. Sensoren werden jedoch immer billiger und kleiner und können dadurch vermehrt im Alltag eingesetzt werden.

Zweitens kommen mit der einfachen Messung durch Sensoren und den dadurch leicht entstehenden, großen Datenmengen vielfältige Möglichkeiten der Darstellung und Visualisierung von Daten zum Tragen. Die gemessenen Daten werden immer seltener in Rohform betrachtet, sondern zumeist in anschaulichen Visualisierungen und eingängigen Darstellungen. Denn statt einer wissenschaftlich validen Analyse geht es zumeist um eine schnell erfassbare Repräsentation der Daten.[2] So zeigt beispielsweise *Alpinereplay* komplexe Bewegungen auf einen Blick oder *Hapifork* visualisiert instantan die Essgeschwindigkeit. Diagramme, Kurven, Fortschrittsanzeigen, Zahlen und Benchmarks transformieren die Daten in ein spezifisches, schnell und leicht erfassbares Wissen.

Drittens ermöglichen die zumeist digital gespeicherten Daten eine schnelle Vergleichbarkeit mit anderen Individuen auf speziell dafür gestalteten Plattformen. Die einmal erhobenen Daten können so nicht nur mit den eigenen historischen Daten verglichen werden, sondern aufgrund der Standardisierung von Messung und Darstellung auch leicht mit denen anderer Individuen. So können die wöchentliche Laufstrecke, die Kalorienbilanz oder auch die jeweiligen Gefühle auf sozialen Plattformen geteilt werden, zumeist indem die Privacy-Einstellungen der Geräte *nicht* geändert werden. Dieser Vergleich kann im Modus der Konkurrenz als motivationale Ressource genutzt und angestrebt werden.

Auch wenn diese bequeme Vergleichsmöglichkeit mit anderen Individuen vor allem von vielen Geräteherstellern und Plattformbetreibern als zentrales Argument angeführt wird, können die dadurch etablierten Konkurrenzverhältnisse nicht die gesamte Attraktivität von *QS* beschreiben. Unumwunden werden die ge-

---

2 Vgl. auch Beitrag *Selbstvermessung als Wissensproduktion* von Nils B. Heyen in diesem Sammelband.

sammelten Daten zum Vergleich mit anderen herangezogen und auch in „gamifizierten" Anwendungen genutzt (vgl. hierzu Meißner 2012), jedoch bildet dieser soziale Vergleich nicht den ausschließlichen Fokus, wie beispielsweise auch in den Präsentationen auf den verschiedenen regionalen Treffen der QS-Bewegung (Meetups) sichtbar wird, da es dort vornehmlich um individuelle Daten und deren Korrelation geht (vgl. Schumacher 2013). Aus diesem Grund wird der Vergleich mit anderen und die damit verbundene These einer Etablierung unbegrenzter Wettbewerbslogiken durch den permanenten Vergleich mit anderen nicht im Mittelpunkt der hier geführten Argumentation stehen.[3] Vielmehr konzentriere ich mich auf Formungen oder gar Transformationen des Selbst bzw. allgemeiner auf sich verändernde Selbstverhältnisse durch die Beobachtung und den Vergleich mit den erhobenen Daten von und über sich selbst. Dies formuliert, erscheint nicht nur in der Feuilleton-Diskussion, sondern auch in der ansetzenden sozialwissenschaftlichen Auseinandersetzung mit dem Phänomen, geradezu reflexartig die Idee der *Selbstoptimierung* auf der gedanklichen Bühne.

In einem ersten Schritt soll dieser Reflex kurz umrissen werden, um sodann zwei Klärungen vorzunehmen. Erstens soll gefragt werden, was mit Optimierung und weiter: mit Selbstoptimierung überhaupt gemeint sein könnte. Zweitens soll geklärt werden, welche Folgen durch das Selbstvermessen, also das Erheben quantitativer Daten über sich, wahrscheinlich werden. Von diesen beiden Aspekten ausgehend möchte ich im letzten Teil die bisherige Deutung von QS sowohl im Diskurs als auch in der sozialwissenschaftlichen Analyse als Selbstoptimierung problematisieren.

1 Der Diskurs von *Quantified Self*

Allein eine oberflächliche Analyse des Diskurses anhand von Zeitungen und Zeitschriften, Blogposts sowie Websites von Produktherstellern offenbart eine Gleichsetzung von QS und Selbstoptimierung.[4] Recht prominent, da oft zitiert, schreibt die Schriftstellerin Juli Zeh (2012) ganz explizit: „Den Selbstvermessern geht es um Optimierung. Sie wollen die erfassten Daten nutzen, um ihre Gesundheit, Fitness und Leistungsfähigkeit so weit wie möglich zu steigern." Klaus Werle (2014) pflichtet ihr im Manager Magazin bei und meint: „Das *Quantified Self*, das ‚ver-

---

3   Auch die durch QS-Daten ermöglichte Überwachung individueller Aktivitäten insbesondere für Versicherungen, die im Gegenzug mit Tarifrabatten locken, bleibt hier ausgeblendet, wenngleich diese Effekte genauer zu untersuchen wären.

4   Vergleiche neben den im Folgenden direkt zitierten Quellen auch: (Friedrichs 2013; Grasse 2012; Morozov 2013; Coughlin 2014; Mühl 2012; Barcena et al. 2014).

messene Ich' ist der Weg, das Ziel die Selbstoptimierung, die Ego-Verbesserung durch bewussteres Leben in sämtlichen Bereichen: Job, Familie, Sport, Freizeit, Sex." Auch Spiegel-Online postuliert: „Den Herzschlag bei der Meditation, die Denkleistung nach einer Tasse Kaffee: ‚Self-Tracker' messen ständig ihre Körperwerte – und versuchen ihr Ich zu optimieren." (Boytchev 2013)

Die Protagonisten von *QS* werden zumeist als Ausdruck einer optimierungswütigen Gesellschaft gesehen und bewertet, die den Einzelnen zwinge, sich zu optimieren. Ihre Plausibilität bezieht die im Feuilleton aufgerufene und sich zumeist als kulturkritisch verstehende Argumentation aus der langen Diskussion um eine zunehmende Verdinglichung.[5] Verdinglicht werden soll gegenwärtig nicht nur der eigene Körper, sondern quasi auch die letzte Widerstandsbastion: das eigene Selbst. Nicht nur der Körper mit seiner Arbeitskraft erscheint nunmehr austauschbar, sondern gleich das ganze Selbst. Der Mensch wird so vollends zu einem austauschbaren Objekt. In den Worten Juli Zehs (2012): „Der messbare Mensch ist der vergleichbare und damit selektionsfähige Mensch. [...] Die Verwandlung eines Lebewesens in Zahlenkolonnen macht den Menschen zum Objekt und läuft damit automatisch Gefahr, Fremdherrschaft zu begründen." Natürlich geht es ihr nicht um eine Steigerung der individuellen „Selektionsfähigkeit", sondern im Gegenteil um die Möglichkeit, Menschen zu selektieren, das heißt aussortieren zu können.

Die Befürworter oder die Selbstvermesser selbst finden sich in dieser Perspektive nicht wieder. Sie nutzen vielmehr Argumente der Aufklärung: Mehr Wissen über sich selbst und die eigenen Gewohnheiten könne per se nicht schlecht sein (vgl. Mühl 2012). Zudem könne Selbstvermessung und der Vergleich der Daten zu einem gesünderen, leichteren und insofern besseren Leben motivieren. Insofern kommen sie mit anderen Vorzeichen zum gleichen Ergebnis. *QS* führe zu einer anstrebenswerten Verbesserung des Menschen und zu einer Selbstoptimierung.

Florian Schumacher, einer der Sprecher der deutschsprachigen Community, taucht *QS* ein positives, warmes Licht und animiert jeden, es einmal auszuprobieren. Sein „Anfängerkurs" besteht aus folgenden Schritten:

„Konzentrieren Sie sich zu Beginn auf einen Bereich, den Sie verbessern möchten. [...] Verpflichten Sie sich selbst, Ihre Ergebnisse für mindestens 30 Tage aufzuzeichnen. [...] Nehmen Sie sich regelmäßig Zeit, Ihre Aufzeichnungen zu Reflektieren [sic!] und Zusammenhänge zu identifizieren. [...] Testen Sie Ihre Annahmen. Verändern Sie Ihr Verhalten, um in der Praxis zu erproben, ob Sie den richtigen

---

5 Vgl. dazu den Beitrag *Lifelogging – Projekt der Befreiung oder Quelle der Verdinglichung?* von Peter Schulz in diesem Sammelband, der die Verdinglichungsthese kenntnisreich ausformuliert, damit aber zur diametral entgegengesetzten Einschätzung des Phänomens *QS* gelangt.

Ansatz identifiziert haben. [...] Glückwunsch, jetzt haben Sie möglicherweise Ihr Leben verbessert. Sicher fallen Ihnen weitere Bereiche ein, in denen Sie etwas lernen und optimieren können" (Schumacher 2012). Dass die verschiedenen Optimierungsbemühungen auch kontraproduktiv sein und sich gegenseitig ausschließen können, sieht Schumacher nicht. Auch Operationalisierungsschwierigkeiten scheinen ihm fremd.

Wenn eine solche Einigkeit zwischen diskursiven Kontrahenten zu Tage tritt (vgl. Foucault 2005) wird man als diskursanalytisch geschulter Soziologe stets sensibel und hellhörig und fragt im Modus einer abgeklärten Beobachtung zweiter Ordnung danach, was die verschiedenen Beobachter nicht sehen bzw. was deren blinde Flecke sein könnten. Deswegen will ich im Folgenden in erster Linie danach fragen, was durch die weitgehende Plausibilität der Selbstoptimierungsthese verdeckt wird. Und was sichtbar werden könnte, wenn jenseits der Optimierungsidee auf das Phänomen der Selbstvermessung geschaut wird. Man könnte die Frage auch noch einmal anders stellen: Was sind die nicht-intendierten Folgen von *QS* für das Individuum, die mit dem Kurzschluss von *QS* und Optimierung nicht beobachtbar werden?

Deswegen möchte ich mich vom hier nur grob skizzierten Diskurs zu *QS* distanzieren, um die im Diskurs verhandelten Probleme und Begriffe analysieren zu können. Eine erste Klärung erfolgt mit Hilfe der Frage: Was meinen denn Kritiker wie Befürworter, wenn sie sagen, dass *QS* als Selbstoptimierung zu verstehen sei. Also grundsätzlich: Was meint überhaupt Optimierung?

2 Optimierung

In einem allerersten Zugriff leitet sich Optimierung von lateinisch *optimum* (Bester, Hervorragendster) ab. So ist auch im allgemeinen Sprachgebrauch die Erreichung eben dieses Optimums vorherrschend, so dass Optimierung als ein Prozess beschrieben werden könnte, der ein gegebenes Ziel in maximaler Weise erreicht. Dies erinnert an so genannte Extremwertaufgaben in der Schule, bei der beispielsweise Oberfläche und Volumen dergestalt optimiert werden sollen, dass mit geringster Oberfläche ein größtmögliches Volumen umspannt werden kann. Die Optimierung wäre dann das Errechnen des einen Optimums.

Es ist ebenfalls dieser Horizont, der in einem jüngeren Einführungsbuch zu statistischen Verfahren der Optimierung abgesteckt wird (Papageorgiou et al. 2012, S. 1). Dort heißt es, dass die mathematische Optimierungstheorie die Hilfsmittel anbiete, „um eine systematische Entscheidungsfindung zu ermöglichen" sobald ein „Entscheidungsspielraum" und „eine spezifische Zielsetzung" vorhanden seien. Ebendiese Perspektivierung auf eine Wahl zwischen verschiedenen Optionen ist auch im beschriebenen Diskurs zu *QS* enthalten. Mit Hilfe der aufgezeichneten Daten soll beispielsweise entschieden werden können, ob der Konsum von Kaffee der Produktivität förderlich ist oder nicht und weiter: Wie viele tägliche Tassen, in welchen Einnahme-Rhythmen optimal sind. Damit erscheint Optimierung als eine Operation, die Kontingenz reduziert. Die Frage, wie gehandelt werden soll, kann in dieser Weise entschieden werden. Insofern könnte Optimierung als ein orientierungsstiftendes Verfahren betrachtet werden.

Wenn weder eine traditionelle Ordnung, noch allgemeingültige Normen existieren, kann Optimierung daher als ein Verfahren gelten, das trotz aller Freiheit und das heißt trotz aller Kontingenz dennoch Handlungsorientierung und Handlungssicherheit zu stiften vermag. Damit wäre jedoch Optimierung ein Sonderfall des Paradigmas der Steuerung. Man vergleicht den gegebenen Ist-Wert mit einem zu erreichenden Soll-Wert, also dem anvisierten Ziel, und versucht die Differenz zu minimieren (Luhmann 1988, S. 326). Optimierung beschriebe in dieser Fassung den möglichst effektiven Weg einer solchen Steuerung. Diese Idee der Steuerung kann sodann auf das Selbst übertragen werden. *QS* wäre dann Selbststeuerung und -optimierung.

Im Hintergrund dieser Verquickung von *QS* und Optimierung steht der gängige Glaubenssatz, der meist dem Managementguru Peter Drucker[6] zugeschrieben wird: „if you can't measure it, you can't improve it." In dem Moment, in dem nun der Körper und dessen Leistungsfähigkeit, wie auch die Gefühle und Schlafzustände etc. vermessen werden, können diese auch verbessert und optimiert werden. Deswegen erscheint die Selbstvermessung meist auf Selbstoptimierung zu verweisen. Doch meines Erachtens geht dieser Analogieschluss zu schnell.

Sicher ist eine Messung die notwendige Voraussetzung für eine Optimierung, aber bedeutet doch Optimierung in jedem Fall auch Änderung. Jeder Änderungsanspruch bleibt jedoch notwendigerweise kontingent, denn die angestrebte Änderung könnte auch anders sein – sie ist weder notwendig, noch unmöglich. „Regulierungsambitionen [...] kämpfen deswegen", so Hendrik Vollmer (2004, S. 460), „immer mit dem Problem ihrer Austauschbarkeit gegen andere alternative Ansprüche". Die Optimierung des Gewichts kämpft mit der Optimierung des Glücksempfindens, welches recht einfach erfüllt werden kann, zum Beispiel mit einem Eis auf der Couch beim Schauen von „Homeland". Oder: Die Optimierung wissenschaftlicher Karrieremöglichkeiten konkurriert mit der Optimierung von langfristigen sozialen Beziehungen außerhalb des akademischen Feldes.

Während Optimierung im bisher erläuterten Verständnis auf eine Entscheidung zwischen spezifischen Möglichkeiten zielte, stellt sich die Frage, was Optimierung

---

6   Zum Teil wird auch Lord Kelvin als Zitatgeber genannt (z.B. Morozov 2013, S. 408).

bei unbestimmten Möglichkeiten, so wie sie bei modernen Selbstverhältnissen zunächst erwartbar sind, meinen könnte. Denn im Gegensatz zu einem Manager dessen Optimierungsziel zumindest in letzter Instanz eindeutig ist, scheint das Optimierungsziel des Selbsts nicht eineindeutig festzustehen. Ist es Gesundheit? Oder Glück? Geld? Fitness? Oder wird mehr Intensität angestrebt? Es gibt viele durchaus disparate Ziele, die nur schlecht in eine Hierarchie gebracht werden können.

Wenn nun aber doch mit einem konkreten Optimierungsziel begonnen wurde – beispielsweise das Gewicht –, so bleibt es meist nicht beim täglichen Wiegen am Morgen. Denn wie sollen diese Zahlen geändert werden? Also werden zudem die täglich gelaufenen Schritte und auch gleich noch die zu sich genommenen Kalorien gezählt.[7] Wie in jeder Organisation zu beobachten, führt das Messen von Zahlen zu immer weiteren Forderungen nach anderen Zahlen, die nun auch erhoben werden müssen (ebd., S. 458ff.). Die Optimierung des Selbsts ist also keineswegs so homogen und dominant wie sie zunächst erscheint, sondern vielmehr prekär und vielfältig wie das Selbst selbst.

Die bisherige Zuspitzung des Begriffs der Optimierung auf Effizienz und Produktivität beschreibt m.E. nur eine Dimension in der Rede von Optimierung. Eine zweite kommt in den Blick, wenn Optimierung und damit die Vorstellung von Perfektibilität nicht vorschnell als formales Verfahren aufgefasst und zudem auf den modernen Menschen bezogen wird. Dann wird sichtbar, dass es nicht nur um eine Wahl zwischen fixierten Möglichkeiten des Menschseins geht, sondern dass vielmehr *unbestimmte Möglichkeiten* im Spiel sind, wie sie in der Rede von Selbstverwirklichung zumindest angedeutet sind. Dies kann mit Michael Makropoulos (2002, S. 6) weiter präzisiert werden: „Die Optimierung des Menschen war von Anfang an mehr und anderes als die bloße Entfaltung eines gegebenen Bestands menschlicher Möglichkeiten." Die Fähigkeit der Vervollkommnung des Menschen wurde und wird als ein offener Prozess der Selbstentfaltung vorgestellt (Makropoulos 2000, S. 87). Selbstoptimierung wäre in dieser Perspektive „nicht die bloße Entfaltung und Realisierung eines natürlichen und damit unveränderlichen Potentials menschlicher Möglichkeiten, sondern eine Konstruktion, eine Erfindung neuer Möglichkeiten des Menschen" (Makropoulos 2002, S. 6). Begrifflich gefasst, wäre es dann die Herstellung und Etablierung eines technischen Verhältnisses zu sich selbst, welches sich eben „nicht im Erreichen fiktional entworfener Ziele erschöpft, sondern offene Zielhorizonte freisetzt" (Makropoulos 2000, S. 88). Damit geht es nicht mehr um eine optimale Entscheidung zwischen verschiedenen fixierten Optionen, sondern um die Freisetzung von verwirklichbaren, aber zunächst

---

7   Vgl. dazu den Beitrag *Kalorienzählen oder tracken?* von Corinna Schmechel über Kalorientracking in diesem Sammelband.

unbestimmten Möglichkeiten überhaupt. Optimierung könnte dann als „situativ extrapolierte und prinzipiell schrankenlose Überbietung" und damit als ein Verfahren beschrieben werden, dass Kontingenz nicht reduziert, sondern diese im Gegenteil steigert (a.a.O.). Optimierung meint dann keine lösbare Extremwertaufgabe, sondern vielmehr ein unabschließbares Steigerungsverhältnis.

Eben dies beschreibt die andere Dimension von Optimierung. Damit wäre jedoch Optimierung kein Problem der Steuerung mehr, sondern vielmehr eines der Entgrenzung von Steuerung überhaupt.[8] Auch kann es dann nicht mehr als ein Verfahren zum Treffen besserer Entscheidungen begriffen werden. Vielmehr wird nunmehr sichtbar, dass es wirklicher Entscheidungen[9] in einem entgrenzten Möglichkeitshorizont bedarf.

Werden nun beide herausgestellten Dimensionen des Begriffs in den Blick genommen, dann kann Selbstoptimierung paradoxerweise zweierlei bedeuten: Zum einen eine Form der Selbsteffektivierung im Sinne einer Verbesserung der eigenen Leistungsfähigkeit und Produktivität und zum anderen eine Form der Selbststeigerung, die sich eben nicht notwendigerweise in Produktivitätslogiken niederschlagen muss, sondern die es vielmehr vermag, sich gerade von diesen zum Beispiel im Sinne einer ästhetischen Selbstverwirklichung zu distanzieren. Ist bei der Selbsteffektivierung die Vorstellung eines Optimums als realisierbare Möglichkeit präsent, so beruht Selbststeigerung geradezu im Gegenteil darauf, dass prinzipiell kein Optimum existiert, weil es stets durch andere, noch nicht bestimmte Möglichkeiten überboten werden kann.

Selbst*effektivierung* wäre dann die schlichte Selbstoptimierung gegebener Möglichkeiten, während Selbst*steigerung* auf eine Form der Selbstoptimierung im Hinblick auf unbestimmte, fiktionale und prinzipiell schrankenlose Möglichkeiten des Selbstseins abstellt. Die Rede von Selbstoptimierung im Diskurs konzentriert sich vor allem auf die Form der Selbsteffektivierung, dabei verliert sie jedoch mögliche Formen der Selbststeigerung aus dem Blick.

---

8   Darauf zielt auch die Kybernetik zweiter Ordnung, die nicht mehr gut als Steuerungskunst begriffen werden kann. Heinz von Foerster unterscheidet beispielsweise zwischen entscheidbaren und unentscheidbaren Fragen (von Foerster 2002). Entscheidbare Fragen sind solche, wie: „wieviel ist 2+2?", unentscheidbare Fragen dagegen: „Wie soll ich leben?". Nur die unentscheidbaren Fragen. könnten von uns entschieden werden, denn die ganzen anderen Fragen wurden ja schon entschieden.

9   Man muss nicht unbedingt auf Carl Schmitt (1996) verweisen, um zu betonen, dass wirkliche Entscheidungen – im hier verstandenen Sinn – nicht zwischen Optionen wählen, sondern den Entscheidungsspielraum zu allererst konstituieren.

3 Quantifizierung

Nach dieser Problematisierung des Optimierungsbegriffs konzentriere ich mich nun auf einen zweiten Aspekt von *QS*, der Erhebung quantitativer statt qualitativer Daten über sich selbst. In Frage steht: Welchen Unterschied macht das zahlenbasierte Wissen über sich? Führt die Zahlenmäßigkeit des Gemessenen quasi automatisch zu einer Selbstoptimierung im Sinne einer Selbsteffektivierung? Im Folgenden werden sechs wahrscheinliche Konsequenzen der Erhebung quantitativer Daten aus der Literatur zur Accountingforschung (vgl. u.a. Heintz 2010, 2012; Vollmer 2003, 2004; Mennicken und Vollmer 2007; Morgan 1988; Hopwood 1978; Vormbusch 2004) auf das Phänomen *QS* übertragen.

Eine *erste* Konsequenz der Erhebung von quantitativen Daten, also Zahlen, scheint darin zu liegen, dass diese den Gegenstand greifbarer machen (vgl. Wolf 2010). Statt sein Gewicht ausschließlich zu spüren, hilft der Blick auf die Waage, dieses kognitiv besser zu verarbeiten Auch macht das Führen eines persönlichen Haushaltsbuches die getätigten Ausgaben sichtbar, wo sonst nur die Frage stand, wo das Geld geblieben ist. Statt nur ein ungefähres Gefühl artikulieren zu können, helfen quantitative Daten dies auf eine Zahl zu bringen.

Damit, und das wäre die *zweite* Folge der Selbstvermessung, ermöglichen die erhobenen Zahlen eine Form von (Selbst-)Überraschung. So sehen Protagonisten der *QS*-Bewegung, welche latenten Gewohnheiten für ihr Wohlbefinden besonders gut sind. Oder der ein oder andere, der sein Haushaltsbuch akribisch führt, könnte über die Höhe seiner Ausgaben für Kneipengänge aller Art staunen. Für den Protagonisten werden unvermutete Muster sichtbar, die ihm gleichwohl die eigene Kontingenz und Plastizität vor Augen führen. Das Individuum erfährt sich als wandlungsfähig, aber nicht steuerbar. Einige Gewohnheiten und latente Verhaltensmuster können geändert werden, jedoch nur durch den Ersatz mit anderen Strukturen.

Die *dritte* Konsequenz der Erhebung von Zahlen besteht in deren Eigenart, dass sie entkontextualisieren. Dies ist ja allgemein der Vorteil von Quantifizierung, dass an sich unvergleichbare Dinge vergleichbar gemacht werden können. Hinsichtlich unserer Thematik der Selbstvermessung führt dies zu zwei Einsichten: Zum einen – so werden insbesondere die Kritiker nicht müde zu erwähnen – simplifizieren Zahlen. So werde beispielsweise die komplexe Frage nach der eigenen Stimmung auf eine Zahl zwischen 0 und 10 runtergebrochen.[10] Das Selbst sei jedoch viel komplexer als eine Reihe von Zahlen. Das stimmt zweifelsohne, nur kann mit dieser

---

10 Vgl. dazu den Beitrag *Mood Tracking. Zur digitalen Selbstvermessung der Gefühle* von Sarah Miriam Pritz in diesem Sammelband.

ungeheuren Komplexität nur schlecht umgegangen werden. Es muss immer wieder an Rollenanforderungen und Erwartungen angepasst werden und insofern könnte die Selbstquantifizierung auch als Komplexitätsmanagement begriffen werden.

Zum anderen erlaubt die Entkontextualisierung durch Zahlen aber auch, dass die erfassten Probleme weniger emotional erfahren werden (vgl. a.a.O.).[11] Es könnte in diesem Sinne auch von einem Distanzierungsmechanismus gesprochen werden. Distanzierung wird hier jedoch nicht in Richtung Entfremdung gedacht, sondern positiv verstanden, als Möglichkeit sich zu sich selbst ins Verhältnis setzen zu können. Zahlen müssen z.B. keine Steigerungsspirale entfachen: Beginnend mit dem wahrgenommenen Gewicht, darob Unglücklichsein, dies in Alkohol ertränken und darauf den zunehmenden Bierbauch bemerken. Zahlen könnten den geschilderten Zusammenhang zwar begreiflich machen, gleichzeitig jedoch weit weniger emotional wirken und so letztlich Auswege aus dieser Steigerungsspirale plausibilisieren. Entkontextualisierung durch Zahlen muss also nicht notwendigerweise mit Selbstentfremdung gleichgesetzt werden, sondern kann dem Selbst gegenüber auch einen gewissen Spielraum einräumen. Beziehungsweise ermöglicht es eine Form der Distanzierung zu sich selbst.

Daher lautet die *vierte* Konsequenz aus der Erhebung von quantitativen Daten über sich, dass die Daten*interpretation* immer wichtiger wird. Gerade dadurch, dass die Zahlen unterschiedlich kontextualisiert werden können, ergibt sich ein großer Interpretationsspielraum. Beispielsweise könnte das leicht gestiegene Gewicht auf der Waage daher rühren, dass man zu viel gegessen oder getrunken hat, aber auch dadurch, dass man Muskeln aufgebaut hat. Dass es nun auf die richtige Interpretation der Daten ankommt, zeigen deren vielfältige Visualisierungen in Diagrammen, Fortschrittsbalken und Trendverläufen. Runtracker zeigen die gelaufene Strecke direkt auf einer Landkarte, Produktivitätstracker wie *RescueTime* erzeugen einfache Balkendiagramme, in denen als produktiv erkannte Zeiten im positiven Bereich mit blau markiert werden, während unproduktive Minuten als roter Balken ins Negative ausschlagen. Zudem wird die Produktivität eines Tages in einer Zahl aggregiert. Die ursprünglichen Roh-

---

11 Hier kann auch mit Simmel (1995) argumentiert werden: Großstädte mit ihren mannigfaltigen Reizen waren immer Orte der Geldwirtschaft. Demnach führten allein die Quantität der Sinnesreize in der Großstadt zu Formen der Intellektualisierung und Blasiertheit, zu Formen der Distanz und des Abstandes zu den konkreten Phänomenen. Diese Abstraktionsleistung wird durch die Geldwirtschaft weiter vorangetrieben, so dass das großstädtische Leben und die Geldwirtschaft in einer engen Wechselwirkung stehen. Dem entspricht auch, dass *QS* in erster Linie ein urbanes Phänomen ist, welches eher in San Francisco, London oder Berlin anzutreffen ist, als in Döbeln, Büchen oder Quirnbach.

daten, wie viel Zeit man mit welchen Programmen und auf welchen Webseiten verbracht hat, werden durch die Darstellung schon in Richtung Produktivität vorinterpretiert.[12]

Die Komplexität steigt, wenn Korrelationen zwischen Dingen hergestellt werden sollen, die zunächst erst einmal nichts miteinander zu tun haben, wie beispielsweise der Konsum von Butter und geistiger Produktivität. Dennoch schwor der inzwischen verstorbene Psychologieprofessor Seth Roberts (vgl. Hill 2011), dass er einfache mathematische Probleme nach dem morgendlichen Verzehr von Butter um 5 Prozent schneller lösen könne. Interessanterweise bleibt dabei vollkommen unklar, ob es wirklich am Butterkonsum lag oder ob er einer Art von self-fullfilling prophecy unterlag, die nach dem Erkennen des überraschenden Musters anfing zu wirken.[13] Durch die Echtzeiterfassung der Daten, die an den Nutzer zurückgespielt werden, entsteht ein Zirkel. Josef Wehner (2010, S. 205) meint hierzu, dass die „Verfahren der Verdatung, der Datenanalyse und ihrer (populär-)kulturellen Aufbereitung konstitutiv in das zu Vermessende" eingreifen. Dies führe zu unabschließbaren Prozessen, „die einerseits mit Synchronisierungs- und Fokussierungseffekten einhergehen, andererseits für die Teilnehmer Aufforderungen zur Selbstbeobachtung und Abweichung von vorangegangenen Gewohnheiten beinhalten."

Die *fünfte* Konsequenz besteht darin, dass die erhobenen Daten nicht nur eine vorhandene Realität repräsentieren; sie stellen diese vielmehr her. Durch die Vermessung des Selbst ändert sich dessen Wirklichkeit. Die eigene Wirklichkeit wird schlicht eine andere, wenn begonnen wird, Gehirnströme im Schlaf zu vermessen, da diese Wirklichkeit vorher einfach nicht verfügbar war. Diese wirklichkeitsstiftende Funktion der Datenerhebung ist jedoch weder vorhersehbar noch kontrollierbar (vgl. Vollmer 2004, S. 454). Die erhobenen Daten verändern zwar, da sie neue Sichtbarkeiten schaffen, jedoch determinieren sie nicht. Denn parallel zu den gemessenen Daten (z.B. zur Qualität des eigenen Schlafes) existiert weiterhin ein Gefühl, das darüber Auskunft gibt, ob man ausgeschlafen ist oder nicht. Die Entscheidung bei konkurrierenden Daten kann nicht durch die Daten selbst getroffen

---

12 Sie könnten auch anders dargestellt werden, wenn beispielsweise Arbeitsroutinen im Vordergrund stehen würden oder das Vermeiden von Multitasking etc.

13 Methodisch versiert, sind nämlich nur die wenigsten unter den Self-Trackern. Dank der luziden Hinweise in einem privaten Gespräch mit Johannes Titz müsste, wenn es um individuelle Veränderung geht, zunächst eine Baseline der interessierenden Variable(n) erfasst werden. Auch sollte die Intervention (bspw. Butterverzehr) wieder ausgesetzt werden. Nur wenn die Zeitpunkte der Intervention und des Abbruchs zufällig gesetzt werden, gebe es gute Argumente für Kausalschlüsse, sonst sind die beobachteten Effekte methodisch einfach nicht kontrollierbar.

werden, sondern nur durch denjenigen, der die Daten erhebt. Zahlen scheinen also den Menschen nicht per se zu versklaven, sondern können ihm im Gegenteil einen Spielraum verschaffen. Er kann den Daten vertrauen und diese gegen das Gefühl stellen, aber auch das Gefühl ernst nehmen und auf Fehler bei der Messung bzw. Fehler bei der automatisierten Interpretation hinweisen. Andererseits können sich Messungen und Gefühl über die Zeit auch angleichen und gemeinsam eine eigene Wirklichkeit konstituieren.

Diese datengestützte Wirklichkeit ließe sich dann jedoch gut gegen Expertenmeinungen ins Feld führen. Im Kontext von QS kommt hier natürlich in erster Linie der „ärztliche Blick" (Foucault) in den Sinn. Denn gegen die Diagnose des Arztes lassen sich die eigenen Interpretationen der Daten stellen. Dies gilt nicht nur für Krankheiten, sondern auch für die persönliche Fitness. Für Selbstvermesser stellt sich dann die Frage, warum diese noch einem allgemeinen Diätplan vertrauen sollten, wenn die Messung ihrer Körperwerte inklusive des eigenen Glücksempfindens genaue Hinweise geben, was gut für sie ist und was nicht?

Dies führt zur *sechsten* und vorerst letzten Konsequenz: Die Vermessung des Selbst kann zur Verteidigung des Selbst gegen gesellschaftliche Optimierungsanrufungen gestellt werden. So fällt es im Allgemeinen schwer, den erhobenen Zahlen etwas entgegenzusetzen, insbesondere dann, wenn sich in den Zahlen Wirklichkeiten artikulieren, „die außerhalb der Zahlenwelten schwer zu fassen sind" (a.a.O., S. 457). Statt nun dem allgemeinen gesellschaftlichen Anrufungen eines: „Fitter, happier, more productive" (Radiohead auf „OK Computer", 1997) willenlos ausgeliefert zu sein, können die Zahlen auch zum Ergebnis führen, fit genug zu sein. So können zum Beispiel der eigenen Produktivität gezielt Grenzen gesetzt werden. Statt nach produktiven acht Stunden noch zwei oben drauf zu legen, um noch weitere Dinge zu erledigen, kann der Produktivitätszähler auch nach sechs Stunden schon aufhören, da er aufgrund seiner langen Datenhistorie weiß, dass auf Dauer sechs Stunden produktive Arbeit ausreichend sind. Insofern können die erhobenen Daten auch als gezielte Selbstbegrenzung in potentiell grenzenlosen Selbstverwirklichungsprojekten genutzt und damit gegen ausufernde soziale Anspruchshaltungen gestellt werden. Reine Introspektion zur eigenen Produktivität würde dieses Ergebnis niemals liefern. Denn mit großer Wahrscheinlichkeit ist es möglich, noch produktiver zu sein. Doch eben diesen typisch modernen Steigerungsgedanken können nun individuelle Grenzen gesetzt werden. Für den Selbstvermesser würde das bedeuten: Ich möchte nicht mehr als eine Stunde am Tag E-Mails lesen und schreiben und das zu festgelegten Zeiten, weil ich sonst nicht mein Arbeitspensum schaffe.[14] Wie sollte diese Grenze ohne Selbstquantifizierung etabliert werden können?[15]

Anhand dieser verschiedenen Konsequenzen der Vermessung sollte der Kurzschluss von *QS* und Selbstoptimierung, vorgestellt als Selbsteffektivierung, vermieden werden. Neben der oben eingeführten Möglichkeit der Selbststeigerung durch Verweis auf zunächst unbestimmte Möglichkeiten wurden nun auch Formen der Selbstbegrenzung sichtbar. Da sich diese Formen durch die Begrenzung und Beschränkung gesellschaftlicher Ansprüche auszeichnen, also durch eine bloß negative Bestimmung des Ziels (so und nicht in dieser Art...) können auch diese Formen als Selbststeigerungen aufgefasst werden, weil auch sie mit unbestimmten (wenn auch eingegrenzten) Möglichkeiten des Selbst-Seins agieren. So kann eine negative Bestimmung wie, dass man *nicht* fett, *nicht* durchrationalisiert oder *nicht* ausgebeutet werden will, nur schlecht als Selbstoptimierung im Sinne einer Selbsteffektivierung verstanden werden.[16]

Die Vermessung des Selbst führt also keineswegs automatisch zu einer Optimierung im Sinne einer Selbsteffektivierung. Vielmehr ermöglichen gerade Zahlen ein distanziertes Selbstverhältnis. Dieses distanzierte Selbstverhältnis erlaubt u.a. Formen der Selbstbegrenzung im Sinne einer Selbstbehauptung vor gesellschaftlichen Ansprüchen. Der Selbstvermesser kann so ein Bereich der Freiheit vor gesellschaftlichen Anrufungen etablieren und dies in Formen der Selbststeigerung überführen, die gegen gesellschaftliche Trends durchaus opponieren können, wie beispielsweise in Formen der (Selbst-)Ästhetisierung oder der (Selbst-)Bildung.

Waren sie ohne eigene Zahlenerhebung den sozialen Anrufungen hilflos ausgeliefert, können sie nunmehr eben diese Zahlen geradezu als Bollwerk gegen gesellschaftliche Optimierungsanrufungen in Anschlag bringen. Statt sich dem Gefühl des notwendigen Ungenügens hinsichtlich der gesellschaftlichen Ansprüche auszuliefern, vermögen die generierten Zahlen Grenzen zu setzen.

---

14   Vergleiche die kolportierte Arbeitsweise von Thomas Mann, der ausschließlich vormittags je eine Seite schrieb. Auch hier war das (selbstauferlegte) Pensum nach einer Seite erfüllt. Hätte er es nicht gezählt und davon abhängig gemacht, wie hätte er eine Grenze ziehen sollen?

15   In diesem Zusammenhang ist die Differenz von Autonomie(-anspruch) und Authentizität(-sgrenze), wie sie u.a. von Hartmut Rosa (2014) diskutiert wird, aufschlussreich. In der Problembeschreibung stimme ich mit Rosa überein, sehe jedoch gerade in der Form der Selbstquantifizierung die Möglichkeit, Authentizität zu fixieren und dadurch Autonomieansprüche zu begrenzen.

16   Vgl. dazu den Beitrag *Der neoliberale Zeitgeist als Nährboden für die digitale Selbstvermessung* von Christopher Stark in diesem Sammelband.

Die individuelle Normalität kann so der gesellschaftlich kommunizierten Normalität entgegengesetzt werden. Da die gesellschaftlich produzierten Zahlen per se nicht sinnvoll negiert werden können, stellt die Produktion alternativer Zahlen die einzige Möglichkeit dar, um den darin mitlaufenden Anrufungen wirkungsvoll entgegen treten zu können (vgl. Heintz 2010, S. 172).

Zusammenfassend lässt sich feststellen, dass auch das Erheben zahlenförmiger Daten über sich entgegen der Befürchtungen im Feuilleton als auch entgegen der Hoffnungen der verschiedensten Firmen und Venture Capital-Geber nicht ausschließlich zu einer Selbstoptimierung im Sinne einer Selbsteffektivierung führen muss. Im Gegenteil können zahlengestützt nun ehemals starre und vorgegebene Selbstverhältnisse als kontingent und disponibel wahrgenommen werden. Die Herstellung von Distanz zu sich selbst bzw. ein distanziertes Selbstverhältnis muss nicht als Ausdruck eines Konformismus gegenüber gesellschaftlichen Optimierungsimperativen verstanden werden. Statt bei *QS* ausschließlich Formen der Kontingenzbewältigung zu erblicken, könnte ein abgeklärter Beobachter den Einsatz von *QS* auch als Kontingenzmanagement beschreiben.[17] Denn *QS* erzeugt nicht ein stabiles, fixiertes Selbst, dass sich selbst ausschließlich als effektiv zu Optimierendes betrachten muss, vielmehr können kontingente Möglichkeiten der Selbststeigerung erfahrbar gemacht und plausibilisiert werden.

4 Problematisierung

Werden nun beide Aspekte – Selbsteffektivierung und Selbststeigerung – im Begriff der Optimierung berücksichtigt, können die verschiedenen Selbst- und Fremdbeschreibungen von *QS* neu sortiert werden. So meint beispielsweise Tim Bartel, der Initiator eines *QS*-Meetups in Köln, sowohl in der „Frankfurter Rundschau" (Troesser 2012) als auch in der „Welt", dass *QS* viele Ausprägungen und die Protagonisten verschiedene Motivationen hätten: „Viele wollen ihr Leben durch Quantified Self optimieren. Ich will einfach nur Daten über mich sammeln und Zusammenhänge verstehen" (Braun 2013). Was hier als Differenz zwischen Selbstoptimierung und Selbsterkenntnis markiert wird, könnte nun als die zwei Seiten des Begriffs Selbstoptimierung reformuliert werden. Zwar geht es Bartel nicht um eine konkrete Handlungssteuerung im Sinne einer Selbsteffektivierung, doch scheint die Generierung eines spezifischen, datengestützten Wissens über sich selbst als eine Selbststeigerung im Sinne einer Entgrenzung zu wirken. In den erst noch zu erkennenden Zusammenhängen in den erhobenen Selbst-Daten

---
17 Vgl. zu dieser Unterscheidung (Makropoulos 1997, 2004).

wird ein neuer Möglichkeitshorizont überhaupt erst sichtbar. Insofern kann seine Motivation auch als Selbstoptimierung beschrieben werden, jedoch nicht als jene Form der Selbsteffektivierung, die Kontingenz reduziert, sondern als die Form der Selbststeigerung, die Kontingenz und damit die Möglichkeiten des Selbstseins steigert.[18] Eben deshalb erscheinen die konkreten Praktiken der Selbstvermessung einmal als sklavische Unterwerfung unter einen gesellschaftlichen Optimierungswahn, während das andere Mal die gewonnenen Erkenntnisse und Zusammenhänge dagegen als befreiender Akt beschrieben werden.

Beides kann auch ungewollt ineinander umschlagen. So berichtet Kathrin Passig (2012) in ihrem lesenswerten Artikel im Merkur von einem Protagonisten, der mit Hilfe seiner Daten herausgefunden hat, dass sich Sport bei ihm negativ auf Produktivität, Schlaf und Zufriedenheit auswirke. Dennoch würde er weiter Sport treiben, „weil ich starrsinnig und irrational bin oder weil der Sport Vorteile hat, die in meinen Daten nicht auftauchen." Was in beiden Zitaten zum Ausdruck kommen sollte, ist der im Diskurs sichtbare und in den Praktiken aufzeigbare, recht *souveräne* Umgang mit den erhobenen Daten, das als distanziertes Selbstverhältnis beschrieben wurde. Dabei wird nicht das Zwangsmoment des durch Selbsteffektivierung hergestellten technischen Selbstverhältnisses betont, sondern im Gegenteil das Ermöglichungsmoment, sich auch anders zu sich verhalten zu können.

Interessanterweise wird eben dieses Potenzial von *QS*, bestehend in der Ermöglichung neuer Erfahrungen bzw. der Plausibilisierung eines anderen Selbstverhältnisses in der gegenwärtigen sozialwissenschaftlichen Diskussion um Selbstoptimierung nicht wirklich stark gemacht. Viel eher werden im losen Anschluss an Michel Foucault die Zwangsmomente der gesellschaftlichen Optimierungsanrufungen betont. Darauf soll zum Abschluss noch kurz eingegangen werden.

Eine der zentralen Figuren in der hiesigen sozialwissenschaftlichen Diskussion um Optimierung ist sicher Ulrich Bröckling (2007), der ausgehend von seinen Gouvernementalitätsstudien vor allem mit der Arbeit zum unternehmerischen Selbst eine Argumentation anbietet, an die – soweit ich das zu überblicken vermag – weitgehend positiv angeschlossen wird. Seine zentrale, gegenwartsdiagnostische These besteht in der Umstellung von Disziplinarmacht zu Kontrollmacht, wie man mit Deleuze (1993) formulieren kann. In den Worten Bröcklings heißt es dann: „Die Freiheit vom Gehorsamkeitszwang wird erkauft mit der Pflicht zur permanenten Optimierung und Selbstoptimierung." (Bröckling 2003, S. 339) Statt

---

18 Das ist genau das Thema des Kursbuchs 171 mit dem Titel: „Besser optimieren". Dabei wird die Idee einer Optimierung zweiter Ordnung angedeutet, die hier nicht mitgetragen wird. Mir geht es in erster Linie um die Unterscheidung von Selbsteffektivierung und Selbststeigerung und nicht um ein komplexeres Ins-Verhältnis-Setzen.

dem recht starren Gehorsamkeitszwang würde Macht jetzt vor allem durch eine „Unabschließbarkeit der Optimierungszwänge" (Bröckling 2007, S. 17) ausgeübt. Nunmehr gehe es nicht mehr um Normierung, sondern darum „eine unabschließbare Dynamik der Selbstoptimierung in Gang zu setzen" (a.a.O., S. 239).

Wird nun diese Verwendung von Selbstoptimierung mit der oben diskutierten Unterscheidung von Selbsteffektivierung und Selbststeigerung beobachtet, so wird augenfällig, dass hier beide Dimensionen eigentümlich verquickt werden. Selbstoptimierung wird als eine paradoxe Anrufung des Subjekts charakterisiert, die mit ungeahnten Möglichkeiten lockt und mit strukturellem Scheitern und prinzipiellen Nichtgenügenkönnen antwortet. Bröckling betont damit einerseits die unabschließbare Steigerungslogik und die Etablierung eines schrankenlosen Möglichkeitshorizont im Sinne einer Selbststeigerung, andererseits ist für ihn Selbstoptimierung stets Selbsteffektivierung, da die Anrufungen mit einem Handlungszwang im Sinne einer kontinuierlichen Verbesserung verknüpft werden.

So schreibt er beispielsweise: „Permanente Weiterbildung, lebenslanges Lernen, persönliches Wachstum – die Selbstoptimierungsimperative implizieren die Nötigung zur kontinuierlichen Verbesserung. Angetrieben wird dieser Zwang der Selbstüberbietung vom Mechanismus der Konkurrenz. Weil jeder seine Position stets nur für den Moment und in Relation zu seinen Mitbewerbern behaupten kann, darf niemand sich auf dem einmal Erreichten ausruhen." (a.a.O., S. 71f.)

Meine These ist nun, dass damit eine eigentümliche Begriffsverengung produziert und plausibilisiert wird. Selbstoptimierung erscheint so als ein Prozess, in dem die Kontingenz, die durch das Sichtbarwerden unendlicher Möglichkeiten massiv gesteigert wird, notwendigerweise durch ein Optimieren im Sinne der Effektivierung und Produktivität wieder reduziert werden müsse. Damit erscheint Selbstoptimierung als Problem und Lösung zugleich. Doch ist das wirklich so plausibel?

Meines Erachtens kann dies ausschließlich dann plausibel werden, wenn von einer umfassenden Ökonomisierung des Sozialen ausgegangen wird. Denn erst in diesem Fall kann verständlich werden, warum die Kontingenzreduktion nur einem einzigen Schema, nämlich dem der technischen Optimierung, folgen kann. Diese Prämisse, die in der Ökonomisierungsthese besteht, wird von Bröckling offen präsentiert, wenn er beispielsweise schreibt: „Der Appell zur kontinuierlichen Selbstverbesserung [...] erfolgt vielmehr im Zeichen einer umfassenden Ökonomisierung aller sozialen Beziehungen – einschließlich der zu sich selbst" (a.a.O., S. 243).

Wenn nun jedoch diese Prämisse einer Ökonomisierung des Sozialen nicht mitgetragen wird, stürzt die gesamte Argumentation der paradoxen Anrufung der Selbstoptimierung in sich zusammen. Dann wird unplausibel, warum die durch das technische Selbstverhältnis ermöglichten anderen Selbsterfahrungen gleichzeitig Produktivitätszwänge darstellen. So muss die von Bröckling erwähnte permanente Weiterbildung und das lebenslange Lernen nicht als möglichst effektive Aneignung von Wissen und Darstellung in Bildungszertifikaten verstanden werden, die dann ein konkurrenzförmiges Verhältnis ermöglichen, sondern könnten auch mit der humboldtschen Konzeption von Bildung korrespondieren, die bekanntlich ebenfalls unabschließbar ist. Auch muss persönliches Wachstum gerade nicht als ökonomischer Imperativ begriffen werden, sondern könnte in der Tradition von Selbstentfaltung und Selbstverwirklichung unter anderen mit ästhetischen Strategien übereinstimmen.

In dieser Richtung kann auch den Befund von Fröhlich und Zillien (2014), die *QS* mit dem Konzept einer reflexiven Verwissenschaftlichung zu fassen versuchen, eingeordnet werden. Dann wäre die Fluchtlinie der Optimierung ebenfalls nicht in einer zunehmenden Ökonomisierung, sondern in einer Verwissenschaftlichung zu suchen.

Statt ausschließlich einer Ökonomisierung des Sozialen das Wort zu reden, könnte freilich auch von einer Ästhetisierung, Politisierung, Verwissenschaftlichung oder Verrechtlichung des Sozialen gesprochen werden, die allesamt eben keiner ökonomischen Produktivitätslogik folgen. Es ist eine zentrale Einsicht von Differenzierungstheorien, dass die moderne Gesellschaft nicht auf einer primären Funktion basiert, sondern dass das entscheidende Charakteristikum im Nebeneinander von verschiedenen, funktionalen Eigenlogiken besteht, die nicht aufeinander reduziert oder voneinander abgeleitet werden können (Luhmann 1992). Weder können Wahrheit, noch Kunst oder politische Entscheidungen nach ökonomischen Nutzenkalkülen produziert und die Herstellung optimiert werden. Sie entstehen ausschließlich nach ihren eigenen Logiken.

Insofern erscheint die bei *QS* praktizierte Selbstvermessung in jedem Fall als eine Selbstoptimierung im Sinne einer Selbststeigerung, da sie zu einer Etablierung eines distanzierten Selbstverhältnisses führt und damit zu einer Entgrenzung des individuellen Möglichkeitshorizonts. Nicht jedoch bedeutet diese Selbststeigerung gleichzeitig den Zwang zu einer Selbsteffektivierung und zur Betonung von ökonomischer Produktivität. Davon wäre nur auszugehen, wenn die Prämisse einer Ökonomisierung des Sozialen mitgetragen wird. Statt also vorschnell die Zwangsmomente von *QS* zu betonen und damit die Protagonisten als verblendete oder zumindest die gesellschaftlichen Optimierungsanforderungen affirmierende Individuen zu beschreiben, könnte die Attraktivität von *QS* als konkretes, empirisches Phänomen vielmehr darin vermutet werden, dass es zuallererst vollkommen neue Erfahrungen des Selbst und insofern Formen der Selbststeigerung ermöglicht. Diese Erweiterung von Selbstbeobachtungs- und Selbsterfahrungsmöglichkeiten führt in erster Linie zu einer spezifischen Aufmerksamkeit und Sorge um das Selbst, die dann verschiedentlich als Handlungsanreize genutzt werden können: Zur Ästhetisierung, Verwissenschaftlichung oder Politisierung, natürlich auch zu einer produktivitätsgläubigen Optimierung des Selbst. Letzteres jedoch nicht notwendigerweise.

Literatur

Barcena, M. B., Wueest, C., & Lau, H. (2014). How safe is your quantified Self? http://www.symantec.com/content/en/us/enterprise/media/security_response/whitepapers/how-safe-is-your-quantified-self.pdf. Zugegriffen: 21. Nov 2014.
Boytchev, H. (2013). Quantified-Self-Bewegung: Miss dich selbst! http://www.spiegel.de/gesundheit/ernaehrung/quantified-self-bewegung-miss-dich-selbst-a-886149.html. Zugegriffen: 21. Nov 2014.
Braun, M. (2013). Der eigene Körper als Beobachtungsobjekt. http://www.welt.de/regionales/koeln/article115611915/Der-eigene-Koerper-als-Beobachtungsobjekt.html. Zugegriffen: 21. Nov 2014.
Bröckling, U. (2003). You are not responsible for being down, but you are responsible for getting up. Über Empowerment. *Leviathan. Zeitschrift für Sozialwissenschaft, 31*(3), 323–344. doi:10.1007/s11578-003-0017-x.
Bröckling, U. (2007). *Das unternehmerische Selbst. Soziologie einer Subjektivierungsform*. Frankfurt a.M.: Suhrkamp.
Coughlin, J. F. (2014). What Health and Finance Can Learn From the Quantified Self Movement and Each Other. http://www.huffingtonpost.com/joseph-f-coughlin/what-health-finance-can-learn-from-each-other_b_5774810.html. Zugegriffen: 21. Nov 2014.
Deleuze, G. (1993). Postskriptum über die Kontrollgesellschaften. In G. Deleuze (Hrsg.), *Unterhandlungen 1972–1990* (S. 254–262). Frankfurt a.M.: Suhrkamp.
Foerster von, Heinz (2002). Ethik und Kybernetik zweiter Ordnung. In H. von Foerster (Hrsg.), *Shortcuts* (S. 40–66). Hamburg: Zweitausendeins.
Foucault, M. (2005). Polemik, Politik und Problematisierungen. In D. Defert & F. Ewald (Hrsg.), *Schriften in vier Bänden. Dits et Ecrits. Band IV: 1980–1988* (S. 724–734). Frankfurt a.M.: Suhrkamp.
Friedrichs, J. (2013). Das tollere Ich. *Zeitmagazin, 33*, 12–19.
Grasse, C. (2012). Die Vermessung des Selbst. Wie die Quantified-Self-Technologie aus Menschen Datenkörper macht. http://www.deutschlandradiokultur.de/forschung-und-gesellschaft-die-vermessung-des-selbst-pdf.media.0a1a54c79770a6114f592f66dcd67963.pdf. Zugegriffen: 21. Nov 2014.
Heintz, B. (2010). Numerische Differenz. Überlegungen zu einer Soziologie des (quantitativen) Vergleichs. *Zeitschrift für Soziologie, 39*(3), 162–181.
Heintz, B. (2012). Welterzeugung durch Zahlen. Modelle politischer Differenzierung in internationalen Statistiken 1948–2010. *Soziale Systeme, 18*(1+2), 7–39.
Hill, K. (2011). Taking My Measure. http://www.forbes.com/forbes/2011/0425/features-health-personal-data-work-out-taking-my-measure.html. Zugegriffen: 21. Nov 2014.
Hopwood, A. G. (1978). Towards an Organizational Perspective for the Study of Accounting and Information Systems. *Accounting, Organizations and Society, 3*(1), 3–13.

Luhmann, N. (1988). *Die Wirtschaft der Gesellschaft*. Frankfurt a.M.: Suhrkamp.
Luhmann, N. (1992). *Beobachtungen der Moderne*. Opladen: Westdeutscher Verlag.
Makropoulos, M. (1997). *Modernität und Kontingenz*. München: Fink.
Makropoulos, M. (2000). Historische Kontingenz und soziale Optimierung. In R. Bubner & W. Mesch (Hrsg.), *Die Weltgeschichte – das Weltgericht? Stuttgarter Hegel-Kongress 1999* (S. 77–92). Stuttgart: Klett-Cotta.
Makropoulos, M. (2002). Der optimierte Mensch. *Süddeutsche Zeitung, 248*, 6–7.
Makropoulos, M. (2004). Aspekte massenkultureller Vergesellschaftung. *Mittelweg, 13*(36), 65–87.
Meißner, S. (2012). Arbeit und Spiel. Von der Opposition zur Verschränkung in der gegenwärtigen Kontrollgesellschaft. http://trajectoires.revues.org/915. Zugegriffen: 20. Nov 2014.
Mennicken, A., & Vollmer, H. (Hrsg.) (2007). *Zahlenwerk. Kalkulation, Organisation und Gesellschaft*. Wiesbaden: Verlag für Sozialwissenschaften.
Morgan, G. (1988). Accounting as Reality Construction. Towards a New Epistemology for Accounting Practice. *Accounting, Organizations and Society, 13*(5), 477–485.
Morozov, E. (2013). *Smarte neue Welt. Digitale Technik und die Freiheit des Menschen*. München: Karl Blessing Verlag.
Mühl, M. (2012). Das Handy wird zum Körperteil. http://www.faz.net/aktuell/feuilleton/quantified-self-das-handy-wird-zum-koerperteil-11889193.html?printPagedArticle=true#pageIndex_2. Zugegriffen: 21. Nov 2014.
Papageorgiou, M., Leibold, M., & Buss, M. (2012). *Optimierung. Statistische, dynamische, stochastische Verfahren für die Anwendung*. 3. Aufl. Heidelberg: Springer Verlag.
Passig, K. (2012). Unsere Daten, unser Leben. *Merkur: Deutsche Zeitschrift für europäisches Denken, 66*(756), 420–427.
Rosa, H. (2014). Resonanz. Vom Schweigen der Welt und von der Sehnsucht nach Widerhall – Eine Soziologie der Weltbeziehung. Vortrag, Kolloquium Soziologische Theorie 01/2014 Jena.
Schmitt, C. (1996). *Politische Theologie. Vier Kapitel zur Lehre von der Souveränität*. Berlin: Duncker & Humblot.
Schumacher, F. (2012). Quantified Self – Ein Anfängerkurs zum Selbermessen. http://igrowdigital.com/de/2012/01/quantified-self-ein-anfa%C2%A4nger-kurs-zum-selber-messen. Zugegriffen: 21. Nov 2014.
Schumacher, F. (2013). Europäer interessieren sich für Self-Tracking. http://igrowdigital.com/de/2013/10/studie-zum-interesse-an-self-tracking-in-europa. Zugegriffen: 30. Nov 2013.
Simmel, G. (1995). Die Großstädte und das Geistesleben. In G. Simmel, *Aufsätze und Abhandlungen 1901–1908*, Gesamtausgabe Bd. 7 (S. 116–131). Frankfurt a.M.: Suhrkamp.
Troesser, J. (2012). Quantified Self Selbstvermesser leben nach Zahlen. http://www.fr-online.de/ratgeber/quantified-self-selbstvermesser-leben-nach-zahlen,1472794,16083340.html. Zugegriffen: 21. Nov 2014.
Vollmer, H. (2003). Grundthesen und Forschungsperspektiven einer Soziologie des Rechnens. *Sociologia Internationalis, 41*(1/2), 1–23.
Vollmer, H. (2004). Folgen und Funktionen organisierten Rechnens. *Zeitschrift für Soziologie, 33*(6), 450–470.
Vormbusch, U. (2004). Accounting. Die Macht der Zahlen im gegenwärtigen Kapitalismus. *Berliner Journal für Soziologie, 14*(1), 33–50. doi:10.1007/BF03204695.

Wehner, J. (2010). Numerische Inklusion – Medien, Messungen und Modernisierung. In T. Sutter & A. Mehler (Hrsg.), *Medienwandel als Wandel von Interaktionsformen* (S. 183–210). Wiesbaden: VS-Verlag.

Werle, K. (2014). Meßwahn im Management mit Hilfe der Self-Tracker. http://www.manager-magazin.de/magazin/artikel/messwahn-im-management-mit-hilfe-der-self-tracker-a-961729.html. Zugegriffen: 21. Nov 2014.

Wolf, G. (2010, 2. Mai). Data-Driven Life. *New York Times*, MM38.

Zeh, J. (2012). Der vermessene Mann. http://www.tagesanzeiger.ch/leben/gesellschaft/Der-vermessene-Mann/story/14508375. Zugegriffen: 1. Okt 2013.

Zillien, N., Fröhlich, G., & Dötsch, M. (2014). Zahlenkörper – Digitale Selbstvermessung als Verdinglichung des Körpers. In K. Hahn & M. Stempfhuber (Hrsg.), *Präsenzen 2.0. Körperinszenierung in Medienkulturen* (S. 77–79). Wiesbaden: Springer.

Selbstvermessung als Wissensproduktion

Quantified Self zwischen Prosumtion und Bürgerforschung

Nils B. Heyen

Quantified Self ist der Name einer sich rasant ausbreitenden internationalen Bewegung von Menschen, die vor allem eins miteinander verbindet: das Interesse am Sammeln von Daten über den eigenen Körper bzw. das eigene Leben, um daraus Erkenntnisse für die eigene Gesundheit oder die eigene Leistungsfähigkeit im Alltag zu gewinnen. Für dieses sogenannte Self-Tracking nutzen die Anhänger der Bewegung überwiegend Smartphone-Apps, aber auch andere Geräte wie Aktivitäts- und Schlafsensoren, Waagen oder Apparate zum Messen von Blutdruck oder Blutzucker. Die mindestens täglich generierten Daten werden in der Regel mit entsprechender Statistik- und Grafik-Software automatisch analysiert, visualisiert und ausgewertet, teilweise auch auf Web-Plattformen hochgeladen, wo sie mit anderen Nutzern geteilt, besprochen und im Hinblick auf mögliche Konsequenzen für das eigene (Gesundheits-)Verhalten im Alltag diskutiert werden können. Das Web 2.0 ermöglicht dementsprechend nicht nur eine hochgradige Vernetzung der Bewegung, sondern auch einen niedrigschwelligen Austausch von Daten und Analyseergebnissen.

Bereits 2007 in den USA gegründet (Wolf 2011), hat es ein paar Jahre gedauert, bis sich erste Anhänger der Bewegung 2011 auch in Deutschland fanden. Bereits ein Jahr später berichteten deutsche Massenmedien mit Schlagzeilen wie „Die Körperkontrolleure kommen" (Laaff 2012) oder „Das Handy als Hausarzt" (Rauner 2012) erstmals über die Selbstvermesser. Mittlerweile gibt es wohl kaum eine Zeitung oder Zeitschrift, die noch nicht über *Quantified Self* geschrieben hat.[1] Das Thema erobert zunehmend auch wissenschaftliche Diskurse. Allerdings betrifft das zunächst vor allem die internationalen, eher technisch geprägten bzw. medizinisch orientierten Diskussionen zu Medicine 2.0, Health 2.0 und auch Big Data (vgl. Hughes et al. 2008; Swan 2009, 2012b, 2013; Marcengo und Rapp 2013). Eine genuin sozialwissenschaftliche Auseinandersetzung liegt bislang nicht vor, auch wenn das Interesse in den letzten Jahren spürbar zugenommen hat. Erste Arbeiten nehmen *Quantified Self* vor allem als *kulturelles* Phänomen in den Blick, fokussieren dabei auf Aspekte des Leibmessens und der Optimierung und fragen, welche Bedeutung und Folgen dies für unser Körper- und Selbstbild bzw. die Gesellschaft hat (vgl. etwa Lupton 2013a; Rettberg 2014; Selke 2014).

Im vorliegenden Beitrag wird demgegenüber eine explizit *wissenssoziologische* Perspektive eingenommen. Denn obwohl der Slogan der Bewegung „Self knowledge through numbers"[2] unübersehbar Wissen in den Vordergrund stellt, ist doch weitgehend unklar, welche Art von Wissen bei der digitalen Selbstvermessung eigentlich gewonnen wird, wie diese Wissensproduktion zu charakterisieren ist und in welchem Verhältnis sie zu Wissenschaft steht.[3] Im Folgenden soll die These entfaltet werden, dass sich die Wissensproduktion der Selbstvermesser in einem Spannungsfeld von Prosumtion auf der einen und Bürgerforschung auf der anderen Seite verorten lässt. Entsprechend steht zunächst die Prosumtion – ein Neologismus aus Produktion und Konsumtion – von Wissen im Fokus und anschließend das Verhältnis von Selbstvermessung und Citizen Science bzw. Wissenschaft allgemein. Schließlich werden die Überlegungen kurz zusammengefasst und offene Forschungsfragen formuliert.

1 Wissensproduktion für den Eigenbedarf: der Self-Tracker als Prosumer

Der Begriff der Prosumtion bzw. des Prosumers wurde maßgeblich vom Zukunftsforscher Alvin Toffler in seinem 1980 erschienenen Buch „The Third Wave" geprägt (Toffler 1980). Darin beschreibt der Autor unter anderem, wie

---

1 Selbst das in allen Fernverkehrszügen ausliegende Magazin der Deutschen Bahn *mobil* ist hier keine Ausnahme (siehe König 2014).
2 Siehe die zentrale Webseite der *Quantified-Self*-Bewegung: http://quantifiedself.com/. Zugegriffen: 10. Nov 2014.
3 Diese und weitere Fragen stehen im Zentrum eines laufenden, vom Bundesministerium für Bildung und Forschung (BMBF) geförderten Forschungsprojekts, aus dem hier berichtet wird (siehe Brüninghaus und Heyen 2014 bzw. http://www.wissenstransfer2punkt0.de. Zugegriffen: 10. Nov 2014).

bis zur Industriellen Revolution die Produktion von Gütern vorrangig zur Selbstversorgung erfolgte („production for self-use"), sich dann aber zunehmend auf einen Massenmarkt ausrichtete („production for exchange"), so dass die beiden Rollen des Produzenten und Konsumenten erstmals auseinandertraten (vgl. Hellmann 2010, S. 14ff.). Erst gegen Ende des 20. Jahrhunderts, im Zuge der titelgebenden „third wave", würde diese Trennung zunehmend wieder aufgehoben, weshalb er vom (Wieder-)Aufstieg des Prosumers spricht. „[W]hether we look at self-help movements, do-it-yourself trends, or new production technologies, we find the same shift toward a much closer involvement of the consumer in production" (Toffler 1980, S. 275). Auch wenn der Begriff bei Toffler unscharf bleibt (vgl. Hellmann 2010, S. 25), steht letztlich doch die „production for self-use", also die Eigennutzung im Mittelpunkt. Überspitzt formuliert: „In dem Moment, wo jemand etwas für sich selbst herstellt, betätigt er/sie sich als Prosument/in" (a.a.O., S. 22).

War die Rezeption von Tofflers Überlegungen lange Zeit eher bescheiden, hat sich dies spätestens im Zuge von Web 2.0 und Social Software geändert (vgl. Hellmann 2010; Blättel-Mink und Hellmann 2010). Darüber hinaus gerät mit Blick auf dieses „Mitmach-Internet" (Gscheidle und Fisch 2007, S. 398) auch die tendenziell ökonomische Referenz des Prosumentenbegriffs, die für Tofflers Überlegungen noch kennzeichnend ist, in den Hintergrund. Denn hier geht es nicht mehr nur um Produkte und Dienstleistungen im engeren Sinne, sondern oftmals um Daten, Informationen, Erfahrungen und Wissen. Axel Bruns (2008) hat – unter anderem mit Open Source Software, Blogs und Wikipedia – zahlreiche Formen dieser „user-led content creation" (a.a.O., S. 2) untersucht und dabei das verwandte, ebenfalls von Toffler inspirierte Konzept der „Produsage" entwickelt:

> „The concept of *produsage* [...] highlights that within the communities which engage in the collaborative creation and extension of information and knowledge [...], the role of 'consumer' and even that of 'end user' have long disappeared, and the distinctions between producers and users of content have faded into comparative insignificance. In many of the spaces we encounter here, users are always already necessarily also producers of the shared knowledge base, [...] they have become a new, hybrid, *produser*." (a.a.O.; Herv. im Orig.)

Unabhängig davon, ob der Begriff des Prosumers oder der des Produsers vorgezogen wird, ist beiden Konzepten letztlich gemeinsam, dass sie auf eine vergleichsweise neue, hybride Sozialfigur verweisen, die die Tätigkeiten der Herstellung und der Nutzung eines Guts vereint. Und genau das trifft auch auf den Self-Tracker der *Quantified-Self*-Bewegung zu. Indem dieser zum Beispiel täglich mehrfach seinen Blutdruck misst, produziert er in Zahlen kodierte Daten, die er selbst nutzt, indem er sie softwareunterstützt aufbereitet und analysiert. Dadurch wiederum produziert der Self-Tracker Informationen, etwa an welchen Tagen die Höhe des Blutdrucks einen kritischen Wert erreicht hat, und schließlich Wissen, etwa die Erkenntnis, dass der eigene Blutdruck in der Regel im Verlauf einer Arbeitswoche ansteigt.[4] Diese Informationen bzw. dieses Wissen mag der Selbstvermesser wiederum dazu nutzen, seinen Arzt zu konsultieren, direkt eine Verhaltensweise anzupassen oder auch einfach zufrieden zu sein. Mit anderen Worten: Der Self-Tracker konsumiert nicht mehr (nur) allgemein zugängliches bzw. von anderen erarbeitetes Wissen (z.B. generelle Empfehlungen für ein gesundes Leben), sondern produziert (auch) eigenes Wissen, sei es über die Veränderung von bestimmten Messwerten im Zeitverlauf (z.B. Blutdruck, Gewicht, Aktivität) oder über den Zusammenhang verschiedener Variablen (z.B. Blutdruck und Arbeitsbelastung, Aktivität und Schlaf). Nutzer dieses Wissens ist in erster Linie er selbst.[5]

Den Self-Tracker als Prosumer bzw. Produser zu fassen, betont also zunächst einmal den Umstand, **dass im Rahmen der** *Quantified-Self*-Bewegung nicht nur quantifiziert und optimiert, sondern auch tatsächlich etwas produziert wird, nämlich **Wissen (und Daten)**. Darüber hinaus macht es aber auf zwei Punkte aufmerksam, die auch für die weiteren Überlegungen bedeutsam sind. Zum einen ist bemerkenswert, dass die Wissensproduktion von Personen vorgenommen wird, die klassischerweise als Laien gelten, denen also zunächst einmal keine spezifische Expertise, schon gar keine wissenschaftliche, zugesprochen wird (vgl. allgemein Hitzler 1994). Auf den zweiten Blick verschwimmt diese Abgrenzung jedoch schon wieder und es stellt sich die Frage, ob die Selbstvermesser durch ihre Wissensproduktion nicht gerade eine bestimmte Form von Expertise selbst entwickeln (vgl. Brüninghaus und Heyen 2014). Gleichzeitig geraten andere Bereiche ins Blickfeld, in denen Laien ebenfalls in Prozesse der Wissensproduktion eingebunden sind. Neben den bereits erwähnten „collaborative content creation spaces and communities" (Bruns 2008, S. 24) des Internets sind das vor allem Phänomene, die zunehmend mit Citizen Science bzw. Bürger- oder Amateurforschung umschrieben werden. Zum anderen wird deutlich, dass es bei der Wissensproduktion der

---

4   Zur Unterscheidung von Daten, Informationen und Wissen siehe Willke 1998, S. 7ff.
5   Dass auch andere Akteure, insbesondere Wirtschaftsunternehmen und Versicherungen, Interesse daran haben (könnten), dieses Wissen oder zumindest die produzierten Daten zu nutzen, steht freilich auf einem anderen Blatt und verweist auf die in der Regel völlig ungeklärte Problematik des Datenschutzes (vgl. Karaboga et al. 2015).

Self-Tracker in erster Linie um den Eigenbedarf geht, also um die *persönliche Verwendung* und Nutzung des selbstproduzierten Wissens.

2 *Quantified Self* und Wissenschaft: der Self-Tracker als Forscher

Dass Wissensproduktion für den Eigenbedarf durchaus als etwas Besonderes gelten kann, wird sich im Folgenden zeigen, wenn Citizen Science bzw. Wissenschaft allgemein als Vergleichsfolie herangezogen wird.

2.1 Citizen Science

Unter dem Begriff Citizen Science bzw. Bürger- oder Amateurforschung werden in der Regel Forschungsaktivitäten subsumiert, an denen Personen beteiligt sind, die keine professionellen (Berufs-)Wissenschaftler sind. Allerdings hat sich bisher noch keine allgemein anerkannte Definition durchgesetzt (vgl. European Commission 2013, S. 21), was auch damit zusammenhängen dürfte, dass der Grad der Beteiligung je nach Ansatz stark variiert:

„[It goes] from active participation in hypothesis-led science through to passive movement of sensors; from addressing highly-focussed questions to educational exercises generating data of little scientific value; from using people as data collectors to participants forming the projects, assessing the data and using the information themselves." (Roy et al. 2012, S. 10)

Obwohl die Wurzeln von Citizen Science im gerade angeführten Verständnis weit in die Menschheitsgeschichte zurückreichen, mindestens aber bis zu den Anfängen der modernen Wissenschaft (vgl. Finke 2014, S. 25ff.; Silvertown 2009), und Amateurforschung auch in vergangenen Jahrhunderten immer wieder eine Rolle gespielt hat (vgl. Miller-Rushing et al. 2012; Mahr 2014), wird Citizen Science oft als ein neues Phänomen des frühen 21. Jahrhunderts verhandelt. Das ist auch insofern nicht falsch, als erneut durch das Internet und Web 2.0 insbesondere die potenzielle Zahl der Beteiligten und damit einhergehend auch der Umfang der prozessierbaren Daten eine neue Dimension erreicht hat. Dementsprechend wird Citizen Science derzeit vor allem in solchen Forschungsfeldern diskutiert, in denen es um die Bearbeitung riesiger Datenmengen geht, wie etwa Astronomie, Geographie, Umwelt und Biodiversität (für prominente Beispiele vgl. Xue 2014).

Der Geograph Muki Haklay (2013), einer der Proponenten von Citizen Science, hat eine Typologie vorgeschlagen, die vier Stufen der Beteiligung bzw. des Engagements in Citizen Science Projekten unterscheidet (vgl. Abb. 1). Auf der ersten Stufe („Crowdsourcing") stellen Bürger in erster Linie die Rechenleistung ihrer privaten Computer für Forschungszwecke zur Verfügung (z.B. „Rosetta@home")[6] oder erheben, ausgestattet mit technischem Gerät, mehr oder weniger automatisch Daten (z.B. GPS-Daten), die später von professionellen Wissenschaftlern ausgewertet werden. Erst auf der zweiten Stufe („Distributed Intelligence") sind auch ihre kognitiven Fähigkeiten gefragt; nach einer Art Training bekommen sie eine bestimmte Aufgabe zugewiesen, etwa Daten zu interpretieren und nach spezifischen Kriterien zu klassifizieren (z.B. „Galaxy Zoo")[7]. Auf der dritten Stufe („Participatory Science") sind Bürger bereits in die Formulierung der Frage- oder Problemstellung eingebunden bzw. nehmen sie selbst vor und beteiligen sich auch an der Datenerhebung, überlassen deren Auswertung am Ende aber professionellen Wissenschaftlern (z.B. „Grassroots Bioblitz")[8]. Auf der vierten Stufe („Extreme Citizen Science") schließlich arbeiten Bürger und professionelle Wissenschaftler gemeinsam in allen Phasen des Forschungsprozesses, einschließlich der Datenanalyse; oder aber das Projekt wird sogar ausschließlich von Bürgern geplant und umgesetzt, ohne jegliche Beteiligung von professionellen Wissenschaftlern. Diese Grenze ist natürlich fließend, da sich auch Berufswissenschaftler ehrenamtlich in Citizen Science Projekten engagieren können (z.B. „Riverfly Partnership")[9]. Wichtig zu betonen ist, dass nach Haklay (a.a.O., S. 117) ein Citizen Science Projekt in der Regel nicht einer Stufe allein zugeordnet werden sollte, da sich die an einem Projekt beteiligten Bürger in ihrem Engagement unterscheiden können. Entsprechend sind die in Klammern gesetzten Beispiele auch nur als grobe Illustration zu verstehen.[10]

---

6   Siehe http://boinc.bakerlab.org/rosetta/. Zugegriffen: 14. Nov 2014.
7   Siehe http://www.galaxyzoo.org/. Zugegriffen: 14. Nov 2014.
8   Siehe http://nerdsfornature.org/bioblitz/. Zugegriffen: 14. Nov 2014.
9   Siehe http://www.riverflies.org/. Zugegriffen: 14. Nov 2014.
10 Eine nicht unähnliche Kategorisierung nehmen Roy et al. (2012) im Anschluss an Bonney et al. (2009) vor: Unterschieden wird hier zwischen „contributory", „collaborative", „co-created" und solchen Citizen Science Projekten, die ganz ohne die Beteiligung professioneller Wissenschaftler auskommen.

Citizen Science

- 4) Extreme Citizen Science
- 3) Participatory Science
- 2) Distributed Intelligence
- 1) Crowdsourcing

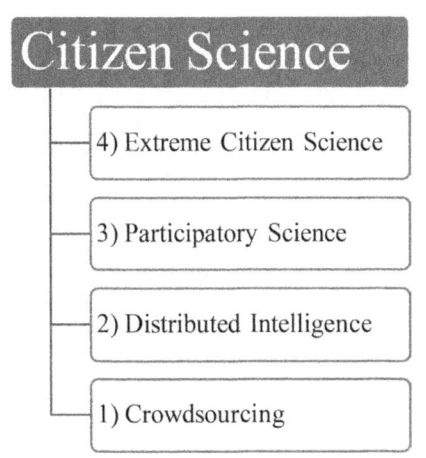

Abb. 1 Typologie von Citizen Science Projekten. Quelle: Haklay 2013

Auch der Wissenschaftstheoretiker Peter Finke (2014) – einer der Fürsprecher von Citizen Science in Deutschland – macht darauf aufmerksam, dass Citizen Science sehr verschiedene Formen annehmen kann, und bezeichnet die beiden Pole des Spektrums als „Citizen Science light" und „Citizen Science proper" (a.a.O., S. 41ff.). Ersteres meint eine letztlich nicht selbständige Form von Wissenschaft, Citizen Science erscheint hier eher als eine spezifische Methode von „Professional Science" (vgl. a.a.O., S. 13f.). „Citizen Science proper" dagegen meint eine eigenständige, von „Professional Science" letztlich unabhängige Form von Wissenschaft. Hierzu würde Finke wohl nur Haklays vierte Stufe „Extreme Citizen Science" zählen, mit Abstrichen auch „Participatory Science". „Distributed Intelligence" und „Crowdsourcing" hingegen stellen aus seiner Perspektive ganz klar Formen von „Citizen Science light" dar.

2.2 Selbstvermessung und Citizen Science

Inwiefern lassen sich nun die wissens- und datenproduzierenden Tätigkeiten der Selbstvermesser mit Blick auf die gerade erörterten, sehr verschiedenen Formen von Citizen Science einordnen? Um darauf eine Antwort zu geben, ist es zunächst unumgänglich, auch auf Seiten des Self-Trackings verschiedene Aktivitätstypen zu differenzieren. Inspiriert von Haklay (2013) unterscheidet die folgende Typologie ebenfalls vier Stufen bzw. Grade des „Engagements" in die

Selbstvermessung (vgl. Abb. 2). Auch hier ist es wichtig darauf hinzuweisen, dass sich ein Self-Tracker als Person in den meisten Fällen wohl nicht einer Stufe allein zuordnen lässt, sondern nur seine einzelnen, untereinander womöglich sehr verschiedenen Tracking-Aktivitäten; und allein auf diese zielt die Typologie.

Selbstvermessung
- 4) Forschung & Entwicklung
- 3) Forschung
- 2) Monitoring & Optimierung
- 1) Ohne konkrete Ziele

Abb. 2 Typologie von Aktivitäten der Selbstvermessung. Quelle: Eigene Darstellung

Zur ersten Stufe („Ohne konkrete Ziele") zählen solche Self-Tracking-Aktivitäten, die weitgehend planlos, also ohne spezifische Absicht und Ziel durchgeführt werden – gewissermaßen „just for fun". Denn, so stellt auch einer der Begründer der *Quantified-Self*-Bewegung, Gary Wolf (2010), fest: „For many self-trackers, the goal is unknown." Für sie stehen zunächst einmal Motive wie Neugier oder Unterhaltung, also „pleasure bringing aspects of Self-Tracking" (Nißen 2013, S. 67) im Vordergrund. Beim Vermessen von Stimmungen oder Sex (vgl. Rettberg 2014, S. 72f.) zum Beispiel dürften konkrete Ziele und Optimierungsabsichten eher selten eine Rolle spielen. Gleichwohl geht es auch hier um die Produktion von Daten und Wissen für den Eigenbedarf (vgl. Abschnitt 1). Zur ersten Stufe gehört aber auch das Self-Tracking im Dienst von wissenschaftlichen Studien, wenn der Self-Tracker also in erster Linie als Proband fungiert, ohne an den von ihm erhobenen Daten ein explizites Eigeninteresse zu haben. Das können klassische klinische Studien sein (z.B. in der Diabetes-Forschung), aber auch sogenannte Crowdsourced Health Research Studies, die über Health Social Networks wie *PatientsLike-*

Me oder *CureTogether* initiiert und durchgeführt werden (vgl. Swan 2012a). Solche Netzwerke bieten ihren Mitgliedern sowohl Möglichkeiten zum Self-Tracking als auch Zugang zu klinischen Studien an (vgl. Swan 2009). Die wissenschaftlichen Studien selbst verfolgen natürlich bestimmte Ziele, der Ausdruck „Ohne konkrete Ziele" bezieht sich also allein auf die eigenen, persönlichen Ziele, die jemand mit seinem Self-Tracking verbindet.

Solche persönlichen Ziele sind ab der zweiten Stufe („Monitoring & Optimierung") gegeben. Das Self-Tracking dient hier entweder einer regelmäßigen Überwachung bestimmter, zumeist biometrischer Daten oder einer explizit angestrebten Leistungssteigerung. Zum ersten Fall gehört etwa das zunehmend an Bedeutung gewinnende Self-Monitoring im medizinischen Bereich (vgl. Lupton 2013b), also zum Beispiel das mindestens tägliche Messen von Blutdruckwerten bei einem früheren Schlaganfall-Patienten, um im Falle kritischer Werte einen Arzt aufsuchen zu können. Viele Mitglieder bzw. Patienten der gerade erwähnten Health Social Networks betreiben ein derartiges Monitoring bezüglich einer Vielzahl von Symptomen (vgl. Swan 2009). Zum zweiten Fall gehören alle Spielarten der Optimierung alltäglichen Verhaltens, nicht zuletzt das längst massentaugliche Messen von Laufstrecke, Laufzeit und Kalorienverbrauch bei Freizeitsportlern, um Trainingsfortschritte genauer beobachten zu können. In beiden Fällen erfüllt das Self-Tracking eine ganz bestimmte Funktion, es stehen also keine reinen Erkenntnisziele im Mittelpunkt (im Gegensatz zur nächsten Stufe).

Auf der dritten Stufe („Forschung") werden die Self-Tracking-Aktivitäten gewissermaßen „projektifiziert" und erhalten die Form von kleinen Forschungsstudien. Ziel ist zunächst der Erkenntnisgewinn, aus dem dann auch Schlussfolgerungen für den Alltag gezogen werden können. Entsprechend geht es hier in der Regel um mögliche Zusammenhänge verschiedener Größen bzw. Variablen, beispielsweise um den Einfluss bestimmter Nahrungs- und Konsummittel auf die Schlafqualität, um den Zusammenhang von Schlafqualität und Leistungsfähigkeit, um den von Leistungsfähigkeit und Stimmung oder Zufriedenheit usw. Dabei gibt es prinzipiell zwei mögliche Vorgehensweisen, eine hypothesengeleitete und eine in „Big-Data-Manier". Die erste formuliert explizit und ex ante Vermutungen zum anvisierten Zusammenhang und richtet das Untersuchungsdesign entsprechend aus. Um ein völlig willkürlich gewähltes Beispiel anzuführen: In einem Fall hat ein Self-Tracker für sein „Experiment", wie er es selbst nennt, verschiedene Hypothesen aufgestellt, darunter „Wenn meine Kalorienaufnahme steigt, dann steigt auch mein Gewicht" und „Wenn ich mehr Fahrrad fahre, sinkt mein Gewicht". Seine Analyse von Self-Tracking-Daten, die er über einen Zeitraum von drei Monaten gesammelt hat, kommt schließlich zu dem Ergebnis, dass die erste Annahme (überraschenderweise) falsch und die zweite richtig war, wobei er die Art der Zusammenhänge noch weiter spezifiziert.[11] Das Untersuchungsdesign kann einem klassischen Experiment noch ähnlicher sein, indem etwa ein bestimmter Faktor gezielt verändert wird und anschließend die Auswirkungen auf eine abhängige Variable beobachtet werden (vgl. Roberts 2004). Die zweite Vorgehensweise geht hingegen von einem bestimmten Daten-Pool aus und sucht nach Korrelationen, fragt also zunächst unspezifisch danach, ob Variable A irgendwie mit Variable B zusammenhängt. Ein ebenso willkürlich gewähltes Beispiel hierfür ist der Fall eines Self-Trackers, der zwei Jahre lang täglich unter anderem seine physische Aktivität, seinen Blutdruck und sein Gewicht gemessen hat und diese Daten ohne konkrete Vorannahmen, aber mit einem allgemeinen Interesse an der Entdeckung von Zusammenhängen (Erkenntnisziel) und an Visualisierungsmöglichkeiten analysiert hat.[12]

Auf der vierten Stufe („Forschung & Entwicklung") stößt das anvisierte Self-Tracking an technische bzw. methodische Grenzen insofern, als es nach Einschätzung des Selbstvermessers für die Bearbeitung seiner Forschungsfrage keine (zufriedenstellende) App, Software oder Messgeräte gibt. Will er an seiner Forschungsfrage bzw. seinem generellen Erkenntnisziel festhalten, muss er die technischen bzw. methodischen Voraussetzungen selber schaffen, zum Beispiel indem er selbst eine entsprechende App entwickelt. Das wiederum geht nicht ohne eigenes Self-Tracking, schließlich werden für das Testen der verschiedenen Versionen und deren Weiterentwicklung Daten benötigt. Ein Self-Tracker beispielsweise interessiert sich für das Messen seiner „cognitive performance" zu verschiedenen Tages- und Nachtzeiten.[13] Dafür programmierte er eine App, die ihm unter anderem kleine Aufgaben präsentiert und dabei die Zeit bis zur Lösung sowie deren Richtigkeit misst. Er benutzt sie selbst mehrmals täglich seit über einem Jahr und entwickelt sie kontinuierlich weiter. Perspektivisch will er über mehrere solcher Operationalisierungsansätze ein Modell entwickeln, um am Ende seine „cognitive performance" in einem Gesamtwert ausdrücken zu können. Derartige Forschungs-

---

11 Im Internet befindet sich ein Video der entsprechenden Präsentation unter http://quantifiedself.com/2014/09/kouris-kalligas-analyzing-weight-sleep/. Zugegriffen: 18. Nov 2014.

12 „I enjoy working with data, exploratory analysis", wie der Self-Tracker auf einer seiner Präsentationsfolien betont. Das entsprechende Video befindet sich im Internet unter http://quantifiedself.com/2014/10/jamie-williams-exploring-data/. Zugegriffen: 18. Nov 2014.

13 Quelle: Eigenes Interview mit einem Self-Tracker am 18. Sept 2012.

und Entwicklungsprojekte müssen nicht, können aber in Verbindung mit einem Geschäftsmodell zu entsprechenden Start-ups von Self-Trackern führen.[14]

Werden diese vier Typen von Self-Tracking-Aktivitäten mit den vier Formen von Citizen Science in Beziehung gesetzt (vgl. Abschnitt 2.1), zeigt sich, dass Selbstvermessung (bisher) im Grunde auf zwei verschiedene Arten mit Citizen Science verknüpft ist (vgl. Abb. 3). Da sind zum einen die bereits erwähnten *Crowdsourced Health Research Studies* und zum anderen die persönlichen Forschungsstudien und -aktivitäten der Self-Tracker selbst, die hier vorläufig als *Personal Science* bezeichnet werden sollen.

Citizen Science

- 4) Extreme Citizen Science
- 3) Participatory Science
- 2) Distributed Intelligence
- 1) Crowdsourcing

Selbstvermessung

- 4) Forschung & Entwicklung
- 3) Forschung
- 2) Monitoring & Optimierung
- 1) Ohne konkrete Ziele

·········· Crowdsourced Health Research Studies   — — — — Personal Science

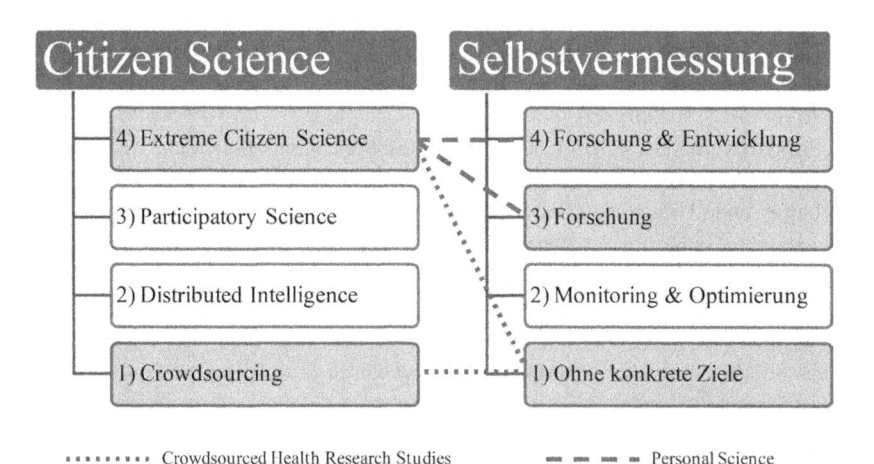

Abb. 3 Zwei Verknüpfungsarten von Citizen Science und Selbstvermessung. Quelle: Haklay 2013; eigene Darstellung

Crowdsourced Health Research Studies können sowohl von professionellen Wissenschaftlern initiiert und durchgeführt werden als auch von Laien bzw. den Teilnehmern der Studie selbst (vgl. Swan 2012a). Melanie Swan spricht entsprechend von „researcher-organized studies" und „participant-organized studies" (a.a.O.). Bei ersteren handelt es sich um klassisches „Crowdsourcing" nach Haklay (2013) bzw. um „Citizen Science light" nach Finke (2014). Sie werden derzeit vor al-

---

14 Beispiele sind Addapp, BioTRAKR oder Medando; vgl. die Webpräsenzen unter https://addapp.io/, http://biotrakr.de/ bzw. http://medando.de/. Zugegriffen: 20. Nov 2014.

lem von *PatientsLikeMe*, das heißt von dort angestellten Berufswissenschaftlern durchgeführt und durchaus auch in Fachzeitschriften mit Peer-Review-Verfahren veröffentlicht (vgl. Swan 2012a). Bei letzteren handelt es sich hingegen um „Extreme Citizen Science" im Sinne von Haklay (2013) bzw. um „Citizen Science proper" im Sinne von Finke (2014). Sie finden sich etwa auf der Web-Plattform *Genomera* (vgl. Swan 2012a). Hier kann im Prinzip jeder registrierte Nutzer seine eigene Gesundheitsstudie initiieren und dafür Teilnehmer über die Plattform rekrutieren, etwa zur Frage, ob das Tragen von Brillen einer bestimmten Farbe die Schlafqualität verbessert.[15] Beiden Formen gemeinsam ist, dass die Teilnehmer der Studie auf die eine oder andere Weise Self-Tracking betreiben müssen, um überhaupt teilnehmen zu können. Umgekehrt bedeutet das, dass die teilnehmenden Self-Tracker hier in erster Linie die Funktion von Probanden erfüllen. Die entsprechende Self-Tracking-Aktivität lässt sich also der ersten Stufe („Ohne konkrete Ziele") zuordnen.

Anders verhält es sich mit den persönlichen Forschungsstudien und -aktivitäten von Self-Trackern, wie sie oben im Hinblick auf die dritte und vierte Stufe („Forschung" und „Forschung & Entwicklung") diskutiert wurden. Gemessen an dem Umstand, dass hier in der Regel keine professionellen Wissenschaftler tätig sind, handelt es sich um „Extreme Citizen Science" im Sinne von Haklay (2013) bzw. um „Citizen Science proper" nach Finke (2014). Da es hier zudem um die Erforschung (und Vermessung) des Selbst geht, liegt der Ausdruck *Personal Science* durchaus nahe. Im Zusammenhang mit *Quantified Self* wurde er vor allem vom mittlerweile verstorbenen Psychologen Seth Roberts verwendet,[16] der allerdings nicht nur Self-Tracker, sondern auch Berufswissenschaftler war und dementsprechend auch von „Self-experimentation" sprach (Roberts 2004, 2010). Andere aus der Szene lehnen den Begriff eher ab und wollen *Quantified Self* vielmehr als Kunst verstanden wissen (Fajans 2014). Unabhängig von solchen Selbstbeschreibungen stellt sich die Frage, inwiefern hier tatsächlich von Wissenschaft die Rede sein kann. Der folgende Abschnitt wird diese Frage nicht abschließend klären können, gleichwohl aber einige erste Überlegungen vorstellen.

---

15 „Orange you sleepy?" ist der Name der Studie, siehe http://genomera.com/studies/orange-you-sleepy. Zugegriffen: 25. Nov 2014.
16 Siehe seine beiden Blogs unter http://blog.sethroberts.net/ und http://www.psychologytoday.com/blog/personal-science. Zugegriffen: 25. Nov 2014.

2.3 Selbstvermessung als Personal Science?

Wissenschaftliches Wissen gilt als Wissen besonderer Art, da es in der modernen Gesellschaft im Gegensatz zu anderen Wissensformen wie alltägliches oder religiöses Wissen „allgemein als ‚gesichert', ‚wahr' und universell gültig anerkannt wird" (Weingart 2003, S. 15). Bei den persönlichen Forschungsstudien von Self-Trackern scheint es zunächst einmal um die Produktion von *handlungspraktisch relevantem* Wissen zu gehen, denn die gewonnenen Erkenntnisse sollen für die Alltagspraxis des Self-Trackers zumindest potenziell von Bedeutung sein.[17] Aber aus demselben Grund muss das Wissen eben auch als *gesichert* gelten (können), andernfalls ließe sich damit nur schwer eine Änderung im Alltagsverhalten des Self-Trackers legitimieren, weder sich selbst noch anderen gegenüber.

Um diesen Anspruch erfüllen bzw. das Ziel gesicherten Wissens erreichen zu können, werden nicht nur aus der Wissenschaft bekannte Verfahren und Methoden angewendet (z.b. experimenteller Versuchsaufbau, standardisierte Befragung, deskriptive Statistik, Signifikanztests, Korrelationsanalyse), bei den Forschungsaktivitäten der Selbstvermesser spielen auch klassische wissenschaftliche Gütekriterien der empirischen Forschung eine Rolle, wenn auch oftmals implizit. So wurde etwa auf einem sogenannten Meetup (Treffen) von Self-Trackern in Zürich explizit die Genauigkeit und Richtigkeit und damit implizit die Reliabilität und Validität diverser Messgeräte und -operationen verhandelt.[18] Zum Beispiel benutzte einer der Vortragenden über einen längeren Zeitraum mehrere Schlaf-Tracking-Geräte, um deren Daten und Analyseergebnisse miteinander zu vergleichen. Letztendlich standen dabei die Fragen im Raum: Wie zuverlässig sind die Messungen? Und inwiefern messen die Geräte überhaupt das, was sie messen sollen? Objektivität hingegen ist in den Diskussionen nur insoweit ein Thema, als die Self-Tracker ihre selbst erhobenen Daten zumeist von subjektiver Beeinflussung freisprechen – ob immer zu Recht, sei dahingestellt, zumal es ja auch um die Erfassung explizit subjektiver Größen wie Stimmung oder Glück gehen kann. Objektivität im Sinne von intersubjektiver Überprüfbarkeit oder Replizierbarkeit der Messung spielt jedenfalls so gut wie keine Rolle. Und in der Tat kann ja nur der Self-Tracker die Studie *an sich selbst* reproduzieren, schließlich sind Forscher und Versuchsperson hier eins.

---

17   In diesem Sinne äußerte sich auch ein Self-Tracker in einem Interview mit dem Autor am 06. Nov 2014.
18   Siehe das Programm des Meetups unter http://www.meetup.com/Quantified-Self-Zurich/events/209084932/. Zugegriffen: 25. Nov 2014.

Entsprechend hat der forschende Self-Tracker auch gar kein Interesse daran, die Studie eines anderen zu wiederholen, es sei denn an sich selbst, was in der Regel wiederum zu anderen Ergebnissen führen wird. Mit anderen Worten: In den Forschungsstudien der Selbstvermesser gilt nicht nur „$n = 1$", sondern „$n =$ me" (Swan 2012b, S. 108).

Robert Merton (1942) hat in einem Aufsatz, der heute als Klassiker der Wissenschaftssoziologie gilt, vier Normen bzw. „institutionelle Imperative" beschrieben, die zusammen das „Ethos der Wissenschaft" ausmachen und neben Wissensakkumulation und der hierfür eingesetzten Methoden charakteristisch für die moderne Wissenschaft sind. Einerseits gilt das Ethos mittlerweile als eine „überholte Form der Beschreibung und Erklärung des Handelns von Wissenschaftlern" (Weingart 2003, S. 21), andererseits belegen akademische und gesellschaftspolitische Auseinandersetzungen immer wieder die „Aktualität des Merton'schen Normengefüges" (Hasse 2012, S. 49). Unabhängig von der Frage der aktuellen oder auch vergangenen Gültigkeit dieser Normen sind sie als Analysefolie für die Forschungsaktivitäten der *Quantified-Self*-Bewegung allemal instruktiv.

Mit *Universalismus* meint Merton (1942, S. 118ff.) das Prinzip, dass die Annahme oder Ablehnung von Wahrheits- und Geltungsansprüchen nicht von persönlichen oder sozialen Eigenschaften ihrer Protagonisten abhängt, also etwa Ethnie, Nationalität, Religion, Geschlecht oder soziales Milieu diesbezüglich keine Rolle spielen. Auch mit Blick auf *Quantified Self* gibt es keinerlei Anhaltspunkte dafür, dass derlei Eigenschaften für die Bewegung in irgendeiner Form von Bedeutung sind. Im Gegenteil, passend zu ihrer kalifornischen Herkunft gibt sie sich überaus bunt und weltoffen, zu den Veranstaltungen kann jedermann kommen. Allerdings stellt sich auch die Frage, inwiefern Wahrheits- und Geltungsansprüche überhaupt Gegenstand sozialer Auseinandersetzung unter den forschenden Selbstvermessern sind. Sicherlich werden sie (implizit) formuliert, aber in vielen Fällen scheint doch der Geltungsanspruch der gewonnenen Erkenntnisse über die eigene Person bzw. den eigenen Alltag nicht hinaus zu gehen. Insofern ist zu vermuten, dass die Wahrheits- und Geltungsansprüche gar nicht so häufig umstritten sind, zumindest deutlich seltener als in der professionellen Wissenschaft.

Kommunismus bezieht sich auf die Eigentumsverhältnisse wissenschaftlicher Erkenntnisse (Merton 1942, S. 121ff.). Diese werden als Produkt sozialer Zusammenarbeit angesehen und der wissenschaftlichen Gemeinschaft zugeschrieben, gehören also allen. Entsprechend sind sie vollständig und offen zu kommunizieren, so dass die Gemeinschaft jederzeit auf sie zugreifen kann. Interessanterweise trifft Letzteres wohl auch auf die Forschung der Selbstvermesser zu. Dies ist insofern bemerkenswert, als hier in vielen Fällen auch sehr persönliche und private Daten ohne Bedenken veröffentlicht und damit anderen zur Verfügung gestellt werden. Im Hinblick auf Zusammenarbeit und Gemeinschaftlichkeit zeigt sich hingegen, dass die Erkenntnisse der *Quantified-Self*-Bewegung (zumindest bislang) zu wenig in Bezug zueinander stehen, um tatsächlich einen gemeinsamen Wissensbestand zu bilden, geschweige denn einen als gültig anerkannten. Das von einzelnen Self-Trackern gewonnene Wissen erscheint auch in seiner als gesichert reklamierten Form zu individuell, damit eine Zuschreibung auf eine Gemeinschaft wirklich Sinn macht. Insofern fällt es auch schwer, die Community der *Quantified-Self*-Bewegung bzw. der forschenden Self-Tracker in die begriffliche Nähe einer *Scientific Community* zu rücken (vgl. Gläser 2012). Formal mag es einige Parallelen geben, zum Beispiel bezüglich der Vernetzung, des geringen Organisationsgrades oder des Zusammenkommens in Form von kleineren und größeren Tagungen mit Vorträgen und Diskussion. Allein ein gemeinschaftlicher Wissensbestand, an dem sich die Forscher orientieren, oder gar eine kollektive Wissensproduktion ist (bisher) nicht zu erkennen.[19] Dazu passt, dass die Self-Tracker bei der Präsentation ihrer Forschungsaktivitäten so gut wie nie auf andere Self-Tracker – ihre „Peers" – und deren Arbeiten Bezug nehmen.

Uneigennützigkeit ist nach Merton (1942, S. 124f.) nicht etwa mit Altruismus gleichzusetzen und zielt auch nicht auf eine besondere moralische Integrität von Wissenschaftlern (vgl. Weingart 2003, S. 17). Vielmehr basiert sie auf dem öffentlichen und überprüfbaren Charakter von Wissenschaft und trägt so dazu bei, dass Wissenschaftler keine unerlaubten Mittel zum eigenen Vorteil einsetzen, weshalb Betrug in der Wissenschaft vergleichsweise selten sei. Bei diesem Punkt ist die Diskrepanz zur Forschung der Selbstvermesser sicherlich am größten, denn der Self-Tracker verbindet mit seiner Forschung im Zweifelsfall eben genau den (potenziellen) Eigennutzen, den Uneigennützigkeit im wahrsten Sinne des Wortes ausschließt. Zwar ist die Wechselwirkung von Alltagsverhalten und Datenfeedback nicht so groß wie auf der zweiten Stufe der Self-Tracking-Aktivitäten („Monitoring & Optimierung"), wo eine entsprechende Verhaltensanpassung explizit erwünscht sein kann. Und auch eine bewusste Manipulation, etwa bei der Abfrage von Stimmungen, muss dem Self-Tracker nicht unterstellt werden. Gleich-

---

19   Das unterscheidet die Forschung der Self-Tracker im Übrigen deutlich von webbasierten Formen kollektiver Wissensproduktion à la Wikipedia. Am ehesten wäre ein gemeinschaftlicher Wissensbestand noch im Hinblick auf verschiedene Tracking-Methoden und Analyse-Software zu erwarten, die ja von vielen Selbstvermessern benutzt werden, so dass sich entsprechende Erfahrungen und Erkenntnisse akkumulieren können.

wohl stellt sich die Frage, welche Rolle Prozesse der Selbstaufmerksamkeit bei den Messungen spielen und wie gut eine Selbstkontrolle bei der Datenproduktion sein kann, beispielsweise bei der Untersuchung des Zusammenhangs von Nahrungsmittelkonsum und Gewicht, die entsprechenden Hypothesen und möglichen Konsequenzen aus den Ergebnissen im Kopf. Selbst wenn sich solche und andere potenziell Einfluss nehmende Faktoren methodologisch kontrollieren ließen (ähnlich wie das Problem der sozialen Erwünschtheit in der empirischen Sozialforschung), kommt hinzu, was bereits oben in Bezug auf Objektivität vermerkt wurde: Zwar wird die Forschung der Selbstvermesser in der Regel öffentlich gemacht, sie ist aber nur sehr eingeschränkt überprüfbar – weil die Datenerhebung nicht replizierbar ist oder weil andere Self-Tracker gar kein (Eigen-)Interesse an einer Überprüfung der Analyse der zur Verfügung gestellten Daten haben. Allerdings soll umgekehrt auch nicht verschwiegen werden, dass der Schaden von verfälschten Daten oder gar eines Betrugs in der Regel wohl auf die Person des forschenden Selbstvermessers beschränkt bliebe.

Organisierter Skeptizismus schließlich bezieht sich auf die Institutionalisierung einer unvoreingenommenen, kritischen Prüfung von wissenschaftlichen Beiträgen und auf die Tendenz, endgültige Urteile so lange hinauszuzögern, „until ‚the facts are at hand'" (Merton 1942, S. 126). In Bezug zur *Quantified-Self*-Bewegung ist zunächst einmal festzuhalten, dass auf den Treffen (Meetups) von Self-Trackern zwar durchaus kritische Fragen – etwa zur Messgenauigkeit oder Aussagefähigkeit von Daten oder auch zum relevanten Stand der professionellen Wissenschaft – gestellt werden, von einem institutionalisierten Prüfverfahren, wie sie in der Wissenschaft zum Beispiel mit dem Gutachterwesen etabliert ist, aber keine Rede sein kann. Hier spielt auch wieder der Umstand eine Rolle, dass das produzierte Wissen der Selbstvermesser eher von individuellem Interesse ist und kaum zu einem gemeinschaftlichen Wissensbestand beiträgt. Außerdem handelt es sich, wie bereits angeführt, in erster Linie um handlungspraktisch relevantes Wissen, das zwar als gesichert gelten soll, im Zweifelsfall aber wohl eher zügig in das Alltagshandeln des Self-Trackers Eingang findet und nicht immer wieder aufs Neue überprüft wird.

Was sich wie ein roter Faden durch die Überlegungen zum Verhältnis von Selbstvermessungsforschung und Wissenschaft zieht, ist der *Eigenbedarf*, für den die Self-Tracker ihre Forschung betreiben und Wissen produzieren (vgl. Abschnitt 1). In den Worten eines Self-Trackers: „Ich möchte das für mich wissen."[20] Auf der einen Seite ist die Anlehnung an die wissenschaftliche Wissensproduktion unübersehbar: Die forschenden Selbstvermesser streben nach gesichertem Wissen,

---

20 Quelle: Eigenes Interview mit einem Self-Tracker am 06. Nov 2014.

stellen Wahrheitsansprüche auf, setzen wissenschaftliche Methoden und Verfahren ein, orientieren sich an wissenschaftlichen Gütekriterien, machen ihre Daten und Erkenntnisse öffentlich, tauschen sich aus, vernetzen sich, setzen sich Kritik aus usw. Auf der anderen Seite tritt die ebenso wenig zu bestreitende Unterschiedlichkeit zur Wissenschaft immer wieder und vor allem in dem Umstand zu Tage, dass die Selbstvermesser sich nicht nur selbst erforschen, also Forscher und Versuchsperson zugleich sind, sondern dies auch allein für den Eigenbedarf, also für ihre eigene Alltagspraxis tun. Dies zeigt sich spätestens dann, wenn sie beginnen, den Forschungsergebnissen einen Platz in ihrer Lebenswelt zuzuweisen, sie die Ergebnisse also einer zutiefst subjektiven Interpretation unterziehen, ihnen Bedeutung und im Hinblick auf das soziale Umfeld eine narrative Rahmung geben (vgl. Pharabod et al. 2013).

Der Begriff *Personal Science* bleibt somit ambivalent. Einerseits spricht Einiges gegen den Ausdruck „Science", andererseits erfährt dieser durch den Zusatz „Personal" auch eine entscheidende Korrektur. Die Forschung der Selbstvermesser kann jedenfalls insofern als *Personal Science* gelten, als sie versucht, gesichertes Wissen mit wissenschaftlichen Methoden und nach wissenschaftlichen Kriterien zu produzieren, dabei aber den Forscher selbst zum Gegenstand hat und auf handlungspraktisch relevantes Wissen für den Eigenbedarf zielt.

3 Zusammenfassung und Ausblick

Selbstvermessung bedeutet immer auch Wissensproduktion. Welche Form diese annimmt, hängt allerdings stark von der Art der Self-Tracking-Aktivität ab. Mit Ausnahme des Self-Trackings im Dienst von wissenschaftlichen Studien – wenn also der Selbstvermesser vor allem Proband ist und kein Eigeninteresse an den erhobenen Daten hat – handelt es sich bei allen hier unterschiedenen Self-Tracking-Aktivitäten um Prosumtion, das heißt Daten und Wissen werden vom Selbstvermesser für den Eigenbedarf hergestellt, also zugleich produziert und konsumiert. Hierzu gehört nicht zuletzt das Self-Tracking zum Zweck des Monitorings und der Optimierung, aber auch das Self-Tracking ohne konkretes Ziel oder spezifische Absicht. Auf der anderen Seite bestehen vielfache Berührungspunkte zur Bürgerforschung bzw. Citizen Science, seien es die Forschungsstudien und -aktivitäten der Selbstvermesser selbst, das Self-Tracking im Dienst von Studien professioneller Wissenschaftler oder aber im Dienst von Forschungsstudien, die von Selbstvermessern oder anderen Laien durchgeführt werden. Insofern lässt sich die Wissensproduktion der Selbstvermesser in einem Spannungsfeld von Prosumtion und Bürgerforschung verorten.

Aus wissens- und wissenschaftssoziologischer Sicht sind vor allem die als *Personal Science* bezeichneten Forschungsaktivitäten der Selbstvermesser ein interessanter und vielversprechender Gegenstand für die eigene Forschung. Sie machen offenbar auch den Kern der *Quantified-Self*-Bewegung aus. Deren engagiertere Anhänger und erst recht diejenigen, die sich an ihre Spitze stellen, begnügen sich eben nicht wie der Freizeitsportler, der ausschließlich seine tägliche Jogging-Strecke überwacht, mit Monitorings- und Optimierungszielen, sondern entwickeln (zusätzlich) persönliche Erkenntnis- und Forschungsinteressen bis hin zur Entwicklung hierfür benötigter Apps und Software. Bei manchen kommen darüber hinaus noch Ambitionen hinzu, andere Self-Tracker über Crowdsourcing in selbst organisierte Forschungsstudien einzubeziehen, was dann zwar nicht mehr als *Personal Science* gelten kann, wohl aber als Citizen Science. Im Hinblick auf diesen *Personal Science* betreibenden Kern der *Quantified-Self*-Community drängen sich vor dem Hintergrund der vorgetragenen Überlegungen eine Vielzahl von offenen Fragen auf, zum Beispiel was diese Community als Community ausmacht und welche Funktion sie für wen erfüllt; welche Normen handlungsleitend sind und was bei Normverstößen passiert; welche Form von Expertise die forschenden Selbstvermesser entwickeln, welche Rolle ihre „Peers" dabei spielen und inwiefern einzelnen Personen innerhalb der Community eine bestimmte Form von Expertise oder auch Reputation zugeschrieben wird. Zu fragen ist nicht zuletzt auch, welche Resonanz *Personal Science* in der professionellen Wissenschaft erzeugt und inwiefern ihre Ergebnisse und Erkenntnisse einer professionellen wissenschaftlichen Prüfung standhalten. Mit den entsprechenden Antworten ließe sich genauer ausloten, als wie wissenschaftlich die Wissensproduktion der forschenden Selbstvermesser gelten kann.

Literatur

Blättel-Mink, B., & Hellmann, K.-U. (2010). *Prosumer Revisited. Zur Aktualität einer Debatte*. Wiesbaden: VS.

Bonney, R., Ballard, H., Jordan, R., McCallie, E., Phillips, T., Shirk, J., & Wilderman, C. C. (2009). *Public Participation in Scientific Research: Defining the Field and Assessing Its Potential for Informal Science Education. A CAISE Inquiry Group Report*. Washington, D.C.: Center for Advancement of Informal Science Education (CAISE).

Brüninghaus, A., & Heyen, N. (2014). Wissenstransfer von der Gesellschaft in die Wissenschaft? Formen und Potenziale nicht-zertifizierter Expertise für Lebenswissenschaften und Medizin. *Technikfolgenabschätzung – Theorie und Praxis*, 23(2), 63–66.

Bruns, A. (2008). *Blogs, Wikipedia, Second Life, and Beyond. From Production to Produsage*. New York: Peter Lang.

European Commission (2013). *Green Paper on Citizen Science. Citizen Science for Europe*. http://www.socientize.eu/?q=eu/content/white-paper-citizen-science. Zugegriffen: 14. Nov 2014.

Fajans, J. (2014). The Art of Personal Science. *The STEAM Journal, 1*(2). doi:10.5642/steam.20140102.30.

Finke, P. (2014). *Citizen Science. Das unterschätzte Wissen der Laien*. München: Oekom.

Gläser, J. (2012). Scientific communities. In S. Maasen, M. Kaiser, M. Reinhart & B. Sutter (Hrsg.), *Handbuch Wissenschaftssoziologie* (S. 151–162). Wiesbaden: Springer VS.

Gscheidle, C., & Fisch, M. (2007). Onliner 2007: Das „Mitmach-Netz" im Breitbandzeitalter. *Media Perspektiven, 8*, 393–405.

Haklay, M. (2013). Citizen Science and Volunteered Geographic Information: Overview and Typology of Participation. In D. Sui, S. Elwood & M. Goodchild (Hrsg.), *Crowdsourcing Geographic Knowledge: Volunteered Geographic Information (VGI) in Theory and Practice* (S. 105–122). Dordrecht: Springer.

Hasse, R. (2012). Das institutionalistische Programm. In S. Maasen, M. Kaiser, M. Reinhart & B. Sutter (Hrsg.), *Handbuch Wissenschaftssoziologie* (S. 45–57). Wiesbaden: Springer VS.

Hellmann, K.-U. (2010). Prosumer Revisited: Zur Aktualität einer Debatte. In B. Blättel-Mink & K.-U. Hellmann (Hrsg.), *Prosumer Revisited. Zur Aktualität einer Debatte* (S. 13–48). Wiesbaden: VS.

Hitzler, R. (1994). Wissen und Wesen des Experten. Ein Annäherungsversuch – zur Einleitung. In R. Hitzler, A. Honer & C. Maeder (Hrsg.), *Expertenwissen: die institutionalisierte Kompetenz zur Konstruktion von Wirklichkeit* (S. 13–30). Opladen: Westdeutscher.

Hughes, B., Joshi, I., & Wareham, J. (2008). Health 2.0 and Medicine 2.0: Tensions and Controversies in the Field. *Journal of Medical Internet Research, 10*(3). doi:10.2196/jmir.1056.

Karaboga, M., Matzner, T., Morlok, T., Pittroff, F., Nebel, M., Ochs, C., von Pape, T., Pörschke, J. V., Schütz, P., & Fhom, H. S. (2015). *Das versteckte Internet: zu Hause – im Auto – am Körper. White Paper*. Schriftenreihe Forum Privatheit und selbstbestimmtes Leben in der digitalen Welt. Eggenstein: Stober.

König, D. (2014). Die Vermessung des Ichs. *mobil, 5*/2014, 58–60.

Laaff, M. (2012). Die Körperkontrolleure kommen. http://www.taz.de/!86056/. Zugegriffen: 10. Nov 2014.

Lupton, D. (2013a). Quantifying the body: monitoring and measuring health in the age of mHealth technologies. *Critical Public Health, 23*(4), 393–403.

Lupton, D. (2013b). The digitally engaged patient: Self-monitoring and self-care in the digital health era. *Social Theory & Health, 11*(3), 256–270.

Mahr, D. (2014). *Citizen Science. Partizipative Wissenschaft im späten 19. und frühen 20. Jahrhundert*. Baden-Baden: Nomos.

Marcengo, A., & Rapp, A. (2013). Visualization of Human Behavior Data: the Quantified Self. In M. Lin Huang & W. Huang (Hrsg.), *Innovative Approaches of Data Visualization and Visual Analytics* (S. 236–265). Hershey PA: IGI Global.

Merton, R. K. (1942). A Note on Science and Democracy. *Journal of legal and political sociology, 1*, 115–126.

Miller-Rushing, A., Primack, R., & Bonney, R. (2012). The history of public participation in ecological research. *Frontiers in Ecology and the Environment, 10*(6), 285–290.

Nißen, M. (2013). *Quantified Self – An Exploratory Study on the Profiles and Motivations of Self-Tracking*. Bachelor Thesis. Karlsruhe: Karlsruhe Institute of Technology (KIT).
Pharabod, A.-S., Nikolski, V., & Granjon, F. (2013). La mise en chiffres de soi. Une approche compréhensive des mesures personnelles. *Réseaux*, *1*, 97–129.
Rauner, M. (2012). Das Handy als Hausarzt. http://www.zeit.de/zeit-wissen/2012/03/Die-Selbstvermesser. Zugegriffen: 10. Nov 2014.
Rettberg, J. W. (2014): *Seeing ourselves through technology. How we use selfies, blogs and wearable devices to see and shape ourselves*. Basingstoke: Palgrave Macmillan.
Roberts, S. (2004). Self-experimentation as a source of new ideas: Ten examples about sleep, mood, health, and weight. *Behavioral and Brain Sciences*, *27*(2), 227–262.
Roberts, S. (2010). The unreasonable effectiveness of my self-experimentation. *Medical Hypotheses*, *75*(6), 482–489.
Roy, H. E., Pocock, M. J. O., Preston, C. D., Roy, D. B., Savage, J., Tweddle, J. C., & Robinson, L. D. (2012). *Understanding Citizen Science and Environmental Monitoring. Final Report on behalf of UK Environmental Observation Framework*. Wallingford: NERC Centre for Ecology & Hydrology.
Selke, S. (2014). *Lifelogging. Wie die digitale Selbstvermessung unsere Gesellschaft verändert*. Berlin: Econ.
Silvertown, J. (2009). A new dawn for citizen science. *Trends in Ecology & Evolution*, *24*(9), 467–471.
Swan, M. (2009). Emerging patient-driven health care models: an examination of health social networks, consumer personalized medicine and quantified self-tracking. *International journal of environmental research and public health*, *6*(2), 492–525.
Swan, M. (2012a). Crowdsourced health research studies: an important emerging complement to clinical trials in the public health research ecosystem. *Journal of Medical Internet Research*, *14*(2), e46. doi:10.2196/jmir.1988.
Swan, M. (2012b). Health 2050: the realization of personalized medicine through crowdsourcing, the Quantified Self, and the participatory biocitizen. *Journal of Personalized Medicine*, *2*(3), 93–118.
Swan, M. (2013). The Quantified Self: Fundamental Disruption in Big Data Science and Biological Discovery. *Big Data*, *1*(2), 85–99.
Toffler, A. (1980). *The Third Wave. The Classic Study of Tomorrow*. New York: Bantam Books.
Weingart, P. (2003). *Wissenschaftssoziologie*. Bielefeld: Transcript.
Willke, H. (1998). *Systemisches Wissensmanagement*. Stuttgart: Lucius & Lucius.
Wolf, G. (2010). The Data-Driven Life. *The New York Times – Sunday Magazine*, MM38. http://www.nytimes.com/2010/05/02/magazine/02self-measurement-t.html?_r=4&ref=magazine&pagewanted=all&. Zugegriffen: 18. Nov 2014.
Wolf, G. (2011). What is the Quantified Self? http://quantifiedself.com/2011/03/what-is-the-quantified-self/. Zugegriffen: 18. Nov 2014.
Xue, K. (2014). Popular Science. *Havard Magazine* (Jan./Febr.). http://harvardmagazine.com/2014/01/popular-science. Zugegriffen: 21. Okt 2014.

Das digitale Selbst – Data Doubles der Selbstvermessung

Petra Missomelius

Wie alle medialen Umbrüche ist auch die *Quantified Self*-Bewegung und mit ihr das Self-Tracking im öffentlichen Diskurs von Befreiungsutopien durch Technologie begleitet. So werden Selbstvermessungspraktiken gerne als Erweiterung der Selbstbestimmung des Einzelnen gepriesen oder aber als weiterer Schritt neoliberaler Selbstunterwerfung beurteilt, wenn nicht gar kulturpessimistisch als den Menschen bedrohende Technisierung betrachtet. Die Nutzung der Technologie verbindet sich mit dem Wunsch, mit ihrer Hilfe mehr über sich oder in der wissenschaftlichen Analyse mehr über den Menschen zu erfahren. Die Herangehensweisen blenden jedoch das medienkulturwissenschaftlich Offensichtliche, nämlich dass sich die verwendete Technik in den Erkenntnisprozess einschreibt, aus. Diese Rolle der am Tracking maßgeblich beteiligten Medientechnologien nimmt der folgende Beitrag in den Blick. Dieses Unterfangen wird flankiert durch eine Online-Befragung, die im Sommer 2015 durchgeführt wurde. Schließlich gilt es auch, der bildungswissenschaftlichen Relevanz der Selbstvermessungspraktiken nachzugehen.

1 Messungen zwischen Mensch und Medientechnologie

Das Auftreten der *QS*-Bewegung (etwa Bell und Gemmell 2010 oder Richard Resnicks TEDx-Vortrag im Sommer 2011 in Boston) mit dem Slogan „Self Knowledge Through Numbers" hat öffentliches Medieninteresse geweckt und international zur Hervorbringung einer Anzahl populärwissenschaftlicher Ratgeber zur produktiven Nutzung von Selbstvermessung (z.B. in Deutschland Grasse 2013, in den USA Havens 2014, in Frankreich Gadenne 2012) geführt.

Auch die Wissenschaft reagiert mit großem Forschungsinteresse auf die Entwicklung, wie an aktuellen Forschungsprojekten, Tagungsbeiträgen und Publikationen aus den Bereichen etwa der Soziologie, der Sport-, Kultur-, Wirtschafts-, Medien- und Bildungswissenschaften ersichtlich ist. Bislang liegen jedoch noch nicht viele abgeschlossene empirische Studien vor (Mol 2000, Lupton 2012, Oxlund 2012, Ruckenstein 2014).

Self-Tracking spricht, so stellte bereits eine *Bitkom*-Studie 2007 zu *Mobile Motion Tracking Services* fest, nicht nur Aktivsportler, Trainings- und Technikbegeisterte, sondern die gesamte Bandbreite an Sportlertypen und KonsumentInnen-Sparten an (Bitkom 2007). Besonders die Echtzeitfeedbacks, der mögliche Einstieg in jeder Trainingsstufe sowie die Motivationseffekte machen diese Angebote nicht nur für Best Ager, für wellnessaffine und körperbewusste Frauen, Trend- und Intensivsportler sowie eher am Status orientierte Luxusinteressierte attraktiv. Bereits 2007 wurde von einem Nachfragepotenzial in Höhe von 47 Millionen in Deutschland gesprochen (a.a.O., S. 6f.) (siehe Abb. 1 zu den interessierten Wirtschaftsbereichen).

Abb. 1 Bei mobilem motion tracking involvierte Wirtschaftszweige und Branchen laut *Bitkom*-Studie 2007 (Bitkom 2007, S. 20)

Die Geräte und Applikationen, die nun auch auf dem Consumer-Markt Verbreitung finden und nicht nur die Technik-Nerds sowie Early Adopter ansprechen, heißen *Fitbit, Runkeeper, Jawbone, Runtastic*. Die Sport-App *Runtastic* verzeichnete im Frühjahr 2015 50 Millionen registrierte NutzerInnen. Die Geschäftsidee wurde 2009 von einem Linzer Gründerteam realisiert und im Sommer 2015 als zu 50% vom Axel Springer Verlag betriebene App von Adidas aufgekauft. Neben sportlichen Aktivitäten auch den eigenen Gesundheitszustand (etwa Herzschlag und Blutzuckerspiegel) kontinuierlich zu überwachen und bei ersten Symptomen Gegenmaßnahmen zu ergreifen, kann laut McKinsey global 1,6 Billionen Dollar einbringen (Dürand 2015).

Die Vielzahl der Selbstvermessungsanlässe und weiterhin zunehmende Ausdifferenzierung lädt dazu ein, weniger von einer Tracking-Kultur, sondern von Self-Tracking-Kulturen im Rahmen digitaler Medienkulturen zu sprechen. Sind einige Self-TrackerInnen der *QS*-Bewegung zuzuordnen, andere als selbstdeklarierte Selbsttracker im Rahmen sportlichen Trainings unterwegs, so sind wiederum viele NutzerInnen (wie auch die eigene Erhebungsarbeit zur vorliegenden Studie zeigte) besonders im Gesundheitsbereich aktiv, die sich noch gar nicht als TrackerInnen betrachten. Ebenso wenig – auch wenn dies zu griffigen Schlussfolgerungen und eingängigen Narrativen verleiten mag – lässt sich das Tracken per se auf einen quantifizierenden Lebensstil ausweiten. Aus medienkulturwissenschaftlicher Perspektive sind digitale Vermessungstechniken und mit ihnen verbundene Praktiken, ihre kulturellen und gesellschaftlichen Kontexte sowie ihre Bedingungen und Folgen von hohem Interesse. Sie sind an der Transformation von Wissensbeständen beteiligt, indem sie sich formieren, stabilisieren und reformieren sind sie in unterschiedliche kulturelle Kontexte und Konstellationen eingebunden.

Pantzar und Ruckenstein konstatieren im Rahmen ihrer Studie zur Herzfrequenzmessung, dass das Gerät zur Messung der Gesundheitsaktivitäten der NutzerInnen diese Aktivitäten schon durch die Benutzung beeinflusst (Pantzar und Ruckenstein 2014). Der Mensch ist nicht alleiniger Akteur, die Maschine ist mehr als Hilfsmittel.[1] Das allgemeine Verständnis und weite Teile der wissenschaftlichen Theoriebildung hinken dieser gesellschaftlichen Entwicklung noch hinterher. Was die Frage betrifft, welche Interferenzen zwischen digitalen Medien und Menschen oder in diesem Fall der Technik der Vermessung und dem zu Vermessenden stattfinden, so handelt es sich um komplexe Verflechtungen, die nach der Rolle der Medien befragt werden muss. In Abgrenzung zu McLuhans Theorie der Wahrnehmung durchdringenden und Regierbarkeit gewährleistenden Medien und Bernhard Stieglers Theorie unmerklicher Regulationskraft derselben im Rahmen prothetischer Motive, kommt Karin Harrasser zum Schluss: „Medien sind freilich (...) gleichgültige Werkzeuge, die Daten verarbeiten, speichern und übertragen.

---

[1] Ansätze der Akteur-Netzwerk-Theorie gehen diesen dynamischen Verflechtungen nach.

Sie schaffen die Voraussetzung für das, was sie prozessieren, speichern und übertragen und sie schreiben sich darin ein. (...) sie greifen – soweit bin ich einverstanden mit McLuhan – in das Verhältnis der Sinne untereinander ein, verändern Raum- und Zeitwahrnehmung. Sie verändern auch Selbstbezüge (...)" (Harrasser 2013, S. 70). Mit der Digitalisierung gehen Prozesse der Codierung einher. Um sie digital abzubilden und für Programme bzw. Algorithmen bearbeitbar zu machen, bedeutet eine Codierung die Transformation von Inhalten. Code und Programmstrukturen wirken damit zugleich prägend auf diese Inhalte: „Was nicht Zahl ist, muss Zahl werden", so der digitale Imperativ." (Mersch 1991, S. 110) Dass die Erkenntnis der Messung keineswegs so „objektiv" ist, wie dies gerne der Quantifizierung und Mathematisierung attestiert wird, ist spätestens seit Heisenbergs Unschärferelation und der Feststellung, dass sich Bewegung und Position eines Elektrons nicht gleichzeitig messen lassen, bekannt. Daher muss Messung als ein performativer und produktiver Akt verstanden werden, der Teil der Darstellung des zu Messenden ist.

Die aktuellen Phänomene haben durchaus historische Vorläufer: Zeichensysteme zur Selbstvergewisserung und Auseinandersetzung des Menschen mit sich selbst ziehen sich als Mittel der Beobachtung, der Darstellung und der Erklärungsversuche durch die Menschheitsgeschichte nicht erst seit der Schrift. Selbstvermessungspraktiken im Rahmen der Messbarkeit von Trainingsfortschritten waren auch immer ein Teil des Sports.

> „Im Bereich des Sports ist Selbstvermessung eine vertraute Praktik. Diverse technische Geräte wie Stoppuhr, Pulsmesser, Tachometer oder Papier und Stifte zur Leistungsüberwachung und -steigerung sind ebenso geläufig wie die Überwachung der Ernährung oder des Schlafes. Zu fragen wäre daher nach der (Vor-)Geschichte der Medien und Technologien sportlicher und alltäglicher Selbstvermessung und deren Kontinuitäten und Brüchen sowie der spezifischen Neuheit." (Gugutzer und Duttweiler 2014, S. 2)

In der Medizin geht es um die Feststellung von Normabweichungen, die als Krankheitssymptome bedeutsam sind. Dementsprechend haben auch hier Vermessungspraktiken einen hohen Stellenwert.

Doch mit dem Interface als Schnittstelle zwischen zu Messendem und Messvorgang ist qualitativ eine Veränderungsdynamik eingetreten. Das Interface ist nicht nur Schnitt- sondern auch Verbindungsstelle zwischen menschlicher Biologie und digitaler Technologie. Dabei werden Lebensbereiche erfasst und verdatet, welche dem Menschen explizit nicht unbedingt zugänglich sind und zu den irrationalen Bereichen (wie Schlaf, Körperfunktionen, Stimmungen etc.) zählen. Die Anpassung der Technologie an den menschlichen Körper durch mobile Interfaces wie wearables (z.B. Brillen, Augenlinsen, Hautsensoren, Schmuck, intelligente Kleidung) und kabellose Datenübertragung durch Infrarot und Bluetooth ermöglicht eine lückenlose Erfassungen und Auswertung biologischer Daten. Nach der Konvergenz ist der Verdichtungsprozess durch die Ubiquität der Medien ein wenig sichtbares Phänomen aktuellen Medienkulturen. Wie die Messtechnologien dem Menschen „auf den Leib rücken" zeigen auch Pantzar und Ruckenstein in ihrem Aufsatz, in dem sie drei grundlegende Vorläuferformen des heutigen Tracking diskutieren. Dabei betrachten sie die Entwicklung von der Herzfrequenzmessung zum Pulsmesser (seit 1983), Konditionstests (seit 1990) und Belastungstests (seit 2010) (vgl. Pantzar und Ruckenstein 2014, S. 95ff.; Abb. 2).

	Material/"stuff"	Image	Competencies/skills
(1) ECG in hospital use 1900–	Fixed machine in a hospital context	Only for medical experts, scientific instruments for observing patient-objects	Observing patients' vital signs in a controlled environment, accumulating data and diagnosing illnesses
(2) Heart-rate meter for sport purposes 1980–	Wireless portable heart-rate meter with sensory belt and wrist display unit	"Target heart rate," controlled performance metering in physical exercise: "Turn information into speed"	Self-monitoring and self-coaching, systematic tracking of data and accumulating experiences in "exercise diaries"
(3) Tracking devices, general purpose "polymeters" for various activities and groups of people 2000–	Heart-rate measurement instruments, training computers with sensors, accelerators and GPS-trackers	Not only metering but also monitoring and coaching, "Everybody tells a story, you should listen to your body"	Circulating and sharing data, recording and diagnosing everyday life, interpreting the data in terms of stress, fitness, etc. ("quantified self")

Abb. 2 Historische Entwicklung von der Herzfrequenzmessung über Pulsmeter zu Self-Tracking Geräten (Pantzar und Ruckenstein 2014, S. 100)

Wie die *Bitkom*-Marktstudie von 2007 hervorhebt, zielen die Technologien auf die Befriedigung sowohl rationaler als auch emotionaler Bedürfnisse (Abb. 3). Darüber hinaus hält man Sportarten mit hohem Verletzungsrisiko (wie das Skifahren) für besonders attraktiv hinsichtlich des Angebotes von Kontrolle und Sicherheit mittels Apps. Abbildung 4 stellt denkbare mobile Vernetzungsszenarien für optimale Vermessungsleistungen im Skisport dar. Diesem Trend folgend wurde auch die Erprobung der Datenskibrille Smart Ski Goggle im Winter 2014/15 in Österreich erprobt (Thiele 2015).

Bedürfnisse	Kategorie	Merkmale
Rationale Bedürfnisse:	Effizienz	• Optimierung der Trainingsleistung • Trainieren wie die Profis
	Zeitersparnis	• schnellere Lernkurve • Indoor-Vortrainieren
	Gesundheit	• dosiert und gesund trainieren • Verletzungsrisiken erkennen und mindern
Emotionale Bedürfnisse:	Motivation/Spaß	• Sofort und zeitnah Erfolgserlebnisse (z.B. Sie haben Muskelmasse aufgebaut) • Geschicklichkeit und Geschmeidigkeit trainieren • abwechslungsreiches Training • Gruppenerlebnisse
	Quality Time	• entspannter, unbekümmerter Sport treiben • auf Genuss konzentrieren können
	Spieltrieb und Selbstdarstellung	• Erfolgserlebnisse „konservieren", Weblogs, etc. • Multimediaanbindung, Integration in Videospiele, etc.

Abb. 3 Attraktivität von Tracking für Sportkonsumenten (Bitkom 2007, S. 12)

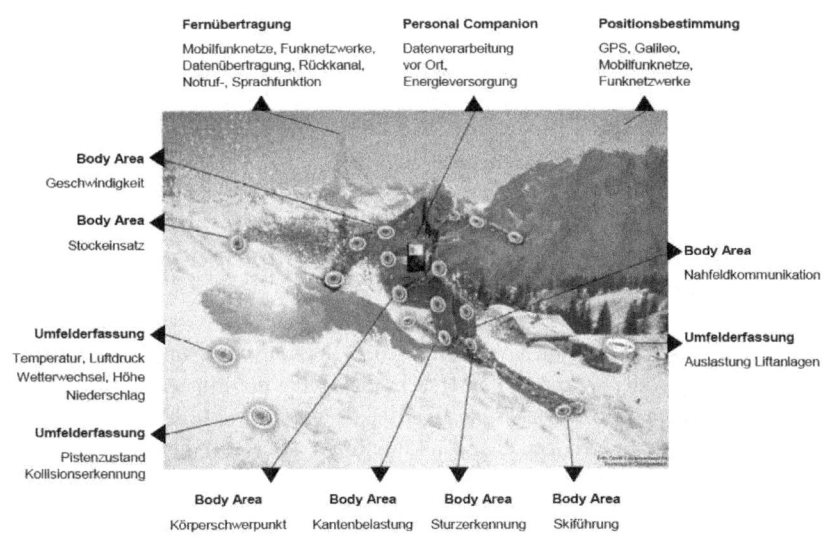

Das digitale Selbst – Data Doubles der Selbstvermessung 263

Abb. 4 Der vernetzte Skifahrer (Bitkom 2007, S. 10)

Tritt demgegenüber Gesundheit sowohl politisch (public health) als auch privat (Kritik der Schulmedizin, Rückeroberung durch Selbstbestimmung in der Alternativmedizin) in den Vordergrund, so gilt dies überwiegend ihrer Aufrechterhaltung und möglichen Optimierung sowie der Prävention von Krankheit. Dieser Bereich expandiert, wobei das Verständnis der Steigerbarkeit von Gesundheit Grenzverschiebungen mit sich bringt, welche die kulturelle Aushandlung von therapierbaren Defiziten notwendig macht. Das gesellschaftliche Bedürfnis an der Steigerung des Wohlbefindens in der aktuellen Kultur der westlichen Welt wird öffentlich sichtbar in Internetforen, Mobil-Applikationen und umfangreicher Ratgeberliteratur. Anhand des Phänomens Wellness legen Duttweiler und Gugutzer dar, wie der autonome Lebensstil zur Problematisierung legitimiert wird, wohingegen soziale Faktoren (Schadstoffbelastung, Lebensmittelqualität, Prekarisierung) als Krankheitsursachen in den Bereich individueller Vorsorgeverantwortung verschoben werden. Damit vermischen sich politische, ethische und gesundheitliche Fragen, die eine Neuausrichtung von Stigmatisierungsprozessen hervorbringen (Duttweiler und Gugutzer 2012, S. 8ff.). Pantzar und Ruckenstein führen dies anhand der physiologischen Belastungsmessung aus: im Verlauf des Zweiten Weltkrieges stellte man fest, dass belastende äußere Umstände zu Veränderungen des neuroendokrinen Systems führen, die sich physiologisch in den Vitalfunktionen niederschlagen. Ohne Messverfahren sei man jedoch nicht in der Lage gewesen, Stress durch soziale Bedingungen und Umstände messen und quantifizieren zu können, So bezeichne man diese Umstände in der Medizin als unspezifische Auslöser, während die Sozialwissenschaften von Stressauslösern spreche, ohne sich mit biologischen Prozessen auseinander zu setzen.

2 Die Studie App to Apt – Selbstvermessungspraktiken Sport- und Gesundheitsbereich

Ausgehend von der steigenden Verbreitung und Nutzung sogenannter Self-Tracking-Tools (Apps oder wearables) untersucht die Studie die Einstellung der NutzerInnen zu diesen Selbstvermessungspraktiken. Vom 1. bis 30. Juni 2015 wurde hierfür ein Online-Fragebogen über den Lime-Survey-Server der Universität Innsbruck angeboten, welcher die Datensicherheit für die Angaben der Befragten sicherstellt. Zur Teilnahme an der Studie wurde über Soziale Netzwerke, Aushänge, Flyer und per E-Mail in Deutschland und Österreich eingeladen. Als Zielgruppe wurden Amateurnutzer angesprochen, welche diese Tools im Zusammenhang mit sportlichen Aktivitäten oder aus gesundheitlichen Gründen nutzen. Von den 207 Rückmeldungen waren leider 57 Abbrüche, die technisch bedingt sind: da aus Datenschutzgründen die Browser-Aktivitäten der Befragten nicht automatisch protokolliert werden, bricht die Umfrage ab, sobald auf den Rückwärts-Button des Browsers geklickt wird. Die Befragung wurde bei 84 Befragten automatisch beendet, da sie angaben, dass sie nur traditionelle Vermessungspraktiken nutzen.[2] Allgemein lässt sich auch aus dem persönlichen Gespräch mit Befragten ergänzen, dass generell Personen, welche aus gesundheitlichen Gründen zu täglichen Messungen gezwungen sind, sich selbst nicht als Self-Tracker betrachten und daher die Studie irrtümlich als für sie nicht zutreffend erachteten.

Schließlich konnten 66 vollständig beantwortete Fragebogen trackender NutzerInnen ausgewertet werden. Das Alter der Befragten rangiert zwischen 16 und 50 Jahren mit einer Konzentration auf die Altersgruppe 21 bis 25 Jahre. Aus den drei zur Wahl gestellten Geschlechtszuordnungen wurden 65% weiblich und 35% männlich angegeben. 24,2 % der Befragten nutzen diese Tools noch nicht lange

---

[2] Diese Einstellung wurde vorgenommen, nachdem eine Vorstudie im Rahmen der universitären Lehre ergab, dass Befragte, die keine Tracking-Tools verwenden, den weiteren Verlauf der Befragung als für sich nicht zutreffend erachteten und die Befragung sonst abbrachen.

(1-3 Monate), nur 7,6 % tun dies bereits über vier Jahre. In Anbetracht der noch recht jungen Bewegung sind diese Zahlen kaum verwunderlich.

Die Befragten stellen überwiegend fest, dass die Nutzung ihrer Motivation und ihrem Gesundheitsbewusstsein zuträglich ist. Mit dem Self-Tracking erhalten Sie eine mentale Stütze, die ihnen bei der Selbstdisziplinierung hilft. Die Befragten betrachten die Nutzung eher als Selbstkontrolle, jedoch nicht als Abgabe von Selbstverantwortung.

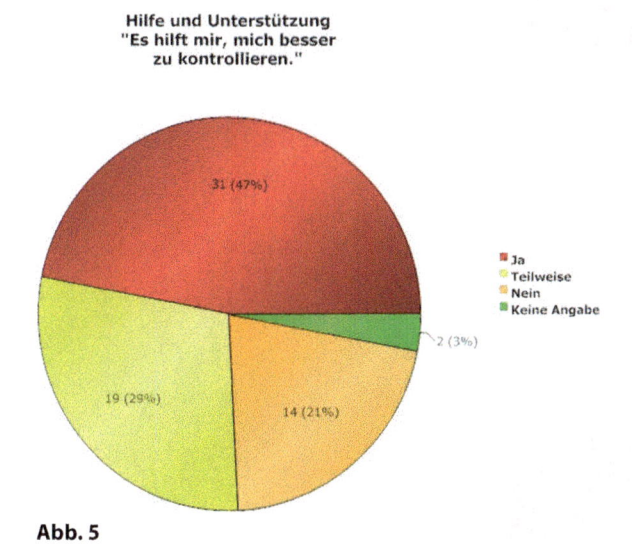

Hilfe und Unterstützung
"Es hilft mir, mich besser zu kontrollieren."

- 31 (47%) Ja
- 19 (29%) Teilweise
- 14 (21%) Nein
- 2 (3%) Keine Angabe

Abb. 5

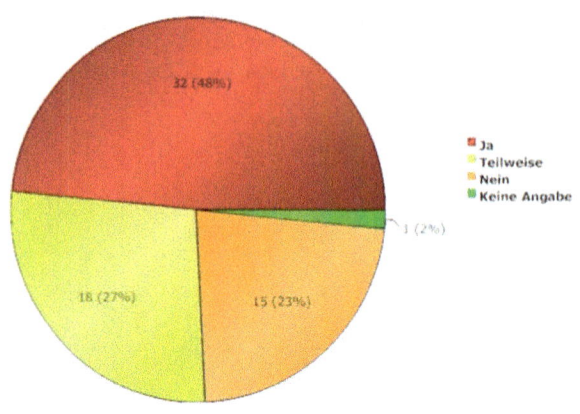

Hilfe und Unterstützung
"Es hilft mir, mich besser
zu disziplinieren."

[Kreisdiagramm: 32 (48%) Ja; 18 (27%) Teilweise; 15 (23%) Nein; 1 (2%) Keine Angabe]

Abb. 6

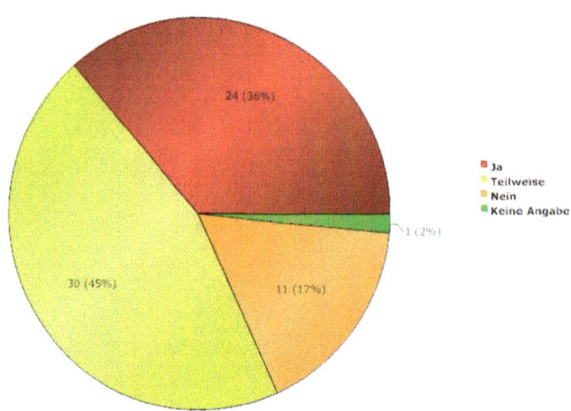

Hilfe und Unterstützung
"Es hilft mir meine Ziele zu
erreichen und ist mir eine Art Coaching."

[Kreisdiagramm: 24 (36%) Ja; 30 (45%) Teilweise; 11 (17%) Nein; 1 (2%) Keine Angabe]

Abb. 7

Der Aspekt einer Motivation allein durch die Tatsache der Aufzeichnung dürfte für detailliertere Untersuchungen prädestiniert sein. Differenzierte Analysen könnten spezifische Formen der Motivationshilfe deutlicher konturieren helfen:

Das digitale Selbst – Data Doubles der Selbstvermessung

mag es einigen Nutzenden genügen, überhaupt Aufzeichnungen zu machen und keine Lücke darin zu haben, so sprechen wiederum andere Anwendungen diese direkt durch Erinnerungen oder Belohnungssysteme an. Diese Belohnungssysteme (etwa Orden oder Punkte) greifen das pädagogische Mittel des Verstärkerplans auf. Minna Ruckenstein spricht im Zusammenhang mit einem qualitativen Forschungsprojekt im Jahr 2012 in Helsinki davon, dass viele der Probanden das Tracking im Rahmen des Projektes als „Katalysatoren" für notwendige Veränderungen („Richtungsänderung") im Umgang mit ihrem Körper bzw. ihrer Gesundheit betrachteten (Ruckenstein 2014, S. 73).

Weitere Aussagen bekräftigen, dass die Tools eine Selbsterweiterung erlauben. Die Nutzenden stellen teilweise Verhaltensbeeinflussungen fest und beschäftigen sich einige Minuten am Tag mit ihren Daten:

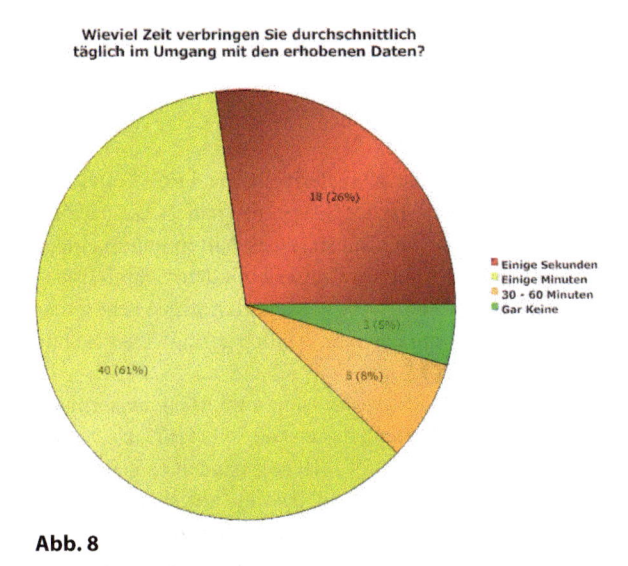

Abb. 8

Die Feststellung, durch das Tracking etwas gelernt zu haben, wurde von 36 % der Befragten bestätigt, von 45 % mit teilweise beantwortet und nur von 17 % verneint.

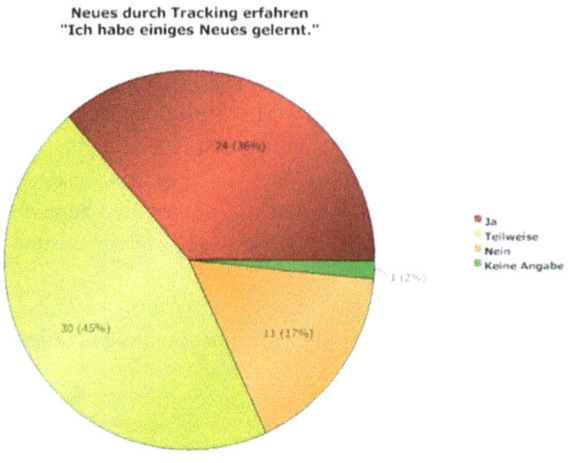

Neues durch Tracking erfahren
"Ich habe einiges Neues gelernt."

- Ja: 24 (36%)
- Teilweise: 30 (45%)
- Nein: 11 (17%)
- Keine Angabe: 1 (2%)

Abb. 9

In diesem Zusammenhang soll kurz auf die Künstlerin Laurie Frick verwiesen werden, die sich dem Phänomen aus künstlerischer Perspektive nähert. Sie hat eine Arbeit über *Quantified Self* Portraits von Schlafmustern geschaffen und in einem Konferenzbeitrag von ihrer eigenen Erfahrung im Umgang mit dem Schlaf-Tracking berichtet. Sie sei, so berichtet sie, immer davon ausgegangen, einen sehr guten Schlaf zu haben, doch die Selbstvermessung habe ihr deutlich gezeigt, dass sie nur selten Tiefschlafphasen erreiche (Frick 2014).

Tracker produzieren mit Hilfe der Selbstvermessungspraktiken massenhaft Daten über sich. Damit verbunden ist die Absicht, das eigene Selbst für sich „transparent" zu machen (vgl. Klausnitzer 2013, S. 45 f.). Häufig handelt es sich dabei um Apps oder um wearables, die so konfiguriert sind, dass die anfallenden Daten in der Cloud gespeichert werden. Darüber hinaus ist auch die Vielzahl unabsichtlich hinterlassener persönlicher Daten durch die Nutzung panoptischer Infrastrukturdienstleistungen nicht zu vernachlässigen (Klausnitzer 2013). Die erhobenen Daten erweisen sich immer wieder hinsichtlich des persönlichen Datenschutzes als problematisch. So lautete eine Eingabe in das freie Textfeld: „Wegen möglicher Datenweitergabe an Versicherungen etc. lehne ich diese Art von Apps ab!"

Im Umgang mit den erhobenen und angesammelten Daten kann durchaus eine gewisse Sensibilisierung festgestellt werden: nur 3 % veröffentlicht sie, 50 % achtet darauf, dass sie nicht weitergegeben werden, 47 % sind sich darüber bewusst, dass die Daten über den Anbieter in der Cloud gespeichert werden. Auch die BIT-

Das digitale Selbst – Data Doubles der Selbstvermessung 269

KOM-Studie „Jung und vernetzt" (2014) kommt bei den 10-18jährigen zu einer vergleichbar niedrigen Zahl derjenigen, die Sportergebnisse oder Fitnessdaten im Internet bzw. in sozialen Netzwerken teilen: hier handelt es sich um durchschnittlich 5 % der 674 befragten Kindern und Jugendlichen.

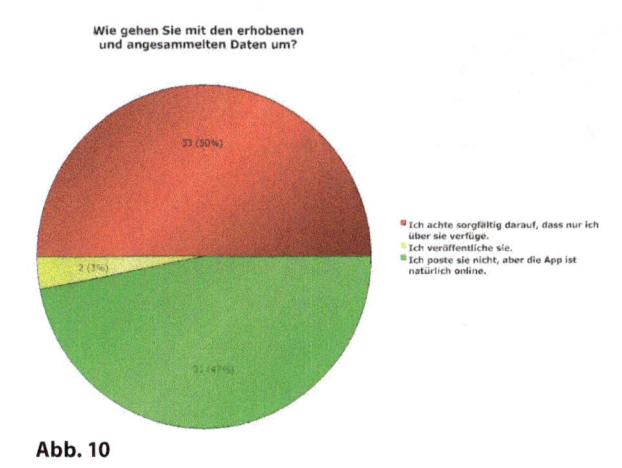

Wie gehen Sie mit den erhobenen und angesammelten Daten um?

- Ich achte sorgfältig darauf, dass nur ich über sie verfüge.
- Ich veröffentliche sie.
- Ich poste sie nicht, aber die App ist natürlich online.

Abb. 10

Eine signifikante Anzahl betrachten Vermessungen allgemein als oberflächlich, halten sie jedoch nicht für unnütz. „Wenn ich anfange zu messen, dann will ich auch, dass das Ganze erfolgreich abläuft" bejaht eine signifikante Zahl der Befragten, die jedoch keinen Leistungsdruck durch die Vermessung empfinden.

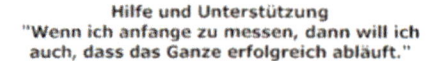

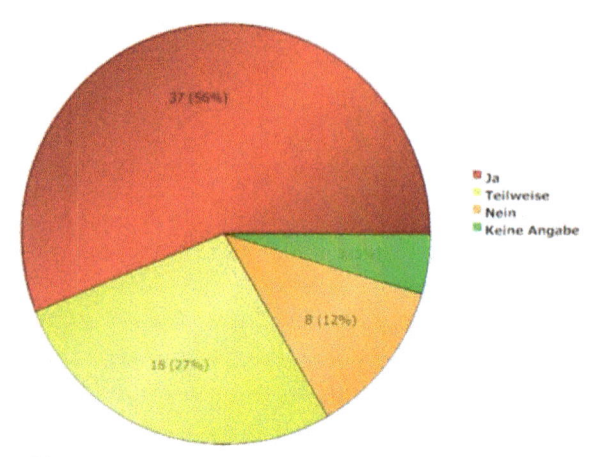

Abb. 11

Der Zusammenhang zwischen Mensch-Maschine wird im Folgenden anhand des Stellenwertes, den die Benutzer der Technologie zuschreiben, erfragt.

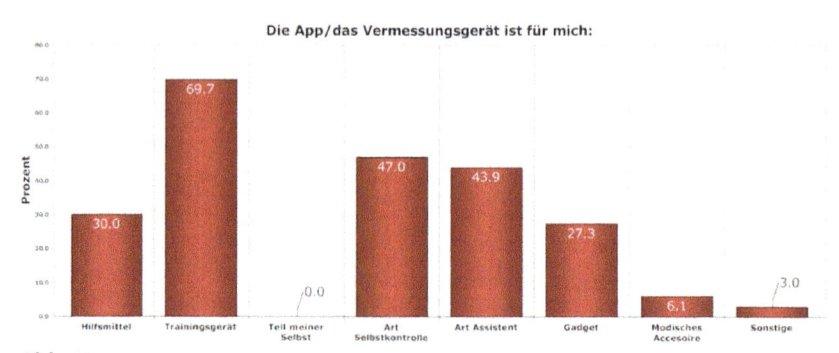

Abb. 12

Wenngleich im europäischen Datenschutz personenbezogene Daten als Teil der Persönlichkeit betrachtet und unter Schutz gestellt werden, so verneinen alle Befragten die Aussage „Die App/das Vermessungsgerät ist ein Teil meiner Selbst".

Biometrische Datenbanken haben im Zuge von Migrationsbewegungen auch hohe Relevanz im Rahmen von Überwachungs- und staatlichen Zugriffsmöglichkeiten erhalten. In diesem Zusammenhang wird der Datenkörper als eine Form betrachtet, welche eine Verschiebung vom Subjekt zum Objekt begünstigt (vgl. Barra 2012). Bezüglich der subjektiven Perspektive wurde die folgende Aussage formuliert, welche die Bereitschaft anzeigt, Verantwortung im Rahmen der Vermessungen an die Erhebungstechnologie abzugeben:

„Ich kann ein bisschen Selbstverantwortung abgeben, weil mich das Gerät automatisch erinnert." Diese Aussage verneinten 76 % der Befragten. Ein Kommentar im Textfeld lautete: „Ohne Tracking meiner Läufe würde ich mehr trainieren als gut wäre. Habe früher mit einer Excel Tabelle meine Aktivitäten aufgeschrieben um den Überblick zu behalten."

3 Der Körper in Erziehung, im Sport und im Gesundheitsbereich

Im Rahmen dieses Beitrags kann nicht ausführlich auf Aspekte der Thematisierung von Körper, Leib und Sport in der Bildungswissenschaft eingegangen werden. Es handelt sich derzeit, soviel lässt sich feststellen, nicht um ein zentrales Themenfeld der Disziplin und scheint eher peripher auf wie in der Erlebnispädagogik, historisch in erzieherischen Bestrafungsformen, über körperliche Benachteiligungen in der Inklusionsdiskussion sowie vereinzelt in der ästhetischen Bildung. Für die Philanthropen (z.B. Basedow und Salzmann unter Berufung auf Rousseau) als Wegbereiter schulischer „Leibes-Erziehung" war der auch und besonders körperlich erzogene Mensch das Idealbild ihrer pädagogischen Bestrebungen. Der Leib wurde als „Schlüssel" der Erziehung gesehen, während eine Trennung von Körper und Geist als Fehler im Erziehungsprozess betrachtet wurde. Die neuzeitliche Körpererziehung als elementarer Bestandteil der Erziehung kam nach einem starken Aufschwung während der Weimarer Republik mit dem ideologisch geprägten Körperkult des Nationalsozialismus in Verruf. Sie wird heute überwiegend als Entwicklungsförderung durch Bewegung, Spiel und Sport und pädagogisch als unabdingbare Notwendigkeit angesichts einer medial still gestellten bewegungsarmen Kindheit und Jugend betrachtet (Krüger 2005). Im Studienbuch „Pädagogisches Grundwissen" von Herbert Gudjons wird der Körper lediglich als im Wachstum begriffen und von pubertären Veränderungen betroffen thematisiert (Gudjons 2008). Dies spiegelt keineswegs den gesellschaftlichen Aufmerksamkeitszuwachs bezüglich des Körpers wieder.

„In den vergangenen zwei Jahrzehnten trat (der Körper) aus dem Dunkel der allgemeinen Nichtbeachtung in das gleißende Scheinwerferlicht des öffentlichen

Interesses zurück. Im Zeichen medizinischer und technologischer Machbarkeit wurde er zum Versprechen ewiger Jugend, Schönheit, Gesundheit und sogar ewigen Lebens – ein formloses/formbares Objekt der Begierde." (Foucault 1984, S. 136) Der Soziologe Robert Gugutzer spricht 2006 vom „body turn" und bezeichnet damit die alltägliche Gegenwärtigkeit von Körperthematisierungen, sowie vielzählige und umfangreiche Körperpraktiken, die immer häufiger auch von Technologien flankiert werden (Gugutzer 2006). Findet einerseits eine Virtualisierung und damit einhergehende Vernachlässigung oder Überwindung des Körperlichen statt, so findet sich der Körper andererseits in der Betonung von Sinnlichkeit (Wellness, Kochsendungen usw.) und Schönheit (Castings, plastische Chirurgie etc.) positiv besetzt. In diesem Zusammenhang kommt es auch zu Modifikationen des Körperlichen, welche sich an Grenzen zwischen Mensch und Technologie bewegen und diese einmal mehr gesellschaftlich ausloten. Körperpraktiken und Körper-Transformationen machen deutlich, wie stark kulturelle Selbstverständnisse durch sich eröffnende Selbstgestaltungshorizonte in Aushandlung begriffen sind. Ein Beispiel hierfür stellt die Dopingdiskussion dar, welche an der Grenzziehung zwischen Natürlichkeit und künstlichen Praktiken festzuhalten versucht, die jedoch angesichts der aktuellen Praktiken gar nicht aufrecht zu erhalten ist (Gugutzer 2009).

Der Körper ist dabei zugleich Ressource und Kapital[3]: Praktiken der Pflege, Gestaltung und Erhaltung sind, so zeigen Stefanie Duttweiler und Robert Gugutzer, in Diskurse eingebunden, die den Körper als Konsumgegenstand und als Investitionsobjekt behandeln (Duttweiler und Gugutzer 2012, S. 6). War der Sport historisch für das Militär, die Erziehung, die Politik und die Religion bedeutsam, sind zuletzt das Wirtschaftssystem (Quantifizierung im Massensport, Ausdifferenzierung von (individualisierten) Sportarten), die Medien (Stellenwert in Berichterstattung) und der Gesundheitsbereich (Verständnis von Eigenverantwortung) besonders stark mit dem Sport verknüpft. Ist, so Duttweiler und Gugutzer, Sportlichkeit zu einem gesellschaftlichen Wert per se avanciert, so ist der Sport selbst sowohl Mittel von Individualisierung als auch von Verkörperungspraktiken (a.a.O., S. 11ff.). Im Laufe der Zeit, so die Autoren, „hat sich eine individualistische Sportmoral durchgesetzt, in deren Zentrum das eigene Ich und der eigene Körper stehen: Das individualisierte Subjekt orientiert sich in seinen Sport- und Bewegungspraktiken primär an den Bedürfnissen und Wünschen des eigenen, verkörperten Selbst – wobei diese Bedürfnisse und die mit ihnen korrespondierenden Werte gesellschaftlich vorgegeben und vermittelt sind." (a.a.O., S. 13). Duttweiler und Gugutzer machen in den aktuellen Sport- und Bewegungspraktiken „eine

---

3   Klaus R. Schroeter schließt an Bourdieus Kapitalbegriff an und entwickelt im Kontext der Gerontologie den Begriff des „korporalen Kapitals" (Schroeter 2008).

Aufwertung des *Körpers als sinn- und identitätsstiftendes Medium*" aus (a.a.O., Herv. i. O.). Als Kontingenzbewältigung diene die sportliche Betätigung der Identitätssuche, dem Bedürfnis nach Halt und Sicherheit sowie der Lebensorientierung. Kompetenz und Kontrolle in Bezug auf den Körper hat man bislang Experten wie Wissenschaftlern und Ärzten überlassen. Nun ermächtigt der Mensch sich mit Hilfe der alltagstauglichen Technologie selbst – und wenn es im Rahmen von Eigendiagnose ist (vgl. Eysenbach 2000; Beaudin et al. 2006; Pantzar und Ruckenstein 2014). Vereinzelt konnten bereits marktalternative Praktiken (,,regimes of practices") durch Laien etabliert werden (vgl. Rose 2007; Magaudda 2011; Arsel und Bean, 2013). Christoph Kucklick beschreibt dies als „Wissenschaft der Individualität": das medizinische Klassifikationssystem sei laut Aussagen von Experten stark verallgemeinernd, während Erkrankungen wie Diabetes oder Krebs weitaus stärker auzudifferenzieren seien (vgl. Kucklick 2014, S. 14).

Das bisher gekannte Expertentum wird brüchig[4]: wie Pantzar und Ruckenstein in ihrer Studie zeigen, führt die eigene Herzfrequenzkontrolle, welche im Zentrum ihrer Studie steht, zu einem Zuwachs an persönlich alltagsrelevanten Kenntnissen über Stressentstehung bzw. -abbau sowie über Fitness. Sie gehen soweit, in der Nutzung Entwicklungspotenziale vom „self-monitoring" zur „self-theorization" anzudeuten (Pantzar und Ruckenstein 2014, S. 98). Swan, die das Gesundheitssystem untersucht, kommt zu einer ähnlichen Einschätzung der aktiven Patienten: „The role of the patient is starting to shift from being a minimally-informed advice recipient to an active participant, instigating collaborator, information sharer, peer leader and self-tracker engaged in participative medicine; a transition is underway from paternalistic health care to partnership models" (Swan 2009, S. 513).

4 Data Doubles oder Die Prozessualität des Subjekts unter den Bedingungen der Digitalisierung

Moderne Individualität tritt als rekursive Eigenreferenz (in Form des Reflexivpronomens selbst) bei einschlägigen Theoretikern wie Michel Foucault und Niklas Luhmann auf: „Dem Individuum wird zugemutet, in Selbstbeobachtungen und Selbstbeschreibungen auf seine Individualität zu rekurrieren." (Luhmann 1993, S. 215) Identitätsbildungsprozesse von Erfahrung, Empfinden und Subjektivität sind in der westlichen Welt des 21. Jahrhunderts mediengeprägt und oftmals technisch vermittelt. Die Subjektivierung wird immer stärker prozessual orientiert, ohne auf

---

4 Vgl. dazu auch den Beitrag *Selbstvermessung als Wissensproduktion* von Nils B. Heyen in diesem Sammelband.

einen finalen Punkt hinaus steuern zu müssen. Man kann eher von einer Komplexitätssteigerung von Bezügen, Verknüpfungen und Verflechtungen in technisch-medialen Subjektivierungsumgebungen sprechen. In diesem Kontext steht auch der Körper inmitten transformativer Prozesse, die um Fragen kreisen wie Anfang und Ende des Biologischen, des Technischen, des Manipulierten, was wiederum Fragen der Sinnlichkeit und Wahrnehmung maßgeblich affiziert. Wird der Körper hingegen als Repräsentation der Persönlichkeit betrachtet, so dient der physikalische Körper der Informationsübertragung über die eigene Identität. Kleidung, Körperschmuck und Körpermanipulationen ermöglichen es, Vorstellungen des Selbst nach außen hin sichtbar zu machen. Das physisch fassbare und beobachtbare Dasein des Körpers ist zum Mittel avanciert, die eigene Individualität durch gestaltende Selbstinterpretation auszudrücken. Betrachtet man diese darstellende Funktionalisierung des Körpers so könnte man auch vom Körper als Medium sprechen (Hahn und Meuser 2002, S. 80f.).

Es stellt sich die forschungsleitende Frage, welche Praktiken im Kontext von medientechnologisch gestützten Selbstvermessungen Subjektivität formieren. Dabei tritt die Selbstmodellierung (im Gegensatz zur Selbsterkenntnis) deutlich in den Vordergrund der Praktiken. „Wir konstruieren unsere Identität immer aufs Neue, das ist die Möglichkeitsbedingung unserer Subjektivität. […] Das Nichtderselbe-Bleiben ist die Überlebenschance des Subjekts im Wechsel der Regime, der politischen Ideologien, der Jobs, der sexuellen Orientierungen und der privaten Lebensformen und ihrer Krisen." (Sieder 2004, S. 52) Im Beruf, der Partnerschaft und dem Familienleben ist das multiple Selbst gefragt, das flexibel ist und sich mit der Fragilität von Lebensentwürfen arrangieren kann. Möglichkeiten und Wahrscheinlichkeiten haben Vorrang vor Stabilität. Die Identität selbst wird von diesen Lebensumständen umbrandet und es fragt sich, ob sie nicht mehr Schein als Sein ist, während das Primat vielmehr auf der Identität als permanenter Selbst-Transformation liegt. „Aus dieser Perspektive erscheint das Selbst zunehmend als „Projekt" (vgl. Flusser 1994). Der Mensch, das individuelle Leben, wird als etwas Gestaltbares gesehen und gelebt. Die ethische Arbeit an sich wird in einem wachsenden Maß zu einem ästhetischen Spiel mit sich." (Butler 2013, S. 17) Dies geschieht in performativen Akten und Re-Inszenierungen: „(Identität) beruht auf der ständigen und wiederholten Aufrufung der Regeln, die die kulturell intelligiblen Verfahren der Identität bedingen und einschränken." (Butler 1991, S. 212) Den Anteil des Warenkonsums an heutigen, auf die Optimierung von Sexualität, Gesundheit und Schönheit gerichteten Selbsttechniken, legt Lindemann dar. Die „Arbeit am Selbst" wird, so stellt er heraus, von einem ausdifferenzierten Warenangebot inklusive Gesundheits-, Hygiene- und Sportprodukten flankiert, welche zuletzt auf Softwareprodukte wie Apps sowie auf wearables ausgeweitet wurde.

Doch auch der Vorgang des Kaufes erhält durch seine ethische Dimension etwa bezüglich Fragen von Fair Trade oder Bio, online oder kleiner Laden um die Ecke eine lebensgestaltende weltanschauliche Funktion (Lindemann 2014). Franziska Petersen konstatiert im Zusammenhang mit TV-Makeover-Shows, dass hier die Rede vom „Makeover-Selbst" oder „wahren Selbst" anzutreffen ist. Dieses wird als „authentischer Körper" als Kongruenz von Innen und Außen betrachtet und als Synonym für „authentische Schönheit"„ verwendet (Petersen, S. 93f.). Am Ende von Shows wie *The Swan* stehe dann der Körper der Teilnehmerin als Ausdruck ihrer persönlichen Willensanstrengung und Entschlossenheit (a.a.O., S. 96). Indem „der Körper sein ebenfalls in ständiger Verbesserung begriffenes Inneres abbildet" werde in der Logik der Makeover-Shows, so Petersen, eine „semiotische ‚Richtigstellung'" vollzogen (a.a.O., S. 97). Während Makeover-Shows sich auf den Körper beziehen, macht Brenda Weber darauf aufmerksam, dass ähnliche TV-Formate sich der Wohnung, des Gartens, der Haustiere, der Kinder usw. annehmen, die symbolisch eine vergleichbare Funktion übernehmen würden und ebenfalls ganzheitlich zur Überarbeitung und Verbesserung des Selbst beizutragen zum Ziel hätten (Weber 2009).

> „An underlying assumption for many self-trackers is that data is an objective resource that can bring visibility, information and action to a situation quickly, and psychologically there may be an element of empowerment and control. Quantified self-tracking is being applied to a variety of life areas including time management, travel and social communications, as well as the health context, where the expanded definition of health is embraced as applications address both medical issues and general wellness objectives." (Swan 2009, S. 509)

Im Rahmen von Swans Studie zum Gesundheitssystem steht das Selbst als Handlungszentrum im Mittelpunkt (Abb. 13).

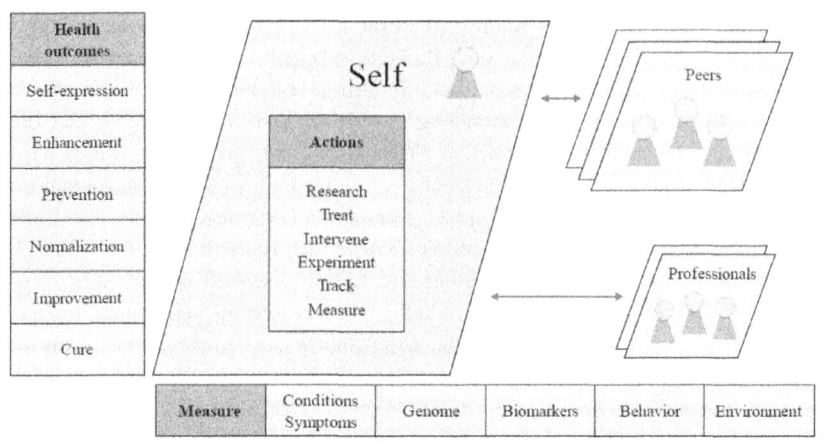

Abb. 13 Neue Rolle von Selbstsorge im Gesundheitssystem (Swan 2009, S. 493: Figure 1 A new model of health and health care)

Die Selbststeuerung als Teil von Rückkopplungsschleifen im Gesundheitssystem legt die Frage nahe, ob diese Konfigurationen nicht wesentlich Elementen geprägt sind, wie sie aus der Kybernetik bekannt sind.

„Was so im Feld unterschiedlicher Selbsttechniken und Selbstverhaltenslehren stattfindet, scheint nichts anderes zu sein als das Aufgreifen einer neuen Steuertechnologie. Was bleibt, ist scheinbar bis in die Details der Durchführung der Tradition jener Selbsttechniken geschuldet, die zu Beginn des Jahrhunderts so engagiert im Namen von Personal Magnetism gehandelt wurden. Ob Magnetismus oder Kybernetik: Sie dienen beide dem höheren Ruhm eines Selbst, das allererst durch technisch-pädagogische Interventionen in den Zustand verbesserter Selbstfähigkeit versetzt werden soll und versetzt werden darf." (Rieger 2003, S. 20)

Rieger weist darauf hin, das damit eine Präfiguration der Kybernetik stattfindet, welche erst in den 1960er Jahren explizit in kybernetische Lehren wie der pädagogischen Kybernetik Eingang finden, so dass vereinzelt Koppelungen zwischen technischer und menschlicher Regelung gedacht werden. Der Mensch wird zum Gegenstand kybernetischer Selbststeuerung im Namen von Self-Improvement (a.a.O., S. 16ff.) „Die Ermächtigung zur Selbststeuerung, die in früheren Zeiten Autonomie hieß [...], erfolgt jetzt im Zeichen und vielleicht unter dem Vorwand einer wissenschaftlichen Steuerungstechnik namens Kybernetik." (a.a.O., S. 22) Unter Bezugnahme auf Nelson Goodmans „Weisen der Welterzeugung" (1990) lässt sich vermuten, dass die „bedeutungsvollen Fragmente und Hinweise" (Good-

Das digitale Selbst – Data Doubles der Selbstvermessung 277

man 1990, S. 27) der gegenwärtigen Welt sich aus den Grundlagen der Kybernetik speisen. Das Bestreben der Kybernetik lag nicht in einer Festlegung oder Kategorisierung der Welt nach dem omnipräsenten Modell der Information, sondern darin, das Fließen von Informations- und Datenströmen zu steuern. Im Self-Tracking geht der Datenfluss vom Körper aus über die algorithmische Verarbeitung und visuelle Ausgabe zu den Sinnesorganen der ablesenden/vermessenen Person.

An dieser Stelle sei nur kurz auf den Aufsatz von Minna Ruckenstein (2014) verwiesen. Die Theoriebildung spricht immer häufiger vom „Data Double". Der Terminus wurde erstmals im Zusammenhang mit elektronischen Kontrollszenarien von Mark Poster verwendet (Poster 1990, S. 97) und wird seither immer wieder aufgegriffen. Was charakterisiert das „Data Double"? Ist es das unsinnliche Datenäquivalent, dass das „Leben sich in Informationsströmen ansässig macht, diese erzeugt und sich in diesen reproduziert" (Fassler 2008, S. 5) oder ein Beobachtungs- und Beschreibungsinstrument eines Menschen? Das Data Double ist ein Modell-Angebot der Selbstbeschreibung, eine Darstellungsebene, welche sich auf Algorithmen zurückführen lässt und zum Leitkonzept wird: in ihm ist die Programmatik der Echtzeit, der Rückkopplung und der Steuerung eingeschrieben.

5 Das digitale Selbst. Selbstsorge und Selbstbild

Ein geläufiger theoretischer Bezugsrahmen für Selbstvermessungspraktiken ist Foucaults Selbstsorge. Bildungswissenschaftlich werden mit dem Begriff der Selbstsorge die Eigenverantwortung und die eigenen Kompetenzen des Subjekts betont. Erst mit der Selbstsorge erfolgt eine Bemächtigung des Lernenden. Der Mensch ist Experte für sich selbst und überwindet die aus Bevormundung resultierende Unmündigkeit. In Foucaults Ethik der Selbstsorge macht der Umstand, dass die moralischen Regeln selbst ausgearbeitet sein können, die individuelle Freiheit, die „postkonventionelle" Moral aus. Die Ethik der Sorge um sich selbst eröffnet dem Subjekt den Gegenentwurf zu bestehender Psychologisierung und Moralisierung, um sich von vorherrschender Moral im Zuge der Subjektivierung zu distanzieren (Volkers 2008, S. 105). Die Selbstsorge trägt das Element des Selbstbezugs (a.a.O., S. 106). Selbsttechniken sind es, „die es dem Einzelnen ermöglichen, aus eigener Kraft oder mit Hilfe anderer eine Reihe von Operationen an seinem Körper oder an seiner Seele, seinem Denken, seinem Verhalten und seiner Existenzweise vorzunehmen, mit dem Ziel, sich so zu verändern, dass er einen gewissen Zustand des Glücks, der Reinheit, der Weisheit, der Vollkommenheit oder der Unsterblichkeit erlangt." (Foucault 1993, S. 26) Körperbearbeitungen lassen sich als Prozesse selbstinduzierter und selbstbestimmter Transformationen des körperlichen Ich mit dieser vervollkommnenden und sich aus kulturell und gesellschaftlich kursierenden Leitbildern speisenden Zielvorstellung subsumieren. Diese Leitbilder wiederum können Ökonomisierungs- und Normalisierungspraktiken (vgl. Link 1997 und Bröckling et al. 2000) verhaftet sein, worin die generelle Kritik an Selbstvermessung als Selbstsorge besteht. Foucault arbeitet heraus, wie durch die Technologie des Panoptikums neue Modalitäten der Subjektivierung entstehen, welche wir heute in einer selbst-kontrollierenden Eigenbeobachtung wiederfinden können. Die flächendeckende Kontrolle und Festlegung auf einen als eigenen zu deutenden Charakter formen sowohl den Körper, als auch eine individuelle Seele hervor: Eine „Seele", die diesem Körper Ausdruck verleiht und selbst Teil der disziplinierenden Herrschaft ist (Foucault 1976, S. 42).

Dass diese Form der Selbstsorge nur außerhalb der derzeitigen Konfigurationen von Bildungsinstitutionen stattfinden kann, wird deutlich, wenn die Rolle der Lehrperson genauer in Augenschein genommen wird:

> „Die Sorge um sich benötigt die zuletzt genannte Form der Beziehung die vom Schüler freiwillig eingegangen wird. Ein Zwangsverhältnis steht per Definition im Widerspruch zur Selbstsorge, da sich das Individuum *um sich selbst* sorgen soll, wozu der Lehrer nur als Instrument dienen kann. Der Lehrer ist in der Beziehung nur ein Wirkelement, wie Foucault sagt, und nicht das Wirkzentrum, wie bei den anderen drei Beziehungsformen (gemeint ist hier die vermittelnde, verunsichernde oder Vorbildfunktion der Lehrperson, pm). Auffällig ist weiterhin die Exklusivität dieser Schüler-Lehrer-Beziehung. Zwar ist nicht ausgeschlossen, dass ein Lehrer mehrere Schüler haben kann, aber für den Schüler ist diese Beziehung die einzige. Mit ihm tauscht er sich – am besten schriftlich – über seine Lebenspraxis aus, von ihm erfährt er die Wahrheit über sich selbst." (Volkers 2008, S. 140)

Selbstsorge kann auch als Prozess jenseits der Bildungsinstitutionen aufgefasst werden, so dass hiermit etwas „aufgenommen wird, das in herkömmlichen Bildungskonzepten vernachlässigt wird". (Volkers 2008, S. 139) Rafael Capurro perspektiviert Selbstsorge heute folgendermaßen:

> „uns von ökonomischen, technischen oder gesellschaftlichen Normierungen und Zwängen soweit frei zu machen, dass wir sie als veränderbar, und das heißt auch als individualisierbar betrachten, anstatt dass wir uns als *Sub-jekte* dieser Dimensionen bestimmen lassen. Wir können dabei lernen, in unserer persönlichen und kollektiven Existenz die Frage des Stils als eine ethische Frage zu stellen. Stil als Kategorie einer Ästhetik der Existenz bedeutet zunächst die Übung in der Erfahrung der Freiheit und Verantwortung in der Wahl des individuellen und kollektiven Möglichseins,

Stil als Lebensstil bedeutet aber ferner die individuelle und kollektive Sorge um die *stetige* Formung unserer Seinsverhältnisse. Die Formung richtet sich nicht nach der vermeintlichen Innerlichkeit eines Ich, sondern Selbstformung meint die Formung der uns auszeichnenden Dimension der Offenheit jener Verhältnisse, die (...) in dieser Weise nur für den Menschen konstitutiv sind". (Capurro 1995, S. 25)

„Die Technologien des Selbst (...) sind Wege der Selbstwerdung". (a.a.O.) Wenn heute von Selbstsorge im Gefolge der Individualisierung gesprochen wird, so ist diese charakterisiert durch Werte wie Autonomie, Identität und Authentizität. Der gesteigerte Selbstbezug prägt den aktuellen Diskurs um Gesundheit, Arbeit, Altersvorsorge und schlägt sich in Begriffen wie der Selbstverwirklichung, der Selbsthilfe, der Selbstkontrolle, der Selbstoptimierung usw. nieder.

„Die quantitativ zunehmenden und qualitativ ausdifferenzierten Körper- und Selbsttechnologien in den Handlungsfeldern Gesundheit und Sport werfen die Frage auf, ob sie das Produkt neoliberaler Regierungstechnologien oder aber Ausdruck individueller Emanzipationsbestrebungen sind. Sind eigenverantwortliches Gesundheitshandeln, selbstgewählte Wellness- und Fitnesspraktiken, individualisierte Risiko- und Trendsportarten" als Unterwerfungsstrategien zu begreifen? Diese Frage bleibt auch bei Duttweiler und Gugutzer offen, indem sie am Ende ihrer Ausführungen resümieren, dass „es für das spätmoderne Subjekt der Gesundheits- und Sportgesellschaft durchaus Möglichkeiten gibt, sich der neoliberalen Anrufung zumindest teilweise zu entziehen – auch wenn die Ertüchtigung, Ruhigstellung, Ausbalancierung oder Fürsorge des Körpers nicht zuletzt dazu dient, mit ihm so umzugehen, dass er weiterhin für die diversen Märkte und Verwertungsstrategien neoliberaler Gesellschaften fit bleibt." (Duttweiler und Gugutzer 2012, S. 14) Die Sorge um sich selbst mag durchaus als Pflicht erscheinen, welche gesellschaftlich sowohl durch eine umfassende Ratgeberliteratur als auch durch gesundheitliche Präventionsprogramme massiv befördert wird. Stefan Rieger hält dieser Sichtweise entgegen, dass Disziplin Individualität produziere:

„und das eben umso effizienter, je mehr Anteile dieser Produktion in den Zuständigkeitsbereich der Individuen selbst gestellt werden. (...) Auf der Ebene der Theorie wird Individualität so zu einem selbstgenerativen Prinzip, auf der Ebene der Lebenspraxis zu einem unabschließbaren Programm. (...) Mit der Repressivkraft und mit der Produktivkraft der (Selbst-)Disziplin, mit den Lenkungswissenschaften der Seelsorge und Selbstsorge stehen hinreichend ausdifferenzierte, sowohl kontextbezogene als auch auf Kontexte beziehbare Verhaltenslehren zur Verfügung, mit denen Individuen an sich selbst verwiesen werden und die Luhmanns Formel von der Selbstzumutung moderner Individualisierung in die Praxis lebensweltlicher Interventionen umsetzen." (Rieger 2003, S. 23)

Medientechnologien haben in den beschriebenen Prozessen einen signifikanten Anteil inne. Insofern ist angesichts der Selbstvermessungspraktiken eine Theorie der Medien notwendig, welche deutlich zu machen vermag, wie (medien-)technische Dispositive Ordnungen des Wissens formen, sicht- und denkbar machen. Eine Theorie aktueller Lebenswelten kann nichts anderes als eine Theorie der Medien sein, denn ein Jenseits der Medien gibt es nicht mehr.

Es ist noch einmal interessant, genauer auf das Verhältnis zwischen Bildung und diesen aktuellen biopolitischen Phänomenen zu schauen. Denn es ist festzustellen, dass Bildung ein Instrumentarium der Biopolitik ist. Die dieser Bewegung zugrundeliegenden Rationalisierungstendenzen scheinen dem Anliegen der Bildung, die antritt, den Menschen zu befreien, zuwider zu laufen. Einerseits haben wir es mit einer bildungsbürgerlichen Perspektive zu tun, welche diese medialen Praktiken als unliebsame Fehlentwicklungen bewertet, gegen die nur Bildung hilft, die den Menschen unabhängig, eigenständig und autonom macht. Auch bildungstheoretische Nutzbarmachungen sowie erzieherische Nutzungsszenarien werden eruiert[5]. Doch können diese medienkulturellen Praktiken nicht auch als Radikalisierungen aufklärerischer Bildungsgedanken gelesen werden? Kant lässt seinen bildungswissenschaftlich so bedeutsamen Aufsatz damit enden, dass Aufklärung die De-Maschinisierung des Menschen sei. Dabei sei der Mensch „nun mehr als Maschine". Der aufgeklärte Mensch ist Teil einer Maschine und steigt darüber hinaus. Die damals zeitgenössischen wissenschaftlichen Theorien des Körpers als Maschine sind Kant nicht fremd. Indem er den nach Idealen geformten, wohlorganisierten Körper als gebildeten Körper entwirft, kann man ihn durchaus als einen Wegbereiter der Biopolitik betrachten, der ebenso nach Überschreitungstendenzen und Transgressionswünschen strebt. (Kant 1784/2004, S. 10) In der Bildungstheorie finden wir Formulierungen wie Selbsterkenntnis, Selbstsorge und Selbstkontrolle – Termini, derer sich auch der Self-Tracking bedient und welche dort omnipräsent sind – um Ziele von Bildung zu bezeichnen. Man könnte durchaus so weit gehen und diese Nutzungspraktiken als in der wahren Tradition des Kant'schen Aufklärungsbegriffs betrachten. Da auch dem Bildungsgedanken Zurichtung, Kontrolle und Normierung zugrunde liegen, ist eine grundlegende Differenz zwischen diesen medienkulturellen Praktiken und bildungstheoretischen Zielformulierungen nicht glaubhaft aufrecht zu erhalten. Ebenso notwendig wie eine Neuperspektivierung des Bildungsbegriffs bedarf der Subjektbegriff, mit dem die Bildungswissenschaft heute noch operiert, einer Überprüfung, da er – wie an diesem Diskurs erkennbar – an Überzeugungskraft eingebüßt hat.

---

5   Vgl. das Panel „Self and Other and the Internet" am 9. September 2015 auf der Tagung der European Education Research Association (EERA) in Budapest)

Unbestritten sind Themen wie mediengestützte Überwachung und Kontrolle virulent, doch Kulturpessimismus und Technikablehnung sind keine Lösungen. Das Autorenkollektiv Tiqqun schlägt einen strategischen Umgang vor:

> „Wir wachsen in einem einerseits vom Spektakel, andererseits von der Biomacht vollständig vermessenen und besetzten Raum heran. Und das Schlimme an dieser Vermessung und an dieser Besatzung ist, daß sie von uns eine Unterwerfung verlangen, gegen die wir uns nicht mit der endgültigen Geste eines Bruches erheben, sondern die wir nur strategisch umpositionieren können." (Tiqqun 2003, S. 28)

Ähnlich positioniert sich Christoph Kucklick, der die „granulare Gesellschaft" diagnostiziert: „Vom *Homo rationalis* wandeln wir uns zum *Homo granularis* – eine einschneidende Veränderung, mit der wir in einer Welt der Zahlen und Algorithmen eine neue Form der Menschlichkeit entwickeln." (Kucklick 2014, S. 15f.). Kucklick legt nahe, dass der Mensch sich angesichts der Technologien der Berechenbarkeit und der Prognose neu definieren müsse. Dabei sollte das Unberechenbare und bewusst Verstörende positiv besetzt ein Merkmal des Menschlichen sein. Als Reaktion auf die Granularität bestehe die Herausforderung darin, unberechenbar sein wollen, zu müssen oder zu können, um Zumutungen der Ausrechenbarkeit zu entgehen. Es betrachtet die Granularität als Impuls dazu, explizit menschliche Qualitäten wie Fehlerhaftigkeit, Müßiggang, Empathie etc. auszuleben, aus Mustern auszubrechen und damit das genuin Menschliche zu beweisen, zu verteidigen und neu zu definieren.

6 Ausblick: Aushandlungsprozesse

In all diesen Praktiken ist es der Körper, der auf verschiedenste Art geformt und gestaltet werden soll, während er in medientechnologische Konfigurationen eingebunden ist. Ebenso vielfältig erweisen sich die mit diesen Praktiken verbundenen Möglichkeiten des Selbstbezuges und der Selbstformung. Wie gezeigt werden konnte, handelt es sich bei Selbstvermessungspraktiken um (medien-)technisch geprägte Selbstbeschreibungen des Menschen, welche von Vorstellungen von Verantwortlichkeit, Kontrolle und Beeinflussbarkeit affiziert sind und Ambivalenz sowie Widerstand exkludieren können. Die von Paolo Virno beschriebene Anpassungsfähigkeit an die Flexibilität dynamischer Systeme, wie sie die postindustrielle Zeit prägen, entsteht als Mensch-Maschine-Koppelungen in der Grenzverwischung bisheriger ordnender Kategorien (Virno 2005). Es geht um die Steuerung technischer Prozesse, die auf das Selbst übertragen wird – verändert sich Parameter A, unter Berücksichtigung von B und Auslassung von C, so kann ich kontrolliert X beeinflussen. „Was Mensch sein könnte, entscheidet er selbst in seiner Selbstbeobachtung, deren natürliche Voraussetzungen ihm auch dann nicht zur Verfügung stehen, wenn er sie beeinflussen kann." (Fassler 2008, S. 19)

Aushandlungen darüber, was das genuin Menschliche vom Rest der Lebewesen unterscheidet, werden derzeit auch rege in der Rückbesinnung auf das Zusammenleben mit anderen Lebewesen in den Human-Animal Studies diskutiert. Neben der Forderung an die „vergeistigte Akademia" ihre „Erbschuld aus der Aufklärung und aus anderen „emanzipations"beflissenen Zeiten abzutragen" (Kotrschal 2014, S. 12) geht es in den HAS um „die Berücksichtigung nichtmenschlicher Tiere und der Tier-Mensch-Beziehungen" (Spannring et al. 2014, Umschlagtext), denn „Immer schon bezogen sich Tiere – und damit auch die Menschen – auf andere Tiere" (Kotrschal 2014, S. 9). Wie Nowotny und Tesna in ihrer Untersuchung der naturwissenschaftlicher Genauigkeit und ihrer gesellschaftlichen Interpretation darlegen, verliert auch die Natur ihre moralische Autorität und Natürlichkeit entpuppt sich als ein zunehmend fragwürdiges kulturelles Konstrukt, das einmal mehr in Veränderung begriffen ist. Daraus, so die Autoren, folgt auch ein veränderter Blick auf das Selbst (Nowotny und Tesna 2009).

Indem Praktiken im Rahmen von *QS* in ihrer medientechnologischen Dimension in den Blick genommen werden, eröffnen sich weitere Facetten auf Transformationsdynamiken, die soziale und kulturelle Wandlungsprozesse betreffen. Für eine polykontextuelle Analyse dieser und sich daraus entwickelnder Formen ist eine medienkulturwissenschaftliche Perspektive, die den Anteil der Medientechnologien innerhalb dieser Prozesse fokussiert, unabdingbar.

Literatur

Aronova, E., Oertzen, Ch. von, & Sepkosk, D. (o.J.). Die Geschichte von Big Data. Max-Planck-Institut für Wissenschaftsgeschichte. http://www.mpiwg-berlin.mpg.de/de/aktuelles/features/feature33. Zugegriffen: 23. Juni 2015.
Arsel, Z., & Bean, J. (2013). Taste Regimes and Market-Mediated Practice. *Journal of Consumer Research, 5*(39), 899–917. doi:10.1086/666595.
Baker, S. (2008). *The numerati*. Boston: Houghton Mifflin Co.
Barra, S. S. (2012). Postliberale Souveränität und Datenkörper. *BEHEMOTH A Journal on Civilisation, 5*(1). doi:10.1515/behemoth.2012.005.
Beaudin, J. S., Intille, S. S., & Morris, M. E. (2006). To Track or Not to Track. User Reactions to Concepts in Longitudinal Health Monitoring. *Journal of Medical Internet Research, 8*(4), e29. doi:10.2196/jmir.8.4.e29.
Bell, C. G., & Gemmell, J. (2010). *Your life, uploaded. The digital way to better memory, health, and productivity*. New York: Plume.

Bitkom Bundesverband Informationswirtschaft, Telekommunikation und neue Medien e.V. (2007). Mobile Motion Tracking Services (Kurzfassung). Abschlussbericht zum Projekt Zukunftsprospektion.

Bröckling, U., Krasmann, S., Lemke, T., & Foucault, M. (2000). *Gouvernementalität der Gegenwart. Studien zur Ökonomisierung des Sozialen*. Frankfurt a.M.: Suhrkamp.

Butler, J. (1991). *Das Unbehagen der Geschlechter*. Frankfurt a.M.: Suhrkamp.

Butler, M. (2013). *Das Spiel mit sich. (Kink, Drugs & Hip-Hop). Populäre Techniken des Selbst zu Beginn des 21. Jahrhunderts*. Berlin: Kulturverlag Kadmos.

Capurro, R. (1995). *Leben im Informationszeitalter*. Berlin: Akademie Verlag

Conradi, T., Ecker, G., Eke, N. O., & Muhle, F. (2012). Einleitung. In T. Conradi, G. Ecker, N. O. Eke & F. Muhle (Hrsg.), *Schemata und Praktiken* (S. 9–13). Paderborn: Fink.

Dickinson, J. L., & Bonney, R. (2015). *Citizen science. Public participation in environmental research*. Ithaca: Comstock Cornell.

Duttweiler, S. (2003). Körpertechnologien. 3. Intern. Grad.-Konf. Univ. Wien „Verkörperte Differenzen". http://www.univie.ac.at/graduiertenkonferenzen-culturalstudies/3_konferenz/duttweiler_vortrag.pdf. Zugegriffen: 09. Aug 2015.

Duttweiler, S. (2003). Body-Consciousness – Fitness – Wellness. Körpertechnologien als Technologien des Selbst. *Widersprüche, 87*, 31–43.

Duttweiler, S., & Gugutzer, R. (2012). Körper – Gesundheit – Sport. Selbsttechnologien in der Gesundheits- und Sportgesellschaft. *Sozialwissenschaften und Berufspraxis, 35*(1), 5–19.

Eysenbach, G. (2000). Recent advances. Consumer health informatics. *British Medical Journal, 320*(7251), 1713–1716. doi:10.1136/bmj.320.7251.1713.

Fassler, M. (2008). Der infogene Mensch. Die Erfindung des Menschen als Datenkörper. Ringvorlesung „Menschen und Menschenbilder". Goethe-Universität. Frankfurt am Main. http://www.fame-frankfurt.de/uploads/Fassler_2008_-_Die_Erfindung_des_Menschen_als_Datenkoerper.pdf. Zugegriffen: 18. Aug 2015.

Flusser, V. (1994). Vom Subjekt zum Projekt. In S. Bollmann & E. Flusser (Hrsg.), *Schriften*, Bd. 3. Bensheim: Bollmann.

Foucault, M. (1976). *Überwachen und Strafen. Die Geburt des Gefängnisses* (Originalausgabe 1975: Surveiller et punir – la naissance de la prison, Paris). Frankfurt a.M.: Suhrkamp.

Foucault, M (1984). *Von der Freundschaft. Michel Foucault im Gespräch*. Berlin: Merve.

Foucault, M. (1993). Technologien des Selbst. In L. H. Martin, H. Gutman & P. H. Hutton (Hrsg.), *Technologien des Selbst* (S. 24–62). Frankfurt a.M.: Fischer.

Frick, L. (2014). The Art of Self-Surveillance. mediaX conference. http://library.fora.tv/2014/04/29/the_art_of_self_surveillance. Zugegriffen: 22. Aug 2015.

Gadenne, E. (2012). *Le guide pratique du Quantified Self. Mieux gérer sa vie, sa santé, sa productivité*. Limoges: Éditions Fyp.

Grasse, Ch., & Greiner, A. (2013). *Mein digitales Ich. Wie die Vermessung des Selbst unser Leben verändert und was wir darüber wissen müssen*. Berlin: Metrolit.

Goodman, N. (1990). *Weisen der Welterzeugung*. Frankfurt a.M.: Suhrkamp.

Gudjons, H. (2008). *Pädagogisches Grundwissen. Überblick – Kompendium – Studienbuch*. 10. aktualisierte Aufl.. Bad Heilbrunn: Klinkhardt.

Gugutzer, R. (2006). *Body Turn. Perspektiven der Soziologie des Körpers und des Sports*. Bielefeld: Transcript.

Gugutzer, R., & Duttweiler, S. (2014). *Call for Papers. Sich selbst vermessen. Self-Tracking in Sport und Alltag am 27. – 28. Juni 2014. Tagung des Instituts für Sportwissenschaften Abteilung Sozialwissenschaften des Sports Goethe-Universität Frankfurt am Main.* https://www.academia.edu/5551062/Sich_selbst_vermessen._Self-Tracking_in_Sport_und_Alltag. Zugegriffen: 09. Aug 2015.
Hahn, K., & Meuser, M. (2002). *Körperrepräsentationen. Die Ordnung des Sozialen und der Körper.* Konstanz: UVK.
Harrasser, K. (2013). *Körper 2.0. Über die technische Erweiterbarkeit des Menschen.* Bielefeld: Transcript.
Havens, J. C. (2014). *Hacking h(app)iness. Why your personal data counts and how tracking it can change the world.* New York: Tarcher.
Hinkle, L. (1974). The Concept of „Stress" in the Biological and Social Sciences. *International Journal of Psychiatry in Medicine, 5*(4), 335–357. doi:10.2190/91DK-NKAD-1XP0-Y4RG.
Kant, I. (1784/2004). Was ist Aufklärung? *UTOPIE kreativ, 159,* 5–10.
Klausnitzer, R. (2013). *Das Ende des Zufalls. Wie Big Data uns und unser Leben vorhersagbar macht.* Salzburg: ecowin.
Knorr-Cetina, K., & Harré, R. (1984). *Die Fabrikation von Erkenntnis. Zur Anthropologie der Naturwissenschaft.* Frankfurt a.M.: Suhrkamp.
Kotrschal, K. (2014). Vorwort. In R. Spannring, K. Schachinger, G. Kompatscher-Gufler & A. Boucabeille (Hrsg.), *Disziplinierte Tiere? Perspektiven der Human-Animal Studies für die wissenschaftlichen Disziplinen* (S. 9–12). Bielefeld: Transcript.
Krüger, M. (2005). *Leibesübungen im 20. Jahrhundert. Sport für alle.* 2., neu bearb. Aufl.. Schorndorf: Hofmann.
Kucklick, Ch. (2014). *Die granulare Gesellschaft. Auf dem Weg ins Zeitalter der Ungleichheit.* Berlin: Ullstein.
Kugelman, R. (1992). *Stress: The Nature and History of Engineered Grief.* Westport: Praeger.
Latour, B. (1986). Visualisation and Cognition: Drawing Things Together. In E. Long, L. Hargens, R. A. Jones, A. Pickering & H. Kuklick (Hrsg.), *Knowledge and society. Studies in the sociology of culture past and present: a research annual* (S. 1–40). Greenwich: JAI Press.
Lindemann, U. (2014). Konsum als Selbsttechnologie. Zwischen konsumistischem Möglichkeitssinn und quantifikatorischer Selbstoptimierung. http://www.pop-zeitschrift.de/2014/01/02/konsum-als-selbsttechnologiezwischen-konsumistischem-moglichkeitssinn-und-quantifikatorischer-selbstoptimierungvon-uwe-lindemann2-1-2014/. Zugegriffen: 17. Aug 2015.
Link, J. (1997). *Versuch über den Normalismus. Wie Normalität produziert wird.* Opladen: Westdeutscher Verlag.
Luhmann, N. (1993). *Gesellschaftsstruktur und Semantik. Studien zur Wissenssoziologie der modernen Gesellschaft.* Frankfurt a.M.: Suhrkamp.
Lupton, D. (2012). M-health and health promotion: The digital cyborg and surveillance society. *Social Theory & Health, 10,* 229–244. doi:10.1057/sth.2012.6.
Magaudda, P. (2011). When materiality „bites back". Digital music consumption practices in the age of dematerialization. *Journal of Consumer Culture, 11*(1), 15–36. doi:10.1177/1469540510900499.

Dürand, D. (2015). Internet der Dinge – Vernetzung ist ein Billionen-Geschäft. Wirtschaftswoche. http://www.wiwo.de/technologie/vernetzt/internet-der-dinge-vernetzung-ist-ein-billionen-geschaeft/11969704.html. Zugegriffen: 06. Aug 2015.

Mersch, D. (1991). Digitalität und nichtdiskursives Denken. In D. Mersch & J. K. Nyíri (Hrsg.), *Computer, Kultur, Geschichte. Beiträge zur Philosophie des Informationszeitalters* (S. 109–126). Wien: Passagen.

Mol, A. (2000). What Diagnostic Devices Do. The Case of Blood Sugar Measurement. *Theoretical Medicine and Bioethics, 21*(1), 9–22. doi:10.1023/A:1009999119586.

Mollenhauer, K. (1998). Der Leib – Bildungshistorische Beobachtung an ästhetischen Objekten. In M. Borrelli & J. Ruhloff (Hrsg.), *Deutsche Gegenwartspädagogik* (S. 56–78). Baltmannsweiler: Schneider Hohengehren.

Nowotny, H., & Testa, G. (2009). *Die gläsernen Gene. Die Erfindung des Individuums im molekularen Zeitalter.* Frankfurt a.M.: Suhrkamp.

Oxlund, B. (2012). Living by numbers. *Suomen Antropologi, 37*(3), 42–56.

Pantzar, M., & Ruckenstein, M. (2014). The heart of everyday analytics: emotional, material and practical extensions in self-tracking market. *Consumption Markets & Culture, 18*(1), 92–109. doi: 10.1080/10253866.2014.899213.

Petersen, F. B. (2012). „Do you really feel like the outside matches the inside?" Der authentische Körper im Wandel der Zeit. In J. Eder, J. Imorde & M. Reinerth (Hrsg.), *Medialität und Menschenbild* (S. 85–102). Berlin: De Gruyter.

Poster, M. (1990). *The Mode of Information.* Chicago: University of Chicago Press.

Rieger, S. (2003). *Kybernetische Anthropologie. Eine Geschichte der Virtualität.* Frankfurt a.M.: Suhrkamp.

Resnick, R. (2011). Welcome to the genomic revolution. TedX Boston 2011. https://www.ted.com/talks/richard_resnick_welcome_to_the_genomic_revolution?. Zugegriffen: 17. Aug 2015.

Rose, N. S. (2007). *Politics of life itself. Biomedicine, power, and subjectivity in the twenty-first century.* Princeton: Princeton University Press.

Ruckenstein, M. (2014). Visualized and Interacted Life: Personal Analytics and Engagements with Data Doubles. *Societies, 4*(1), 68–84. doi:10.3390/soc4010068.

Schroeter, K. R. (2008). Korporales Kapital und korporale Performanzen im Alter: der alternde Körper im Fokus von „consumer culture" und Biopolitik. In K.-S. Rehberg (Hrsg.), Deutsche Gesellschaft für Soziologie (Hrsg.), *Die Natur der Gesellschaft: Verhandlungen des 33. Kongresses der Deutschen Gesellschaft für Soziologie in Kassel 2006.* Frankfurt a.M.: Campus.

Sieder, R. (2004). *Die Rückkehr des Subjekts in den Kulturwissenschaften.* Wien: Turia + Kant.

Spannring, R., Schachinger, K., Kompatscher-Gufler, G., & Boucabeille, A. (2014). *Disziplinierte Tiere? Perspektiven der Human-Animal Studies für die wissenschaftlichen Disziplinen.* Bielefeld: Transcript.

Stehr, N. (2001). Moderne Wissensgesellschaften. *Aus Politik und Zeitgeschichte,* (B 36), 7–14.

Swan, M. (2009). Emerging patient-driven health care models: an examination of health social networks, consumer personalized medicine and quantified self-tracking. *International Journal of Environmental Research and Public Health, 6*(2), 492–525. doi:10.3390/ijerph6020492.

Thiele, Ch. (2015, Februar 05). Unterwegs als digitale Pistensau. Ist die Datenskibrille die Zukunft des Wintersports? *Die Zeit*, S. 58.
Tiqqun (2003). *Theorie vom Bloom*. Zürich: Diaphanes.
Virno, P. (2005). *Grammatik der Multitude. Untersuchungen zu gegenwärtigen Lebensformen*. Berlin: ID-Verlag.
Volkers, A. (2008). *Wissen und Bildung bei Foucault. Aufklärung zwischen Wissenschaft und ethisch-ästhetischen Bildungsprozessen*. Wiesbaden: VS.
Weber, B. R. (2009). *Makeover TV. Selfhood, Citizenship, and Celebrity*. Durham: Duke University Press.

Der neoliberale Zeitgeist als Nährboden für die digitale Selbstvermessung

Selbstevaluation – allumfassend, 86.400 Sekunden am Tag, 365 Tage im Jahr[1]

Christopher Stark

Das mit dem Zeitgeist eng verwobene Effizienz- und Wirtschaftlichkeitsdenken reicht auch in Bereiche hinein, die bisher nach ganz anderen Prinzipien funktionieren oder funktionieren sollten. Hierzu zählt derzeit der Bereich körperlicher und psychischer Gesundheit. Symptomatisches Phänomen ist das Ungleichgewicht zwischen zunehmenden Leistungsanforderungen auf der einen Seite und dem Menschen auf der anderen Seite, dessen Körper und Geist einer festen Leistungsbegrenzung unterliegen.

Heute wird zwar vielfach die sogenannte „Work-Life-Balance"[2] propagiert, also die individuell optimale Mischung aus Arbeit und Freizeit; zugleich werden aber die Leistungsanforderungen hoch angesetzt und ständig weiter erhöht. Wenn vor allem in Kategorien von Wachstum gedacht wird, scheint es schwer, zu akzeptieren, dass die ständige Erhöhung des ökonomischen Outputs mit einer gleichbleibenden Leistungsfähigkeit von Körper und Geist auskommen muss. Im Sog der universellen Wachstumsideologie verschwimmen die Grenzen zwischen materiellen

---

1 Erweiterter Artikel – basierend auf einem Kapitel des Buchs des Autors: Neoliberalyse – Über die Ökonomisierung unseres Alltags. Mandelbaum Verlag
2 Wie schon die Reihenfolge der beiden hier kombinierten Begriffe zeigt, geht es primär um die Arbeit und sekundär um „das Leben".

Produktionsfaktoren und Menschen zunehmend. Die ständige Arbeitsüberlastung führt bei vielen früher oder später zu Krankheiten wie der Depression, dem Burnout-Syndrom oder dem Tinnitus. Ein exponentieller Anstieg von Stresserkrankungen ist in den letzten Jahren somit nicht zufällig zu beobachten. Zwischen 2004 und 2010 stieg etwa die Zahl der Krankheitstage bedingt durch Burnout laut einer Untersuchung des BKK-Bundesverbands bei 1.000 Krankenversicherten von 4,6 Tagen pro Jahr auf 63,2 Tage. Das ist eine knappe Vervierzehnfachung.[3] Vorreiter der *Quantified-Self*-Bewegung *(QS)* bzw. des Selftrackings versuchen nun, mit weiterer Optimierung und zusätzlicher Leistungssteigerung an das Problem heranzugehen. Entsprechend ihrer Zeitgeist-Logik müssen Veränderungen nicht auf gesamtgesellschaftlicher Ebene oder in Form massiver Arbeitsentlastungen eingeführt werden, sondern es müssen lediglich bei den Menschen einige „Stellschräubchen" optimiert werden und schon gehörten die Probleme der Vergangenheit an – und die Menschen würden zu neuen Hochleistungen befähigt.

1 Methoden und Ideologie von *Quantified Self* und Selftracking

Zunächst sollen einschlägige Aussagen von Selftracking-Pionieren aufgeführt werden, die zeigen, wie die elektronische Selbstüberwachung im Alltag funktioniert und welcher enorm hohe Stellenwert ihr beigemessen wird. Außerdem gilt es, das Menschenbild dieser Protagonisten genauer unter die Lupe zu nehmen:

„Heute Morgen bin ich um 06:10 aufgestanden, nachdem ich gestern um 00:45 ins Bett gegangen war. In der Nacht war ich einmal aufgewacht – mein Puls betrug 61 Schläge pro Minute, mein Blutdruck 127/74 – ich hatte gestern null Minuten Sport getrieben, daher war mein maximaler Puls nicht berechnet worden. Hatte etwa 600 mg Koffein zu mir genommen, keinen Alkohol – und mein Rating auf dem Narzissmus-und-Persönlichkeits-Index, dem NPI16, hatte einen beruhigenden Wert von 0,31 betragen. Wir wissen, dass Zahlen nützlich sind, wenn wir Dinge bewerben, managen, regieren oder nach der Wahrheit suchen. Ich werde darüber sprechen, wie sie auch nützlich sein können, um zu reflektieren, zu lernen, zu erinnern und zu versuchen, sich selber zu verbessern [...]."[4]

---

3   Siehe auch: BKK Bundesverband (2011). BKK-Untersuchung zu stressbedingten Krankheiten. Essen.
4   TED (2010): Gary Wolf: The quantified self. www.ted.com/talks/gary_wolf_the_quantified_self.html. Zugegriffen: 20. Sept 2013. Vom Autor transkribiert und vom Englischen ins Deutsche übertragen.

Anhand dieser beiden ersten Absätze wird deutlich, wie allumfassend der Anspruch ist, sich selber zu messen und zu evaluieren. So spricht der Vortragende auch von Zahlen, die es ermöglichten, zu „managen". Und meint damit das Selbst-Management. Die Steuerung wirtschaftlicher Prozesse wird hier also kurzerhand auf das „managen" des Menschen und sich selbst übertragen. Letztendlich ginge es auch darum, „sich selber zu verbessern". Es geht also darum, ähnlich wie in einem Unternehmen, Kennzahlenoptimierung zu betreiben und den Menschen wie eine Maschine durch Überwachung der Leistungsdaten in seiner Funktion optimal einzustellen. Weiter heißt es:

> „Dies hier ist ein schönes, neues Gerät, das „Schlafüberwachungsdaten" ausgibt. Nicht nur die Information, ob man schläft oder wach ist, sondern auch Phasen des Schlafes: Tiefschlaf, leichter Schlaf, REM-Phasen. […] Diese kleinen Sensoren sammeln Daten in der Natur. EDV-Systeme erlauben es uns, diese Daten zu verstehen und zu verwenden – und soziale Netzwerke ermöglichen es, zusammenzuarbeiten und Informationen zur Gemeinschaft beizusteuern. […] Dies hier ist ein biometrisches Gerät: ein Paar Kopfhörer von Apple. Letztes Jahr meldete Apple ein Patent an, in dem beschrieben ist, wie Blutsauerstoff, Puls und Körpertemperatur über diese Kopfhörer ausgelesen werden können. Für welchen Zweck ist das nützlich? Wofür sollte es von Nutzen sein? Einige würden sagen, es ist für biometrische Sicherheitstechnologien nutzbar, einige, es sei für die Forschung im Gesundheitsbereich von Nutzen. Andere würden sagen, es tauge für neuartige Formen des Marketings. Ich möchte betonen, dass es auch einfach für die Selbsterkenntnis hilfreich sein kann. Und das ist nicht das einzige. Das Selbst ist nur unser Steuerungszentrum, unser Bewusstsein, unsere moralische Instanz. Wenn wir auf dieser Welt also effizienter handeln wollen, müssen wir uns besser kennenlernen."[5]

Wie aus dieser zweiten Passage hervorgeht, werden nicht nur alle bewussten Handlungen, sondern sogar der Bereich des Schlafes, also ein absolut irrationaler Lebensbereich, der Objektivierung durch technische Überwachung unterworfen. Auch wird deutlich gemacht, dass *QS* ökonomische Profitperspektiven hat. So habe das Unternehmen Apple bereits ein Elektronik-Patent in diesem Bereich angemeldet. Das breite Spektrum der möglichen Nutzbarkeit solcher Technologien zeigt, wie problematisch diese zugleich sind. Die Nutzung „biometrischer Sicherheitstechnologien" etwa bedeutet nichts anders als ein Ermöglichen weitgehender Übergriffe von Seiten staatlicher Stellen oder von Privatunternehmen in die Privatsphäre – bei ersteren meist unter dem Vorwand der Terrorbekämpfung,

---

5   TED (2010): Gary Wolf: The quantified self. www.ted.com/talks/gary_wolf_the_quantified_self.html. Zugegriffen: 20. Sept 2013. Vom Autor transkribiert und vom Englischen ins Deutsche übertragen.

bei letzteren im Sinne der Vermarktungs-Optimierung. In Zeiten von NSA-/BND-Überwachung sowie einem ausufernden Datenhandel junger, mächtiger Internetunternehmen, birgt diese Technologie also offensichtlich große Gefahren für die Freiheit der Menschen. Die erwähnten „neuartigen Formen des Marketings" sollten skeptisch betrachtet werden, da auch diese weit mehr in den Privatbereich vordringen als alle bisher angewandten Methoden des Marketings.

Aus Sicht des Vortragenden geht es insgesamt um Selbst-Optimierung und um optimale gesellschaftliche Anpassung („Wenn wir auf dieser Welt also effizienter handeln wollen"). Und nun wird es auch persönlich:

> „Das war der beeindruckendste Moment. Ein Teilnehmer kommt etwas zu spät. Wir trinken gerade etwas und stellen uns gegenseitig vor. Calvin sagt: ‚Okay, du warst zu spät, du fängst an mit der Vorstellungsrunde.' Und so – anstatt sich mit einer kurzen Rede vorzustellen, wer er ist, öffnet der Typ einfach seinen Laptop und zeigt uns eine geniale Visualisierung jeder Minute seiner Zeit – über einen Zeitraum von – ich glaube, einem Jahr. Dann sagt er: ‚Okay, das ist, wer ich bin!' […] Das war viel interessanter, als irgendwas in einem Blog über sich zu schreiben. […] Momentan haben wir [die „Bewegung" des „Quantified Self"] bereits 70 Gruppen in 15 Ländern."[6]

Wie weit Enthusiasten für *QS* gehen, geht aus dieser Aussage hervor. Es mag sich um einen Einzelfall eines Technikfans handeln, dennoch deutet auch dieses Beispiel darauf hin, wie weitreichend in die Intimsphäre hinein Überwachung und (Selbst-) Kontrolle ausgeübt werden kann. Im zweiten Teil des Zitats wird zudem deutlich, worum es bei dieser „Bewegung" auch geht: die Internationalisierung. Typisch für neoliberale Strömungen muss die Angelegenheit globalisiert werden – auch um den Wettbewerb insgesamt zu verabsolutieren. Diese Globalisierung manifestiert sich in der Vielzahl sogenannter „QS Meetups", also in Form von Zusammenkünften der neuen Technik-Jünger. Auch diese Daten werden entsprechend der Ideologie quantitativ aufgearbeitet, visualisiert und in einer Rangliste dargestellt.[7]

Auch jenseits der Pioniere und Technikenthusiasten verbreitet sich das Interesse an dieser neuen Entwicklung, die damit zunehmend in den „Mainstream" übergeht. Der Boom von intensiv beworbenen Selftracking-Geräten ist klares Indiz für diese Annahme. Das gesellschaftliche Interesse spiegelt sich auch wider in einer Bachelor-Arbeit mit dem etwas unwissenschaftlichen Titel „Sind wir bereit für den

---

6 WIRED (2012): Wired Health Conference: Quantified Self. www.youtube.com/watch?v=moEXxSdKqpc. Zugegriffen: 01. Sept 2013.
7 Meetup (2015): Quantified Self Meetups. www.quantified-self.meetup.com. Zugegriffen: 20. Juni 2015.

Big Data-Lifestyle? – Betrachtung und Analyse der Quantifed-Self-Bewegung im Umfeld von Big Data" (Emmert 2013). Die Autorin betont in ihrer Arbeit:

> „Die Beziehung zwischen Mensch und Technik hat sich in den letzten Jahren grundlegend geändert. Die ständig neuen Entwicklungen in Verbindung mit grenzenlos verfügbarem Internet eröffnen uns unendliche Möglichkeiten der Selbstvermessung. Die gesammelten Daten können Antworten auf Fragen geben [...]" „Warum beginnen Menschen mehr auf Maschinen zu vertrauen als auf sich selbst? Maschinen funktionieren immer, egal ob morgens oder spät in der Nacht. Wir bekommen immer etwas zurück. Sobald man in seine App alles eingetippt hat, was man heute konsumiert hat, verleiht die App dem Nutzer eine Krone, Badge oder eine andere Auszeichnung. [...] Wir werden gelobt, ermahnt und angetrieben, besser, schneller und aktiver zu werden. [...] Geben dem Anwender das Gefühl, dass sich jemand kümmert und ihm zuhört."[8]

Bereits die Formulierung, das Internet stehe „grenzenlos" zur Verfügung und eröffne „unendliche Möglichkeiten der Selbstvermessung", ist Ausdruck einer tiefliegenden ideologischen Fortschrittsgläubigkeit. Die Aussage ist eindeutig normativ, denn natürlich ist nichts Menschengemachtes grenzenlos und unendlich. Schon gar nicht das Internet, das sogar in hoch technisierten und reichen Ländern nicht flächendeckend in akzeptabler Geschwindigkeit zur Verfügung steht – ganz abgesehen von anderen Weltregionen. Auch geben quantitative Datenmassen kaum „Antworten auf Fragen", wie es sich die Autorin erhofft, wenn nicht die richtigen Fragen gestellt werden oder die Entwicklung in sinnvolle Bahnen gelenkt wird.

Es wird in diesen Sätzen die große Zuverlässigkeit von Technik gelobt. Zudem wird der Technologie absurderweise eine Art Emotionalität und Menschlichkeit zugesprochen („Wir bekommen immer etwas zurück" / „das Gefühl, dass sich jemand kümmert"). Mit derartigen Euphoriebekundungen für schnöde Technik der Selbstüberwachung bleibt wissenschaftliche Objektivität und eine kritische Betrachtung auf der Strecke.[9]

Eine weitere Schnittstelle zwischen Gesellschaft und *QS*-Anhängern stellt die Online-Informationsplattform *Askensio.de* dar, die zugleich Vermarktungs- und Werbeplattform für die Selbstüberwachungsgeräte der Firma *Fitbit* ist:

---

8   Emmert, B. (2013).
9   Was aber kann man schon erwarten, wenn die Diplom- und Magisterstudiengänge auf das Vordiplom-Niveau einer Bachelorarbeit als anerkannter Abschluss eingedampft worden sind?

„Zu Beginn stand die Idee einer Online Community im Raum. Angestrebt wurde die Schaffung einer Plattform zum Austausch von Gedanken zu und über Quantified Self und darüber hinaus. Die Umsetzung wurde im Frühjahr 2013 durch eine E-Commerce Lösung ergänzt. Askensio ging u.a. als einer der ersten Vertriebspartner des neuen Fitbit Flex im deutschsprachigen Markt an den Start. Neben dem eigenen Webshop bediente Askensio auch die Verkaufsplattformen Amazon und eBay [...]."[10]

Es zeigt sich, wie Unternehmen ganz im neoliberalen Sinne Vermarktung und Kommerz mit Zivilgesellschaft und Information zusammenbringen, um mit dieser Strategie die Verkaufserlöse zu erhöhen. Problematisch ist dies, da die Grenzen zwischen objektiver Information und der Diskussion von Forumnutzern auf der einen und interessengeleiteter Marketingaktivität auf der anderen Seite verwischen. Hier bricht die Wirtschaft in einen weiteren Bereich des alltäglichen Lebens ein.

Die insgesamt etwas objektivere Informationsplattform was-ist-quantified-self. de versucht, mit dem Brustton der Überzeugung die gesellschaftliche Anerkennung für die technische Selbstvermessung zu erhöhen:

„Doch genau dies ist ein großer Wunsch des Menschen: Das eigene Leben festzuhalten und damit auf eine gewisse Art unsterblich zu werden. Lifelogging bezeichnet den Punkt, an welchen den menschlichen Fähigkeiten biologische Grenzen gesetzt sind, und die Technik unterstützend einspringt. Die „Maschine" agiert als digitale stütze des menschlichen Gedächtnisses. Lifelogging beschreibt die Idee, dass Individuen ihr Leben umfassend festhalten können. [...] Mit Projekten wie Google Glass wird die Vision Wirklichkeit. Der Träger geht durchs Leben und nimmt – ständig mit dem Internet verbunden – alles um sich herum auf. Später ist er in der Lage sich alles – also sein Leben – noch einmal anzusehen."[11]

Sofern es, wovon auszugehen ist, kein Leben nach dem Tod gibt, kann der Mensch weder Dinge noch Daten mit ins Grab nehmen und von ihnen nach dem Ableben profitieren. Festhalten bringt nichts. Tensfeldt betont auf seiner Internetseite entgegen dieser Erkenntnis, die elektronischen Geräte würden dort helfen zu erinnern, wo uns biologischen Wesen natürliche Grenzen gesetzt seien. Der Mensch könne so das Leben „umfassend festhalten". Ganz abgesehen davon, dass dies eine Illusion ist, interessieren sich – vielleicht abgesehen vom engeren Familien- und Freundeskreis – nach dem Ableben wohl nicht sehr viele Menschen für Herz-

---
10 Dennis Singh (o.J.). Askensio. www.askensio.de. Zugegriffen: 18. Dez 2014.
11 Arne Tensfeldt (o.J.). Was ist Quantified Self. www.was-ist-quantified-self.de. Zugegriffen: 19. Dez 2014.

schlags- und Blutdruckstabellen. Und wenn sie sich interessieren, dann eher für die schönen Erinnerungen und weit weniger für technische Eckdaten. Die Einzigen, die solche Informationen wirklich interessieren, sind Akteure, die besser keinen Zugriff auf derlei Daten haben sollten. Zum Beispiel die genannte Firma Google, die mit ihrer Datenbrille „Google Glass" von den Trägern Daten sammelt, welche dann wiederum mit personalisierten Daten aus Internet- wie Mobilfunküberwachung verknüpft werden (Suchverhalten im Internet, Email-Inhalte, geographische Ortung usw.). Damit wird die Überwachung des gesamten Lebens – auch jenseits des Digitalen – komplettiert. Für Google wird hier in der Tat die „Vision Wirklichkeit". Die Vision nämlich, fast unendlich viel Geld durch Werbeeinnahmen und Datenhandel generieren zu können. Früher oder später werden diese Daten dann auch bei Geheimdiensten oder bei Krankenkassen landen, die in Zukunft Beitragszahlungen an derlei Daten knüpfen könnten.

Die Autoren von *Askensio.de* gehen auch auf Kritik ein:

> „Höher, schneller, weiter – hat der gesellschaftlich verordnete Optimierungs- und Effizienzwahn irgendwann einmal ein Ende? Diese skeptische Frage wird gerne in Zusammenhang mit breit angelegten Bestrebungen des LifeModdings zur gezielten Selbstverbesserung gestellt. Die Frage an sich legt allerdings ein grundsätzliches Missverständnis offen, dass davon ausgeht, dass es sich bei den Optimierungszielen um extrinsche Motivation handelt. Sprich den Druck / die Motivation durch externe Reize wie Anforderungen im Beruf, im sozialen Umfeld oder durch Medien vermittelte überhöhte Ideale. Der LifeModding Ansatz des LifeModdings beruht hingegen auf intrinsischer Motivation Motivation, also dem inneren Verlangen aus innerem Antrieb heraus neue Ziele zu erreichen, die aufgrund intensiver Beschäftigung mit sich selbst individuell formuliert aber auch hinterfragt werden. [...][12]

Auf *Askensio.de* meint man, die Kritiker lägen mit ihrer Skepsis gegenüber der Motivation für das sogenannte LifeModding (hier als gleichbedeutend mit *Quantified Self* oder Life-Logging zu verstehen) falsch. Die Kritiker stellten es so dar, als würden die Selftracker von außen getrieben, sich zu überwachen. Dies sei nicht der Fall, da die Motivation von ihnen selbst käme. Dem Autor dieses Absatzes scheint interessanterweise nicht klar zu sein, dass eine Unterscheidung von äußeren Einflüssen und einer von innen kommenden Motivation nicht ohne weiteres möglich ist. In einer neoliberalen Leistungsgesellschaft müssen Menschen nämlich nicht von außen angetrieben werden – sie haben die Leistungsideologie vielmehr bereits verinnerlicht und streben automatisch zur Leistungs- und Selbstoptimierung.

---

12 Zitat: www.askensio.de/ueber-lifemodding. Zugegriffen: 18. Dez 2014.

2 Neue Geräte für neue Profitphantasien

Wenig verwunderlich wittern viele Unternehmen in der „Bewegung" der Selbstvermesser neue Konsumenten für allerlei Technikartikel und Leistungsoptimierungaccessoires. Interessant an diesem Markt dürfte sein, dass die potentiellen Konsumenten/Kunden offenbar die Prinzipien der Wirtschaft (Effizienz, Leistungsoptimierung, Wettbewerb) in ihrer Freizeit anwenden und damit eher nicht zu den Konsumkritikern gehören dürften. Leute also, die keine Intention haben, Konsum zugunsten immaterieller Werte einzuschränken. Insgesamt, so scheint es, stellen diese Menschen die ideale Zielgruppe dar: Jung, gutverdienend, konsumbejahend.

Fitnessarmbänder und vergleichbare Geräte kosten meist zwischen 100 und 200 Euro. Diese sind natürlich mittels weiterer Computer und Smartphones auszulesen. Es sind alles Geräte, die von den Konsumenten gekauft und jährlich erneuert werden sollen. Gerade das Zusammenbringen von Lifestyle/Mode und Technologie erhöht hierbei die Frequenz der Neubeschaffung und damit die Umsätze der in diesem Segment tätigen Unternehmen.

Wie kommerzialisiert bereits die Startup-Szene in diesem Bereich ist, zeigt abschließend ein Bildschirmfoto eines Videos vom sogenannten „Startup Weekend Hamburg 2014" zum Thema *QS* und Lifelogging. Klar im Hintergrund erkennbar ist die Vielzahl von Logos der Sponsoren, die sich von diesem neuen Markt ein gutes Geschäft versprechen.

Neoliberaler Zeitgeist als Nährboden digitaler Selbstvermessung

Abb. 1 Startup Weekend Hamburg 2014[13]

Es soll als nächstes genauer betrachtet werden, wie genau die bereits erwähnten Geräte funktionieren und welche Art von Dienstleistungen mit ihnen zusammen angeboten wird.

Zunächst seien einige Aussagen der Plattform *Fitbit.com* genauer unter die Lupe genommen. Es handelt sich um einen Onlinedienst, der für Konsumenten der Tracking-Geräte der Firma Fitbit nutzbar ist. Ein weiteres Bildschirmfoto gibt Aufschluss:

---

13 Neubauer, N. (2014). Startup Weekend Hamburg 2014 aftermovie. www.youtube.com/watch?v=8_C6x0kd3ZA. Zugegriffen: 31. Dez 2014.

Eine Komplettübersicht über deine Fortschritte
hilft dir dabei, deine Ziele zu erreichen.

Abb. 2 *Quantified-Self*-Internetseite Fitbit.com

Die abgebildete Werbegrafik der Internetseite *Fitbit.com* weist folgende relevante Textpassagen auf: Eine Komplettübersicht[14] über deine Fortschritte hilft dir dabei, deine Ziele zu erreichen.

- Lebensmittel aufzeichnen | Aktivität aufzeichnen | Gewicht verfolgen | Tag | Woche | Monat | Jahr
- Aktivität: 20245 gegangene Schritte. […] 158% von 70.000 wöchentlichen Schritten | Kluge Entscheidungen zur Motivation | Zu Fuß zur Arbeit und nach Hause: +11.295 [Schritte].

Chic aufgemacht präsentiert sich die Internetseite *Fitbit.com*. Das elektronische Gerät, das zusammen mit dem Online-Angebot verkauft wird, misst die Leistungsdaten des Menschen, die Auswertung ist dann über das Internet abrufbar und visuell aufbereitet. Im Mittelpunkt steht hierbei anscheinend „Ziele zu erreichen".

---

14 Quelle des Bildschirmfotos und des dargestellten Textes: Fitbit.com (2015) www.fitbit.com/de/home. Zugegriffen: 20. Sept 2013.

Man soll sich also selber durch hochgesteckte Ziele stets zu höheren Leistungen antreiben (lassen). Sogar die gegangenen Schritte zur Arbeit gehören damit zur Welt der Optimierung und damit letztlich zum Lebensbereich der Arbeit. Der Bereich der Freizeit im Sinne einer Abwesenheit von Leistungsdruck schmilzt dahin oder wird einfach umdefiniert.

Die „bonbonbunte" Optik von *Fitbit.com* kollidiert bei genauer Betrachtung mit der technokratischen Unerbittlichkeit, eines selbstauferlegten Zwangs zur Leistungserbringung. Es spiegelt sich an dieser Stelle auch der Trend zur sogenannten Gamification wider. Es handelt sich dabei um die Übernahme spielerischer Elemente in alle möglichen Lebensbereiche. Symptome für diese Entwicklung sind etwa exzessive Ranglistenaufstellungen oder virtuelle Medaillen und „Abzeichen", also virtuelle Belohnungen, die allesamt leistungssteigernd und zugleich verharmlosend wirken sollen. In diesem Sinne heißt es auf *Fitbit.com* weiter:

> „**Vernetze dich mit Menschen aus aller Welt, um gemeinsam fitter zu werden. Schritt für Schritt. Fitbit-Mitglieder verdienen sich Abzeichen!** Einige der gerade vergebenen Fitbit-Abzeichen („Badges"): Vor 5 Min. – tägliche Stockwerke: 10 Stockwerke, Phoenix, Arizona | Vor 4 Min. tägliche Schritte: 15.000 Schritte, Dublin, Irland [...]"

Fitbit und vergleichbare Internetseiten können mit sozialen Netzwerken, also anderen Personenprofilen im Internet verknüpft werden. Damit machen sich Nutzer noch transparenter und noch verletzlicher, als bisher bereits der Fall. Die in der Regel recht einfach zu erstellenden, fast vollständigen Personenprofile, die über soziale Netzwerke und weitere Spuren im Internet über einzelne Personen zusammengeführt werden können, komplettieren sich hier um die Dimension des körperlichen wie seelischen Zustands – in Echtzeit! Der (spielerisch dargestellte) Wettbewerb mit anderen soll nicht nur dazu führen, selber fitter zu werden, sondern auch fitter als die anderen, was durchaus übliche Motivationsstrategie in Wettbewerbssystemen ist. Wie konkret Leistungserfassung mit Geräten zum Selbst-Tracking realisiert werden kann, wird in der folgenden Übersicht von Werkzeugen dargestellt. Die Überschriften und die Prozentzahlen zeigen jeweils, welcher Kategorie die Leistungsmessungsarten zuzurechnen sind bzw. mit welcher Wertung sie in eine Gesamt-Evaluation einfließen.

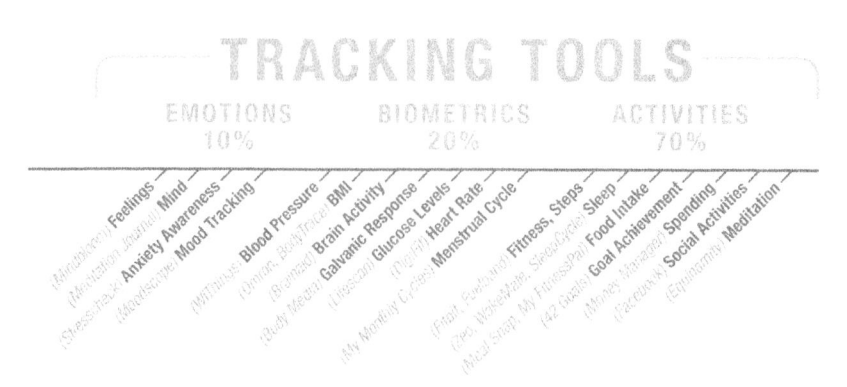

Abb. 3 Aufzeichnungswerkzeuge für „*Quantified-Self*"-Techniken

„Aufzeichnungswerkzeuge[15]
Emotionen (10%): Gefühle, Geisteszustand, Ängstlichkeitsbewusstsein, Aufzeichnung der Stimmung
Biometrische Daten (20%): Blutdruck, BMI (Body-Maß-Index), Hirnaktivität, Hautreaktionen, Blutzuckerwerte, Puls, Menstruations-Zyklus
Aktivitäten (70%): Körperliche Leistungsfähigkeit, gelaufene Schritte, Schlaf, Nahrungsaufnahme, Erreichen von Zielen, Ausgaben/Finanzen, soziale Aktivitäten, Meditation / innere Ruhe."

Die Aufzeichnung biometrischer Daten ist weiter oben bereits genauer erörtert worden. Zu den auf Sportlichkeit und Gesundheit bezogenen Werten kommt hier die Überwachung des Menstruationszyklus bei der Frau hinzu. Dessen Aufzeichnung kann durchaus Sinn ergeben, sofern die Frau eine hiermit im Zusammenhang stehende, natürliche Verhütungsmethode anwendet. Die mögliche offene Weitergabe dieser Informationen über soziale Netzwerke scheint aber unnötig und befremdlich.

Die Kategorie „Aktivitäten" geht in den Bereich der kleinteiligen Überwachung hinein. Als fragwürdiger Höhepunkt wird das Messen von sozialer Aktivität, von Emotionen, Launen sowie des allgemeinen Geisteszustands genannt.

---

15 Quelle der Abbildungen 2 und 3: IIT Institute of Design (2015). https://www.id.iit.edu/media/cms_page_media/306/QS-EcosystemMap_2.pdf. Zugegriffen: 20. Sept 2013. Durch den Autor vom Englischen ins Deutsche übertragen.

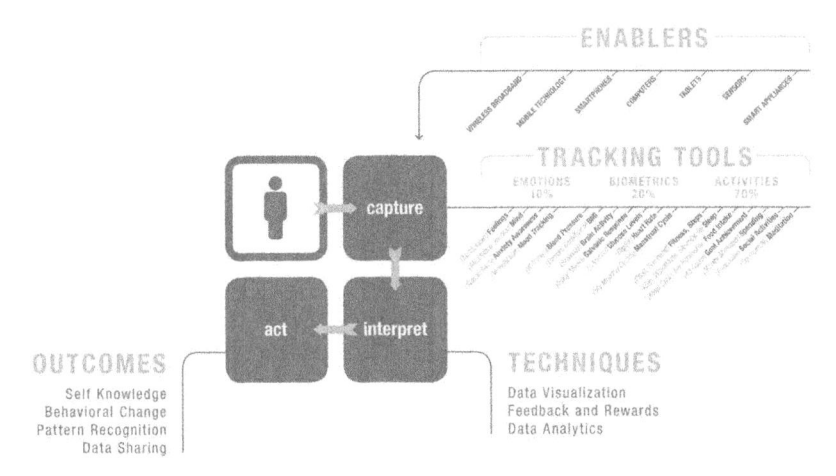

Abb. 4 Diagramm-Darstellung des „*Quantified Self*"

Dieses Diagramm zeigt die Gesamtfunktion des Prinzips des „quantifizierten Selbst". Der Mensch wird in ein Ordnungs- und Leistungssystem von Überwachungsanwendungen, technischen Geräten und datenbankgestützter Ergebnisauswertung eingebunden. Ermöglicht wird das Ganze durch unterschiedliche elektronische, vor allem mobile Geräte. Diese werden beschönigend „Enablers" – „Ermöglicher" – genannt. Der Optimierungskreislauf besteht darin, dass der Mensch alles Mögliche mit Hilfe von Technik und Programmen aufzeichnet, dann interpretiert („capture", „interpret") und das eigene Verhalten dementsprechend anpasst („act", „behavioral change"). Zu allem Überfluss sollen diese Daten systematisch kategorisiert und anderen Menschen oder Institutionen mitgeteilt werden („pattern recognition", „data sharing").

Als besonders prägnantes Beispiel dafür, wie Self-Tracking das Leben von Menschen verändern kann, soll im Folgenden das Verhältnis der Selbstquantifizierer zum eigenen Schlaf dargestellt werden:

Schlaf in der Leistungsgesellschaft

Ein Mensch benötigt, wie alle Säugetiere, täglichen Schlaf für die körperliche Regeneration und das Verarbeiten emotionaler Probleme. Je nach individueller Verfassung und genetischen Grundvoraussetzungen schwankt dieser Schlafbedarf in der Regel zwischen sechs und acht Stunden täglich.

In einer Gesellschaft aus Selbstoptimierern erscheint der Schlaf in der vorherrschenden linearen Logik mehr als notwendiges Übel denn als integraler und schöner Bestandteil des Lebens. Der Bereich von Schlaf und Traum ist zudem ein weitgehend unkontrollierter Lebensbereich, dessen Inhalte und Qualitäten sich dem Willen des Menschen zu einem wesentlichen Teil entziehen. Das möchte man nicht hinnehmen. Und so heißt es einer einschlägigen Schrift:

„Dieser Artikel[16] beschäftigt sich mit einer faszinierenden neuen Technik, um Tag für Tag mehrere Stunden Zeit zu gewinnen und dadurch noch erfolgreicher und zufriedener zu werden.

- Mehr Zeit haben?
- Mehr Erfolg haben?
- Eine höhere Produktivität erreichen?
- Mehr und bessere Träume haben?
- Projekte schneller fertigstellen?
- Herausragendes leisten?
- Schöne Hobbies ausüben neben Beruf und Familie?
- Mehr mit Deinen Kindern unternehmen?

Wenn Du einige dieser Fragen mit „Ja" beantwortest, dann kann der 24h-Lifestyle etwas für Dich sein.

Eigentliches Ziel bei der „Schlafoptimierung" der Selbst-Tracker scheint also der „Zeitgewinn" zu sein. Man möchte den Schlaf reduzieren, um insgesamt erfolgreicher in der Gesellschaft zu sein und das eigene Leben mit noch mehr Aktivitäten zu belegen, als bereits der Fall. Insbesondere für karriereorientierte Menschen, die den größten Teil ihres Lebens der Arbeit widmen und das Gefühl zu haben scheinen, nicht mehr genügend Zeit für die anderen Dinge im Leben zu haben, sind solche Ideen offenbar besonders interessant.

„24h-Lifestyle und Mehrphasenschlaf – Was ist das?"[17]
Der 24h-Lifestyle ist eine neue Art zu leben. Du bist rund um die Uhr aktiv, also sowohl tagsüber als auch nachts.

Möglich wird dies durch Mehrphasenschlaf, bei dem Du nicht in einem langen Stück schläfst, sondern in mehreren Teilen. Du hältst einen mehr oder weniger lan-

---

16 Neumann, P (2014). Mehr Lebenszeit durch Mehrphasenschlaf. www.askensio.de/mehr-lebenszeit-durch-mehrphasenschlaf. Zugegriffen: 18. Dez 2014.
17 a.a.O.

gen Kernschlaf, der bei den extremen Schlafsystemen auch ganz wegfallen kann. Ergänzt wird der Kernschlaf durch eine Vielzahl von kurzen Nickerchen, die über den ganzen Tag (und die Nacht!) verteilt werden. [...] Es gibt mehrere verschiedene Schlafsysteme mit speziellen Eigenschaften. Davon suchst Du Dir dasjenige aus, welches am besten zu Deinen persönlichen Lebensumständen passt." [...] „Eine Stunde pro Nacht die weniger geschlafen wird, ergibt in Wochensumme nahezu einen weiteren Arbeitstag."[18]

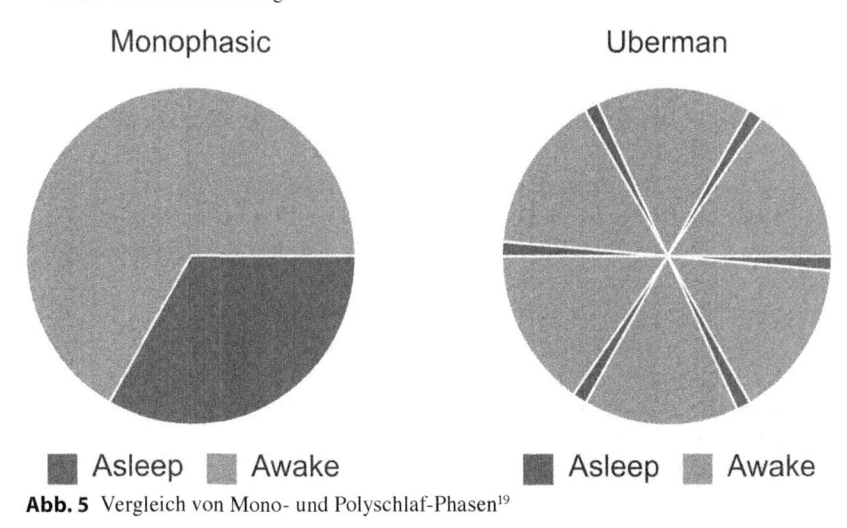

Abb. 5 Vergleich von Mono- und Polyschlaf-Phasen[19]

Das hier Gesagte klingt zwar wissenschaftlich, ist es aber nicht. Es schreiben keine Schlaf-Forscher, sondern ehrgeizige Schlaf-Experimentierer, die offenbar ihre körperliche und geistige Unversehrtheit leichtfertig aufs Spiel setzen und bei anderen dafür werben, es ihnen gleichzutun. Man möchte sich im Prinzip mehr bewusst gestaltbare Lebenszeit erkaufen. Fast lesen sich diese Absätze wie die Versprechungen einer Sekte („Der 24-Stunden Lifestyle").[20]

Angetrieben durch ein tief sitzendes Fortschrittsdogma wollen Menschen der „Bewegung" der Selbstüberwacher und Self-Tracker, den Risiken zum Trotz, na-

---

18 Arne Tensfeldt (o.J.). Was ist Quantified Self. www.was-ist-quantified-self.de. Zugegriffen: 19. Dez 2014.
19 Wikipedia (2015). Polyphasischer Schlaf. https://de.wikipedia.org/wiki/Polyphasischer_Schlaf. Zugegriffen: 08. Jan 2015.
20 Auch Sekten wie Scientology werben mit pseudowissenschaftlichen Aussagen einer angeblich maximierte Leistungsfähigkeit ihrer Anhänger.

türliche Grenzen überwinden. Man ignoriert hierfür sogar wissenschaftliche Erkenntnisse. Sei es noch so konventionell und altmodisch – der gesündeste Schlaf für Erwachsene, ist wie vor 10.000 Jahren und entsprechend der evolutionären Entwicklungsgeschichte des Menschen, ein einziger, wenig unterbrochener Schlaf. Und zwar in der Nacht. Nicht ohne Grund liegt die Lebenserwartung für Menschen, die regelmäßig in Nachtschichten arbeiten müssen, mehrere Jahre unter der von normal schlafenden Menschen.

Der Spiegel für den Effizienzwahn in Kultur und Literatur

Auch wenn sich die Selbstvermesser als Avantgarde einer neuen Gesellschaft fühlen, deren Lebensentwurf die Zukunft vorwegzunehmen vorgibt, zeigt bereits etwas ältere literarisch/künstlerisch geäußerte Kritik, dass Optimierungsutopien und Gegenpositionierungen nicht neu sind.

Zunächst seien in diesem Sinne einige ironische Zitate aus einem Lied der Band „Radiohead" aus dem Jahr 1997 dargestellt (Album „OK Computer"):

Radiohead – „Fitter Happier"
Comfortable, not drinking too much
Regular exercise at the gym 3 days a week
Getting on better with your associate employee contemporaries
At ease, eating well
No more microwave dinners and saturated fats [...]
Keep in contact with old friends, enjoy a drink now and then
Will frequently check credit at Moral Bank [...]
At a better pace, slower and more calculated
No chance of escape, now self-employed
Concerned but powerless
An empowered and informed member of society
Pragmatism, not idealism [...]
Less chance of illness [...]
Calm, fitter, healthier and more productive

Radiohead reihen in diesem Liedtext eine Vielzahl von Vorschriften für ein formalisiert-optimiertes Leben aneinander. Der Text liest sich wie zufällig zusammengewürfelte Versatzstücke aus Populär-Sachbuchliteratur zum Thema Lebensoptimierung. Ein wenig liest sich der Text auch wie eine misslungene Gebrauchsanleitung. Die Band holt offenbar weit aus in einem gelungenen Seitenhieb auf die „Höher-schneller-weiter-Rhetorik" in unserer Leistungsgesellschaft.

Sehr viel konkreter war der Autor Aldous Huxley bereits 1932 in seinem visionären Roman „Brave New World"[21] geworden. Er hatte das Bild einer dystopischen Gesellschaft gezeichnet, in der die grenzenlose Optimierung von Mensch und ökonomischem Output einzige Ziele sind. Für diesen Text relevante Themen sind in Form von Überschriften in eckigen Klammern hinzugefügt:

[Wirtschaftswachstum durch Technik und Erziehung:]
„Wir normen den Massen den Haß gegen landschaftliche Schönheiten ein", schloß der Direktor, „doch zugleich auch die Liebe zum Freiluftsport. Dabei achten wir darauf, daß jeder Sport den Gebrauch komplizierter Geräte nötig macht. Sie benutzen also nicht nur die Verkehrsmittel, sondern auch die Fabrikerzeugnisse." […]

[Daten-Sammelwahn und Ideologie der Quantifizierung:]
„Achtundachtzig Kubikmeter Karteikarten", erklärte Päppler mit Hochgenuß, als sie den Raum betraten. „Sämtliche notwendigen Angaben enthaltend", ergänzte der Direktor.
„Jeden Morgen auf den letzten Stand gebracht." „Und jeden Nachmittag in Tabellen zusammengefaßt." „Anhand deren die Berechnungen angestellt werden." […]

[Bedingungslose Selbstmotiviation zur Leistungserbringung:]
Ein wirklich leistungsfähiger totalitärer Staat wäre ein Staat, in dem die allmächtige Exekutive politischer Machthaber und ihre Armee von Managern eine Bevölkerung von Zwangsarbeitern beherrscht, die zu gar nichts gezwungen zu werden brauchen, weil sie ihre Sklaverei lieben.

[Überlegenheitsrhetorik über die Natur, Fortschrittsgläubigkeit:]
„Zu diesem Zeitpunkt wurden aus dem ursprünglichen Ei bereits acht bis sechsundneunzig Embryos – gewiß ein gewaltiger Fortschritt gegenüber der Natur!"

Huxley schrieb in den 1930er Jahren diese erstaunlich klugen Gedanken in seinen Roman, der beschreibt, wie sich Gesellschaft in Zukunft entwickeln könnte. Auch wenn wir heute in westlichen Ländern in relativer Freiheit leben, so wird erkennbar, wie sich Wirtschaftlichkeitsdenken verabsolutieren kann. Die Datensammelwut verbunden mit der ständigen Evaluierung von Leistungsdaten in allen Lebensbereichen findet sich auch in „Brave New World" – nur eben noch nicht mit digitalen Mitteln, sondern mit Karteikarten. Das Prinzip ist dasselbe. Ein Unterschied besteht darin, dass bei Huxley ausschließlich eine zentrale Erfassung und Kontrolle stattfindet und sich in unserer Gesellschaft mit dem Self-Tracking die Selbstüberwachung im Freizeitbereich *zusätzlich* zur zentralistischen Datensammelwut von Großunternehmen, Geheimdiensten oder Arbeitgebern (Leistungs-

---

21   Huxley, A. (1981). *Brave New World*. Fischer Taschenbuch Verlag.

daten) ausbreitet. Insofern sind viele Menschen in unserer Gesellschaft bereits radikalere Optimierer im Sinne von Huxley, als er es sich hatte vorstellen können. Mit Huxleys Worten handelt es sich um Menschen, die „zu gar nichts gezwungen zu werden brauchen, weil sie ihre Sklaverei lieben" – ja sogar ihre eigenen Sklaventreiber sind. Die kleinen Spielräume der Individualisierung (Hamburg oder Berlin, Android oder *Apple*, grüne Schuhe von *Nike* oder gelbe von *Adidas*) lassen viele Menschen glauben, dass sie absolut frei seien. Ein weiterer wichtiger Aspekt bei Huxley ist die menschliche Arroganz gegenüber der Natur, kombiniert mit einer unerbittlichen Normungs- und Gleichschaltungswut, die in seiner Dystopie deutlich über das hinausgeht, was in unserer Gesellschaft heute geschieht. Allerdings wird auch in unserer realen Welt an der Reproduktion im Reagenzglas und an der pränatalen Diagnostik gewerkelt. Alles mit dem Ziel weiterer Optimierungen für eine nicht perfekte Natur. Zudem treiben Leute wie die Self-Tracker Entwicklungen voran, deren Auswirkungen im Sinne einer zunehmend technokratischen und unfreien Gesellschaft nicht absehbar sind.

Weitere Kritik, die auf die Selbstvermesser passt, kommt von Michael Ende, geäußert in seinem Jugendroman „Momo" aus dem Jahr 1973. Ende richtete seinen Fokus auf die Lebensoptimierung im Kleinen und auf die Illusion, man könne durch „Zeiteinsparungen" Lebenszeit dazugewinnen:

> „Sehen Sie, lieber Herr Fusi", sagte der Agent, „Sie vergeuden Ihr Leben mit Scherengeklapper, Geschwätz und Seifenschaum. Wenn Sie einmal tot sind, wird es sein, als hätte es Sie nie gegeben. Wenn Sie Zeit hätten, das richtige Leben zu führen, wie Sie das wünschen, dann wären Sie ein ganz anderer Mensch. Alles, was Sie also benötigen, ist Zeit." [...] „Aber woher nimmt man Zeit? Man muß sie eben ersparen! Sie, Herr Fusi, vergeuden Ihre Zeit auf ganz verantwortungslose Weise." [...] „Wie lange schlafen Sie durchschnittlich pro Nacht?" forschte der graue Herr weiter. „Acht Stunden etwa", gestand Herr Fusi. [...] „Zweiundvierzig Jahre – täglich acht Stunden – das macht also bereits vierhunderteinundvierzigmillionenfünfhundertundviertausend. Diese Summe dürfen wir wohl mit gutem Recht als verloren betrachten." [...] „Nun kommt Ihnen aber auch noch eine gewisse Zeit abhanden durch die Notwendigkeit, sich zu ernähren. Wieviel Zeit benötigen Sie insgesamt für alle Mahlzeiten des Tages?" [...]
> „Fahren wir fort! Sie leben allein mit Ihrer alten Mutter, wie wir wissen. Täglich widmen Sie der alten Frau eine volle Stunde" [...]

In dieser Textpassage aus „Momo" werden die gesellschaftlichen Entwicklungen hin zur Rationalisierung aller Lebensbereiche durch „Graue Herren" symbolisiert, die eine ganze Gesellschaft zum „Zeitsparen", also zum kompromisslosen Effizienzdenken manipulieren. Das Optimierungsdenken des grauen Herren wird als so konsequent dargestellt, dass von Menschen wie dem Friseur Herrn Fusi erwartet wird, er solle seine Essenszeiten kürzen und alle Aktivitäten seines Lebens – auch jenseits des Arbeitslebens – stets zeitlich evaluieren. Auch die Länge des täglichen Schlafs solle überdacht werden – ganz ähnlich der Forderungen der Selbst-Quantifizierer in unserer Gesellschaft. Den Höhepunkt der Unmenschlichkeit stellt die Forderung dar, seiner Mutter weniger oder keine Zeit mehr zur Verfügung zu stellen, da diese Zeit für das berufliche Fortkommen und den Erfolg keinerlei Bedeutung habe.

Zum Schluss ...

Besonders offensichtlich wird das technokratische Menschenbild der Selbsttracker in einem Werbevideo für eine *Quantified-Self*-Konferenz: „WIRED HEALTH CONFERENCE – Living by numbers".[22] Das Video zeigt die Umrisse eines sehr eckig anmutenden menschlichen Abbilds, das durchs Bild läuft, von dem eckige Brocken abzufallen scheinen und das eckige Linien wie von Aktienkurs-Diagrammen hinter sich herzieht. Im Gewirr abfallender Teile und Linien erscheinen hinter ihm Zahlen wie „61/100, 022", die offenbar verschiedene körperliche Gesundheits- und Leistungsdaten anzeigen sollen. Der Mensch als technisches Objekt wird offenbar ernsthaft als positive Vision dargestellt.

---

22 WIRED (2012). Wired Health Conference: Synthetic Biology. www.youtube.com/watch?v=6NUejYvIy0w. Zugegriffen: 01. Sept 2013.

Abb. 6 „Wired Health Conference" – Mensch als Maschine

Dem in der Darstellung der Selbst-Quantifizierer transportierten Menschenbild ist nicht viel hinzuzufügen. Sie begreifen sich und ihren Körper als Produktionsfaktoren. Die Optimierung wird als Investition in die perfekte Gesellschaftsfunktion und damit ins eigene „Humankapital" gesehen.

Ökonomische Effizienz und technokratische Leistungsüberwachung sind Dreh- und Angelpunkte neoliberaler Pflichterfüllung. Diese spiegeln sich, wie in den Beispielen aufgeführt, auch im Privatleben leistungsorientierter Menschen wider.

Die Entwicklung hin zur Selbstüberwachung und Leistungskontrolle sollte mit Besorgnis genau verfolgt werden, hat die Geschichte doch gezeigt, dass fast alles, was technisch möglich ist, früher oder später auch getan wird. Zum Beispiel das Klonen von Säugetieren, pränatale Gentests, „grüne" Gentechnik, die Überwachung der gesamten weltweiten digitalen Kommunikation usw. Insofern sind auch die Bestrebungen zur Selbstvermessung mit Skepsis zu beobachten. Abgesehen von einigen positiven Nebeneffekten etwa für chronisch Kranke, bergen diese Technologien und die ihnen zugrundeliegende Weltanschauung für die meisten Menschen erhebliche Risiken. Nicht nur für ihren Körper, sondern vor allem für ihren Seelenfrieden und ihre Freiheit. Dies gilt langfristig leider auch für diejenigen, die sich bewusst derartigen Entwicklungen entziehen. Sind nämlich die ökonomischen Interessen oder die staatlichen Überwachungsambitionen nur stark genug ausgeprägt, können früher oder später auch diese Menschen gezwungen werden, Technologien anzuwenden, die sie eigentlich ablehnen. Wie geschehen etwa bei biometrischen Fotos in Pässen oder RFID-Chips in allerlei Plastikkarten zur personenbezogenen Identifikation.

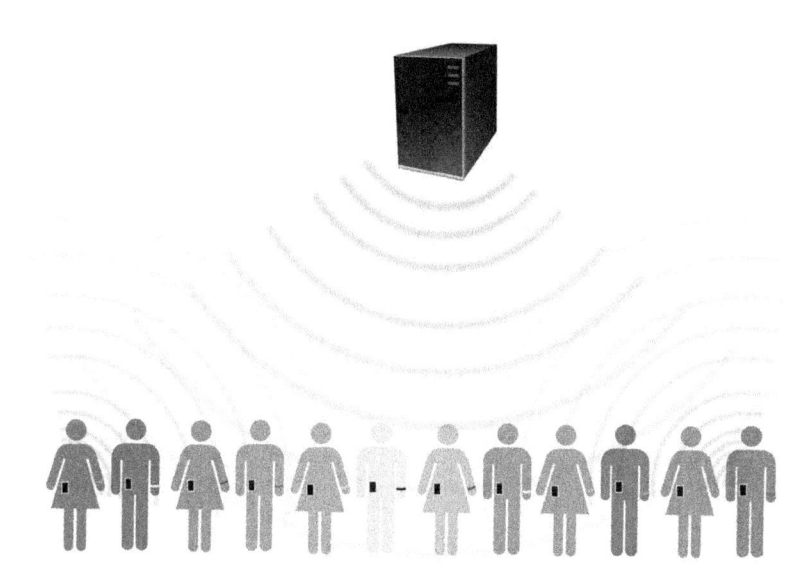

Abb. 7 Zusammenführung persönlicher Daten und Pseudoindividualität in der Konsum- und Leistungsgesellschaft (eigene Darstellung)

Literatur

BKK Bundesverband (2011). BKK-Untersuchung zu stressbedingten Krankheiten. Essen.
Emmert, B. (2013). Bachelorarbeit. Titel: „Sind wir bereit für den Big Data-Lifestyle? – Betrachtung und Analyse der Quantifed-Self-Bewegung im Umfeld von Big Data"
Fitbit.com (2015). www.fitbit.com/de/home. Zugegriffen: 20. Sept 2013.
Huxley, A. (1981). *Brave New World*. Frankfurt a.M.: Fischer Taschenbuch Verlag.
IIT Institute of Design (2015). https://www.id.iit.edu/media/cms_page_media/306/QS-EcosystemMap_2.pdf. Zugegriffen: 20. Sept 2013.
Meetup (2015). Quantified Self Meetups. www.quantified-self.meetup.com. Zugegriffen: 20. Juni 2015.
Neubauer, N. (2014). Startup Weekend Hamburg 2014 | aftermovie. www.youtube.com/watch?v=8_C6x0kd3ZA. Zugegriffen: 31. Dez 2014.
Neumann, P. (2014). Mehr Lebenszeit durch Mehrphasenschlaf. www.askensio.de/mehr-lebenszeit-durch-mehrphasenschlaf. Zugegriffen: 18. Dez 2014.
Dennis Singh (o.J.). Askensio. www.askensio.de. Zugegriffen: 18. Dez 2014.

Dennis Singh (o.J.). Askensio. www.askensio.de/ueber-lifemodding. Zugegriffen: 18. Dez 2014.
Stark, C. (2014). *Neoliberalyse – Über die Ökonomisierung unseres Alltags*. Wien: Mandelbaum Verlag.
Arne Tensfeldt (o.J.). Was ist Quantified Self. www.was-ist-quantified-self.de. Zugegriffen: 19. Dez 2014.
Wikipedia (2015). Polyphasischer Schlaf. https://de.wikipedia.org/wiki/Polyphasischer_Schlaf. Zugegriffen: 08. Jan 2015.
WIRED (2012). Wired Health Conference: Synthetic Biology. www.youtube.com/watch?v=6NUejYvIy0w. Zugegriffen: 01. Sept 2013.
WIRED (2012). Wired Health Conference: Quantified Self. www.youtube.com/watch?v=moEXxSdKqpc. Zugegriffen: 01. Sept 2013.
Gary Wolf. TED (2010): The quantified self. www.ted.com/talks/gary_wolf_the_quantified_self.html. Zugegriffen: 20. Sept 2013.

Ausweitung der Kampfzone

Rationale Diskriminierung durch Lifelogging und die neue Taxonomie des Sozialen

Stefan Selke

1 Einleitung: Zoomendes Denken über neue Phänomene

Beim M.E.S.H. Camp 2015[1], einem Treffen der Start-Up-Szene im Bereich Healthcare präsentierte der Biohacker Tim Cannon (s)eine mögliche Zukunft.[2] Er implantierte sich Sensoren unter die Haut und steuerte damit zahlreiche Kreisläufe, z.b. die Heizung seines Hauses: „This makes the house part of my body." Dieses Beispiel recht weit über popularisierte *Lifelogging*-Anwendungen wie Fitnessarmbänder oder Schlaftracking hinaus.[3] Gleichwohl wird damit ein möglicher Korridor für Entwicklungen – zwischen Technik und Kultur – deutlich. Jim Gemmell, Software-Architekt bei *Microsoft-Research* und Gründer der Thing-Logging Plattform *Trōv*, prognostiziert gar den Anbruch einer neuen Ära, des „Lifelogging-Jahrzehnts. (...) Die Welt, wie wir sie kennen, wird sich (...) komplett ändern."

---

1 M.E.S.H steht für Medical Entrepreneur Start-up Hospital. Bei dem Event und Pitch-Wettbewerb treffen sich Start-ups mit Krankenkassen, Ärzten und Pharma-Firmen.
2 Tim Cannon ist Softwareentwickler, Entrepreneur und Gründer der Biotech-Firma *Grindhouse Wetware* (http://www.grindhousewetware.com). Er war Sprecher auf dem M.E.S.H. Camp. Das Zitat basiert auf einer Mitschrift des Autors.
3 Zu einer Definition und Abgrenzung von *Lifelogging* vgl. die Einleitung des Autors in diesem Sammelband.

(Bell und Gemmell 2007, S. 4) Sind derartige Aussagen bereits Ausdruck der Gewöhnung an immer alltagstauglichere Technologien oder bereits ein seismographischer Hinweis auf einen Riss im sozialen Kitt?

Aufgabe einer (Öffentlichen) Soziologie ist es, in „dialogischer Komplizenschaft" (Selke 2015) mit der Praxis Wechselwirkungen zwischen „public issues" und „private troubles" deutlich zu machen. Hierzu schlug C. Wright Mills bereits Ende der 1950er Jahre eine Haltung vor, die er „sociological imagination" (dt.: das soziologische Denkvermögen) nannte. Es kann als geistiges Vermögen zur Diagnose der eigenen Epoche verstanden werden, als „zoomenden Denken" (wie ich es nenne) oder als „Fähigkeit, von völlig unpersönlichen und fernliegenden Veränderungen zu den intimsten Zügen des menschlichen Wesens gehen zu können – und die Beziehungen zwischen beiden zu sehen. (...) Deshalb hoffen die Menschen (...), mit Hilfe soziologischen Denkens zu begreifen, was in der Welt vor sich geht." (Mills 1963, S. 44) Wenige Phänomene sind gegenwärtig besser dafür geeignet, zoomendes Denken einzuüben, als *Lifelogging*. Welche Folgen für Individuen und Gesellschaft sind mit digitalen Lebensprotokollen verbunden? Umgekehrt lässt sich aber auch fragen, welche Gesellschaft eigentlich die Voraussetzung für die gängigen Selbstvermessungspraxen ist.

In diesem Beitrag umreiße ich das Phänomen *Lifelogging* aus einer Perspektive des gesellschaftlichen Wandels und behaupte, dass sich durch *Lifelogging* (verstanden als disruptive Technologie) die kulturelle Matrix (verstanden als das Set aller Regeln des Zusammenlebens) langfristig verändern wird. Neben Potenzialen eines Lebens mit Zahlen (2) treten schleichend Pathologien der Quantifizierung (3) auf. Meine Kernthese besteht dann in der Feststellung einer neuen Taxonomie des Sozialen, die sich prinzipiell auf alle Lebensbereiche auswirkt. Dieses Prinzip nenne ich *rationale Diskriminierung* (4). Im Mittelpunkt steht dabei die Vorstellung eines neuen ungleichheitsproduzierenden sozialen Organisationsprinzips. *Lifelogging* kann zunächst dreierlei sein: autoethnografisches Forschungsinstrument, Selbsterkenntnis in Szenen und kommerzialisierte Alltagspraxis.

Lifelogging als Forschungsinstrument[4]

Vor allem um die Erfassung visueller Daten hat sich mittlerweile eine eigene Forschungscommunity gebildet, die sich z.B. anlässlich der SenseCam-Konferenzen trifft. Die *SenseCam* ist der Ur-Typ einer tragbaren Lifelogging-Kamera und wurde 2003 von *Microsoft Research* entwickelt wurde. Mittlerweile existiert

---

4   Dieser Aspekt kann hier aus Platzgründen nicht näher ausgeführt werden.

ein eigener Markt für diese Kameras (*Vicon Revue*, *Memoto* etc.). Sie werden im Kontext *autoethnografischer Studien* für Datenerhebungen im Bereich Tourismus, Bildung, Museumspädagogik, Sozialraummonitoring oder bei Studien mit (dementen) Patienten oder zur Überwachung von Diätpatienten eingesetzt – immer dort also, wo das eigene (räumliche) Umfeld möglichst automatisch erfasst werden soll. Mittels *Lifelogging* ergibt sich also eine Erweiterung klassischer Methoden der qualitativen (teils auch quantitativen) empirischen Sozialforschung.

Selbsterkenntnis in Szenen

Deutlich prominenter als die Nutzung wissenschaftlicher Forschungsinstrumente[5] sind Anwendungsformen in Szenen wie *Quantified Self (QS)*, in denen sich weltweit technikaffine „early adopter" treffen und austauschen. Immer mehr Anhänger dieser Bewegung vermessen sich, um Leistung, Gesundheit oder Wohlbefinden zu verbessern, seit der Technikjournalist Gary Wolf das Bekenntnis dieser Bewegung programmatisch auf den Punkt brachte: „Self Knowledge through numbers" (Wolf 2010). In diesen Szenen treffen sich Anhänger der Selbstvermessung regelmäßig zu *Meetups* und tauschen Erfahrungen aus.[6] Bei dieser Beschreibung des Feldes kann nicht stehen geblieben werden. Obwohl mein eigener Blick auf *Lifelogging* eher skeptisch ausfällt, werde ich im Folgenden zunächst einige Potenziale vor allem popularisierter Selbstvermessungspraxen vorstellen.

---

5 Vgl. hierzu auch den Beitrag *Selbstvermessung als Wissensproduktion* von Nils B. Heyen in diesem Sammelband, der die Grenzverschiebungen zwischen wissenschaftlicher und proto-wissenschaftlicher Forschung sowie die damit verbundenen Innovationen aufzeigt.

6 Eine Analyse dieser Szenen erscheint vor allem unter kulturanthropologischen Gesichtspunkten (Rituale, Grenzen) interessant. Randbereiche von *QS* können auch der Biohacking-Szene zugerechnet werden. Dabei wird vor dem Hintergrund der transhumanistischen Philosophie eine neue Formen der Ko-Evolution von Mensch und Technik und damit eine Entgrenzung des biologischen Körpers angestrebt. Da in mehreren Beiträgen dieses Bandes ausführlicher auf die *Quantified Self*-Szene eingegangen wird, kann ich mich hier ebenfalls kurz fassen.

2 Leben mit Zahlen: Potenziale von Lifelogging

Lifelogging, verstanden als umfassende Lebensprotokollierung, birgt zweifellos Potenziale. Die Wichtigsten sind: Verobjektivierung durch Vermessung, Optimierung durch Feedback sowie Emanzipation und Wissenstransfer.

Verobjektivierung durch Vermessung

Zunächst kann es zu einer *Verobjektivierung der Selbstwahrnehmung* kommen, wenn Mensch und Maschine „verschmelzen". So sieht es einer der beiden Gründer der Selbstvermessungsszene *Quantified Self*, Gerry Wolf. In seinem Manifest *The Data-Driven Life* kritisiert er subjektive Verzerrungen und blinde Flecken bei unserer Selbstwahrnehmung. Seine Forderung lautet daher konsequent: „We need the help of machines" (Wolf 2010). *Lifelogging* basiert auf dem Versuch, potenzielle Selbsttäuschungen auszuschalten und gegen objektive und rationale Messungen zu ersetzen. Hierbei orientieren sich die Selbstvermesser implizit an vorgängigen Rationalisierungstechniken und -anweisungen. Sie folgen der Vorstellung „intellektualistischer Rationalisierung", wie sie von Max Weber paradigmatisch formuliert wurde (Weber 1995, S. 18). Weber wies darauf hin, dass Rationalisierung nicht auf Wissen, sondern auf Vertrauen in Wissen basiert. Trotz oder gerade wegen des wissenschaftlichen Fortschritts wissen wir nicht grundsätzlich mehr, aber wir glauben daran, dass wir es *prinzipiell* wissen könnten. Die Rationalisierung des Selbst setzt dabei auf das „Ordnen und Systematisieren der Wirklichkeit, um sie vorhersehbar und beherrschbar zu machen" (Loo und Reijen 1997, S. 34). Alles, was hilft, planmäßig und zweckgerichtet vorzugehen und damit die persönlichen Erträge zu optimieren, ist willkommen. Wichtig ist dabei der Glaube an das Prinzip der Verbesserung. Oder besser noch, an den Willen, nicht nur zu optimieren, sondern sogar noch *die Optimierung zu optimieren*.[7]

Optimierung durch Feedback

Dieser Optimierungsanspruch kann auch als eine Reaktion auf soziale Erschöpfungsdiagnosen auf individueller (Ehrenberg 2004) und gesellschaftlicher Ebene (z.B. Neckel und Wagner 2013; Grünewald 2013) verstanden werden. Der menschliche Körper wird in der Folge als Objekt einer „Upgradekultur" (Spreen 2015)

---

7 Vgl. dazu Kursbuch Nr. 171 (2012) mit dem Titel „Besser optimieren".

betrachtet, zu dessen *Enhancement* neben bio-chemischen Mitteln[8] auch vermehrt technische Prothesen (Harrasser 2013) genutzt werden. Da wir inzwischen in einer „Always-On-Gesellschaft" (Kimpeler 2010, Henning 2015) leben, in der Daten fast unbegrenzte Wertigkeit und Autorität zugesprochen wird, erscheint das als kaum noch hinterfragbar.

Die Faszination der Selbstvermessung mit der damit verbundenen Kennzahlengläubigkeit wird in diesem euphorischen Zitat beispielhaft deutlich: „Erhebend ist das Gefühl, die Linien in der grafischen Darstellung sich verschmelzen zu sehen, also eine Übereinstimmung vom subjektiven Selbstbild und Realbild zu haben" (Pauk 2014, S. 43). Hier könnte aus einer soziologischen Perspektive vor allem an das Thomas-Theorem erinnert werden: „If men define situations as real, they are real in their consequences." (Thomas und Swaine 1928, S. 572). Wer an die Zahlen glaubt, trägt dazu bei, dass damit neue Wirklichkeitskategorien erzeugt werden, die den Referenzrahmen für die eigene Situationsdefinition und damit das eigene Verhalten abgeben.

Emanzipation durch Kollaboration und Wissenstransfer

Digitale Selbstvermessung und das Teilen von Daten kann durchaus hilfreich für Menschen sein, die eine (seltene oder chronische) Krankheit haben, zu der es keine konventionelle Behandlungsmethode oder passende Medikamente gibt. Das Vermessungs-Paradigma kommt z.b. in *Health Social Networks* wie *CureTogether* oder *PatientsLikeMe* zum Ausdruck. Dabei versuchen Patienten gemeinsam Daten zur Anwendung von Medikamenten oder Therapien zu aggregieren, um in einem kollaborativen bottom-up-Prozess Wirkungsversprechen der Pharmaindustrie kritisch zu evaluieren, als Gegenexperten aufzutreten oder durch die gemeinsame Reflexion ihrer persönlichen Erfahrungen dazu beizutragen, neue Heilmethoden zu entwickeln. Sie versuchen, der herrschenden informationellen Hegemonie und der oft kritisierten Expertenhörigkeit zu entkommen. Zugleich kommt es dabei zu Formen des Wissenstransfers zwischen Laien und Experten.[9] Bei einigen dieser Anwendungen arbeiten Patienten mit Ärzten zusammen, um aus ihren Datensammlungen bessere Heilverfahren für ihre jeweilige Krankheit ableiten zu kön-

---

8   Bezeichnenderweise thematisierte der Siegerfilm *SRYBSY* (kurz für: sorry, very busy) im Foresight-Filmfestival 2015 diese Form der Selbststeigerung, vgl. http://foresight-filmfestival.de/portfolio/sry-bsy/. Zugegriffen: 08. Nov 2015.
9   Vgl. ebenfalls dazu den Beitrag *Selbstvermessung als Wissensproduktion* von Nils B. Heyen in diesem Sammelband.

nen. Tatsächlich konnten z.B. Migränepatienten gemeinsam nachweisen, dass ein bestimmtes Medikament die Wahrscheinlichkeit für Schwindelanfälle vervierfacht (Betge 2012, S. 124). Die damit verbundenen Wissenstransformationen müssen empirisch noch näher in den Blick genommen werden, wobei sich hier grundlegend die Frage stellt, wie partikularistisches Wissen durch Selbstvermessung zu universalistischem oder generalisierbarem Wissen werden kann, das allgemeine Verwendung finden kann.[10]

3 Leben in der versachlichten Realität: Pathologien der Quantifizierung

Im Folgenden nehme ich nun explizit einen kritischen Blick auf *Lifelogging* ein. Zunächst gilt es nach den Gründen für die Verbreitung von *Lifelogging* zu fragen. Danach stellt sich die Frage, wie sich Normen der Selbstbeobachtung hin zu permanenter Selbstüberwachung (der eigenen Gesundheit, des körperlichen Wohlbefindens, der eigenen Leistungsfähigkeit etc.) sowie zu Kontrolle dieser Kategorien zwischen peer-to-peer Bezugsgruppen (horizontale Kontrolle) verschieben und welche gesellschaftlichen Folgen damit verbunden sind.

Privatisierte Kontingenzreduktion

Die Lust an der boomenden digitalen Selbstverdatung korrespondiert vor allem mit der Angst vor Kontrollverlust in modernen Gesellschaften. Gefahren werden in (berechenbare) Risiken und (erwartbare) Sicherheiten zerlegt, um so die Beherrschbarkeit der Welt zu suggerieren. Im Zwischenraum zwischen diffusen Erwartungen und vorenthaltenden Erfüllungen etablieren sich neue Versuche die omnipräsente Unsicherheit der Welt zu minimieren. Diese Sehnsucht nach Kontrolle beruht auf einer generalisierten Angststörung, meist unbegründeter Furcht oder einem ostentativ vorgetragenes „Leiden an der Welt".[11] *Lifelogging* kann daher übergreifend als digitales Sinnbasteln verstanden werden. Die Daten haben die

---

10 Mit dieser Fragestellung beschäftigt sich das vom BMBF geförderte Projekt „Wissenstransfer 2.0. Formen und Potenziale nicht-zertifizierter Expertise für Lebenswissenschaften und Medizin." Vgl.: https://www.uni-hamburg.de/fachbereiche-einrichtungen/fg_ta_med/projekte/wisstrans_2_0.html. Zugegriffen: 08. Nov 2015.

11 Fast entsteht der Eindruck, dass „German Angst" zu einem Kulturgut avanciert, mit der sich fast jede Form der Kontrolle, auch der Selbstkontrolle, legitimieren lässt.

Funktion von „Deichen" der digitalen Gesellschaft: Sie schützen vor dem jähen Einbruch des Unbekannten und Unvorhergesehenen.

Die Nachfrage nach *Schutz durch Berechenbarkeit* ist eine der vielen Reaktion auf die „flüssige Moderne" (Baumann 2012), in der Individuen ständig *exogene* Veränderungen und Unsicherheiten hinnehmen müssen, die sie nicht beeinflussen können. Aus der Resignation vor dem gefühlten Kontrollverlust in Risiko- und Nebenfolgengesellschaften resultiert eine Hinwendung zu denjenigen Feldern, die als *endogen* beherrschbar erscheinen. Der Vertrauensverlust in (politische) Institutionen und die mangelnde Selbststeuerungsfähigkeit moderner Gesellschaften verstärken die Sehnsucht nach positiven Selbstwirksamkeitserfahrungen und unmittelbarem Feedback. Der Philosoph Giorgio Agamben weist darauf hin, dass dies auch aus der Ablösung des politischen Denkens durch das ökonomische Denken herrührt: „In Ermangelung historischer Aufgaben ist das biologische Leben zum letzten politischen Auftrag des Abendlands erklärt worden" (Agamben 2015, S. 39). Es zeigt sich also, dass die Herrschaft des ökonomischen Paradigmas mit dem einhergeht, was man seit Michel Foucault Biopolitik nennt: die Besorgung des Lebens als eminent politische Aufgabe, die zugleich auch ein private Aufgabe ist.

Aus diesem Verlangen nach *privatisierter Kontingenzreduktion* resultiert der Rückzug auf die Maßstabsebene des Beherrschbaren – und das ist vor allem der eigene Körper, der durch Monitoringmaßnahmen in den „sorgenden Blick" genommen wird. Selbstvermessung ist also kein digitaler Narzissmus, wie einige Feuilletonisten vorschnell etikettierten. Es geht bei *Lifelogging* eher um die Suche nach einer Strategie der Lebensbewältigung, als um Selbstverliebtheit. Kontingenz – also die Wahrnehmung eines „Es-könnte-immer-auch-ganz-anders-sein" zwingt dauernd zum Umgang mit offenen Möglichkeiten. Indem die Welt in der Maßstabsebene des Beherrschbaren immer detaillierter untersucht wird, findet eine Verinnerlichung (Endogenisierung) desjenigen Risikomanagements statt, dass in der „Welt draußen" nicht mehr gelingt. Diese privatisierte Kontingenzreduktion (Krause 2005) bewirkt, dass der Glaube daran, mit Zahlen das Chaos bändigen zu können, ansteigt und die Illusion der Beherrschbarkeit wiedergewonnen wird. Die Illusion der Vermessbarkeit (von fast allem) ist vielleicht das letzte Mittel gegen eine „transzendentale Obdachlosigkeit" (wie dies bereits 1916 Georg Lukács nannte) in einem Jahrhundert, in dem Sinn die primäre Mangelware darstellt (Selke 2012). Dem Verlust politischer Utopien und metaphysischer Geborgenheit setzen Selbstvermesser die Sinnformel entgegen, nach der sich Selbsterkenntnis durch Datensammlungen steigern ließe.

Kommensuration

Der Glaube an die prinzipielle Vermessbarkeit von fast allem ist eine smarte Ideologie, „die ihre Macht aus der Inszenierung eines allgegenwärtigen Scheins der Objektivität bezieht" (Distelhorst 2014, S. 19). Die Quantifizierung selbst beinhaltet letztlich immer ein Kontrollelement. Sie ist nichts anderes als ein Nützlichkeitsnachweis mit Feedbackfunktion in Echtzeit. Maßgeblich ist hierbei die Zerlegung persönlicher Zustände und sozialer Tatbestände in Statistiken,[12] wobei sinnhafte Zusammenhänge und alltägliche Verständnisweisen verloren gehen können.

Lifelogging basiert zudem auf Kennzahlengläubigkeit und der Verwechslung des Ganzen mit seinen Teilen. Das Problem der Kommensuration – also der Fehler, qualitative Eigenschaften in quantitative Werte zu transformieren um sie damit messbar und vergleichbar zu machen – erzwingt, dass völlig heterogene Daten zu einem Gesamtbild zusammengesetzt werden, was oft genug im Widerspruch zu lebenspraktischen Bezügen steht.

Digitale Selbstvermessung ist auch dann anfällig für diesen Kategorienfehler, wenn mehr und mehr Einzelaspekte vermessen werden. Gerade dann tritt das Messen selbst in den Vordergrund, was nichts anderes bedeutet, als dass die eigentlichen Ziele von den Mitteln der Datenerfassung dominiert werden. Diese *gestörte Zweck-Mittel-Balance* ist eine der augenfälligsten Pathologien der Quantifizierung. Was dabei allerdings schnell in den Hintergrund gerät, ist die Tatsache, dass Durchschnittswerte und Lebenswirklichkeit meist nicht viel miteinander zu tun haben.[13] Dadurch verändert sich das Wissensgefüge in Richtung der Überbetonung von *know-how* bei gleichzeitigem Verlust von *know-why*. Die technisch mögliche Kategorisierung äußerer und selbst innerer Zustände (etwa durch „mood tracking") macht deutlich, dass prinzipiell alle biologischen Zustände hierarchisiert, entkontextualisiert und dadurch sozial vergleichbar gemacht werden können. Jede Form der digitalen Spurensicherung erweist sich damit als Form des praktischen Umgangs mit dem Körper. Auf *Deutungswissen* und alternative Lesarten wird immer weniger Rücksicht genommen, je häufiger die selbst erhobenen Daten auf eHealth-Plattformen zum Vergleich bereit stehen und sich dezentrale, selbstregistrative Datenpraktiken mit zentralen, administrativen Sozial-, Gesund-

---

12 Vgl. hierzu den Beitrag *Die Statistik des Selbst - Zur Gouvernementalität der (Selbst) Verdatung* von Thorben Mämecke in diesem Sammelband.

13 Ein eher literarisches Beispiel kann dies versinnbildlichen: Als Goethe, hochbetagt, gefragt wurde, ob der ein glückliches Leben gehabt hatte, antwortete der Dichter: „Ja, ich hatte ein sehr glückliches Leben. Aber ich kann mich an keine einzige glückliche Woche erinnern" (zit.n. Baumann 2014, S. 66).

heits- oder Konsumstatistiken vermischen. Durch den Mangel an Deutungs- und Interpretationsfähigkeit kommt es aber letztlich zu einer normalisierenden Selbstverdatung und Homogenisierung gesellschaftlicher Praktiken, die eine übergreifende Sinnorientierung vermissen lassen.

Körperkapital

Durch den Rückzug auf die Maßstabsebene des Beherrschbaren erhält der eigene Körper fast automatisch einen anderen Status. Er wird zur „Baustelle" und die an ihn gebundene Gesundheit zur Ersatzreligion. Die damit erzielte Umwandlung des Körpers zum Lifestyle-Produkt und zum Tempel kann anhand des Konzepts des *korporalen Kapitals* nachvollzogen werden (Schröter 2009). Zu den von Pierre Bourdieu differenzierten Kapitalsorten (ökonomisch, sozial, kulturell) tritt also eine neue hinzu.

In einer Gesellschaft, der (zumindest stellenweise) die Erwerbsarbeit ausgeht, wird vor allem der Erhalt der Gesundheit zur Arbeitsform (v)erklärt. Der Einzelne wird zum Manager seiner Gesundheit, so wie er auch schon im Bereich der Erwerbsarbeit zum Unternehmer seiner selbst (Bröckling 2007) geworden ist. Der Körper erhält damit den Status eines Investitionsobjekts. Die Soziologin Nina Degele nennt dies „Schönheitshandeln" und weist dieser Tätigkeit einen *instrumentellen* Charakter zu: Wer schön sein will, muss erfolgsorientiert und kompetent vorgehen: „Schönheitshandeln (…) ist ein Medium der Kommunikation und dient der Inszenierung der eigenen Außenwirkung zum Zweck der Erlangung von Aufmerksamkeit und Sicherung der eigenen Identität" (Degele 2004, S. 10). Schönheit ist also einerseits individuell, weil damit Individualität, Autonomie und Authentizität erreicht werden kann. Andererseits aber auch sozial, weil es um Anerkennungseffekte und Kompetenzzuschreibung geht. Beides verstärkt sich wechselseitig: „Ideologisch wird privates Schönheitshandeln, wenn es zum gesellschaftlich notwendigen ‚impression management' gehört, als autonom und selbstbewusst zu erscheinen" (Degele 2004, S. 13). Der Effekt dieser Praxis wird registriert – mit Blicken und anhand von Daten. Der expressive Körper und die demonstrative Gesundheit sind Symboliken, die gesellschaftlich bewertet werden. Gesundheit und Fitness gelten „als Symbol für Körperdisziplin und Attraktivität" (Schröter 2014, S. 32), Komponenten also, die zu Status und Macht führen. Leben wird als Projekt begreifbar, in das regelmäßig investiert werden muss, um der eigenen *Austauschbarkeit* vorzubeugen und als nützlich angesehen zu werden. Diese Intention erkannte schon 1929 der Soziologe Siegfried Kracauer in der Beobachtung der vielen, damals gerade neu entstandenen Schönheitssalons in Berlin. In seinem

Klassiker *Die Angestellten* (Kracauer 2013, S. 25; Hervorhebung durch den Autor) resümiert er, über die Ursachen des Booms – und findet eine bis heute faszinierende Erklärung:

„Der Andrang zu den vielen Schönheitssalons entspringt auch Existenzsorgen, der Gebrauch kosmetischer Erzeugnisse ist nicht immer ein Luxus. *Aus Angst, als Altware aus dem Gebrauch zurückgezogen zu werden*, färben sich Damen und Herren die Haare, und Vierziger treiben Sport, um sich schlank zu erhalten."

Den Menschen ging es vor allem um den Erhalt der eigenen Marktfähigkeit.[14] Der natürliche Körper wurde zum bearbeitbaren Material, das in einer Reparatureinstellung behandelt wird. Tatsächlich finden sich in der Selbstvermessungsszene zahlreiche mechanistische und funktionalistische Bilder eines in Einzelteile zerlegbaren Körpers, der bei Defekten selbst repariert oder in entsprechende Werkstätten gebracht werden kann. Jede Form digitaler Spurensicherung erweist sich damit als „Fenster in den Körper", wobei sich der Mensch durch Naturalisierung von einem Subjekt in ein Objekt wandelt und das eigene Leben den Status eines Projekts erhält.

Erst durch *demonstrative* Gesundheit und Fitness kann korporales Kapital gesellschaftlich bewertet werden. „Körper werden trainiert und therapiert, rehabilitiert und repariert, sozial diszipliniert und ästhetisch modelliert" (Schröter 2009, S. 252). In einem dynamischen Prozess wird der eigene Symbolwert immer wieder verbessert. Innerhalb einer sich immer weiter verbreitenden Präventionslogik (Kühn 1993; Lengwiler 2010) wird die Investition in Körperkapital zu einer alltäglichen, individuellen und eigenverantwortlichen Aufgabe, deren Nichterfüllung mit Sanktionen einhergeht.

Die Lust an der digitalen Selbstkontrolle durch Selbstvermessung erwächst dabei (psychoanalytisch argumentiert) aus dem Gebot des Triebverzichts. In einer Gesellschaft, in der die Leitwerte Schlankheit, Sportlichkeit, Gesundheit, Produktivität und Effektivität sind, ist Triebverzicht tatsächlich rational. Nur dadurch kann die eigene soziale Position gesichert oder markiert werden kann. Dies schafft den Nährboden für die exklusive Lebensformen des digitalen *Wohlstandsasketismus*': Verzicht erfolgt nicht mehr aus Mangel, sondern aus Einsicht in die Aussagekraft der Daten.

---

14 Um Körper anschaulich funktionsfähig zu erhalten, eignen sich vielfältige Arten der Investition: Pflegende Kosmetika ebenso wie Anti-Aging-Produkte; Sport- und Fitnessprogramme ebenso wie Social-Egg-Freezing (vgl. Bozzaro 2014).

Konkrete Ökonomie und Kommodifizierung des Menschen

Heute brauchen Karriere und Erfolg immer wieder Performance und Anpreisung, wobei das Wissen um das eigene „Ich" zur Pflichtübung wird. Kevin Kelly, einer der Gründer von *QS*, ist zugleich prominenter Ideengeber der neoliberalen Ökonomie. Mit seinem Buch *Neue Regeln für die New Economy* legte er jene Prinzipien fest, die gegenwärtig in der Big-Data-Idee aufgehen. Der bemerkenswerte erste Satz darin lautet: „No one an escape the transforming fir of machines. Technology, which one progressed at the periphery of culture, now engulfs our minds as well as our lives. Is it any wonder that technology triggers such intense fascination, fear, and rage" (Kelly 1999, S. 1). Die Maschine – das ist in diesem Fall der Markt. *Lifelogging* bringt Menschen dazu, das eigene Leben marktfundamentalistisch zu organisieren. Kelly, der mit Gary Wolf den neuen Selbstvermessungskult etablierte, verlangt, dass der Mensch „selbst zum Werkstück [wird], das seinen Wert erst durch Verarbeitung und Tausch bekommt." (zit. n. Schirrmacher 2013, S. 227).

Die Maxime optimierter Selbstrationalisierung entfaltet ihre Wirksamkeit besonders dort, wo es um die eigene Gesundheit geht. Statt einer Sinnorientierung folgen Selbstvermessungsprojekte latent ökonomischen Logiken. Strategien wie Effizienzsteigerung und Selbstoptimierung pervertieren zum Dopingmittel Wettbewerbsfähigkeit. In meritokratischen Gesellschaften, die (noch) dem Mythos Leistungsgerechtigkeit folgen (Distelhorst 2014) agieren wir ständig marktkonform und versuchen, uns als „Lebendbewerbung" anzupreisen und zu beweisen. Da inzwischen fast alles marktförmig organisiert ist (Arbeitsmärkte, Beziehungsmärkte, Bildungsmärkte etc.), lernen wir immer häufiger, anhand von Kennzahlen in diesen Märkten zu navigieren. Der Rationalitätsmythos zahlenbasierter Objektivität nährt den fast alternativlosen Glauben an „Scores" und „Rankings". Nur was sich messen lässt, kann auch verbessert werden – so der an Managementtheorien geschulte Common Sense. Wo mit Vorteilen gelockt wird, liefern Selbstvermesser Daten sogar „freiwillig" ab. Nur zwei Beispiele: Die Düsseldorfer *SparkassenDirektVersicherung* erprobt seit Anfang 2014 ein Scoring-System. Dabei werden Telematik-Boxen in private Pkws eingebaut, die automatisch Fahrdaten an eine Zentrale übermitteln. Ein errechneter Index bringt dem Nutzer im besten Fall einen Rabatt von fünf Prozent auf die Jahresversicherungspolice ein (Leipold 2015). Die *AXAWinterthur* belohnt „sicheres Fahren" für alle unter 26 Jahren, die ihre Fahrverhalten mit einem „Drive Recorder" aufzeichnen lassen mit bis zu 25%

Rabatt.[15] Aus der Werbung: „So können Sie ihren Fahrstil online jederzeit einsehen und auswerten."

Zu leben bedeutet immer häufiger, sich unter Wettbewerbsbedingungen selbst so zu (re)konfigurieren, als wäre man eine Maschine, die optimal funktionieren soll – *Daten gegen Wohlstandsverwahrlosung*. In allen nur denkbaren Bereichen des Lebens sind Nützlichkeitsdenken, Kosten-Nutzen-Analysen und Effizienzberechnungen gegenwärtig. Vermarktbare Leistung wird in allem gesucht, was quantifizierbar ist: „Joggen wird zur Leistung, ebenso wie Sightseeing oder das verfügbare Repertoire an Sexpositionen." (Distelhorst 2014, S. 13). Berechenbarkeit gilt als idealtypischer Ausdruck leistungsgerechter Lebensführung. Derart erklärt sich auch die Leitformel der *QS*-Bewegung („Self-knowledge through numbers") als Triumph des neoliberalen Denkens im Alltag (Stark 2014).[16] Wir leben inzwischen im Zeitalter einer Ökonomie des Konkreten, auch wenn etwa der Philosoph Martin Seel warnt, das die messbare Welt eben nur die messbare Welt sei und nicht die wirkliche Welt (Seel 2009).[17]

4 Leben mit rationaler Diskriminierung: Die neue Taxonomie des Sozialen

Nimmt die autoritative Macht der Daten weiter zu, dann entsteht eine neue Diskriminierungsform, *rationale Diskriminierung*. Der erste Begriffsanteil betont hierbei die Methode, der zweite die Folgen. *Rational* heißt diese Form der Diskriminierung, weil sie davon ausgeht, dass prinzipiell alles ergründbar und erklärbar ist. Aus wissenschaftlichen (oder zumindest proto-wissenschaftlichen) Selbstexperimenten werden dabei vermeintlich objektive, reliable und valide Daten nach transparenten Messverfahren abgeleitet, wobei vordergründig keine irrationalen oder destruktiven Abwertungsmotive handlungsleitend sind.

Die Praxis der Lebensführung richtet sich dennoch immer deutlicher zwischen zwei „Polen" aus: Einerseits verschiebt sich die „Decke der Perfektion" immer

---

15 https://www.axa-winterthur.ch/de/privatpersonen/angebote/drive-recorder. Zugegriffen: 18. Aug 2015.

16 Vgl. dazu den Beitrag *Der neoliberale Zeitgeist als Nährboden für die digitale Selbstvermessung* von Christopher Stark in diesem Sammelband.

17 Vgl. hierzu: „Wirklichkeit ist in Wirklichkeit Möglichkeit: eine sich ständig verändernde Konstellation von Gelegenheiten, die eintreten und ausbleiben, ergriffen und nicht ergriffen werden. Wer nur die eine Seite sieht, ist im wörtlichsten Sinn verrückt. Realität ist kein Faktum. Sie ist bestimmt und unbestimmt. Sie legt und fest und bleibt und offen (Seel 2009, S. 11).

weiter nach oben: Digitale Selbstvermessung wird als ein Mittel verklärt, mit dem symbolisch überhöhte Ziele der Lebensführung erreichbar werden. Andererseits senkt sich der „Boden der sozialen Respektabilität" immer weiter ab, indem ganze Bevölkerungsgruppen durch Prekarität (d.h. Vereinzelung und Verunsicherung) stigmatisiert und exkludiert werden, was sich auch an numerischen Darstellungen sozialer Stratifikation (z.B. Hartz-IV-Leistungen) zeigen lässt. Innerhalb dieses *Korridors der Bewertbarkeit des Menschen* kommt es durch die zunehmende Konvergenz der Vermessungsmöglichkeiten zu einem *Eingriff in den Vollzug des Lebens* selbst. Ständig und überall müssen wir unser Leben „unter Beweis" stellen: Bewertbarkeit anhand von Verwertbarkeit.

Der devotionale Konsument

Wieder einmal kann das Gesundheitswesen als wesentlicher Treiber dieser Entwicklungen herangezogen werden. Die Meldung, dass *Generali* (einer der größten Erstversicherer in Deutschland) ein Incentive-Programm auflegen will, rief Kritik von Verbraucherschützern hervor.[18] Die Versicherung kündigte an, ein Rabattprogramm für Kunden anzubieten, die dazu bereit sind, selbst vermessene Gesundheitsdaten zur Verfügung zu stellen. Daran ist zu kritisieren, dass es auch einen Preis gibt, der vom Datenlieferanten bezahlt wird. Der *devotionale Konsument* ist diejenige Sozialfigur, die gleich eine zweifache Ehrerbietung ausdrückt. Selbstvermesser sind ehrerbietig ihren eigenen Daten, aber auch Institutionen gegenüber, die ihnen Belohnungen versprechen, sollten die persönlichen Daten bestimmten Erwartungen entsprechen. Gleichwohl bewegt sich diese Bilanzierung auf einer schiefen Ebene. Der Preis für das Leben als (potenziell) störanfälliger und zugleich nach Rabatten suchender Mensch besteht darin, die Vorstellung darüber, was (noch) „normal" ist, an Software zu delegieren und gleichzeitig die sozialen Folgen dieser Verschiebung kognitiv zu verdrängen.[19] Die Zunahme von *Verunsicherungsphänomenen* führt nicht nur zum allgegenwärtigen *Versicherungsverlangen* sondern legitimiert auch eine zunehmende peer-to-peer *Vergleichsneigung.*

---

18 Vgl. http://www.versicherungsbote.de/id/4824749/Generali-Vitality-Fitness-App/. Zugegriffen: 14. Sept 2015.

19 Hierin zeigt sich eine gewisse Homologie zum *Privacy-Paradoxon*, der Tatsache, dass Privatheit von den meisten Menschen verbal (ostentativ) als hoch relevant angesehen wird, sie gleichzeitig aber (performativ) anders handeln und dabei private Daten preisgeben.

Lifelogging schafft damit ein horizontales Kontrollregime, das auf der Abweichung von „Sollwerten" basiert und Abweichungen von der Norm sanktioniert.

Daten als metasoziale Kommentare

Das Funktionsprinzip *rationaler Diskriminierung* lässt sich folgendermaßen skizzieren: Daten dienen primär dazu, vorhandene soziale Erwartungen zu „übersetzen". Der Eingriff in den Vollzug des Lebens resultiert daraus, dass Daten nicht allein der Beschreibung von Sachverhalten dienen. Messungen funktionieren vielmehr erst durch soziale Kontextualisierungen der Daten. Allgemeiner gesprochen werden durch die Kontextualisierungen aus deskriptiven Daten normative Daten. Die Nutzung einer Black Box mit digitalen Lebensspuren verwandelt „neutralbeschreibende" Daten in „normativ-sortierende" Daten. Anders gesagt: Die *Warum*-Fragen des Lebens werden zunehmend in *Wie*-Fragen verwandelt (Selke 2014, S. 27). Normative Daten sind solche, die soziale Erwartungen an „richtiges" Verhalten, „richtiges" Aussehen, „richtige Leistung" usf. in Kennzahlen „übersetzen" und damit ein bestimmtes, sozial erwünschtes Verhalten geradezu einfordern.

Ein historisches Beispiel ist das geheime Tagebuch von Samuel Peppys. Mitte des 17. Jahrhunderts hielt Peppys akribisch jede Regung seines Lebens fest. Einerseits seine körperliche Befindlichkeit[20], andererseits aber auch seine Abweichungen von den moralischen Normen seiner Zeit.[21] Die Eintragungen geben nicht nur den jeweiligen Gesundheitsstand wieder, sondern sind vielmehr ein Spiegel der *sozialen Position* Pepys. Sie sind letztlich *metasoziale Kommentare*. Das Beispiel des balinesischen Hahnenkampfes liefert eine kulturanthropologische Grundierung der These rationaler Diskriminierung. Beim traditionellen (und zugleich illegalen) Hahnenkampf auf Bali kämpfen zwei Hähne in einer Arena, Besitzer und Bevölkerung wetten auf den (tödlichen) Ausgang des Kampfes. Der Anthropologe Clifford Geertz (Geertz 1987, S. 252) weist darauf hin, dass die Höhe

---

20 Ein Beispiel für einen derartigen Tagebucheintrag: „31.10.1663 – Erhob mich morgens in völligem Wohlbefinden, nur drückte ich beim Scheißen mehr als notwendig. Blieb aber den ganzen Vormittag wohl und hatte nachmittags einen normal leichten und festen Stuhlgang (...) wofür Gott gepriesen sei. (...) In Zukunft werde ich (...) gleich misstrauisch wegen meiner Gesundheit sein ..." (Pepys 1980, S. 220f.)

21 Auch hierfür ein Beispiel: „24.9.1663 – Erzähle nachmittags meiner Frau, ich ginge nach Deptford, und fuhr zu Wasser nach Westminster Hall und fand dort Mrs. Lane und nahm sie mit hinüber nach Lambeth (...) und tat dort mit ihr alles, was ich wollte (....) dann nach Hause zum Abendessen (...) Es betrübt mich von Herzen, dass ich ein meine Frau betrüge..." (Pepys 1980, S. 220).

der Wett*einsätze* und die Wett*quoten* (die den Wesenskern der sozialen Situation „Hahnenkampf" ausmachen) einen metasozialen Kommentar zur sozialen „Ranghierarchie" der gegeneinander wettenden Dorfbewohner liefern. Dieses Beispiel verweist ganz unmissverständlich darauf, dass die individuelle Existenz von Menschen immer innerhalb einer Statushierarchie stattfindet. Die Allgegenwart metasozialer Kommentare ist mehr und mehr an Daten zur eigenen gesellschaftlichen Position als Konsument, Arbeitnehmer, Beziehungspartner etc. geknüpft. In unserer Kultur finden keine Hahnenkämpfe statt, wir betreiben *Quantified Self.*

Einordnung rationaler Diskriminierung

Bei *rationaler Diskriminierung* handelt sich um eine Form der Diskriminierung, die sich typologisch zwischen sozialer und statistischer Diskriminierung einordnen lässt. Unter *sozialer* Diskriminierung wird meist die kategorische Ablehnung oder Benachteiligung von Personen aufgrund ihrer (tatsächlichen oder zugeschriebenen) gruppenspezifischen Merkmale (z.B. Ethnie, Geschlecht, Alter) sowie politischer, religiöser oder sexueller Orientierung verstanden. Der Diskriminierungsaspekt kann von sprachlichen und symbolischen Abwertungen über sozialräumliche Exklusion bis hin zu gruppenbezogener Menschenfeindlichkeit (vgl. Heitmeyer 2012) sowie manifester Gewalt reichen. Unter *statistischer* Diskriminierung wird die pauschale Be- und Verurteilung von Personen (Arbeitnehmern, Konsumenten etc.) aufgrund von wahrscheinlichkeitstheoretischen Ansätzen verstanden.[22]

---

22 Die Grundannahme der Theorie statistischer Diskriminierung besteht in der Annahme fehlender bzw. unvollständiger Informationen (z.B. über eine Person). Bereits hier wird deutlich, dass es sich beim Phänomen der digitalen Selbstvermessung nicht um statistische Diskriminierung handeln kann. Eine unvollständige Informationslage liegt z.b. dann vor, wenn ein Bewerber um einen Arbeits- oder Studienplatz beurteilt werden soll, aber (was in der Natur der Sache liegt) keine Erfahrungen mit dieser Person vorhanden sind. Weiter geht die Theorie davon aus, dass sich Entscheider dadurch um Informationszuwachs bemühen, indem sie Personen auf der Gruppenebene betrachten. Damit erfolgt eine *Abschätzung von Produktivitätsindikatoren und Potenzialen.* Statistische Diskriminierung schließt Vorurteile oder individuelle Motive aus und geht stattdessen davon aus, dass sich die Eigenschaften einer Person auf der Basis der Gruppenzugehörigkeit und damit auf der Basis repräsentativer Eigenschaften ermitteln lassen. „Statistische Diskriminierung findet also dann statt, wenn ein Individuum auch auf der Grundlage der Durchschnittsfähigkeit der Gruppe, zu der es gehört, beurteilt wird und nicht nur auf Grundlage der individuellen Eigenschaften." (Büsch 2000, S. 8) Statistische Diskriminierung kann auf Dauer zu systematischer präferenzorientierter Diskriminierung führen.

Der Diskriminierungsaspekt liegt darin begründet, dass individuelle Ausprägungen, also z.B. die tatsächliche Arbeitsleistung oder die tatsächliche Kaufkraft für Entscheidungen keine Rolle spielen. Statistische Diskriminierung verstößt gegen Gleichbehandlungspflichten in den Bereichen Versicherungsschutz[23], Arbeitsmarkt[24] oder Altersversorgung (z.B. Balsa 2001, Eriksson 2001).

Das Phänomen der rationalen Diskriminierung kann *zwischen* statistischer und sozialer Diskriminierung verortet werden, weil einerseits Einzelwerte mit Gruppen-, Mittel- oder Idealwerten abgeglichen werden (Aspekt der statistischen D.), andererseits Vorab-Definition des Normalen festgelegt werden, die ich oben als „Korridor der Bewertbarkeit des Menschen" bezeichnet habe. Dies erinnert an das Konzept des Normalismus. Darunter werden theoretische Diskurse und praktische Verfahren verstanden, mit denen gesellschaftliche „Normalitäten" hergestellt werden, die dann als derart selbstverständlich gelten, dass sie als letztbegründete Gegebenheiten wahrgenommen werden (Link 2013).[25] Selbstvermessung basiert auf Meta-Annahmen über Normalität und zwingt damit gleichzeitig zu Konformität. Vor allem Gesundheit wird zu einem eigenständigen Feld, in dem gleichermaßen Systemintegration und soziale Ausgrenzung stattfindet.

---

23 Im Ergebnis kommt die Studie von Richter (Richter 2011, S. 287f.; Hervorhebung durch den Autor) zum Ergebnis, dass statistische Ungleichbehandlung im Bereich privater Versicherungsdienstleistungen in der Praxis häufig vorkommt. „In den einzelnen Versicherungszweigen werden verschiedene Stellvertretermerkmale verwendet, je nach Art der Versicherung mehr oder weniger viele. Die Folge sind *Prämiendifferenzierungen oder Vertragsablehnungen*. So wird in der privaten Krankenversicherung nach Alter, Geschlecht, Behinderung und sexueller Orientierung differenziert. (...) Aus versicherungsökonomischer Sicht ist die Vorgehensweise (...) nachvollziehbar, *rational* und effizient. Verzichten sie auf ein statistisch valides Merkmal, so setzen sie sich der Gefahr aus, dass andere Versicherer die guten Risiken abwerben (‚Antiselektion')."

24 Büsch (Büsch 2000) untersucht die statistische Altersdiskriminierung bei der Einstellung von Bewerbern auf dem Arbeitsmarkt. In Deutschland lässt sich beobachten, dass Arbeitsuchende schon ab dem 40. Lebensjahr Schwierigkeiten haben, einen Arbeitsplatz zu finden. „Es kann von einer Diskriminierung von älteren gegenüber jüngeren Bewerbern gesprochen werden, wenn davon ausgegangen werden kann, dass beide Bewerber für die zu besetzende Stelle genauso qualifiziert sind, aber einer der beiden Bewerber aufgrund seiner Zugehörigkeit zu einer bestimmten Gruppe bevorzugt behandelt wird." Im Vergleich zu jüngeren Bewerbern werden älteren Personen zahlreiche Nachteile nachgesagt (krankheits- und arbeitsbedingter Verschleiß, fehlende Fähigkeiten, Widerspenstigkeiten gegenüber Veränderungen, mangelnde Flexibilität, Lernschwierigkeiten bzw. höhere Weiterbildungskosten, höhere Lohnkosten, höheres Krankheitsrisiko, geringe Restverweildauer).

25 Vgl. den Beitrag *Lifelogging und vitaler Normalismus* von Lars Gertenbach und Sarah Mönkeberg in diesem Band.

Damit setzt sich ein defizitorientiertes und primär quantifizierendes Organisationsprinzipien des Sozialen durch: Durch die Allgegenwart von Vermessungsmethoden kommt es zu *ständiger Fehlersuche, sinkender Fehlertoleranz und gesteigerter Abweichungssensibilität* anderen und uns selbst gegenüber.[26] Große Bereiche des Lebens, die sich nur in qualitativen Dimensionen abbilden lassen und zugleich die Grundlage für positive soziale Wahrnehmungen sein könnten, geraten in den Hintergrund. Der ganze Mensch und seine Würde geraten aus dem Blick. Menschen werden insgesamt zu numerischen Objekten.[27] Im statistischen Universum gibt es weder eine handelnde noch eine leidende Persönlichkeit.

Was dann passiert, lässt sich wie folgt zusammenfassen: *Wir sind Zahl*. Mathematische Methoden zerreißen den organischen Zusammenhang des Lebens. Der rationale Blick stellt eine Abstraktionsleistung dar, die Menschen entindividualisiert. Das kann als eine Form von Gewalt bzw. als eine Aggressionsform verstanden werden. Aus einem handelnden Subjekt wird ein passives Objekt. Individuelle Geschichten werden in die Sprache der Statistik und Wahrscheinlichkeit übersetzt. Letztlich verändert sich damit das Verständnis von Leben selbst. Der Kapitalismus erkennt als Leistung schlicht nur das an, was vermess- und berechenbar ist oder scheint. Diese Betonung des Messbaren wird gegenwärtig selbst maßlos. *Wir beginnen uns anders zu sehen, wenn wir uns gegenseitig beobachten.* Ich möchte nun vier sehr unterschiedliche Beispiele anführen, um das Spektrum *rationaler Diskriminierung* zu verdeutlichen.

Beispiele rationaler Diskriminierung

Das erste Beispiel ist *Freeletics*, eine Tracking-App, die das Training und das Arbeiten am eigenen Körper erleichtern soll („Erreiche die beste Form deines Lebens"). Die „Athleten" nehmen ihre Trainingseinheiten auf, erstellen Statistiken und setzen sich in Form von Motivationsvideos in Szene. Jeder Trainingserfolg wird in Punkte umgerechnet und in das eigene Profil eingetragen. Das Ziel besteht darin, ein „Level" höher zu steigen.[28] Die App-Beschreibung lautet: „Bleibe im Kontakt mit der Freeletics Community überall auf der Welt. Tritt gegen deine

---

26 Schon der Soziologe Georg Simmel erkannte im Menschen ein *differenzempfindliches* Wesen.
27 Das beginnt schon in der Schule: Dort wird versucht, Bildungserfolg auf einer Notenskale von 1 bis 6 abzubilden. Erfolgreiche Schüler nennen Lehrer dann „Einserkandidaten".
28 Vgl. https://www.freeletics.com/de. Zugegriffen: 13. Sept 2015.

Freunde und inspirierende Athleten an und vergleiche deine Zeiten."[29] Die Trainierenden werden also über die (negative) Abweichung von Idealen und Idealwerten sozial wahrgenommen und gleichzeitig motiviert.

Das zweite Beispiel thematisiert rationale Diskriminierung in der Arbeitswelt. „Schläfst du noch, oder arbeitest du schon"? Diese Frage müssen sich die Angestellten der Supermarktkette *Tesco* stellen lassen. Die Überwachung am Arbeitsplatz ist zunehmend mit Diskriminierung verbunden. Gegenwärtig werden Rationalisierungsformen sogar noch weiter rationalisiert: „Die sagenhafte Masse verfügbarer Daten macht den modernen Menschen lesbar bis in sein Innerstes. Gestützt auf Algorithmen, hält die totale Überwachung im Arbeitsleben Einzug" (Buse 2015). Im Post-Taylorismus werden nicht nur einzelne Handbewegungen von Arbeitern am Fließband gestoppt, vielmehr wird der ganze Mensch vermessen. Der Wirtschaftsexperte James Wilson spricht in diesem Zusammenhang von „Physiolytics". Arbeitende sollen überall dort vermessen werden, „wo es darum geht, die Leistung zu steigern" (Wilson 2013, S. 9). Im Unterschied zu Taylor vermessen sich die Arbeitnehmer diesmal (auch) selbst. Supermarktketten wie *Tesco* oder der Internetgigant *Amazon* sind Beispiele für Unternehmen, die Laufstrecken ihrer Mitarbeiter detailliert vermessen. Die überwachten Menschen sind gestresst, weil sie ständig mit der Aufdeckung eines Fehlverhaltens und konkreten Bestrafungen rechnen müssen.[30] *Lifelogging* am Arbeitsplatz geschieht auch mit Einwilligung des Arbeitnehmers gerade nicht freiwillig, da dieser sich in einem Abhängigkeitsverhältnis zum Arbeitgeber befindet. Der Sozialgeograf Jerome Dobson (Dobson und Fisher 2003) spricht sogar von „Geoslavery" und meint damit die Praxis, den Aufenthaltsort und die Leistung eines anderen Menschen (heimlich) zu überwachen. „Teil des Begriffs ist, dass der Herr in der Lage ist, jede Bewegung des Sklaven nach Zeitpunkt, Position, Geschwindigkeit und Richtung zu überprüfen."[31]

Im dritten Beispiel geht es darum, dass auch Sicherheitsversprechen rationale Diskriminierungen zur Folge haben können. Immer häufiger finden technische Assistenzsysteme im Bereich der Pflege älterer Menschen Anwendung.[32] Diese ge-

---

29 Vgl. https://www.freeletics.com/de. Zugegriffen: 13. Sept 2015.
30 In Anlehnung an eine Regel aus dem Baseball heißt es z.B. bei *Amazon* „Three strikes, and you're out" (Vanessa 2013).
31 An dieser Stelle muss auch daran erinnert werden, dass wir als Verbraucher genau diese Praktiken durch unseren Konsum stillschweigend gutheißen, wenn wir z.B. Bücher oder Medien bei *Amazon* bestellen.
32 Die Entwicklung technischer Assistenzsysteme, die älteren Menschen mit eingeschränkten kognitiven, motorischen oder sensorischen Fähigkeiten in Alltagssituationen unterstützen und ihnen zu einem autonomen Leben verhelfen sollen, ist unter dem Begriff *Ambient Assited Living* (kurz: AAL) bekannt.

hen auch mit der Erhebung von Daten der pflegebedürftigen Personen einher. Ein Beispiel dafür ist *Safewander33*, eine Socke mit einem integrierten Sensor, der erkennen soll, wenn sich Demenzkranke aus ihrem „geschützten" Wohnbereich entfernen. Andererseits weitet sich das Vermessungsspektrum bis hin zum Monitoring ganzer Wohnräume aus.[34] Neben Notrufsystemen, die auch „stille Suchanfragen" zulassen, ist das private Wohnumfeld inklusive persönlicher Lebensgewohnheiten längst von außen einsehbar. In „intelligenten" Häusern dokumentieren sogenannte „Smart Meter" den Verbrauch eines Haushaltes bis auf die Ebene einzelner Geräte. Damit kann festgestellt werden, seit wann eine Person nicht mehr geduscht hat, wann sie ins Bett gegangen und aufgestanden ist und ob sie sich wie gewöhnlich einen Kaffee gekocht hat. Der Alltag wird in „Events" eingeteilt und für digitale Messgeräte sichtbar gemacht. Abweichungen von einem als Standard definierten Normalprofil lösen einen Alarm aus.[35] Anbieter wie *JustChecking*[36] in Großbritannien oder *RWE Smarthome*[37] in Deutschland überprüfen auf Wunsch den Aufenthalt von Personen in Räumen und lösen im Falle eines Falles softwaregestützt Alarme aus – die *assistive Kolonialisierung* der Lebenswelt ist in vollem Gange. Noch ist unklar, wo diese Entwicklung enden wird. Deutlich wir aber, dass sich das Verantwortungsgefüge in Richtung sozio-technischer Systeme verschiebt. Menschliche Zuwendung und soziale Interaktion wird in das Feld der Technik ausgelagert. Diese Form der Lebensvermessung führt unter Umständen also gerade zur *Abwendung vom Anderen* und erzeugt eine Form technisch unterstützter Distanzierung.

Denn die Sorge um den anderen kann nur sehr begrenzt an die Technik delegiert werden, ohne die notwendige Unmittelbarkeit der menschlichen Interaktion zu gefährden. Zygmunt Baumann spricht in diesem Zusammenhang von „Adiaphorisierung" (Baumann und Lyon 2013, S. 165) und meint damit die Befreiung des eigenen Handelns von moralischen Bedenken. In letzter Instanz wird mehr

---

33   Vgl. http://www.safewander.com. Zugegriffen: 14. Sept 2015.

34   Die Integration technischer Assistenzsysteme in bestehende Pflege- und Betreuungsangebote erlaubt es den Unternehmen in dieser Branche, von dem demografischen Wandel zu profitieren (Georgieff 2008).

35   Etwa wenn die Kaffeemaschine schon länger keinen Strom verbraucht hat und daraus der Schluss gezogen wird, dass „etwas nicht in Ordnung ist". Berührungsempfindliche Bademattten oder Teppiche messen, ob jemand (noch) steht oder (schon) liegt und aufwendige Video-Monitoringsysteme erkennen softwaregesteuert Stürze und reagieren (softwaregestützt).

36   Vgl. http://www.justchecking.co.uk. Zugegriffen: 14. Sept 2015.

37   Vgl. https://www.rwe-smarthome.de/web/cms/de/2768534/home/. Zugegriffen: 14. Sept 2015.

Technik auch immer zu mehr Gleichgültigkeit und Bequemlichkeit führen. Es ist das Gegenteil dessen, was Emmanuel Lévinas mit dem „fürsorglichen Blick" meint, der sich aus dem ganzheitlichen Verständnis des Menschen speist (zit. n. Schnabl 2005). Ein ebenso großes Risiko liegt in der disziplinierenden Wirkung der Technologien. Assistive Systeme können auch zu Entwürdigungsmechanismen werden, bei denen die Würde des Menschen sich zwischen den Funktionalitäten verflüchtigt. Überwachung kippt in eine Form der Disziplinierung, die dem eigentlichen Ziel, ein selbstbestimmtes Leben im Alter zu fördern, paradoxerweise entgegensteht. Wo früher Menschen für Menschen Entscheidungen getroffen haben, tun dies heute Sensoren.

Das vierte und letzte Beispiel verdeutlicht, dass horizontale Kontrolle durch Selbstvermessungen zur Erosion von Solidarität beiträgt und gleichzeitig die Grenzen zwischen Freiwilligkeit und Zwang verschiebt. Rationale Diskriminierung findet auch dort statt, wo im betrieblichen Gesundheitsmanagement der Druck ganzer Belegschaften auf einzelne Mitarbeiter weitergegeben wird, weil durch das individuelle normabweichende Verhalten ein kollektiver „Health-Score" verschlechtert wird. So basiert das Geschäftsmodell von *dacadoo* auf dem Service, aus individuellen Fitnesswerten einzelner Mitarbeiter einen kollektiven „Health-Score" von Firmen zu errechnen, aus dem sich dann der Versicherungsbeitrag für die Betriebskrankenkasse ergibt.[38] Dort, wo Leistungen nur in Abhängigkeit zuvor berechneter Wahrscheinlichkeiten oder nachweisbarer präventiver Aktivitäten vergeben werden, wo also „Daten für Taten" erhoben werden (Kuhn 2014), bildet sich schleichend eine neue Form der Biopolitik heraus, die für diejenigen einen diskriminierenden Charakter hat, die dem Ideal nicht entsprechen (wollen). „Daten erzeugen Handlungsmöglichkeiten und Handlungszwänge gleichermaßen" (Kuhn 2014, S. 51). Die Normativität der Daten mündet schließlich im Zerfall des Solidaritätsgefüges bzw. der Vorstellung von Solidarität überhaupt. In diesem Sinne kann mit dem Philosophen Michael Sandel (Sandel 2012) davon gesprochen werden, dass hier elementare Werte der Gesellschaft korrumpiert werden.

Folgen rationaler Diskriminierung

Die Anbieter der Vermessungstechnologien erschaffen völlig neue Kategorien zur Beschreibung *und* Normierung des Menschen. Mit der Maßeinheit *NikeFuel* können generalisierbare Aussagen über den Fitnesszustand gemacht werden. Und die Versicherung *Generali* schafft mit dem *Vitality-Alter* eine eigene Kategorie

---

38 https://www.dacadoo.com/?lang=de. Zugegriffen: 08. Nov 2015.

zur *Alters- bzw. Gesundheitseichung* ihrer Kunden. Wer aber soziale Kategorien definiert, verfügt über Macht und verändert die kulturelle Matrix. Dieser Eingriff einer disruptiven Technologie (Coupette 2014) in das Wertegefüge schafft nicht nur Mächtige und Ohnmächtige, digitale Gewinnern und digitale Verlierern. Vielmehr werden damit grundlegend neue *strukturelle* Bedingungen für soziale Abwertungen geschaffen, die sich zusehends in vielfältigen Praxisfeldern institutionalisieren werden.

Rationale Diskriminierung basiert zwar auf vermeintlich objektiven und rationalen Messverfahren. Dennoch werden mit den Vermessungsmethoden digitale Versager und Gewinner produziert. So werden Leistungsträger von Leistungsverweigerern getrennt, Kostenverursacher von Kosteneinsparern, „Health-On"-Menschen (Gesunde) von „Health-off"-Menschen (Kranke) sowie Nützliche von Entbehrlichen.[39] Vor allem kommt es zu einer Renaissance vormoderner Anrufungen von „Schuld" im Gewand der Rede von der „Eigenverantwortung". *Lifelogging* kann vor diesem Hintergrund auch als *shame punishment* verstanden werden. Das funktioniert gerade dann, wenn sich der Diskriminierungsaspekt hinter den Fassaden spielerischer Wettbewerbe (Gamification) oder Belohnungssysteme (Incentivierung) verbirgt. Die sich verschränkenden Prozesse Normierung (Standardisierung) und Normalisierung (Kontrolle) verengen die Zone des Normalen und Menschlichen und laufen Gefahr, eine „vollkommen disziplinierte Sozialstruktur" (Mills 1959) auf der Basis rationaler Konsistenz zu erzeugen, in der statt des *Phäno*typs Mensch der *Geno*typ im Mittelpunkt steht.

Daten übersetzen soziale Erwartungen und machen aus Menschen abstrakte Zahlenkörper mit denen viel rücksichtsloser und gleichgültiger verfahren werden kann. Verschwinden die persönlichen Umrisse durch die Quantifizierung, bedeutet dies auf lange Sicht die Ausschaltung der differenzierten Persönlichkeit und die Etablierung eines eindimensionalen Menschenbildes. Aus dieser Entpersönlichung resultiert letztlich eine Verdinglichung des Sozialen: Die Frage nach dem „richtigen Maß des Lebens" verschiebt sich immer weiter hin zur Frage nach dem „Wert des Menschen". Der Endpunkt in der Reihe dieser Selbstverzweckungsprinzipien[40] ist die Kommodifizierung des Menschen, d.h. seine Transformation in eine fiktive Ware („fictitious commodity", vgl. Polanyi 2014). Denn wir sind nicht nur Konsumenten von Waren, wir preisen uns selbst immer wieder als „Lebendbewerbung" warenförmig an. Wer sich selbst immer wieder auf den Markt bringen muss,

---

39 In literarischer Form wurde dieses Thema von der schwedischen Autorin Ninni Holmquist in beeindruckender Art und Weise verarbeitet (Holmquist 2011).

40 Vgl. dazu auch den Beitrag *Lifelogging – Projekt der Befreiung oder Quelle der Verdinglichung* von Peter Schulz in diesem Band.

trachtet danach, gut in Form zu sein. Selbstvermesser sind zugleich Werbende und beworbenes Produkt. Es ist eine stillschweigend als wertsteigernd empfundene Investition in den eigenen sozialen Status und die eigene Selbstachtung. Die zentrale Prüfung, die abzulegen ist, besteht darin, sich selbst als Ware zu konfigurieren und damit in die eigene gesellschaftliche Zugehörigkeit und „Verkäuflichkeit" zu investieren. Selbstvermessung legt gerade die Lupe auf jene Eigenschaften, für die eine Nachfrage in den Märkten angenommen wird oder versucht vorhandene Eigenschaften in eine Warenform zu bringen. Wer uneingeschränkt selbst für seine „Gebrauchsfertigkeit" verantwortlich ist, heißt Hilfsmittel und Werkzeuge willkommen, die dazu beitragen, den eigenen Betrieb störungsfrei aufrechterhalten zu können. Die leistungsfixierte Ökonomie beschafft sich so direkt oder indirekt das für sie geeignete „Menschenmaterial" (Lutz 2014, S. 11). Eine der Paradoxien dieses Beschaffungsprozesses liegt darin, dass die mit der Kommodifizierung verbundene Entindividualisierung gleichzeitig als Basis der eigenen Besonderheitsindividualität empfunden wird.

5 Leben mit Entscheidungsmaschinen: Der neue Gesellschaftsvertrag

Zumindest auf der technischen Seite scheint es keine Grenzen der Selbstvermessungsmöglichkeiten zu geben. Die Vermessungszone weitet sich stetig aus. Eine unüberschaubare Anzahl von Anbietern vermarktet Technologien, die *Lifelogging* ermöglichen. Die Sensorik verbirgt sich mittlerweile in „intelligenten" Textilien, mit denen etwa die Überwachung der Herzfunktion vorgenommen werden kann. Ein Beispiel dafür ist das T-Shirt *Ambiotex* (ursprünglich eine Entwicklung des Fraunhofer-Instituts für Integrierte Schaltungen IIS). Dieses Shirt misst kontinuierlich Körpersignale und überträgt diese per Funk an ein Smartphone oder Tablet zur Auswertung und Speicherung. Hierfür sind leitfähige textile Elektroden im Trikotstoff eingearbeitet, die die Herzaktivitäten, Kalorienverbrauch, körperliche Aktivität des Trägers sowie Häufigkeit und Tiefe der Atemzüge erfassen können. Zudem verfügt das T-Shirt über eine Sturzerkennungs- und Alarmfunktion mit automatisierter Helferbenachrichtigung bei der auch die Geodaten des Trägers übermittelt werden können.[41] Ein weiteres „smartes Textil" sind die Hightech-Socken der neuseeländische Wearable-Tech-Firma *Footfalls and Heartbeats*. Diese Socken warnen Diabetiker frühzeitig vor Fußgeschwüren. Hierfür wurde eine „smarte" Wolle entwickelt, in der Kunststoff-Lichtleiter verwoben sind. So kann

---

41 Vgl. http://www.ambiotex.com/de/. Zugegriffen: 14. Sept 2015.

der Fuß des Trägers im Hinblick darauf, ob dessen Blutzirkulation ausreichend ist oder ob die Gefahr von Geschwüren besteht, analysiert werden.[42] Kaum ein Körperteil und kaum eine Körperfunktion werden ausgelassen. Viele Anwendungen fokussieren dabei chronische Krankheiten, so z.b. *Dexcom G4*, ein System zur kontinuierlichen Glukosemessung im Unterhautfettgewebe. Das System passt eigenständig den gemessenen Gewebezucker dem Blutzucker an. Das externe Empfängergerät speichert die Daten für die spätere Auswertung am Computer und warnt den Nutzer wenn der Wert vom Sollwert abweicht.[43] Mit *Scanadu Scout*, einem Sensor, den man sich einfach an die Stirn hält, können Körpertemperatur, Pulsfrequenz, Sauerstoffsättigung des Blutes und Blutdruck gemessen und ein Elektrokardiogramm per Datenweiterleitung erstellt werden.[44] Das Spektrum ist umfangreich und reicht inzwischen von Sleep-, Mood-, Baby-, Senioren-, Sex-, über Work- bis hin zum Death-Logging (vgl. Leipold 2015; Selke 2014). Machbares und Vorstellbares konvergieren in der Praxis. Wer Zweifel äußert, wird (zu) schnell als Kulturpessimist und Modernisierungsverweigerer verschrien.[45]

Sehnsucht nach Entscheidungsmaschinen

Rationale Diskriminierung ist die Grundlage für die Konstruktion neuer sozialer Kategorien und die Etablierung neuer sozialer Sortierungen, die Abweichungen, Verdächtigungen, Risiken, Defizite und v.a. Kostenfaktoren in den Mittelpunkt stellen. Letztlich entsteht eine generalisierte Ideologie der Ungleichwertigkeit. Wird *rationale Diskriminierung* zu einem unhinterfragten Element der Gesellschaft kann es in Zukunft sogar zu einem legitimen Element der Strafverfolgung mutieren. Am Ende dieser Entwicklung stünde dann die Notwendigkeit zur Umkehr der Beweislast – das wäre dann die Dystopie „Lifelogging als Bürgerpflicht". Die default-Situation wäre die „Verdächtigung". Der Mensch würde also primär als

---

42 Vgl. http://www.footfallsandheartbeats.com. Zugegriffen: 14. Sept 2015.
43 Vgl. http://www.nintamed.eu/produkte/dexcom-g4.html. Zugegriffen: 14. Sept 2015.
44 Vgl. https://www.scanadu.com/scout/. Zugegriffen: 14. Sept 2015.
45 Wie sehr sich die Zone der möglichen Vermessung des Menschen inzwischen ausgeweitet hat, zeigt folgende Anekdote: In einem von mir verfassten Artikel für eine Zeitschrift schlich sich ein Tippfehler ein. Statt *Thing*logging („Internet der Dinge") schrieb ich *Think*logging. Weder die Redakteure noch ich entdeckten den Fehler. Der Artikel wurde später nochmals (gekürzt) in einer Zeitung veröffentlicht. Daraus lässt sich schließen, dass wir uns gegenwärtig vieles vorstellen können – sogar das Auslesen und Speichern von Gedanken. Die Heilserwartungen eilen der technischen Umsetzung voraus.

Risiko, als Fehler, als Störfall angesehen. Erst ausgehend davon müsste dann die eigene Nützlichkeit, Ungefährlichkeit etc. nachgewiesen werden. Und das in immer mehr Lebensbereichen. Grundlage hierfür ist eine Entwicklung, die nicht von realweltlichen Fragestellungen ausgeht, sondern datengetriebene Prozesse in den Mittelpunkt stellt (Krcmar 2014, S. 10). Es geht also nicht darum, was Menschen brauchen, sondern darum, wie sich Daten (gewinnbringend) verbinden lassen.

Datensammlungen und das protokollierte Leben sind kein Selbstzweck. Am Ende wird es immer um die Frage gehen, wer eigentlich noch Entscheidungen trifft. Werden Selbstvermesser blind für die Möglichkeiten eigenen Denkens? Verlieren sie ihre Entscheidungsautonomie? Fast harmlos erscheint vor diesem Hintergrund ein Beispiel des *Lifelogging*-Pioniers Gordon Bell, der die Entscheidung darüber, ob er sich ein Eis gönnt, seiner digitalen „Black Box" überlässt. Sie teilt ihm mit, ob er einen bestimmten „Schwellenwert" des Kalorienverbrauchs unterschritten hat und signalisiert ihm die „Freigabe" für den Eiskonsum. Lebensfreude findet also nur im mathematischen Korridor vorprogrammierter Angemessenheit statt. Dies führt zum Verlernen („De-skilling") elementarer Kompetenzen, die eben auch eigene Entscheidungen betreffen. Ähnliches zeigt sich bei der App *Ampelini*, die Kindern helfen soll, beim Überqueren einer Straße die richtige Entscheidung zu treffen. Eltern verlassen sich beim Baby-Logging mit *Owlet*[46] auf die Kontrolle der Software („Monitor you baby from your smarphone"). In diesen und in vielen anderen Fällen wird vor allem ein Zuwachs an Sicherheit versprochen. Und damit stellt sich die Frage, was passiert, wenn Maschinen (bzw. Algorithmen) nicht nur simple Entscheidungen beeinflussen, sondern auch komplexe Entscheidungen übernehmen. Für das Leben in der Perfektionskolonie werden immer raffiniertere „smarte" Helfer entwickelt. Dabei stellt sich die Frage, wann die Maschinen uns erstmals auch ethische Entscheidungen, z.B. solche über Leben und Tod abnehmen werden (Rauner und Schröder 2015).

Selbstvermessung und Selbstkontrolle sind letztlich nur Vorstufen einer Entwicklung, die in der Ära der Entscheidungsmaschinen enden wird. Entschieden wird – vermeintlich rational und informiert – über Feinde oder „Sozialschmarotzer", über Faule, Leistungsverweigerer, Dumme, Arbeitsunfähige oder Konsumunwillige. Dabei ist *rationale Diskriminierung* keine Eigenschaft der Technik an sich. Maschinen werden von Menschen programmiert: Nicht die Technik überwacht Menschen, Menschen überwachen Menschen. Genauer gesagt wird die Entscheidung darüber, was normal ist, an (neue) Eliten (sog. Symbolanalytiker) delegiert, die sich unverkennbar an einem *Solutionismus* kalifornischer Prägung orientieren, der davon ausgeht, dass sich für jedes Problem dieser Welt eine tech-

---

46 Vgl. https://www.owletcare.com. Zugegriffen: 14. Sept 2015.

nische und pragmatische Lösung finden lässt (Mozorov 2013, S. 19ff.). *Lifelogging* passt perfekt zu dieser Haltung.

Der neue Gesellschaftsvertrag

In China wurde mittlerweile ein *Social Credit System* (SCS) eingerichtet, das jedem Bürger eine Art Loyalitätsindex gegenüber der Regierung zuweist. Was anfangs als eine Art „Schufa-Auskunft" für Kredite gedacht war, weitete sich enorm aus, so Rogier Creemers (University of Oxford): „It isn't just about financial creditworthiness (...) The aim is to collect nearly every aspect about citizens' lives and share it between public bodies."[47] Entstehen hier gerade die Entscheidungsmaschinen der Zukunft? Jedenfalls wird deutlich, wohin die Zentralisierung personalisierter Daten führen kann.

Die Sehnsucht nach Entscheidungsmaschinen begann schon lange vor dem digitalen Zeitalter. 1948 veröffentlichte der Dominikanermönch Pater Dubarle eine enthusiastische Skizze. Sein Ziel bestand in der „rationalen Regelung menschlicher Angelegenheiten, insbesondere diejenigen, die die Gemeinschaft angehen und eine gewisse statistische Gesetzmäßigkeit (...) zeigen (...)". (zit. n. Wiener 1958, S. 174ff.). Dubarle wünschte sich einen Staatsapparat, eine *machine à gouverner*, die auf der Basis umfangreicher Datensammlungen bessere Entscheidungen treffen sollte. Er war dabei nicht so naiv, zu glauben, dass sich menschliches Handeln vollständig in Daten abbilden ließe. Daher forderte er eine Maschine, die nicht rein deterministisch handelt, sondern „den Stil des Wahrscheinlichkeitsdenkens" anstrebt. Wesentlich ist jedoch, dass er die Macht der Entscheidungsmaschine auf den *Staat* übertrug. Der Staat sollte zum „bestinformierten Spieler" und zum „höchsten Koordinator aller Teilentscheidungen" werden. Die Aufgabe der Entscheidungsmaschine sah Dubarle in der fundamentalen Entscheidung über Leben und Tod: „Unmittelbare Vernichtung oder organisierte Zusammenarbeit." Und er fügt in seiner Fortschrittseuphorie hinzu: „Wahrlich eine frohe Botschaft für die, die von der besten aller Welten träumen!"

Bedrohlich wird diese „frohe Botschaft" in ihrer neo-positivistischen Aktualisierung. So fordern Eric Schmidt und Jared Cohen von *Google* auf den letzten Seiten ihres Manifests *The New Digital Age* zu nichts anderem auf, als zu einer freiwilligen Unterwerfung unter die wohl bekannteste Entscheidungsmaschine der Welt: „In einer Art Gesellschaftsvertrag werden die Nutzer freiwillig auf einen

---

47   https://www.newscientist.com/article/mg22830432-100-inside-chinas-plan-to-give-every-citizen-a-character-s. Zugegriffen: 08. Nov 2015.

Teil ihrer Privatsphäre und andere Dinge verzichten, die sie in der physischen Welt schätzen, um die Vorteile der Vernetzung nutzen zu können." (Schmidt und Cohen 2013, S. 368). Und ihre Begründung hört sich fast genau so an, wie der fortschrittsgläubige Überschwang von Dubarle. Mit zwei entscheidenden Unterschieden. Erstens: Die Entscheidungsmaschinen funktionieren inzwischen tatsächlich. Und zweitens: Unternehmen und nicht der Staat sind heute die „bestinformierten Spieler" und „höchsten Koordinatoren aller Teilentscheidungen." Nicht Staaten, sondern Unternehmen werden in Zukunft die „bestinformierten Spieler" sein.[48] Und wenn Google behauptet, dass Vernetzung und Technologien der beste Weg seinen, „um das Leben in aller Welt zu verbessern" muss an die entscheidende Frage erinnert werden, wer denn eigentlich darüber entscheidet, was normal ist. Entscheidungsmaschinen sind von Menschen programmierte Apparaturen, die darüber entscheiden, wie weit man von der „Norm" abweichen kann und trotzdem noch „normal" ist.

Oder sind vielleicht die neuen „Cogs" (kognitive Computer) die zukünftigen Entscheidungsmaschinen? Computer wie der IBM-Rechner *Watson*[49], die mit dem „Weltwissen" gespeist werden und dieses aufnehmen wie neugierige Kinder? Unternehmen, die derartige Rechner von IBM kaufen, möchten nicht, dass ihre Namen veröffentlicht werden. Wohl aus Angst, dass dann deutlich wird, dass viele der Entscheidungen in Banken, Krankenhäusern oder Versicherungen überhaupt nicht mehr von Menschen getroffen werden. Mit der Variante *Chef Watson* versucht IBM breite Akzeptanz für *cognitive computing* zu erhalten. Dieser Computer imitiert einen Chefkoch – aus 10.000 gespeicherten Dokumenten kann er 10^{18} Kochrezepte kreieren. Und das alles in Abhängigkeit des Kühlschrankinhaltes, sofern dieser ebenfalls „smart" ist. Erste Tests werden von den Medien durchaus positiv goutiert (Fleschner 2015), wenn auch manche Rezepte („Bier-Tacos") gewöhnungsbedürftig sind. Aus Konsumentensicht stellt sich aber viel eher die Frage, ob eine Auswahl aus den drei von *Chef Watson* vorgeschlagenen Rezepten noch eine autonome Entscheidung ist, oder welchen anderen Status diese Form der Filterung hat. Es stellt sich also, weitergedacht, die Frage, ob kognitive Computer

---

48   Eine – durchaus umstrittene – literarische Umsetzung dieses Motivs erfolgte im Roman *The Circle* von Dave Eggers (Eggers 2013).

49   *Watson* wurde weltberühmt, nach dem der 2011 gegen zwei menschliche Champions die Quizshow *Jeopardy!* gewann. Ähnlich berühmt wurde der ebenfalls von IBM entwickelte Computer *Deep Blue*, der 1997 den Schachweltmeister Garri Kasparow schlug.

„eines Tages Ethikräte ersetzen oder als autonomer Drohnenpilot mutmaßliche Terroristen erschießen." (Rauner und Schröder 2015, S. 65)[50]

6 Fazit: Lob der Unberechenbarkeit oder Zonen der Intransparenz

Noch ist es möglich, andere Prioritäten zu setzen. Gegenbewegungen wie *Digital Detox* oder *Mindfullness* regen dazu an, Abhängigkeiten von Technologien zu reduzieren und Entscheidungsautonomie zurück zu gewinnen. Damit besteht die größte Herausforderung darin, das TINA-Syndrom („There is no alternative") aus den Köpfen zu verbannen. Die wesentliche Kompetenz, die Bürgerinnen und Bürger benötigen, um mit den Herausforderungen der Zukunft klar zu kommen, ist der Wille, sich (endlich wieder) selbst zu entscheiden – und die Fähigkeit, die Konsequenzen dieser Entscheidungen auch selbst zu tragen. Neben Aufklärung im Bereich Datenschutz (und anderen wichtigen Initiativen) braucht es zudem wieder ein Bewusstsein dafür, dass *Zonen der Intransparenz* wichtig für die Entwicklung der eigenen Persönlichkeit sind und dass es im Leben nicht darum geht, perfekt zu sein.

Und wer sich diese Zonen nicht selbst einrichtet, wird sie sich vielleicht in Zukunft einrichten lassen. Nach Einführung des *Social Credit System* (SCS) in China entstand schnell ein Schwarzmarkt zur „Anpassung" von Datenprofilen – Digitale Retusche statt totale Objektivität.[51] Zwanghafte Perfektion ist einerseits der Imperativ, der uns von den Selbstvermessungstechnologien in die kulturelle Matrix eingeschrieben wird. Andererseits werden in Zukunft ganz neue Berufsfelder und Märkte für den „menschengerechten" Umgang mit den Daten entstehen. Selbstvermessung bedeutet das Durchlaufen hochspezifischer Trainingseinheiten zum Erlernen und Erwerb kulturell prämierter, sichtbarer und marktkompatibler Eigen-

---

50 Daran wird auch der offene Brief von Stephen Hawkings, Nick Bostrom, Eloin Musk und anderen nichts ändern, in dem sie fordern, dass die künstliche Intelligenz nur für gute Zwecke genutzt werden und zudem den Menschen gehorchen solle. „Sollten Computer eines Tages Humor haben, werden sie den Brief aus den Archiven holen, sich gegenseitig vorlesen und köstlich darüber amüsieren." (Rauner und Schröder 2015, S. 67)

51 Damit wiederholt sich eine Entwicklung, die rasch nach Erfindung der Fotografie Ende des 19. Jahrhunderts auftauchte: die Retusche. Nachdem man sich an der „Objektivität" der Fotos berauscht hatte, erkannte man schnell, das bestimmte Bildelemente (z.B. das eigene Gesicht) eine selbstwertdienliche Form der Überarbeitung oder Weichzeichnung benötigen.

schaften und die schier grenzenlose Selbstrationalisierung der eigenen Lebensführung. Aber: Um in der neuen versachlichten Realität zu leben, braucht es ein erweitertes Kompetenzspektrum, das auch „Zweisprachigkeit" beinhaltet. Erzählen statt nur Zählen, Ermessen statt nur Messen. Denn das Angemessene lässt sich gerade nicht vermessen. Darauf weist der Philosoph Hans-Georg Gadamer in seinem Buch Über die Verborgenheit der Gesundheit hin, indem er den zeitgenössischen Begriff von Maß vor dem Hintergrund eines klassischen platonischen Dialogs kritisiert: „Dort ist davon die Rede, es gebe ein Maß, mit dem man nicht an etwas herantritt, sondern das etwas in sich selbst hat. (...) Es gibt nicht nur das durch ein angelegtes Maß Gemessene, sondern auch das Angemessene. (...) Das Angemessene hat seinen wahren Bedeutungssinn gerade darin, dass es etwas meint, das man nicht definieren kann." (Gadamer 2003, S. 167). Gerade das aber ist in den Trainingseinheiten der Selbstvermessung nicht mehr vorgesehen: das Erlernen des Umgangs mit Überraschungen, Geheimnissen, Intuitionen und Kontingenz, letztlich also mit sich selbst. Hier gilt es, Bewährtes wieder neu zu entdecken. Nicht nur den Menschen als *Datensouverän*, sondern als Souverän seines Lebens überhaupt.

Literatur

Agamben, G. (2015, 27. August). Europa muss kollabieren. *DIE ZEIT*.
Balsa, A. I. (2001). Statistical discrimination in health care. *Journal of health economics*, 20(6), 881–907.
Baumann, Z. (2012). *Liquid Modernity*. Cambridge: Polity.
Baumann, Z. (2014). *What Use is Sociology? Conversations with Michael-Hviid Jacobsen and Keith Tester*. Cambridge: Polity.
Baumann, Z., & Lyon, D. (2013). *Liquid Surveillance. A conversation*. Cambridge: Polity Press.
Bell, G., & Gemmell, J. (2007). Erinnerung total. *Spektrum der Wissenschaft*, 5, 84–92.
Betge, P. (2012). Der überwachte Körper. *Spiegel*, 17, 122–124.
Bozzaro, C. (2014). *Das Leiden an der verinnenden Zeit. Alter, Leid und Zeit am Beispiel der Anti-Aging-Medizin*. Stuttgart: fromman-holzboog.
Bröckling, U. (2007). *Das unternehmerische Selbst. Soziologie einer Subjektivierungsform*. Frankfurt a.M.: Suhrkamp.
Büsch, V. (2000). *Statistische Altersdiskriminierung bei der Auswahl von Bewerbern*. Berlin: Discussion Paper. Wirtschaftswissenschaftliche Fakultät.
Buse, Uwe (2015): Kopf oder Zahl. *Spiegel*, 47, 60–64.
Coupette, J. (2014). Digitale Disruption erfordert Bewegung – das Internet of Everything. *Wirtschaftsinformatik & Management*, 2, 20–29.
Degele, N. (2004). *Sich schön machen. Zur Soziologie von Geschlecht und Schönheitshandeln*. Wiesbaden: VS.
Distelhorst, L. (2014). *Leistung. Das Endstadium einer Ideologie*. Bielefeld: Transcript.

Dobson, J. E., & Fisher, P. F. (2003). Geoslavery. *IEEE Technology and Society Magazine, Spring*, 47–52.
Eggers, D. (2013). *The Circle*. London: Penguin.
Ehrenberg, A. (2004). *Das erschöpfte Selbst. Depression und Gesellschaft in der Gegenwart*. Frankfurt a.M.: Campus.
Eriksson, R. (2001). Statistical discrimination and sex stereotypes in the labor market. In R. Eriksson (Hrsg.), *Price responses to changes in costs and demand*. Stockholm: EFI.
Fleschner, F. (2015). Kochen nach Computer. *FOCUS, 44*, 138–140.
Gadamer, H.-G. (2003). *Über die Verborgenheit der Gesundheit*. Frankfurt a.M.: Suhrkamp.
Geertz, C. (1987). *Dichte Beschreibung. Beiträge zum Verstehen kultureller Systeme*. Frankfurt a.M.: Suhrkamp.
Georgieff, P. (2008). *Ambient Assisted Living. Marktpotenziale IT-untertützter Pflege für ein selbstbestimmtes Altern*. FAZI-Schriftenreihe 17. Stuttgart: MFG Stiftung Baden-Württemberg.
Grünewald, S. (2013). *Die erschöpfte Gesellschaft. Warum Deutschland neu träumen muss*. Freiburg i.Br.: Herder.
Harrasser, K. (2013). *Körper 2.0. Über die technische Erweiterbarkeit des Menschen*. Bielefeld: Transcript.
Heitmeyer, W. (2012). *Deutsche Zustände*. Folge 10. Frankfurt a.M.: Suhrkamp.
Henning, M. (2015). Sicherheit im Always-On. Vortrag auf em Tag der IT-Sicherheit, 19. Mai. http://www.tag-der-it-sicherheit.de/cms/programm/vortraege/tditsi_150519_Sicherheit%20im%20Always%20on_Markus%20Hennig.pdf. Zugegriffen: 17. Nov 2015.
Holmquist, N (2011). *Die Entbehrlichen*. Frankfurt a.M.: Fischer.
Kelly, K. (1999): *New Rules for the Economy. 10 Radical Strategies for a Connected World*. New York: Penguin.
Kimpeler, S. (2010). Leben mit der digitalen Aura. Szenarien zur Mediennutzung im Jahr 2020. In S. Selke & U. Dittler (Hrsg.), *Postmediale Wirklichkeiten aus interdisziplinärer Perspektive* (S. 61–81). Hannover: Heise.
Kracauer, S. (2013). *Die Angestellten. Aus dem neuesten Deutschland*. Frankfurt a.M.: Suhrkamp.
Krause, B. (2005). *Solidarität in Zeiten privatisierter Kontingenz. Anstöße Zygmunt Baumans für eine Christliche Sozialethik in der Postmoderne*. Münster: Lit.
Krcmar, H. (2014). Die digitale Transforamtion ist unausweichlich, unumkehrbar, ungeheuer schnell und mit Unsicherheit behaftet. *IM+io. Das Magazin für Innovation, Organisation und Management, 4*, 9–13.
Kühn, H. (1993). *Healthismus. Eine Analyse der Präventionspolitik und Gesundheitsförderung in den USA*. Berlin: Edition Sigma.
Kuhn, J. (2014). Daten für Taten. Gesundheitsdaten zwischen Aufklärung und Panopticum. In B. Schmidt (Hrsg.), *Akzeptierende Gesundheitsförderung. Unterstützung zwischen Einmischung und Vernachlässigung* (S. 51–61). Basel: Beltz Juventa.
Leipold, R. (2015). Trend Lifelogging. Doctor Selftrack & Mister Hype. *CHIP, 4*, 34–38.
Lengwiler, M., & Madarász, J. (2010). Präventionsgeschichte als Kulturgeschichte der Gesundheitspolitik. In M. Lengwiler & J. Madarász (Hrsg.), *Das präventive Selbst. Eine Kulturgeschichte moderner Gesundheitspolitik* (S. 11–28). Bielefeld: Transkript.
Link, J. (2013). *Normale Krisen? Normalismus und die Krise der Gegenwart*. Konstanz: Konstanz University Press.

Loo, H. van der, & Reijen, W. van (1997). *Modernisierung. Projekt und Paradox*. München: dtv.
Lutz, R. (2014). *Soziale Erschöpfung. Kulturelle Kontexte sozialer Ungleichheit*. Basel: Beltz Juventa.
Mills, W. C. (1959). *The Sociological Imagination*. Oxford: Oxford University. Press.
Mills, W. C. (1963). *Kritik der soziologischen Denkweise*. Neuwied am Rhein: Luchterhand.
Mozorov, E. (2013). *Smarte neue Welt. Digitale Technik und die Freiheit des Menschen*. München: Blessing.
Neckel, S., & Wagner, G. (2013). *Leistung und Erschöpfung. Burnout in der Wettbewerbsgesellschaft*. Frankfurt a.M.: Suhrkamp.
Pauk, Ch. (2014). Auf der Suche nach dem eigenen Potenzial. Selbstversuch einer Standortbestimmung. *IM+io. Das Magazin für Innovation, Organisation und Management*, 4, 40–45.
Pepys, S. (1980). *Das geheime Tagebuch*. Leipzig: Insel-Verlag.
Polanyi, K. (2014). *The Great Transformation. Politische und ökonomische Ursprünge von Gesellschaften und Wirtschaftssystemen*. Frankfurt a.M.: Suhrkamp.
Rauner, M., & Schröder, T. (2015). Die Cogs kommen. *Zeit Wissen*, 2/3, 64–67.
Richter, T. (2011). *Gleichbehandlungspflichten in der Privatversicherung. Schutz vor personenbezogener statistischer Diskriminierung im Privatrecht*. Baden-Baden: Nomos.
Sandel, M. J. (2012). *What Money can't buy. The moral limits of markets*. New York: Farrar, Strauss and Giroux.
Schirrmacher, F. (2013). *Ego. Das Spiel des Lebens*. München: Blessing.
Schmidt, E., & Cohen, J. (2013). *Die Vernetzung der Welt. Ein Blick in unsere Zukunft*. Reinbek b. Hamburg: Rowohlt.
Schnabl, Ch. (2005). *Gerecht sorgen. Grundlagen einer sozialethischen Theorie der Fürsorge*. Fribourg: Academic Press.
Schröter, K. (2009). Korporales Kapital und korporale Performanzen in der Lebensphase Alter". In H. Willems (Hrsg.), *Theatralisierung der Gesellschaft* (S. 163–181). Wiesbaden: Springer VS.
Schröter, K. (2014). Alte(r) in Bewegung – Alternde Körper zwischen Aufrichtung und Zurichtung. *Education Permanente*, 2, 32–34.
Seel, M. (2009). *Theorien*. Frankfurt a.M.: Fischer.
Selke, S (2014). *Lifelogging. Wie die digitale Selbstvermessung unsere Gesellschaft verändert*. Berlin: ECON.
Selke, S. (2012). Sinn – Mangelware des 21. Jahrhunderts. Menschen als Werkzeuge der Veränderung in der Sphäre der Hypertechnologisierung". In A. Grunwald & J. von Hartlieb (Hrsg.), *Ist Technik die Zukunft der menschlichen Natur? 36 Essays. Mit einem Geleitwort von Annette Schavan* (284–292). Hannover: Wehrhahn-Verlag.
Selke, S. (2015). Öffentliche Soziologie als Komplizenschaft. Vom disziplinären Bunker zum dialogischen Gesellschaftslabor. *Zeitschrift für Theoretische Soziologie*, 4, 179–207.
Spreen, D. (2015). *Upgradekultur. Der Körper in der Enhancement-Gesellschaft*. Bielefeld: Transkript.
Stark, Ch. (2014). *Neoliberalyse. Über die Ökonomisierung unseres Alltags*. Wien: Mandelbaum.
Thomas, W. I., & Swaine, D. (1928). *The child in America. Behaviour problems and programs*. New York: A.A. Knopf.

Vanessa, A. (2013, 25. Nov). Walk 11 miles a shift and pick up an order every 33 seconds. how Amazon works staff „to the bone". *Daily Mail*, S. 21.
Weber, M. (1995). *Wissenschaft als Beruf*. Stuttgart: Reclam.
Wiener, N. (1958). *Mensch und Menschmaschine*. Berlin: Ullstein.
Wilson, J. (2013). Die Vermessung der Arbeitswelt. *Harvard Business Manager, 10*, 8–11.
Wolf, G. (2010). The Data-Driven Life. http://www.nytimes.com/2010/05/02/magazine/02self-measurement-t.html?_r=0&pagewanted=print. Zugegriffen: 17. Aug 2013.

Über die Autoren

Lars Gertenbach, Dr. phil., wissenschaftlicher Mitarbeiter im Fachbereich Gesellschaftswissenschaften an der Universität Kassel, Fachgebiet: Soziologische Theorie. Arbeitsgebiete: Soziologische Theorie, Kultursoziologie, Akteur-Netzwerk-Theorie, Poststrukturalismus, Governmentality Studies. Webseite: http://uni-kassel.academia.edu/LarsGertenbach. Kontakt: lars.gertenbach@uni-kassel.de

Nils B. Heyen, Dr. phil., ist Soziologe und Projektleiter am Fraunhofer-Institut für System- und Innovationsforschung ISI in Karlsruhe. Arbeitsschwerpunkte: Neue Technologien in Medizin und Gesundheitswesen, Wissenschafts- und Technikforschung, Professions-, Medizin- und Wissenssoziologie. Kontakt: nils.heyen@isi.fraunhofer.de

Thorben Mämecke, Dipl. Soz., promoviert am Graduiertenkolleg „Automatismen – Kulturtechniken zur Reduzierung von Komplexität" zum Thema „Das quantifizierte Selbst – Strukturbildende Eigenschaften von Sozialstatistik im Kontext progressiver Selbstverdatung." Webseite: www.upb.de/gk-automatismen/kollegiatinnen/thorben-maemecke/. Kontakt: thorben.maemecke@uni-paderborn.de

Stefan Meißner, M.A., ist Wissenschaftlicher Mitarbeiter an der Professur Mediensoziologie der Bauhaus-Universität Weimar. Arbeitsgebiete: Kultursoziologie, Mediensoziologie, Organisationssoziologie. Webseite: www.denkmoeglichkeiten.de. Kontakt: stefan.meissner@uni-weimar.de

Petra Missomelius, Dr. phil., Medienwissenschaftlerin am Bereich Medienbildung und Kommunikationsforschung an der Bildungswissenschaft der Leopold-Franzens Universität Innsbruck (seit 2012). Arbeitsgebiete: Medienkultur, Medien und Bildung, Körperphantasien, Daten und Wissen. Habilprojekt „Bildung in transformativen Medienkulturen". Webseite: http://tinyurl.com/Petra-Missomelius, einige Texte: https://uibk.academia.edu/PetraMissomelius. Kontakt: petra.missomelius@uibk.ac.at

Sarah Mönkeberg, M.A. Soziologie, seit 2011 Wissenschaftliche Mitarbeiterin im Fachgebiet Mikrosoziologie am Fachbereich Gesellschaftswissenschaften der Universität Kassel. Arbeitsgebiete: Subjektkonstitution, Lebensführung und Identitätsarbeit, Arbeitssoziologie, Digitalisierung, Soziologische Theorie, Qualitative Sozialforschung. Webseite: http://www.uni-kassel.de/go/moenkeberg. Kontakt: moenkeberg@uni-kassel.de

Sarah Miriam Pritz, Mag. Bakk., ist wissenschaftliche Mitarbeiterin an der Professur für Soziologie und soziale Ungleichheit an der Goethe-Universität Frankfurt am Main. Zu den Forschungsschwerpunkten der Germanistin und Soziologin gehören die Emotions- und Kultursoziologie sowie Methoden und Methodologien qualitativ-empirischer Sozialforschung. Webseite: http://www.fb03.uni-frankfurt.de/47942912/Sarah-Miriam-Pritz_-Mag. Kontakt: Pritz@em.uni-frankfurt.de

Simon Schaupp, M.A., hat in Bielefeld und Wien Soziologie studiert. Arbeitsgebiete: Kritische Medienforschung, politische Soziologie, qualitative Sozialforschung. Kontakt: sschaupp@uni-bielefeld.de

Corinna Schmechel, M.A. (Gender Studies; B.A. Soziologie/Erziehungswissenschaft) promoviert derzeit im Promotionsprogramm „Kulturen der Partizipation" der Carl-von-Ossietzky-Universität Oldenburg. Arbeitsgebiete: Körperpolitiken und körperbezogene Praktiken, Normierungs- und Pathologisierungsprozesse. Webseite: https://www.uni-oldenburg.de/kulturen-der-partizipation/personen/stipendiat-innen/corinna-schmechel/. Kontakt: corinna.schmechel@gmx.net

Welf Schröter, Leiter des Personennetzwerkes „Forum Soziale Technikgestaltung" (gegr. 1991) beim DGB Baden-Württemberg, Autor, Blogger und Verleger. Themenschwerpunkte: Zukunft der Arbeit, Industrie 4.0, Identität in der Virtualität, Arbeitswelt trifft Philosophie – Philosophie trifft Arbeitswelt. Webseiten: www.forum-soziale-technikgestaltung.de, www.bloch-blog.de, www.blog-zukunft-der-arbeit.de, www.talheimer.de. Kontakt: schroeter@talheimer.de

Peter Schulz, M.A., ist seit 2013 wissenschaftlicher Mitarbeiter am Arbeitsbereich allgemeine und theoretische Soziologie des Instituts für Soziologie an der Friedrich-Schiller-Universität Jena. Arbeitsgebiete: Kapitalismustheorie, Subjektivierungstheorie, Kritische Theorie, Techniksoziologie und Rechtsextremismusforschung. Kontakt: schulz.peter@uni-jena.de

Stefan Selke, Prof. Dr., lehrt Soziologie und Gesellschaftlichen Wandel an der Hochschule Furtwangen. Seit 2015 Inhaber der Forschungsprofessur „Transformative und Öffentliche Wissenschaft". Arbeitsgebiete: Medialer, technischer und sozialer Wandel sowie Öffentliche Soziologie. Webseite: www.stefan-selke.de; Kontakt: ses@hs-furtwangen.de

Christopher Stark, studierte Geographie (Diplom) an der Universität Hamburg und ist spezialisiert auf erneuerbare Energien. Er arbeitet derzeit in Berlin. 2014 erschien sein Buch „Neoliberalyse – über die Ökonomisierung unseres Alltags" im Mandelbaum Verlag (Wien). Nebenbei schreibt er unter anderem für seinen Blog www.neoliberalyse.de. Kontakt: Christopherstark@posteo.de

Lisa Wiedemann, M.A, ist seit 2012 wissenschaftliche Mitarbeiterin am Lehrstuhl für Wissenschafts- und Technikkulturen an der HafenCity Universität Hamburg. Arbeitsgebiete: kulturwissenschaftliche Technikforschung, Soziologie des Körpers, Technologien des Selbst, Qualitative Sozialforschung. Kontakt: Lisa.Wiedemann@hcu-hamburg.de

Mitarbeit

Philipp Klose, ist staatlich anerkannter Physiotherapeut und studiert Angewandte Gesundheitswissenschaften an der Hochschule Furtwangen. Interessensgebiete: Inklusion, Behindertensport, Evidenzbasierte Medizin und Therapie.